第4次 現代歴史学の成果と課題

歴史学研究会 編集
REKISHIGAKU KENKYUKAI

1

新自由主義時代の歴史学

績文堂出版

Historical Studies in Japan from 2001 to 2015,
Trends and Perspectives 1:
Historical Studies in the Age of Neoliberalism
Edited by REKISHIGAKU KENKYUKAI
SEKIBUNDO Publishing Co., Ltd
ISBN978-4-88116-131-9

刊行にあたって

歴史学研究会の編集による『現代歴史学の成果と課題』は、今まで三回、青木書店から発刊されている（以下、「歴史学研究会」は「歴研」と略記し、『現代歴史学の成果と課題』は『成果と課題』と略記する）。それぞれを第一次、第二次、第三次と名づければ、第一次は一九七四年から七五年に全四巻発刊され、第二次は一九八二年に全三巻刊行、第三次は二〇〇二年から〇三年に全二巻発刊された。第一次は一九六〇年代の研究成果を、第二次は一九七〇年代、第三次は一九八〇〜九〇年代の研究成果をそれぞれ対象にして成果と課題を提示したものだった。

第一次・第二次と第三次では対象と編集方針が大きく異なる。第一次・第二次では、戦後歴史学の枠組みを前提とし、そのうえで第1巻を歴史理論・歴史意識・歴史教育にあて、その後の巻を時代別に編成していたのに対して、第三次は、戦後歴史学から次の歴史学へと歴史学が大きく転回する様相を対象とし、そのために歴史学の方法あるいはテーマによる編集に方針を変更していた。第三次は、「歴史学における方法的転回」と「国家像・社会像の変貌」の二巻構成である。とくに第1巻では、世界史像や時代区分、歴史意識と並び、ジェンダー、表象といった、歴史学の方法が大きく変化したことを示すテーマが選ばれており、戦後歴史学から次の歴史学へ、歴史学のあり様が大きく転回したことを強調する構成になっていた。

以上に対して、今回発刊する第四次は、二〇〇一年から二〇一五年を対象にする。第四次の歴史学の現在は、どのような特徴をもっているのか、その輪郭は必ずしも鮮明ではなく、わかりにくい印象があるため、第四次の第1巻の冒頭に、歴史学の現在の特徴を詳しく検討した、「序論　歴史学の現在――二〇〇一〜二〇一五年」をおいた。詳しくは「序論」を読んでいただくことにして、二〇〇一年から二〇一五年の歴史学の現在を検討した結果、一九九〇年代から現在までの歴史学は新自由主義の強い影響のもとにおかれていること、その点で、一九九〇年代から現在に至る時代の歴史学は、「新自由主義の時代と歴史学」と位置づけることができること、この時代の歴史学にあって重要なことは、一九八〇年代以来の認識論的な問いと新自由主義の時代が重なる時期にあることをふまえることである。歴史学をとりまく以上の時代状況のもとで、この一五年のあいだに、歴史像の見直しと歴史学の見直しが進行し、史料・方法・叙述から研究、教育、社会にかかわる、あらゆる歴史家の実践的行為が見つめ直されるようになってきた。

以上の認識をふまえ、第四次の『成果と課題』は、歴史学の方法、歴史像、歴史実践の三つのテーマで編集し、三巻構成とした。第1巻「新自由主義時代の歴史学」では、歴史学の方法を中心に議論し、第2巻「世界史像の再構成」では、時間と空間の再編成による歴史像のあり方を論じ、第3巻「歴史実践の現在」では、歴史家の実践的行為全般に光をあてた。

第四次の『現代歴史学の成果と課題』は、以上の三巻によって構成され、二〇〇一年から二〇一五年の歴史学の成果と課題を明らかにする。本書を契機として、この一五年のあいだの歴史学をめぐる議論が活性化し、歴史学の存在意義をめぐる忌憚のない意見交換が行われることを心より期待している。

二〇一七年二月

『第四次　現代歴史学の成果と課題』編集委員会
大門正克　小沢弘明　岸本美緒
栗田禎子　中野　聡　若尾政希

はしがき

第1巻は「新自由主義時代の歴史学」と題し、認識論的な問いと新自由主義の時代が重なるもとで、歴史把握の方法はどのような特徴をもっているのかをまとめて論じる。

歴史学は個別の状況を説明するだけでなく、全体史に向かっているのか否か、向かっているとしたらどのような全体史を志向しているのか。この一五年のあいだに、歴史把握の方法の批判的検証はどのように行われ、新しい歴史把握への志向はどのようにあらわれているのか。今を生きるなかで過去を問うことが歴史学の特性であるとすれば、歴史学において、過去と現在に対する批判的精神はどのように存在するのか、存在しないのか。

歴史学の方法をめぐっては、単なる研究史の整理にとどまらず、以上のような問題関心の所在が重要であると考え、歴史学の方法に関する新しい議論の意味や方向性がわかるような論点の設定、新しい研究動向を促すような論点提示を心がけて、第1巻を編集した。

本巻は三つの章で構成をした。

第1章「歴史把握の方法」では、この一五年、あるいは一九九〇年代から現在までの二五年をふまえたとき、欠かせない歴史把握の方法を取り上げている。この二五年を大きく規定する新自由主義をめぐり、「新自由主義の時代と歴史学の課題」を近現代と前近代に即して検討し、新自由主義とのかかわりもみすえながら、グローバル・ヒストリーの動向について、「可能性と課題」と「下からの視点」の二つの面から考察する。これらの歴史把握の方法の検討と交差しながら、植民地責任論が提起されていることは、この間の歴史把握の大きな特徴であり、そのこととかかわって、あらためて帝国主義の視点の再検討が課題になっている。

第1章につづく第2章と第3章では、この一五年の歴史学にとって焦点的な視点と方法を取り上げた。「「主体」の〈問い方〉」を問い直すことと（第2章）、「生存」／「いのち」の視点に焦点をあわせることである（第3章）。

構築主義が議論されて以降、「主体」を議論することは簡単でないが、「「主体」の〈問い方〉」をあらためて問い直す」ことに焦点をあわせて議論を整理する必要があると判断し、第2章を構成した。そこで焦点をあわせたのは「ジェンダー」と「民衆」であり、「ジェンダー」については、家族や女性を対象にする議論を進め、男性史とクィア史を取り上げて今後の研究の方向性を示し、さらに植民地主義とジェンダーが交差する地点を観測した。「民衆」については、朝鮮近現代史・日朝関係史と日本近世史に焦点をあわせ、「民衆」の問い方を問い直すうえでの論点を整理している。加えてサバルタン・スタディーズの射程を問い、さらにカルチュラル・ターン後の歴史学の課題を叙述にまでひろげて検討することで、今後の研究課題を示している。なお、歴史叙述は、第3巻第4章「史料・方法・歴史叙述」と密接にかかわるので、第3巻第4章もぜひ参照されたい。

第3章「「生存」/「いのち」の歴史学」は、この一五年の歴史学で、歴史学の存在意義を問い直すなかで提起されている視点として取り上げた。人々の存在を考えるうえで、「生存」や「いのち」「生きること」といった根本的次元を問うことは、この一五年の歴史学の大きな特徴であり、「生存」の歴史学、「いのち」とジェンダーのかかわり、災害と「生存」、「戦争/平和」と生存など、いくつかの視角から研究課題を整理・提示している。これらの視角との関連で、「福祉」や「所有と利用」をめぐる研究動向も検討している。

本巻では、以上の三つの章にまたがって意識した方法/視点が二つある。ジェンダーと植民地主義である。ジェンダーは、先の「男性史とクィア史」、植民地主義との交差、「いのち」とのかかわりである。ジェンダーについては、第2巻でも各課題とかかわって検討している。もうひとつは植民地主義であり、植民地責任論、帝国主義、ジェンダーとのかかわり、朝鮮近現代史・日朝関係史、アジア・太平洋戦争/戦争後をめぐり、多様な角度から植民地主義が検討されている。

以上からすれば、第1巻『新自由主義時代の歴史学』では、歴史把握の方法そのものに加えて、「主体」の問い方の再検討、「生存」/「いのち」、ジェンダー、植民地主義に焦点をあわせており、ここにこの一五年、あるいは二五年の歴史学の方法の重要な焦点があると判断して巻を構成した。本巻を通じて、歴史学の方法をめぐる議論が喚起されることを願っている。

（文責・大門正克）

目 次

第1巻　新自由主義時代の歴史学

第3章　「生存」／「いのち」の歴史学

〔第2巻・第3巻〕目次

序論　歴史学の現在——二〇〇一～二〇一五年

大門　正克

はじめに

二〇〇一年から二〇一五年に至る「歴史学の現在」を見定めることで、今次の『現代歴史学の成果と課題』の課題設定と編集方針を明らかにしておくことが序論の目的である。

歴史学研究会の編集による『現代歴史学の成果と課題』は、今まで三回、青木書店から発刊されてきた（以下、「歴史学研究会」は「歴研」と略記し、『現代歴史学の成果と課題』は『成果と課題』と略記する）。三回の『成果と課題』の経緯については、本巻の冒頭に掲げた「刊行にあたって」に記してある。今回の『成果と課題』は第四次にあたり、二〇〇一年から二〇一五年を対象にする。

第四次の歴史学の現在は、どのような特徴をもっているのか。そのことを検証するために、ここでは、戦後の日本の歴史学の変遷を簡略にたどって歴史学の現在の輪郭を明瞭にし、次いで課題を整理して検討し、最後に第四次の編集方針を示す。

1　「歴史学の現在」をめぐって

戦後の歴史学の変遷

戦後日本の歴史学はおおまかに三つの時期に区分できる。敗戦後から一九七〇年代まで、一九七〇年代から一九八〇年代まで、一九九〇年代から現在までである。

敗戦後から一九七〇年代までの歴史学は戦後歴史学に代表される。これに対して、一九七〇年代に入ると社会史が登場する。現在から振り返るとき、社会史には戦後歴史学批判と戦後歴史学に含まれる要素を継承する両面があった［大門　二〇〇八：八八―九二］。このスタンスが明瞭だったのは二宮宏之である。二宮は社会史研究を通じて近代認識の転換をはかり、近代批判を歴史研究の視座にすえた。その視座から、西欧近代をモデルにした戦後歴史学を批判した。と同時に、二宮の社会史研究には、つねに全体への志向があり、この点は戦後歴史学と発想を共有する面があった。

社会史が戦後歴史学を継承する側面については、小沢弘明の指摘がある。戦後の史学史の座談会のなかで小沢は、戦後歴史学および社会史には「批判的な歴史学」という方向性があったと述べている〔成田・小沢・戸邉　二〇一一：三九〕。小沢は、戦後歴史学を「「民族・民主革命」の歴史学」と呼ぶ。戦後歴史学は皇国史観と戦後の時代状況に対して「批判的な歴史学」として登場し、封建制と占領の両方を克服する課題を担ったというわけである。それ以前の歴史学と時代状況に「批判的な歴史学」であり、全体史への志向をもつもの、これが戦後歴史学であった[1]。

一九七〇年代以降、社会史、国民国家論、言語論的転回の議論が登場する。この過程で社会史から国民国家論へと議論が推移し、それに言語論的転回の議論が重なり、構築主義、認識論の立場から戦後歴史学批判の潮流がかたちづくられるようになる。先述のように、第三次の『成果と課題』の第一巻は、『歴史学における方法的転回』として、表象や構築主義、ジェンダーなど、大きく変化する歴史学の方法に焦点をあて、とくに構築主義の面から、歴史叙述にあらわれた「家族」や「日本人」などの認識を批判的に検討した。先の座談会で成田龍一は、一九七〇年代以降の歴史学は「認識論的な問い」にこたえる課題を要請されているとして、七〇年代以後の歴史学を現代歴史学と呼んだ〔成田・小沢・戸邉　二〇一一：四〇〕。

戦後歴史学を前提にした第一次・第二次に対して、第三次が、戦後歴史学を批判する現代歴史学の台頭という点で明瞭な編集方針を打ち出したのとくらべたとき、第四次が対象とする二〇〇一年から二〇一五年の歴史学の輪郭は鮮明でなく、歴史学の現在はどこにあるのかわかりにくい印象があるように思われる。なぜそうなのか。あるいは、はたしてそうなのか。

もう一方で、第三次の刊行から一五年が過ぎた現在（二〇一五年）からみると、現代歴史学は、構築主義として無視しえない影響をもちつつも、「批判的な歴史学」の役割は弱くなり、社会史のなかにあった全体史への志向の継承も弱くなっているので、歴史学そのものが立ちすくんでいるようにみえる。そのなかで、唯一、グローバル・ヒストリーが影響力を強めているようにみえるが、そのグローバル・ヒストリーにも大きな影響を与えているのが新自由主義である。新自由主義は現代歴史学にもグローバル・ヒストリーにも甚大な影響を与え、歴史学の足場を揺るがしている。

新自由主義の時代と歴史学

「歴史学の現在」を考えるために、先の座談会に加えて、史学史を振り返るもう一つの座談会を参照してみよう。歴研は、二〇一二～一三年にかけて、一九七〇年代から二〇一〇年代の歴史学を三つのテーマで討議している〔歴史学研究会編　二〇一三〕。「社会史研究と現代歴史学」「社会主義圏の崩壊・ポスト冷戦と現代歴史学」「新自由主義時代と歴史学の将来」である。一九九〇年代以降の歴史学を考えるに際して、社会主義圏崩壊、ポスト冷戦、新自由主義とのかかわりが重視されている。

一九九〇年代以降の新自由主義の進行とグローバル化による構造変動は、経済や社会から学問にまでおよび、大きな影響を与えている〔小沢　二〇一二など〕。このもとで、現在的思考がいっそう強まり、過去と現在が切断される傾向がひろがる〔鹿野　一九九八〕。それに加えて、インターネットやSNSの普及は中東革命を促すような状況をつくりだす一方で、「ネット右翼」やヘイトスピーチをつくりだす温床にもなっている。一九九〇年代後半以降、日本軍「慰安婦」や南京事件はなかったとする歴史修正主義は、ネット環境と連動して強まっている。

新自由主義が歴史学に影響を与えている様相は、一九九〇年代後半からみられるようになり、新自由主義が歴史学と歴史意識に与える影響が議論されるようになった〔大門　二〇〇八：第一部第一章〕。その後、歴史学の学会では、二〇〇七年から二〇〇九年まで、新自由主義をテーマにした大会が相次いだ。以上のような経緯をへた現在からみれば、歴史学は、一九九〇年代から現在に至るまで、新自由主義の強い影響のもとにおかれてきた。社会主義圏崩壊とポスト冷戦と連動して進行してきた一九九〇年代から現在に至る時代の歴史学を、「新自由主義の時代と歴史学」と位置づけておきたい。

二〇〇七年から三年間にわたる学会大会の議論については、二〇一一年に検討したことがある〔大門　二〇一一：三〇〕。大会での議論を整理すれば、(1)新自由主義時代の現状認識、(2)地域史の課題、(3)生・生活・生存をめぐる問題提起、(4)自由主義の再検討、(5)一九九〇年代以降の歴史学の検証、の五つになる。「大会報告では、新自由主義時代の現状分析が行われ、それに中世・近世・近現代の「生」のあり方が対置された」。しかし、「実際には新自由主義の問題は現状分析に任せる傾向が強く」、「地域史を中心にした歴史研究と新自由主義の接点は見えにくかった」。「新自由主義時代における歴史学的な問い方（方法）への関心は総じて乏しかった」というのが、私の批評であった(2)。

この間に重要な問題提起がなかったわけでは決してな

い。二〇〇八年度の歴研大会の全体会は、「新自由主義の時代と現代歴史学の課題――その同時代史的検証」をテーマとした。歴研委員会は、全体会の趣旨文のなかで、一九七〇年代以降、「新しい歴史学（現代歴史学）が台頭」したが、「歴史研究が方法的に激変したこの約三〇年が、世界史的に見て新自由主義が拡大する時代に重なることを自覚した検証は意外なほど少ない」として、「単なる学説史や状況反映論ではなく」、「時代と研究の変貌を対位法的に明らかにする」ような、現代歴史学の「同時代史」が必要だと問題提起をした。その際に、「身体感覚」まで含めて、「新自由主義に向き合う私たちの姿勢に反省を迫る」必要性を強調していたことも重要な指摘である〔『歴史学研究』二〇〇八：五一〕。

認識論的な問いと新自由主義の時代が重なる時代を生きている自覚をもち、学説史や現状分析、状況論としてではなく、歴史研究の方法や歴史家の「姿勢」を含めて歴史家の実践を同時代史的に検証するという問題提起は、「新自由主義の時代と歴史学」を考えるうえで、依然として重要な位置を占めている。ここでいう歴史家の実践の同時代史的検証とは、史料読解、歴史過程の理解、歴史叙述といった歴史家の日々の実践を、史料と同時代に内在しつつ検証することを指す。

一九九〇年代以降の時代状況をふまえ、歴研委員会の問題提起を念頭に置いて「新自由主義の時代と歴史学」についてあらためて考えるとき、安丸良夫の同時代の議論が印象深い。

安丸は、認識論的な問いに対して積極的に応えた歴史家として知られている〔安丸　二〇〇二aなど〕。その安丸が、一九九〇年代以降に新自由主義の時代が進行したとき、新自由主義にも応対しようとしていたことについては、取り上げられることがない〔安丸　二〇〇二b〕。一九九〇年代以降の安丸は、認識論的な問いと新自由主義時代の両方に対峙しようとしていたことに留意する必要がある。

二〇〇二年の論稿で安丸は、現在を「新自由主義が朝野の大合唱」と「グローバリゼーションとリストラの現実」として特徴づけるとともに、近現代世界を、あらためて、資本主義世界システム、民衆の生活世界、国民国家の三つの焦点的次元に位置づけ、近現代の広い歴史的文脈のなかで議論しようとした〔安丸　二〇〇二b〕。安丸は、資本主義システムこそが国民国家諸類型の「基本軸」であるとしたうえで、しかしそのもとで民衆の生活世界には固有の役割があり、歴史家の仕事は、民衆の生活世界や体験の固有の歴史的意味を説き明かすところにこそあると指摘した。この発言のなかで、とくに次の三つが印象に残る。

一つ目に、以前から、史料について言及することが多かった安丸は、新たに歴史家の役割をふまえて史料の意味を論じるようになった［安丸　一九九六など］（後述）。歴史家の存在を隠さず、自分自身も埒外におかず、歴史家／安丸の史料読解を明らかにすることで歴史学の意味を再確認すること、一九九〇年代以降の安丸が心がけたのはこの点であった。

二つ目に、現代日本のような社会では、「リアリティが見失われやすい」歴史の事実・体験の「証人」になることが歴史家の「責任」であるとして、ロシア革命の高揚や天皇制国家における自己実現と抑圧・順応、アウシュビッツやヒロシマ・ナガサキの固有の体験などを例示している。

三つ目に、「世界の全体性に向き合う立場を選ぶことでのみ、私たちの知的な営みは緊張と活力あるものとなることができる」［安丸　二〇〇七：二七］として、あらためて世界の全体性に向き合う必要性を喚起したことである。

歴史家の役割と責任を自覚して史料と世界の全体性に向き合い、自己言及的な問いを重ねた安丸のメッセージは、認識論的な問いと新自由主義が重なる、一九九〇年代以降の困難な時代状況のなかで、歴史と歴史学を見直す契機について言及しつづけたものということができよう。

歴研委員会および安丸良夫の議論をふまえるとき、一九九〇年代から現在に至る歴史学は、認識論的な問いと新自由主義の時代状況が重なる状況のもとにあったことを確認する必要がある。以上の位置づけを与えることで、第四次『成果と課題』の歴史学の輪郭は、鮮明になるはずである。

「歴史家をかこむ磁場」への自覚

ところで、歴研委員会も安丸も、この時代の歴史学を問うときに、歴史家自らが時代をどのように受けとめ、歴史研究をどのように問い直すのかを問題にしていた。この点を考えるとき、二〇一一年に「歴史学のアクチュアリティ」をテーマにして開催された歴研七〇周年のシンポジウムの報告とコメントは示唆深い［歴史学研究会編　二〇一三］。ここでは三人のコメントを参照する。

浅田進史は、新自由主義のもとで、歴史学の若手のキャリア形成と感情に大きな制約を与えられており、歴史研究における批判的精神が磨滅させられる危険性に警鐘を鳴らした［浅田　二〇一三］。一九九〇年代から四半世紀のあいだに、日本の学問環境は大きく変貌し、歴史学の世界でも任期付き教員や競争的経費が拡大し、若手研究者による学問継承が困難になってきたことをふまえての発言である。松沢裕作が必要と感じたのは、「外に開かれた言葉」をもつことであり、それこそが歴史学で最もラディカルな態度だとした〔松沢　二〇一三〕。それに対して藤野裕子は、現在の歴史学では、たとえばジェンダーなど、「発話可能性の低い」存在を扱う研究を「承認」しつつも「隔離」「忘却」する傾向があるとし、それは新自由主義の受けとめ方にもみられたことだとして、「歴史学のアクチュアリティ」を論じるためには、「研究者の内的メカニズム」にまで踏み込んだ検討・自覚が必要だとした〔藤野　二〇一三a〕。

二〇一二年に歴史学のアクチュアリティが問われたとき、浅田は新自由主義が歴史学の制度的枠組みに裂け目をつくりだしていることを喫緊の課題として提示し、松沢は歴史学の開放性に焦点をあて、藤野は新自由主義のもとでも「発話可能性の低い」存在を扱う研究の困難を指摘した。三者三様の問題提起のようにみえるが、新自由主義が社会をひろくおおうもとでの歴史学の困難と、新自由主義への対応のみでは解決しない歴史学の課題解決の困難が指摘されている。加えて三人は、歴史家の感情、言葉、内面を問題にしており、いずれも歴史学の困難を自覚する歴史家の感度を問うている。認識論的な問いと新自由主義が重なる時代状況において、歴史家は「歴史家をかこむ磁場」（『歴史学研究』の特集表現、後述）とその受けとめ方をどのように自覚しているのか、そのことが問われている。

検討すべき課題

第四次の『成果と課題』が対象とする歴史学は、認識論的な問いと新自由主義が重なっている時期のもとにあること、そのもとで検討すべき課題を整理してみれば、大きな課題として歴史の見直し（歴史像の見直し）と歴史学の見直しがあり、さらにそれらを歴史家がどのように自覚しているのか、ここに重要な検討課題がある。

一九九〇年代以降、社会主義圏崩壊、ポスト冷戦のもとで新自由主義とグローバル化が進行し、その過程で、それまでの二〇世紀の歴史、ひいては歴史全体を見直す機運があらわれてきた。歴史の見直しに加えて、歴史学のあり方の根本的な検証が行われるようになったこともこの間の特徴である。その背景には認識論的な問いへの応答があり、さらには新自由主義の時代への向き合い方がある。歴史家は、自らの作業をどのように検証しようとしているのか。新自由主義のもとでの歴史学は、若手研究者問題や大学の一般教育における歴史学の地位低下、大学の人文科学縮小論など、存続自体が揺るがされる状況が出現している。この状況は歴史家にどのような影響を与え、歴史家はどのような自覚のもとに歴史学の実践的行為をしているのか。以下、第四次の『成果と課題』の問題の所在について検討する。

2　歴史の見直し／歴史像の見直し

一九九〇年代以降、社会主義圏崩壊、ポスト冷戦、新自由主義とグローバル化、地域統合などが折り重なるようにして時代が進行している。これらのどこに重心をおくかで、歴史の見直し方が大きく変わってくる。

日本におけるグローバル・ヒストリー研究の主導者のひとりである水島司は、グローバル・ヒストリーの特徴を、長期の歴史的動向への関心、リージョナルな地域を対象、世界の異なる諸地域の相互関連を追究、奴隷貿易、移民、通商、疾病、環境など地域横断的なテーマを設定するところに求めている［水島　二〇一〇］。みられるように、国民国家の枠をこえて展開する歴史の動向に主要な焦点が合わせられており、その背景には、一九九〇年代以降、国民国家の枠組みをこえて旺盛に展開する経済や情報のグローバル化の進展があるといっていい。グローバル・ヒストリーについて、長谷川貴彦は、リン・ハントの最近の議論を紹介している［長谷川　二〇一六：二一六］。リン・ハントによれば、既存の四つのパラダイム（マルクス主義、近代化論、アナール学派、アイデンティティの政治）を批判してきた文化史（文化論的転回）に活力がなくなっており、有効なパラダイムを提案できないなかで、国民国家という分析枠組みに代わる大きなスケールを設定しているグローバル・ヒストリーが「大きな物語」の座を独占しているという。

グローバル化の時代のもとで歴史はどのように見直されているのかを考えるうえで、グローバル・ヒストリーは重要な研究動向だが、目をよくこらせば、歴史の見直しにおいて、グローバル・ヒストリーだけが影響力を増しているわけではない。とくに植民地の歴史が大きく見直されるようになったことは、この間の歴史の見直しの大きな特徴である。その象徴として、二〇〇一年、南アフリカのダーバンで国連主催の「人種主義、人種差別、排外主義、および関連する不寛容に反対する世界会議」が開催されたことがある。通称「ダーバン会議」は、奴隷制と奴隷貿易、植民地主義について歴史的評価を下し、「人道に対する罪」にも言及した、植民地の歴史の見直しを大きく促進する画期的なものであった［永原編　二〇〇九］。

一九九〇年代以降に植民地問題があらためて顕在化した背景をまとめてみよう。第二次世界大戦後、ニュルンベルク裁判における「人道に対する罪」や、戦時・平時の大量殺害を罪とするジェノサイド条約が締結されるなど（一九四八年締結、日本未批准）、植民地の歴史や排外主義、人種主義を問題にする国際的な動きが広がった。ただし、これらの動きが機関の設置や条約の適用などに実質的に結びつくのは一九九〇年代以降のことだった［永原二〇一三］。ジェノサイド条約がはじめて適用されたのは、一九九〇年代のユーゴスラビア内戦、ルワンダ内戦に対してであり、一九九八年には国際刑事裁判所が設置され、性暴力も「人道に対する罪」と規定された。アメリカで「黒人への補償」が進展し、南アフリカで真実和解委員会が設置されたのも、一九九〇年代以降のことであった。

一九八〇年代以降、文化研究として出発したポストコロニアルは、一九九〇年代以降に植民地の歴史が見直されるなかで、あらためて切実な課題として提起されている。そこでは、国際刑事裁判所で性暴力も「人道に対する罪」に規定されたように、ポストコロニアルの問題はジェンダーの課題と結びついて歴史的に提起されるようになっている。

一九九〇年代以降、歴史の当事者や世代を経た人たちが、植民地の歴史や人種主義、排外主義を見直すように主張したこともこの間の大きな特徴である。一九九一年、自らが「慰安婦」だったとした金学順の告白は大きな衝撃を与え、「慰安婦」問題の認識を転換させる原動力になるとともに、その動きは、南アフリカでアパルトヘイトに対する真実和解委員会が設置される動きにもつながった。

二〇〇一年、ナミビアの人々は、二〇世紀初頭、ドイツ支配下にあった時代の植民地戦争中の大虐殺に対して、ドイツ政府と企業を相手取り、補償を要求する訴訟を起こした［永原　二〇一三］。この訴訟は、裁判の所轄や当事者性を理由に却下されたが、歴史の当事者のあとの世代の人たちが、旧植民地領有国に対して植民地支配下の暴力への補償をはじめて法的に求めたものとして、国際的に大きな影響を与えた。こうしたなかで永原陽子は、それまでの「戦争責任」をめぐる認識を広げ、植民地主義および奴隷貿易・奴隷制の「罪」と「責任」を問う動きとそれをめぐる議論を「植民地責任」論と名づけ、植民地と世界の歴史に問題提起を行っている［永原編　二〇〇九］。

こうしたなかで、近現代の歴史を全体としてどのように描くのか、そのことがあらためて問われている。二〇一四年には対照的な二冊の世界史が著された。杉山伸也は、現在のアジア経済発展、地域史（海域史）の発展をグローバル・ヒストリーの観点で描き直し［杉山　二〇一四］、木畑洋一は植民地と帝国主義を再検討して二〇世紀の歴史を著し、アイルランド、南アフリカ、沖縄で定点観測を試み、地域の側から帝国支配の重層性と矛盾を描き出している［木畑　二〇一四］。以上の把握ともかかわって、秋田茂は、グローバル・ヒストリー研究からすると、「植民地責任」論は、戦後の第三世界論、ＡＡＬＡを反植民地主義で一体的にとらえる視点を前提にしているが、一九七〇年代以降の東アジアの経済発展の歴史的意義を視野に入れていないとして、戦後世界史の再検討を提唱している［秋田二〇一〇］。

歴史の見直しは、他方で歴史修正主義の動きを強めるとともに、歴史の視野を広げることにもつながってきた。「慰安婦」問題を例に、そのことにふれておく。

今から七〇年以上前、大日本帝国の膨張過程で「慰安婦」にさせられた人たちは、それから半世紀近くが過ぎた一九九〇年代初めに自ら声をあげ、「慰安婦」の問題が過去のことではないことを社会につきつけた。植民地の歴史を見直す世界的な動きとも連動して、一九九〇年代の日本では、「慰安婦」だった女性たちの声に正面から向き合う動きが各所でみられた。だが、二〇〇〇年代に入ると「慰安婦」バッシングがおき、その動きは曲折をへながら現在に至るまでやんでいない。こうしたなかで、二〇一〇年代に入ると、「慰安婦」問題を検証する従来からの研究が深まるとともに、「慰安婦」問題を一部の研究者の限定された問題にするのではなく、歴史研究の広い課題に接続する工夫があらわれてきている。遅れていた日本人「慰安婦」の研究を進めることで、「慰安婦」問題と日本近現代社会との接続をはかった研究や［西野・小野沢編　二〇一五］、「慰安婦」問題を軍事性暴力と日常世界に接続し、「慰安婦」問題から考える必要性を提起した研究がそれである［歴史学研究会・日本史研究会編　二〇一四］。

3　歴史学の見直し

歴史の見直しと連動するようにして歴史学を根本的に見直し、歴史学の意味をあらためて明示しようとする試みがみられる。そこに「新自由主義の時代と歴史学」の重要な特徴がある。

一九九六年、安丸良夫は自らの歴史学の方法に関する論集をまとめるにあたり、「はしがき」を添え、そのなかで歴史家／安丸良夫の役割について論じている［安丸一九九六］。安丸はそこで、歴史家の歴史認識は、(i)史料とそこから導き出される「事実」、(ii)私たちが生きる現実世界の全体性、(iii)(i)と(ii)に向き合う私、の三つの次元をもち、歴史家は三つの次元に拘束されていることを自覚する限り、史料読解や歴史認識において、単なる恣意性を免れる道が拓かれていると指摘した。

いま、あらためて安丸の「はしがき」を読むと、安丸は歴史家の営為一般を論じるだけでなく、一九九〇年代半ばという激変の時代にあって、安丸自身が歴史に向き合う方法を根源的に再検討しようとしていたことがよくわかる。たとえば、「こうした方法意識をもっている歴史家としての私のさらに前提に、より根源的には現代に生きる一人の人間としての私がある」、現代史の専門家でもない私（安丸）が現代日本について発言をしてきたのは、「(ii)の次元を見つめなおすことで(iii)の次元をも測りなおそうとしてのことにほかならない」といった文章である。安丸は以前から史料について論じることの多い歴史家であった。その安丸は、一九九〇年代半ばの「現代に生きる一人の人間としての私」と「生きる現実世界の全体性」を見つめなおすために現代日本について発言を続け、そこからあらためて(i)と(ii)に向き合う私を自覚しようとしていたことになる。いまからみれば、一九九〇年代半ばは新自由主義の時代が進行しはじめていた時期にあたる。認識論的な問いと新自由主義が重なる時代状況において、歴史学のあり方の根源的な再検討の必要性を論じたのが安丸の「はしがき」であったといえよう。

それでは、歴史学をどのように再検討するのか。たとえば、遅塚忠躬は、「事実」―「史料」―「歴史家」の関係について、歴史上の「事実」には、「揺らがない事実」（構造上の事実）と「揺らぐ事実」（事件史上の事実、文化史上の事実）があり、「史料」にもとづいてこれらの「事実」を確定することが「歴史家」の役割だとして、「事実」と「史料」の関係について詳細に論じている〔遅塚　二〇一〇〕。ただし、遅塚の議論では、「事実」―「史料」―「歴史家」と記されているものの、史料を読み解く主体である「歴史家」についてはほとんど論じられていない。今までの議論が、史料論―歴史学論の関連を問うていたのに対して、史料論―歴史家論―歴史学論として、歴史家が史料を読み解くことに焦点を合わせ、史料論に新たな光をあてようとしたのが、『歴史学研究』の特集「史料の力、歴史家をかこむ磁場――史料読解の認識構造」である〔『歴史学研究』　二〇一三―二〇一四〕。

この特集は、サブタイトルに「史料読解の認識構造」とあるように、史料を読み解くことの認識構造に焦点が合わせられている。歴史家はどのような認識のもとに史料を読み解いているのか、今まで史料論は多くあったものの、史料読解の認識構造は思いのほか議論されてこなかった。史料の読解には、一つひとつの史料の読み解きだけでなく、性格の異なる史料を照合し、当事者以外が作成した史料から当事者にかかわる事柄を読み解くなど、多様な局面がある。遅塚が想定した「事実」―「史料」―「歴史家」の関係は、実際にはきわめて複雑である。歴史家は史料と虚心に向き合い、史料の相互関係を読み解き、当事者以外の人による当事者像のなかに当事者を読み解く努力、史料を読み解くことへの自覚など、あらゆる試みを通じて史料を読み解き、歴史像をかたちづくりつつ叙述に向かって作品を完成させているはずである。とはいえ、叙述に至る過程の史料読解の認識構造について、歴史家はめったに語ることがなかった。この特集はそこに光をあてることで、歴史学をあらためて根本的に問い直そうとしている。この特集ではまた、時代状況や言語論的転回後の史料をめぐる議論など、「歴史家をかこむ磁場」に自覚をもつことが促されている。(3)

特集を読み、ふたつのことが強く印象に残った。ひとつに、史料読解の認識構造の検討には、さまざまな困難や緊張関係をともなうことである。とくに史料を残すことが少ない人を対象にする場合や、訴訟文書や野戦郵便など、限定された状況のもとでの史料読解は容易でなく、さらにそこでの認識を説明することは簡単なことでない。史料読解にともなう困難や緊張関係は、歴史学のあり方とも密接にかかわっている。歴史学は今を生きながら過去を問うものである。だが、そもそも今を生きつつ過去を問うことはできるのかという根本的な問いがある。認識論的な問いもそこにかかっている。根本的な問いを前にして、歴史家はあらゆる試みをとおして史料読解の緊張と決断に向き合う。その試行錯誤の先に、歴史像形成—歴史叙述に至る道が拓けるときがある。史料は読み解かれてはじめて生気が宿るのであり、そこから新しい発見や可能性が拓ける。史料読解の認識構造からは、歴史学の困難と可能性の両方を検証できるように思われる。

もうひとつは、言語論的転回以降の史料読解についてである。日本で言語論的転回の議論が歴史学におよんだのは一九八〇年代以降のことである。それから二〇年以上を経過し、ようやく言語論的転回の認識と具体的な史料読解・歴史叙述の作業を結びつけようとする段階にさしかかってきた印象を受ける。特集に掲載された松原宏之と藤野裕子の論文は［松原　二〇一三、藤野　二〇一三b］、いずれも言語論的転回をふまえた新たな史料読解論であり、史料読解の認識構造に言及しながら、表象と主体をあらためてつなぐ試みがなされている。通例、史料読解の認識構造が明らかにされることは少ない。だが、言語論的転回後の歴史学にとって肝要なことは、歴史叙述の背後に隠れがちな史料読解の認識構造を含めて歴史を叙述することである。(4)

先に歴史学の見直しと歴史の見直しが連動しているところに「新自由主義の時代と歴史学」の特徴があると述べた。この連動について考えるヒントを、二〇一二年に「歴史学のアクチュアリティ」をテーマにして開催された歴研七〇周年のシンポジウムから得ることができる［歴史学研究会

編　二〇一三]。

報告をした五人の歴史家のなかで岸本美緒と栗田禎子は、歴史学のアクチュアリティをめぐって、大きく異なる論点を提示している［岸本　二〇一三、栗田　二〇一三］。帝国主義と「たたかいの記憶」を軸にして現代史の組み替えを主張した栗田は、「現代史」へのコミットメントにこそアクチュアリティがあると考えるのに対して、岸本は「日常生活」の「気づき」「驚き」を重視し、「日常生活」にこそアクチュアリティの足場があるとした［池・大門　二〇一三］。

二人の議論は対照的にみえるが、岸本の整理もふまえれば、今まで日本の歴史学では、歴史認識の立場性（ポジショナリティ）から現実へのコミットメントを問題にしてきたのに対して、actを含み、「現実」「実在」とも訳されるアクチュアリティの場合には、同じ現実へのコミットメントであっても、研究者個々人がコミットする際の身振りやふるまいまで含むところに特徴がある［池・大門　二〇一三：ii～iii］。アクチュアリティは、現実へのコミットメントとコミットする際の身振りやふるまいを含むと整理してみれば、二人の議論は、まずは自分の足場や拠点を示したものであり、もうひとつの論点を否定しているわけではない。岸本は、まず「日常生活」での「気づき」やふるまいに歴史学のアクチュアリティの足場があると考えており、そここそが現実にコミットメントする源泉だと考えている。それに対して栗田は、「現代史」のアクチュアリティに歴史学のアクチュアリティの拠点を定めているが、エジプト「民衆革命」を通じて「歴史に追い抜かれた瞬間」を味わったとする個所や、三・一一をめぐる言及には、栗田自身の経験と自己論及が含まれており、自分の身振りやふるまいを含めて「現代史」のアクチュアリティを考えていることがわかる。

認識論的な問いと新自由主義が重なる時代状況では、歴史と歴史学の根本的な見直しなしに歴史学を論じることはできない。その際に必要なことは、一人ひとりの歴史家が、たとえば史料読解の認識構造を論じることで歴史学の存在を証明することであり、同時にその歴史家がアクチュアリティにどのように向き合っているのかを論じることである。現実とどのように接したときにアクチュアリティを獲得できるのか、岸本と栗田の議論からは、歴史学のアクチュアリティを考えるうえで大事な示唆を得ることができる。

今までの検討をふまえ、第四次の課題をいったん整理しておく。二〇〇一年から二〇一五年に至る歴史学で留意すべきことは、歴史像の見直しがあらわれてきたことであり、さらに歴史学のあり方をあらためて検証しようとする機運がでてきたことである。そこでの機運は、史料の収集・選択・読解から歴史叙述に至る歴史学の営為の全面におよぼうとしている。歴史学の営為とは歴史家の実践のことであり、歴史家の実践に焦点が合わせられていることもこの間の歴史学の特徴である。第三次の『成果と課題』では、構築主義的な認識に焦点が合わせられていたのに対して、第四次の対象時期になると、歴史学に固有の営為、歴史家に固有の実践とは何かが問われ、それらの全面的な検証に向かいつつある。とくに、歴史家の感情やふるまい、言葉が問題にされ、史料選択や歴史学の課題設定に向かう歴史家の感度や内面を含めて議論されつつあること、史料読解の認識構造を含めて史料読解に焦点が合わせられていること、史料読解から歴史叙述に至る過程の検証に光があてられていることは、第四次の大きな特徴である。認識論的な問いと新自由主義の時代が重なる状況に対し、第四次の重要な課題として、歴史学に固有の営為、歴史家に固有の実践とは何かを問うことが求められている。

4　歴史実践と「歴史家をかこむ磁場」

二〇〇四年に保苅実は、「日常的実践において歴史とのかかわりをもつ諸行為」を「歴史実践」と呼び、アボリジニの歴史実践を考えようとした［保苅　二〇〇四：五〇］。歴史は誰のものかという問いを立てるためであり、そこから保苅は、歴史と歴史学を再検討しようとした。

それに対してここでは、歴史の研究や教育に携わる人々が歴史にかかわる諸行為を「歴史実践」とする。具体的には、史料・方法・叙述を通じて歴史を研究し、教えること、社会にかかわることを歴史実践とし、歴史実践とそれらをとりまく環境を「歴史家をかこむ磁場」と呼ぶ。留意すべきは、歴史を通じて社会にかかわることだけを歴史実践と呼ぶのではなく、歴史に携わる人々が日々取り組む史料・方法・叙述から研究、教育、社会にかかわることを一連のこととして歴史実践と呼ぶことである。歴史と歴史学をあらためて問い直すためには、史料・方法・叙述を含めた歴史の実践的行為を見つめ直す必要があると判断したからである。

いまあらためて［保苅　二〇〇四］を読むなかで、「自覚」という言葉が浮かんできた。歴史実践の設定を通じて、保苅は歴史と歴史学に対してたえず自覚的であろうとする。アボリジニの歴史実践を反射鏡のようにして、自らの歴史実践を自覚的にとらえ直そうとする。同様に、第四次の『成果と課題』において、歴史実践と「歴史家をかこむ磁場」

を検討する際に大事なことも「自覚」である。歴史の研究や教育に携わる人々は、歴史実践と「歴史家をかこむ磁場」をいかに自覚し、歴史にかかわる諸行為はいかに自己言及的に取り組まれているのか否か。先の安丸の議論や、岸本と栗田の論文は、その点にかかわるものである。

おわりに
――第四次『現代歴史学の成果と課題』に向けて

第四次の『現代歴史学の成果と課題』の課題設定と編集方針を見定めるために、戦後の歴史学の変遷をたどり、一九九〇年代から現在に至る時代の歴史学は、「新自由主義の時代と歴史学」と位置づけることができること、この時代の歴史学にあって重要なことは、認識論的な問いと新自由主義の時代が重なる時期にあることをふまえること、そのもとで歴史の見直しと歴史学の見直し、歴史家の自覚と歴史実践に言及してきた。この時代状況のなかで、とくに二〇〇一年から二〇一五年までの歴史学はどのような特質をもっているのか、その成果と課題を検証することが第四次の役割である。

これまで述べてきた「歴史学の現在」をふまえるとき、編集委員会は、この一五年間の歴史学の特質を照射するためには、次の三つの側面から光をあてる必要があると判断した。歴史学の方法、歴史像、歴史実践の三つである。第四次は、この三つでそれぞれ巻を構成し、三巻構成とした。

第1巻は『新自由主義時代の歴史学』と題し、認識論的な問いと新自由主義の時代が重なるもとで、歴史把握の方法はどのような特徴をもっているのかをまとめて論じる。第2巻は『世界史像の再構成』である。今までの『成果と課題』では時代区分と歴史像は別に議論される傾向があったが、第四次では、時間と空間のかかわりを含めて世界史像はどのように再構成されてきているのか、そこに焦点を合わせる。第3巻は『歴史実践の現在』である。今までは「歴史認識」「歴史意識」などとして議論されてきた領域に対して、新たに「歴史実践」の視点を導入した。歴史修正主義の跋扈や人文社会科学の危機、若手研究者問題など、歴史学をとりまく環境をふまえたうえで、歴史実践の現在を検証する。

以上の三巻によって、二〇〇一年から二〇一五年における歴史学の成果と課題を明らかにする。

注

（1）ここは戦後歴史学そのものを議論する場ではないが、戦後歴史学をめぐっては、一九五〇年代における戦後歴史学の形象化と江口朴郎、荒井信一らの方法的反省を含めて理解する必要がある［大門　二〇一二：三四—三八］。

（2）その後、二〇一五年六月にも、大阪歴史科学協議会大会が「新自由主義と現代歴史学の課題」のテーマで開催されている。

（3）岡山地方史研究会では、二〇一四年七月に『歴史学研究』のこの特集の合評会を開催し、その成果をまとめている［岡山地方史研究会　二〇一四］。合評会には、岡山地方史研究会の会員をはじめとして、特集執筆者や歴研編集委員など全国からの参加者を含めて五〇名が出席し、「熱気」のこもった討論を行った（前掲「編集後記」）。

（4）長谷川貴彦は、英語圏における言語論的転回とその後の変化について言及している［長谷川　二〇一六：二〇六］。一九八三年に言語論的転回による歴史書を出版したステッドマン・ジョーンズは、二〇一〇年に日本語版が刊行されたとき、言語論的転回後における歴史家のアプローチの変化についてふれ、歴史家は「史料の内部において言語的な慣例が作動している」点に留意して、「いっそうの洞察力を必要とする複雑な織物をなす分析」をするようになったとして、言語／史料に向き合う「歴史家の実践」に言及している［ステッドマン・ジョーンズ　二〇一〇：x～xiii］。言語論的転回をふまえた史料読解論の試みであり、松原や藤野を含め、史料読解論は、言語論的転回後の歴史学の重要な検討課題になっている。

文献一覧

秋田茂「グローバルヒストリー研究から見た「植民地責任」論の問題点」『歴史学研究』第八六五号、二〇一〇年
浅田進史「歴史学のアクチュアリティと向き合う」歴史学研究会編『歴史学のアクチュアリティ』東京大学出版会、二〇一三年
池享・大門正克「まえがき」歴史学研究会編『歴史学のアクチュアリティ』東京大学出版会、二〇一三年
大門正克『歴史への問い／現在への問い』校倉書房、二〇〇八年
大門正克「「生存」を問い直す歴史学の構想——「一九六〇～一九七〇年代の日本」と現在との往還を通じて」『歴史学研究』第八八六号、二〇一一年
大門正克「解題——歴史学研究会の証言を読むために」歴史学研究会編『証言　戦後歴史学への道』青木書店、二〇一二年
岡山地方史研究会『岡山地方史研究』第一三四号、二〇一四年
小沢弘明「新自由主義下の社会」安田常雄編『シリーズ戦後日本社会の歴史　1　変わる社会、変わる人びと』岩波書店、二〇一二年
鹿野政直『化生する歴史学——自明性の解体のなかで』校倉書房、一九九八年
岸本美緒「中国史研究におけるアクチュアリティとリアリティ」歴史学研究会編『歴史学のアクチュアリティ』東京大学出版会、二〇一三年
木畑洋一『二〇世紀の歴史』（岩波新書）岩波書店、二〇一四年
栗田禎子「現代史とは何か」歴史学研究会編『歴史学のアクチュ

アリティ』東京大学出版会、二〇一三年
杉山伸也『グローバル経済史入門』（岩波新書）岩波書店、二〇一四年
ステッドマン・ジョーンズ、ギャレス「日本語版への序文」『階級という言語——イングランド労働者階級の政治社会史1832～1982年』長谷川貴彦訳、刀水書房、二〇一〇年
遅塚忠躬『史学概論』東京大学出版会、二〇一〇年
永原陽子「世界史のなかの植民地責任と「慰安婦」問題」西野瑠美子ほか編『「慰安婦」バッシングを越えて——「河野談話」と日本の責任』大月書店、二〇一三年
永原陽子編『「植民地責任」論——脱植民地化の比較史』青木書店、二〇〇九年
成田龍一・小沢弘明・戸邉秀明「座談会：戦後日本の歴史学の流れ」『思想』第一〇四八号、二〇一一年
西野瑠美子・小野沢あかね編『日本人「慰安婦」——愛国心と人身売買と』現代書館、二〇一五年
長谷川貴彦『現代歴史学への展望——言語論的転回を超えて』岩波書店、二〇一六年
藤野裕子「歴史学をめぐる承認—隔離—忘却——ジェンダー史を事例として」歴史学研究会編『歴史学のアクチュアリティ』東京大学出版会、二〇一三年a
藤野裕子「表象をつなぐ想像力——ルポルタージュ読解試論」『歴史学研究』第九一三号、二〇一三年b
保苅実『ラディカル・オーラル・ヒストリー——オーストラリア先住民アボリジニの歴史実践』御茶の水書房、二〇〇四年
松沢裕作「歴史学のアクチュアリティに関する一つの暫定的立場」歴史学研究会編『歴史学のアクチュアリティ』東京大学出版会、二〇一三年
松原宏之「歴史の変動、歴史家の変革——レイモンド・フォスディックと第一次世界大戦期アメリカ改良運動の交錯する波」『歴史学研究』第九一三号、二〇一三年
水島司『グローバル・ヒストリー入門』山川出版社、二〇一〇年
安丸良夫「はしがき」『〈方法〉としての思想史』校倉書房、一九九六年
安丸良夫「表象の意味するもの」歴史学研究会編『現代歴史学の成果と課題　一九八〇—二〇〇〇　Ⅰ　歴史学における方法的転回』青木書店、二〇〇二年a
安丸良夫「20世紀——日本の経験」加藤哲郎・渡辺雅男編『20世紀の夢と現実——戦争・文明・福祉』彩流社、二〇〇二年b
安丸良夫『文明化の経験——近代転換期の日本』岩波書店、二〇〇七年
『歴史学研究』第八三九号、二〇〇八年
『歴史学研究』第九二四号、二〇一四年
『歴史学研究　特集　史料の力、歴史家をかこむ磁場——史料読解の認識構造』Ⅰ—Ⅲ、第九一二—第九一四号、二〇一三—二〇一四年
歴史学研究会編『歴史学のアクチュアリティ』東京大学出版会、二〇一三年
歴史学研究会・日本史研究会編『「慰安婦」問題を／から考える——軍事性暴力と日常世界』岩波書店、二〇一四年

第1章　歴史把握の方法

1　新自由主義の時代と歴史学の課題　I

小沢　弘明

はじめに

新自由主義という言葉は、日本ではかつて、ウッドロー＝ウィルソンの著書*New Freedom*の訳語として使われたり（ウイルソン『新自由主義』勧学社、一九一四年）、両大戦間には保護貿易に対する自由貿易の主張として用いられたりしてきた（上田貞次郎『新自由主義』同文館、一九二七年）。一九二八年には、新渡戸稲造を会長とする新自由主義協会の機関誌『新自由主義』が創刊されてもいる。現在でも、一九世紀末のニューリベラリズム（社会的自由主義）に、新自由主義という日本語の訳語をあてることがある。しかし、本稿で使用する新自由主義（ネオリベラリズム）とは、社会的自由主義への対抗をめざし、両大戦間のオーストリアでハイエク、ミーゼス、ポパーらの思想として成立し、一九四七年のモンペルラン協会の結成から一九七〇年代まで各国における政策化のために運動が展開され、一九七〇年代から現在まで新自由主義国家として体制化するに至った思想・運動・体制の総体を指す。

本稿が、新自由主義を二〇～二一世紀の歴史のなかに時代として位置づけようとする理由は、第一に、それが少なくとも二〇世紀史全体の把握に影響を与えるからであり、第二に、二〇〇七～二〇〇八年の金融危機を契機として、新自由主義の「破局」や「終焉」や「総括」、あるいは逆にその「復権」を性急に語る言説が巷間に溢れているからである。以下では、新自由主義をどのように歴史的に語るかを含めて、この間の日本の歴史学および諸科学の成果を示しつつ、なぜ歴史学は、いまもなお新自由主義の時代を自らの課題として把握することに「困難」を抱えているのか、その要因も合わせて探ることにしたい。

1　新自由主義の課題化的認識

新自由主義は単なる経済・財政政策ではない。このことを認識しなければ、歴史的把握も経済政策史に縮減されてしまう。新自由主義は社会のあらゆる場所に遍く存在しているために、いかなる問題のどの点が新自由主義の発現形態であるのかを認識することが難しく、かつ個別の局面から全体を認識するという想像力が必要となる。

　新自由主義の外形的特徴のひとつは「小さな政府」「小さな国家」の実現である。それには、まず人員削減という観点からの行政改革が行われる（日本の場合は、新自由主義体制以前にすでに「小さな政府」である［前田　二〇一四］）。同時に公共部門の私有化（privatization）が進められる（これを民営化と称する慣行は、後述する「新自由主義の言語」の一形態であろう）［須田　二〇一一］。新しい公共経営（New Public Management）は、歴史系の博物館や美術館にも及び、自治体の指定管理者制度というかたちで歴史研究者にも身近なものとなっている［『歴史学研究』二〇〇八］。こうした問題領域は、同時代の認識にとどまらず、たとえば一九世紀の「安価な政府」論とどの程度の共通性があるだろうか。

　国家や自治体の行うべき部門を、地域社会に負わせたり、家族や個人の責任に帰する「補完性原理」という考え方は、新自由主義の基軸的原理のひとつであるが、社会参加という自発性を調達しつつ、「行政パートナー」と名づけてボランティアの無償労働に依拠するという問題は、この間、社会学の課題となっている［渋谷　二〇〇三、仁平　二〇一一］。ここでは、なぜ義勇軍という原義が中産階級的な無償労働に転用されるようになったのか、「参加への封じ込め」（渋谷）といった事態がなぜ生じるのか、歴史的に把握すべき問題は多いように思う。このような社会への積極的な介入によって市場化や新たな統治を進めようとする権力を筆者は市場化権力と呼ぶことにしているが、こうした権力のあり方については、フーコーの「統治性（ガバメンタリティ）」の議論等をふまえた検討が哲学の領域で展開されている［佐藤　二〇〇九］。

　その際、権力関係の変容は、ポストフォーディズムの時代の労働の変容と表裏一体のものとなっている。労働は、カジュアル（不定期、一時的）で、フレキシブル（柔軟、不安定）で、モバイル（移動性、流動性）なものとなっており、そうした労働形態への転換とその管理が新たな権力の目的となっている［法政大学大原社会問題研究所・鈴木　二〇一〇、森島　二〇一一］。もはや、常雇で定住する工場労働者は、認識の前提とはなりえない。こうした労働のあり方は、家事労働を含めた労働全体のグローバル化の進展を背景としており、プレカリアート的形態が労働のすべての領域で規範化されることになる［上野　二〇一一］。

新自由主義時代の教育のありようも、このような労働世界の変容を背景にして、個人の内面に市場原理と労働規律を組み込んだ主体を形成する営みだといってよかろう。そこでは、個性や自律性、主体性といった「近代的」人間像自体が、新自由主義に親和性のあるものとして問い直される事態となっているのであり、新保守主義による支配という観点から教育の問題を考察することでは、もはや足りないであろう［堀尾・小島 二〇〇五、佐貫・世取山 二〇〇八］。

「地域」という問題も、新自由主義における位置づけをめぐって再編の過程にある。先述の補完性原理にしたがえば、基礎自治体の果たす役割は国家や広域自治体に比して相対的に大きなものとなることを想定されている一方、市場国家のなかでは、地域間格差の拡大が進まざるをえない。こうした役割と権能の乖離、協力と競争の狭間に「地域」は落とし込まれているのである［長谷川啓哉 二〇一二、神田 二〇一四］。ITやバイオ産業を中核とするクラスター政策という名の地域振興策は、「国土の均衡ある発展」というスローガンを放棄して「地域間競争の促進」へと舵を切り、ローカル・オプティマムの名のもとに地域間格差を容認し、ナショナル・ミニマムやシビル・ミニマムという観点を捨てたところにはじめて成立する考え方だといえよう［松原 二〇一三］。また、これまで地域は基本的に国民国家との同調や対抗という関係でとらえられてきた。しかし、新自由主義の現実は、クラスター政策を含め、地域が直接グローバル資本主義と対峙・接合する事態を引き起こしているのであり、そうした地域の現在のあり方は、歴史認識にも影響を及ぼすであろう。地域史や地方史は、もはや国民史を超えて、世界史とじかに接合することになる。

新自由主義は諸国家の内部で格差社会を生み出しているが、それだけではない。新自由主義は世界規模で地域の構造化を進めており、構造調整の名のもとに、諸地域を新自由主義グローバリゼーションのなかに位置づけようとしている。日本ではこの間、ラテンアメリカについての研究が大幅に進展しているが、これについては本書第二巻の鈴木茂の文章を参照されたい。ここでは、グローバルサウス全般に関する松下冽らの研究をまずあげておく［松下 二〇〇七、藤田・松下 二〇一二］。新自由主義による構造化が資本主義の相対的周縁でより大きな矛盾をもたらすとするなら、それら諸地域の比較から有効な視点がえられる場合がある。中東欧・ロシアとラテンアメリカを比較するという村上らの試みも、新自由主義という比較の軸を設定することによってはじめて可能となったものといえよう［村上・仙石 二〇一三］。また、新自由主義の世界と人々の生活世界における生業との関係については、歴史学よりもむしろ人類学による研究成果が相次いでいることにも注目したい［松井ほか　二〇一一、清水展　二〇一三］。そこでは、人々の生活世界が、受動的な客体であるという観点からではなく、主体的な戦略を発揮する場として把握されている。

こうした世界の構造化はそれを進める権力の存在があってはじめて成立する。この権力をさしあたりグローバライザーと呼んでおこう。なかでも、ＩＭＦ、ＷＴＯ、世界銀行といった国際機関の果たす役割に関する検討が必要となる。とくにこれらの国際機関が、ワシントンコンセンサスにもとづく経済・財政政策と並んで、環境政策や教育政策といった点にまで世界的な規範を提供していることが注目される［池島　二〇一四、西川　二〇一四、松本　二〇一四、細井ほか　二〇一四］。こうした世界の構造化を帝国主義という観点から把握しようとすれば、それは「新帝国主義」という議論に接続するものとなるが、この点については本巻の栗田禎子の文章をお読みいただきたい。

2　新自由主義の時代を把握する

ここまで、歴史学の研究成果というよりも歴史学以外の研究成果に多くふれてきた。それは、「新自由主義の時代に関する歴史学」というものを構想できるとして、その実現には諸科学の成果と接続することが必須であることを示すためである。それぞれの論点において歴史学に提起されている問題について、短く言及したのもそのためである。いまひとつの意図は、新自由主義を経済政策に局限せず、広がりのあるものとして把握し、新自由主義の時代に関する歴史学を諸科学の総合という観点から、また世界史という観点から考えるためである。

思想・運動・体制

一般に新自由主義の体制は、一九七三年のチリ（日本では、長沢栄治・栗田禎子が一九七〇年のエジプトを起点として考えている）という相対的周縁における実験に始まり、一九七九年のイギリス（サッチャリズム）や一九八一年のアメリカ（レーガノミクス）において先進資本主義国の政策として導入されたと考えられている。一九八〇年代には、第三世界プロジェクトが挫折したのちに、新自由主義国家は広くグローバルサウスに拡大していく。こうした体制の問題を考える場合に、地球規模の比較の視点が求められるだろうし、たとえば教育学の成果だからといって斉藤泰雄の研究を逸することはできないであろう［斉藤　二〇一二］。

また、新自由主義の時代は体制期に局限されるものではない。思想・運動・体制という視点から新自由主義の全体をとらえるなら、一九三〇年代以降（世界恐慌以降）の歴史全体を考慮に入れることが必要となる。この点で、オーストリアにおける新自由主義の思想の生成過程については、経済思想史の研究成果があり［森　二〇〇六、中山　二〇一〇］、経済史の領域でも思想と運動の双方が検討に付されている［権上　二〇〇六］。また、アルゼンチンやイギリスといった各国ごとの体制形成を主題とする研究においても、その淵源をたどろうとすれば、思想と運動についてふれざるをえない［宇佐見　二〇一一、二宮　二〇一四］。日本においても、木内信胤の世界経済調査会の活動、経済同友会の「新自由主義推進委員会」（一九七三年設立）の活動、などをみれば、種々のシンクタンクを通じて政策化をめざす新自由主義の運動の局面は、当然のことながらオイルショック以前から存在しているのである。

自由主義の歴史的展開

さらに、歴史学が強みを発揮できる領域があるとすれば、それは「新自由主義の時代を歴史のなかに位置づける歴史学」といったものであろうか。それは、新自由主義に先行する時代を、古典的自由主義・社会的自由主義・新自由主義という自由主義の展開過程として歴史的に位置づけるという作業でもある。もちろん、このような区分をすれば、ただちに、連続か断絶か、進歩か発展か、といった時代区分にまつわる議論に逢着するし、そもそも新自由主義の時代を時代区分の基礎に据えることができるのか、という問題も生じる。

しかし、新自由主義に対する視点は、社会的自由主義（介入的自由主義といっても、その体制期を福祉国家と呼んでもよい）のあり方の再検討につながり［小野塚　二〇〇九］、そうした福祉国家の源流をたどるならば、さらに「長い一八世紀」にまでさかのぼることができる［長谷川貴彦　二〇一四］。こうした長期の視点で自由主義の展開について語ることは、歴史学の持ち味を活かすことになろう。

筆者はかつて古典的自由主義の時代の検討が新自由主義の時代に新たなアクチュアリティと意義を獲得しているのではないか、との問題提起を行ったことがある［小沢　二〇〇七ａ］。その場合の古典的自由主義とは、一八世紀の古典派経済学の思想、営業の自由や自由貿易といった運動、一九世紀の体制としての「資本の時代」（ホブズボーム）を念頭におくものであった。しかし、日本における自由主義研究は、必ずしもそのような歴史性を前提とするものとはなっていないようである。たとえば、人民中国形成以前のリベラリズムを検討する水羽信男はリベラリズムを次のように定義している。「多元的な価値観の共存を前提とする寛容の精神、あらゆる権力・権威に対する批判の自由、人道主義に基づく良心に従う勇気など、個の尊厳に基礎をおく自由と平等に関わる諸原則を実現しようとする思想・運動」［水羽　二〇〇七：六］。この定義には、経済的自由主義についての言及が存在しないだけでなく、歴史の現実についての分析というよりは規範をまず設定している。こうした把握に対しては、かつての藤原保信の議論（『自由主義の再検討』）を持ち出すことも可能であろうし、すぐさま、「リベラリズムに埋め込まれた暴力性」［清水耕介　二〇一三］や「寛容の帝国」（ウェンディ・ブラウン）、「人道的帝国主義」（ジャン・ブリクモン）といった議論が対抗的なものとして想起されよう。

また、帝国主義と自由主義との関係については、自由貿易帝国主義の議論を導入するまでもなく、両者の相補関係を否定することはできないであろう［浅田　二〇一一］。こうした「帝国的自由主義」はもとより、ことがらを政治的自由主義に限定してみても、有産者による支配、ジェンダー化された政治主体の形成、移民の排除という側面を考慮せずに、「自由主義」について語ることはもはや困難である。自由主義や自由主義への対抗をめぐる議論は、あくまで歴史的に、かつもろもろの言説の布置のなかで、理解すべきものであろう［源川　二〇〇九］。

新自由主義を認識するにあたって、古典的自由主義や社会的自由主義の評価は、議論をさまざまに分岐させる役割を果たしている。岡田与好にならって、経済的自由主義には「独占放任型自由主義」と「反独占型自由主義」の二類型があり、両者の関係と対抗の意味を歴史的に探ることが不可欠であるとするなら、古典的自由主義に対する評価は「独占放任型自由主義」であるようにみえる新自由主義の評価をどのように規定することになるだろうか。また、新自由主義が社会的自由主義を標的にしたことから、ポスト新自由主義を構想する者は、しばしば「新福祉国家」を志向する。しかし、福祉国家と社会的自由主義を支えた社会民主主義のなかから新自由主義が生み出されたことは、ニュージーランド労働党政権のロジャーノミクス、イギリスにおけるブレア労働党政権のニューレイバー、ドイツにおけるシュレーダー社会民主党政権の「新しい中道」をみれば明らかである。北欧型福祉モデルにおいても、社会民主主義の内部から新自由主義政策が生み出されている［鈴木　二〇一〇］。そして、このような連続面は、新自由主義からポスト新自由主義に移行する際にありうべき連続の側面にも作用せざるをえないであろう。

3　新自由主義時代の歴史学

二〇〇〇年代に入って、歴史学関係の諸学会では新自由主義を主題とする検討が行われるようになった。しかし、そこでは現状分析という受け止め方や新自由主義の問題は現代史に限定されるもの、という観念が大半であり、広く歴史認識や世界史認識、さらには自己の研究主題までを規定する問題群であるという自覚には必ずしも至っていないようにみえる。その理由は何であろうか。新自由主義の統治を成立させているのは、市場化権力としての強制だけではない。たしかに、市場化に馴染まない分野を市場化するには強制が必要だという点では、国家の果たす役割は大きい。そして、このことは「小さな政府」という言説とはなんら矛盾するものではない（第一次安倍政権の「筋肉質の政府」論）。しかし、「強力」と並んで重要なのは、グラムシの議論をまつまでもなく、歴史や文化の領域において被治者の「同意」を持続的に調達するという機能である。現代歴史学の営みも、こうした同意の調達に対応する同意の付与という役割の一端を担っているのではないだろうか。

新自由主義の言語

たとえば、市民社会論を背景に、近代人としての自立した個という観点から、個性や個別を重視すれば、現在では普遍主義を否定するロマン主義的言説に接近したり、社会や共同性を抹消した国家と個人の二元論に逢着することになる。市民社会論の言語は、いまや新自由主義に横領されているのである。自助や自己責任は、一九世紀に成立した有産者の行為規範である。この経営主体としての個に立脚するブルジョワジーの行為規範が、新自由主義の時代には普遍化されているといってよい。「公と私」を「官と民」として理解して、非効率か効率かといった対立軸に落とし込むことによって、公共的なものの私的占有を許すこともある。そして、「健全な競争」という言葉で、競争を通じた独占によって競争が排除される事態を認識しないという状況が生み出される。大規模災害が起こると、そこからの「創造的復興」という名の惨事便乗型資本主義（ナオミ・クライン）が発動される。こうした新自由主義の言語によって私たちが取り囲まれている状況のもとでは、あたかも、自然の過程のように映る「グローバリゼーション」という用語を拒否して、あえて「グローバリゼーション政策」という言葉を使う社会学者ピエール・ブルデューのような、批判的言語感覚が必要なのであろう。この点では歴史学もまた、批判的談話分析（ＣＤＡ）という社会言語学の方法に学ぶところが多いのではないだろうか［出水　二〇一〇］。

冷戦思考の持続

一九八九年の東欧諸国の体制転換や一九九一年のソ連の解体は歴史学にも大きな影響を与えた。しかし、その影響とはどのようなものであったろうか。たとえば歴史学研究会の大会では、一九九〇年代の半ばから間欠的に「ポスト冷戦」という概念が使われている（一九九五年、九六年、二〇一〇年）。『歴史学のアクチュアリティ』（二〇一三年）のなかでも座談会のひとつのタイトルとして「ポスト冷戦」が据えられている。これらは、同時代史を冷戦とポスト冷戦に二分しているわけであるが、その区分の意味内容は必ずしも明確ではない。

たとえば、東欧諸国については、ポスト社会主義の体制として、しばしば剝き出しの市場急進主義を背景とした純粋な「新自由主義型国家」（バルト三国）、市場経済への転換と社会的包摂を組み合わせた「埋め込まれた embedded 新自由主義型国家」（チェコ、スロヴァキア、ハンガリー、ポーランド）、より社会民主主義的な「ネオコーポラティズム型国家」（スロヴェニア）等と類型化して理解しようとする試みが存在している。また、この体制転換全体を「新自由主義革命」という概念で把握しようとする議論もある。だとするなら、これらの転換は、冷戦とポスト冷戦の分水嶺ではなく、新自由主義の世界的体制化の一局面として位置づけ直すことができるのではないだろうか。「民主化 democratization」といった新自由主義の言語に対して無批判な言論状況が、こうした因習的な二分法を支えているようにみえる。一九九一～九四年のアパルトヘイト体制からの転換過程をやはり「民主化」の名で表現されることの多い南アフリカについても、アパルトヘイト体制から新自由主義的アパルトヘイト体制への移行（新自由主義的解放 Neo-Liberation）という観点から、あるいは「第二革命」の必要性という観点から、その問題性を示そうとする研究もあらわれている。

また、このように一九八九、一九九一年を冷戦体制の終点としてとらえないのであれば、一九一四～一九九一年を、第一次世界大戦、第二次世界大戦、冷戦という三つの総力戦のもとでの「短い二〇世紀」（ベレンド、ホブズボーム）と考える議論に対しても、再考を促すことになる。

冷戦思考のいまひとつの発現形態は、近代化論への拝跪である。冷戦は西側諸国の勝利に終わったのだから、それを支えた政治・経済・文化の体制は当然従うべき規範であるという考え方である。こうした冷戦における勝利のユーフォリアを前提とすれば、冷戦期のアメリカ政治学の産物である近代化論は、歴史意識のなかに深く潜行しているといってよい。金原左門、安丸良夫や和田春樹といった人々がかつてその批判に取り組んできた近代化論について、私たちはすでにそれを克服していると安んじていえるだろうか［金原　二〇〇〇］。また、冷戦が終わったのだから、私たちは歴史を中立的に、客観的にみることができる、という言明があるとしたら、それに対しては、新自由主義の時代における中立や客観とは何であるのか、という問いを投げかけることができるだろう。

さらに、新自由主義の時代には、冷戦のなかで強調されてきた、日本型国民国家についての特殊性論では理解できない問題が出現しているように思う。たとえば、冷戦期には、日本国家が西側世界に組み込まれて冷戦国家の特徴を示し、アジア・アフリカ・ラテンアメリカ（AALA、この概念自体が日本特有のものである）との連帯が阻害されているという観点から、非同盟運動への関心が高まっていた。しかし、そうしたAALAはいまや例外なく新自由主義国家に転化したといえる。私たちはもはや、ベトナムの新自由主義やカンボジアの新自由主義についても語ることができる。また、冷戦期に市民社会のモデルとして西洋近代や福祉国家が措定され、会社主義といった克服すべき日本的特徴が強調された。しかし、モデルであった西洋近代や福祉国家もことごとく新自由主義国家に帰着している。もちろん日本自体も新自由主義国家のひとつとなった。そうであるならば、新自由主義の受容の特徴や「翻訳」「翻案」の差異に留意するにしても、比較史の視点は、異なる型というよりも、新自由主義という同一性のなかのヴァリアントを考えるというかたちで設定されることになろう。

知識資本主義

二〇〇八年に顕在化した金融危機を契機に、新自由主義は広く批判や克服の対象として認識されるようになった。それにもかかわらず、新自由主義は消滅することはなく、かえってその「奇妙な不死 Strange Non-Death」（イギリスの政治学者コリン・クラウチの言）について語られている。クラウチ自身は短期的理由から考察しているのだが、むしろその不死の理由は、新自由主義が一時の政策ではなく、資本主義そのものの歴史的構造転換を背景にしているからだと考えられる。

現代資本主義の特徴は、「知識経済」「知識主導型経済」「ニューエコノミー」といった概念で説明されている。また、大学に関係していれば、「知識社会」や「知識基盤社会」といった用語にも大いに馴染みがあろう。これらはすべて、

「知識資本主義」という資本主義の新たな蓄積形態の別名である。つまり、一八世紀に始まる産業資本主義の時代が一九七〇年前後から終わりを迎えはじめ、知識や情報を商品化し、知識や情報の格差を基軸に差異をつくりだして資本蓄積を行う新たな資本主義の形態が生成しつつあると考えられているのである［小沢 二〇〇七b］。知識資本主義は、情報資本主義という概念で把握されることもあり、近年では認知資本主義という用語も使用される。日本における政策用語でいうならば、知的財産立国（知的財産基本法、二〇〇二年）や無形資産大国（経済財政白書、二〇一一年）という表現が関連しているだろう［内閣官房知的財産戦略推進事務局、二〇〇三］。

もとより、日本では、知識資本主義の独自の蓄積形態のあり方として、知的財産を資源として各国に輸出しようとする「知的資源立国」論や国際標準化戦略、惨事便乗型資本主義の一形態である「防災技術大国」論も唱えられており、知識資本主義がまずは資本主義世界体制の中枢における議論であることは言うをまたない。ただし、産業資本主義の歴史的経験と同様に、知識資本主義へのキャッチアップからフロントランナーへ、という議論は広範に存在しており、中国の自主創新型国家論、韓国の知識経済部を中心とする科学技術政策、グローバルサウスにおける知識資本主義に照応する技術革新政策の実施主体の形成（たとえば、バルバドスの教育・科学・技術・イノベーション省、カーボベルデの高等教育・科学・イノベーション省、ナミビアの高等教育・職業訓練・イノベーション省）など、高等教育とイノベーションを直結させる知識資本主義への動きは世界的現象であるといってよかろう。

かつて、近代史のなかで産業資本主義の時代を把握しようとするとき、産業革命の史的分析、封建制から資本制への移行、工業化と工業社会の比較史、工業化と民衆世界の変容など、歴史学においても多様な研究領域と視角が生み出されてきた。知識資本主義という時代把握は、それゆえ、現代史において、知識資本主義への転換過程の史的分析、知識資本主義と知識社会の比較史、知識資本主義と民衆世界の変容といった新しい研究領域と新しい視点の採用を促すものであろう。同時にそのような知識資本主義に対する把握の仕方が、産業資本主義の時代に対する理解を変容させていくであろうし、ひいては産業資本主義の形成を前提とするような「前近代史」の認識方法にも再検討を迫っていくのではないだろうか。

ポスト新自由主義と対抗運動

新自由主義の後の時代を構想できるか、という課題はもはや歴史学の課題ではない。「ポスト新自由主義」という言葉遣いはラテンアメリカでは一般的であるが、他の地域について用いられることは少ない。一九九〇年代から二〇〇〇年代にかけては、チャベス（ベネズエラのボリバル革命）、モラレス（ボリビア）、ルーラ（ブラジル）、オルテガ（ニカラグア）、サパティスタ民族解放軍（メキシコのチアパス）などが、新自由主義への対抗勢力としてとらえられていたが、現在では、新自由主義とポスト新自由主義の関係は、対抗的というよりも、緩やかな相互浸透という関係として理解されているようである［上谷　二〇一四］。また、新自由主義グローバリゼーションに対抗して、先進資本主義国の通貨取引に課税しようとする「トービン税」の構想や、それを支えるアタック（ＡＴＴＡＣ）の活動、一九九九年のシアトルにおける反ＷＴＯ闘争を基礎にして二〇〇一年にブラジルのポルトアレグレで結成された世界社会フォーラムＷＳＦの活動などは、反新自由主義の対抗運動と位置づけることはもちろん可能である。

しかし、これらの対抗運動は、しばしば個別化と分断統治の対象となり、つねに上から利害対立が形成されている。労働者の運動としても、正規と非正規、常勤と非常勤などの対立が埋め込まれ、さらにはジェンダー、年齢別集団、エスニックグループ、世界資本主義における中心と周縁といった差異が利用される（日本ではすでに二〇〇二年に、女性において正規雇用と非正規雇用が逆転している［三浦　二〇一五］）。現在のところは、こうした分断を乗り越えるような連帯はいまだ形成されていないようにみえる。

また、歴史学の課題としては、これらの対抗的な社会運動を同時代の運動史の分析対象として措定することもできるが、現在のところそうした試みは廣瀬純や道場親信のものを除いて少ないようである［廣瀬　二〇〇六、道場　二〇〇八］。ポスト新自由主義の対抗思想については、ポランニーへの高い関心に注目しておきたい［若森　二〇一一］。

おわりに——新自由主義の世界史・国民史・社会史

これまでの議論のなかで、この間の研究動向をまとめてきた立場は明確であろう。筆者は、グローバルヒストリーという言葉を使うよりも、新自由主義の世界史を構想することのほうが喫緊の課題であると考えている。また、国民国家の性急な相対化というよりも、新自由主義の時代に「国民競争国家」や「市場国家」、はては「刑罰国家」として新たな役割を自らに付与するようになった国民国家の問題をあらためて検討すべきものと考えている。つまり、新自由主義権力を行使する国家の問題を国民史として分析の対象としなければならない、ということである。また、地域社会や人々の生活世界が、グローバルで新自由主義的な世界と直結している現状を考慮に入れれば、新自由主義の社会史の主題は権力と直接向き合うものとならざるをえない。

なにより、知識資本主義という資本主義の新たな形態の歴史的分析に取り組むことが必要であろうし、そのためには、新自由主義の世界史を「知識資本主義の世界史」とでも呼ぶべきものと接続させて考えていくことが課題となるのではないか。

文献一覧

浅田進史『ドイツ統治下の青島――経済的自由主義と植民地社会秩序』東京大学出版会、二〇一一年
池島祥文『国際機関の政治経済学』京都大学学術出版会、二〇一四年
出水純二「日本の新自由主義的ディスコース――小泉郵政解散演説の批判的談話分析を通じて」『社会言語科学』第一三巻第一号、二〇一〇年
上谷直克編『「ポスト新自由主義期」ラテンアメリカにおける政治参加』アジア経済研究所、二〇一四年
上野加代子『国境を越えるアジアの家事労働者――女性たちの生活戦略』世界思想社、二〇一一年
宇佐見耕一『アルゼンチンにおける福祉国家の形成と変容――早熟な福祉国家とネオ・リベラル改革』旬報社、二〇一一年
小沢弘明「新自由主義時代の自由主義研究」『人民の歴史学』第一七四号、二〇〇七年ａ
小沢弘明「知識資本主義と新自由主義大学」『科学』第七七巻第五号、二〇〇七年ｂ
小野塚知二編著『自由と公共性――介入的自由主義とその思想的起点』日本経済評論社、二〇〇九年
神田健策編著『新自由主義下の地域・農業・農協』筑波書房、二〇一四年
金原左門『「近代化」論の転回と歴史叙述――政治変動下のひとつの史学史』中央大学出版部、二〇〇〇年
権上康男編著『新自由主義と戦後資本主義――欧米における歴史的経験』日本経済評論社、二〇〇六年
斉藤泰雄『教育における国家原理と市場原理――チリ現代教育政策史に関する研究』東信堂、二〇一二年
佐藤嘉幸『新自由主義と権力――フーコーから現在性の哲学へ』人文書院、二〇〇九年
佐貫浩・世取山洋介編『新自由主義教育改革――その理論・実態と対抗軸』大月書店、二〇〇八年
渋谷望『魂の労働――ネオリベラリズムの権力論』青土社、二〇〇三年
清水耕介『寛容と暴力――国際関係における自由主義』ナカニシヤ出版、二〇一三年
清水展『草の根グローバリゼーション――世界遺産棚田村の文化実践と生活戦略』京都大学学術出版会、二〇一三年

鈴木優美『デンマークの光と影――福祉社会とネオリベラリズム』リベルタ出版、二〇一〇年
須田木綿子『対人サービスの民営化――行政―営利―非営利の境界線』東信堂、二〇一一年
内閣官房知的財産戦略推進事務局編『知財立国への道』ぎょうせい、二〇〇三年
中山智香子『経済戦争の時代――大戦間期ウィーンとゲーム理論』勁草書房、二〇一〇年
西川輝『ＩＭＦ自由主義政策の形成――ブレトンウッズから金融グローバル化へ』名古屋大学出版会、二〇一四年
二宮元『福祉国家と新自由主義――イギリス現代国家の構造とその再編』旬報社、二〇一四年
仁平典宏『「ボランティア」の誕生と終焉――〈贈与のパラドックス〉の知識社会学』名古屋大学出版会、二〇一一年
長谷川貴彦『イギリス福祉国家の歴史的源流――近世・近代転換期の中間団体』東京大学出版会、二〇一四年
長谷川啓哉『リンゴの生産構造と産地の再編――新自由主義的経済体制下の北東北リンゴ農業の課題』筑波書房、二〇一二年
廣瀬純『闘争の最小回路――南米の政治空間に学ぶ変革のレッスン』人文書院、二〇〇六年
藤田和子・松下冽編著『新自由主義に揺れるグローバル・サウス――いま世界をどう見るか』ミネルヴァ書房、二〇一二年
法政大学大原社会問題研究所・鈴木玲編『新自由主義と労働』御茶の水書房、二〇一〇年
細井克彦・石井拓児・光本滋編『新自由主義大学改革――国際機関と各国の動向』東信堂、二〇一四年
堀尾輝久・小島喜孝編『地域における新自由主義教育改革――学校選択、学力テスト、教育特区』エイデル研究所、二〇〇五年
前田健太郎『市民を雇わない国家――日本が公務員の少ない国へと至った道』東京大学出版会、二〇一四年
松井健・名和克郎・野林厚志編『グローバリゼーションと〈生きる世界〉――生業からみた人類学的現在』昭和堂、二〇一一年
松下冽『途上国の試練と挑戦――新自由主義を超えて』ミネルヴァ書房、二〇〇七年
松原宏編『日本のクラスター政策と地域イノベーション』東京大学出版会、二〇一三年
松本悟『調査と権力――世界銀行と「調査の失敗」』東京大学出版会、二〇一四年
三浦まり「新自由主義的母性――「女性の活躍」政策の矛盾」『ジェンダー研究』第一八号、二〇一五年
水羽信男『中国近代のリベラリズム』東方書店、二〇〇七年
道場親信『抵抗の同時代史――軍事化とネオリベラリズムに抗して』人文書院、二〇〇八年
源川真希『近衛新体制の思想と政治――自由主義克服の時代』有志舎、二〇〇九年
村上勇介・仙石学編『ネオリベラリズムの実践現場――中東欧・ロシアとラテンアメリカ』京都大学学術出版会、二〇一三年

森元孝『フリードリヒ・フォン・ハイエクのウィーン――ネオ・リベラリズムの構想とその時代』新評論、二〇〇六年
森島覚『大洋州の経済と労働――民営化とは何だったのか、労働とは何か』成文堂、二〇一一年
『歴史学研究　小特集　指定管理者制度と歴史学』第八三八号、二〇〇八年
若森みどり『カール・ポランニー――市場社会・民主主義・人間の自由』NTT出版、二〇一一年

2　新自由主義の時代と歴史学の課題　Ⅱ

小野　将

はじめに

近年、歴史学の分野においても、現代を「新自由主義の時代」として把握し、そのうえでさまざまに検討を行うに至ったことは、この場で（前章に続けて）あらためて詳説するまでもないことであろう。新自由主義時代という視角にもとづいて、歴史的かつ批判的に検証することが可能となり、それはまた不可避の課題として漸く学界にも定着した、とも評価できよう。

しかしこうして、数々の成果が提出されてきているとはいうものの、依然として総体としてみれば近現代史・同時代史についての研究が中心である、というのが現状であろう。この状況と対比したとき、いわゆる「前近代史」研究に携わる場合であっても、なお何ら明確な反応をみせないまま、研究の現場とはほぼ関係をもたない事柄として処理し、やり過ごすに任せるという態度ははたして、そのままで適切なものといえるであろうか。

ここでは、日本史の研究動向、そのなかでも前近代史研究の諸動向を主たる対象として、積み残された課題について考えていくことにしたい。なお前もっておことわりしておきたいのは、筆者の能力上、ひと口に日本の前近代史研究とはいっても、古代史〜中世史のそれについては到底手に負えるものではなく、本稿では専門とする近世史研究を中心として、問題の所在を指摘するにとどめざるをえない、ということである。今後とも古代・中世史に関しては、新自由主義時代における歴史研究のあり様についての、専門家からの指摘を期待したいところである。

こうした問題については、かつて筆者の小野は学会の席上で報告を行い、論点整理のうえで課題の提示をも試みたことがある［小野　二〇一〇］。本稿でも、このときの議論にもとづき再説するところがあることを、あらかじめ附言しておく。

1　新自由主義への視角と問題の所在

二〇〇〇年代に入るまで、日本の歴史学界においては、新自由主義の動向を問う視角そのものが、広く共有されているとは到底言いがたいものがあった（同年代の諸学会での取組みについては、さしあたり大門正克の論考［大門二〇一二］を参照されたい）。では二一世紀以降の近世史研究は、どのように「新自由主義時代」というものに応接してきたのであろうか。そもそもそのような視角が存在していたのかどうかを含め、現在の時点に立てば鋭く問い返されることにもなろう。まずは、諸学会の動向を簡単に一瞥しておくことにしたい。

数多くの日本史研究者が参加する全国学会のひとつとして、まずは本書を企画した歴史学研究会についてみてみると、各年の大会にあたって、二〇〇八年度以降はコンスタントに「新自由主義時代」の検証が行われ、会誌の誌面上にも継続的に反映されてきたことが確認される。会誌『歴史学研究』や大会の全体会・部会の企画を通じて、視角の深化と共有とがめざされてきたもの、とまずは評価できるであろう(1)。

しかし、歴研の内部であっても、前近代史を対象として取り組むセクション、たとえば日本近世史部会に目を向けると、およそ異なる様相が映じるであろう。そこでは歴研大会各年の部会テーマを通覧しても、上記の方向性に通じるような問題意識をうかがうことは、相当に困難なはずである。新自由主義の動向や影響を現代史・同時代史に限定し、わがこととは無関係なものとみるような姿勢が、はっきりしていよう。近世日本を素材としている以上は、これも一面では無理からぬものとみなされるかもしれない。しかし一方では、二〇一一年度大会での討議（部会テーマは「近世社会の再生産構造――藩・地域・金融資本」）のように、ほとんど新古典派経済学に類するような発想法とタームでもって議論しようとする報告に接することさえもあって、筆者などは大いに困惑を覚えざるをえなかったのが、今なお想い出される。つまりは強く意識化されないかぎりは、同一の学会内部といえども、容易に種々の無理解や懸隔が生じうるのが実情である、ということではあろう。

歴史科学協議会やその加盟組織においても、新自由主義をテーマに掲げ、連年にわたり大会が開催されてきている。歴科協の会誌である『歴史評論』誌上では、多くの特集が組まれており、毎年のように日本近世史関係の特集も掲載されている。しかし、近世史を取り上げる特集を一覧してみると、新自由主義の動向を意識的に取り上げる誌面づくりは、特段めざされていないようだと判断せざるをえなくなる。そこでは、全国大会での提起などとは一線が画されているようにも見受けられ、そもそも会誌編集にあたっても、そのような課題意識、問題設定じたいが前提に存在していないのではないか、とさえ思われてくるのであった。

科学運動をはじめとして、現代社会の批判をその本位とし、主要課題として掲げてきた中心的な諸学会の内部でさえ、上記のような状態が続けて放置されているのである。また一般に、歴史研究の成果物として、出版されてきた通史類やシリーズものをみても、新自由主義時代の近世史研究として自覚的に追求されたものは、ほとんど見られないといってよい。近世史研究者の多くにとって、さしあたり自己の課題であるとは認識されていないことの証左でもあろうが、したがって近世日本の歴史を研究するにあたっても、新自由主義関連のさまざまな現代的事態などはいっさい配慮する必要もないと、はたしてそのように断定してよいのであろうか。筆者などは、そうは決して考えないのであるが、こうした問題意識の共有じたいがこれまで阻まれ、なお困難なままに推移しているというのが、近世史研究の現状であるとは、ひとまず述べておきたい。

ここで些か唐突なようだが、たとえば次のような新聞報道に接した場合、いったいどのように考えるべきなのであろうか。

東京・日本橋の日銀本店で、江戸時代の経済政策をテーマにした勉強会が開かれたのは６月下旬だった。／「江戸の貨幣政策は物価にどう影響を与えたか」。講師の阪大名誉教授、宮本又郎に質問する約20人の日銀職員。話題は、ちょうど３００年前に没した元禄時代の経済官僚、荻原重秀の脱デフレ策だった。（『日本経済新聞』二〇一三年九月二五日）

第二次安倍晋三・自公政権が、発足時より掲げた主要政策課題＝「アベノミクス」最大の柱をなした、「異次元の金融緩和」、黒田東彦日銀総裁の号令による、いわゆる「黒田バズーカ」の発動にあたっては、江戸幕政下の「元禄リフレ」（！）を重要な歴史的先行事例として参照し、金融政策の前提を検討するというような議論が、日本銀行内部で真剣に行われていたことを、直截に示すものではある。およそ日本史に関心をもたれる方々ならば同意いただけるものと思うが、ほとんど脱力させられるような事態ではなかろうか。かくして現代日本のエリートたちが拠って立つ管制高地においても、どのような歴史像が思い描かれているのかということまでも注目せざるをえないわけなのであり、こうした戯画的な状況に対してさえ、歴史研究者はそれなりに応答責任を有さざるをえない、ともいえよう（なお、第二次安倍政権以降の現代日本政治を新自由主義過程の一局面としてみる観点については、渡辺治らによる議論［渡辺ほか二〇一四］の参看を乞う(2)。

前近代史を主たる対象とする研究者であろうが、新自由主義に対する批判的検証をその課題意識に欠くわけにはいかない、というのが、本稿での基本的な立場ということになる。

2　今日の近世史研究と新自由主義の諸局面

かつて「「新自由主義時代」の近世史研究」と銘打ち、関係する問題領域についての整理と展望を行った際に、筆者はそこで一応、以下にあげるような切り口での視角を設定し、論じておいた［小野　二〇一〇］。

現代の「改革」政治は過去を動員する

とくに、小泉純一郎政権以降の政治段階において顕著に認められるようになった動向であるが、構造改革政治を推進するにあたって、日本史上の「改革」成功例を取り出し、賞揚するというケースが、歴史研究の場合でも目につくようになった。小泉政権の時代には、既得権益の破壊者として織田信長に注目し、織田政権の楽市・楽座について規制緩和や競争原理主義に擬える、といった論調もみられた。

ポスト小泉政権以後の政治過程においては、自公政権下で新保守主義的な要素が前面に押し出され、ますます激甚化する構造改革政治の矛盾を糊塗するかのごとく、補完的な役割を担おうとしているかにみえる。教育基本法や学校教育法等三法の改定、官僚的な統制強化としての教科書検定・採択制の改悪のほかにも、一面ではグローバル化と矛盾するかのごとき道徳教育の強化(3)や、日本会議のような宗教右翼勢力によるロビイング活動なども、ここに合流している。こうした反動的な潮流に対峙しても、批判的歴史学にできることはもちろん数多くあるだろうし、引き続き長期的に対処していかねばならない動向である。

近世史研究の領域をめぐっては、この間いわゆる中期藩政改革の再評価という事例が、めだってきている。そこでは幕藩関係を整序する幕政改革や、幕藩領主の共同利害に沿っての幕藩制政治改革という、長く国家論的視角から論じられてきたテーマはほとんど後景に退いており、近世中期以後の国持大名クラスを中心とした、ある種古風な雄藩成長・発展史観にも通じるような面がのぞいている。ここでは、その明確な例として磯田道史による論文をあげておこう［磯田　二〇一一］。磯田によれば、一八世紀後半以後、幕藩にわたって行政に新たな動きが認められるが、中期藩政改革に胚胎するような行政の新動向は「プロト近代行政」と呼べるという。宝暦期以後、改革に着手した熊本藩（肥後藩）については、この局面で先行するいわば「改革モデル藩」とみることができ、米沢藩や水戸藩をはじめ、多くの後発の藩政改革に影響を与えた、とも評価する。留保抜きでの単線的なままでの近代化コースを措定しつつ、高い評価を与えているもので、後述するようなさまざまな近代化論と同様の問題点を抱えており、長期の政治過程について、その内実を検証していく必要があろう(4)。

そもそも近世史研究の全体にかかわっては、近世日本の中後期を通じての通史的な展望に乏しい、という大きな問題が横たわっている。上記の問題を含め(5)、今後ともなお着実な検討が希求されるところである。

地域社会の窮状からみる方法論

地域社会をさまざまに論じるというかたちで、新自由主義の問題を取り上げる動向も、活発にみられた。現代日本において新自由主義の横溢による地域社会の破壊が進行しており、これに対しては地域史研究への新たな取組みがいっそう必要である、という立論である。その際、地域住民による下からの生活構築の歴史を主軸とするものの、領主支配の実現過程や、全国政治の水準にかかわる領域については、比較的軽視されがちであるかのようにもみえる研究動向も、一部には存在している。

構造改革政治の時代にあって、とくに留意すべきと思われるのは、以下のような点である。まず地方行財政については、各自治体が構造改革の執行単位と位置づけられ、責任を負わされ続けてきたための矛盾が蓄積され、地方の疲弊状況を招いている。結果として地方どうしが財源等で競争するところまで追い込まれ、「平成の大合併」を経て、自治体消滅論までもが提起されるに至った（自治体消滅論については［岡田　二〇一四］を、それに引き続く安倍政権下の「地方創生」政策の問題点については、［岡田ほか　二〇一五］所収の諸論考を参照されたい）。

一方で地域の解体といわれる事象の裏面には、現代における地域支配の変容といった問題が伏在しているであろう。かつて吉田伸之は、日本近現代史研究における鈴木良と佐々木隆爾の見解を継承しつつ、近世史研究の視座にもとづいて地域社会の歴史的把握方法を提起した［吉田　二〇一五］。吉田によれば、近代以降、戦後高度経済成長期に至る「地域支配構造」が長期的に地域社会では持続したが、高度成長以後は、新自由主義段階にかけて国内諸地域の「アモルファス」化が進行したと述べる（吉田の用語での「地域δ」および「地域ε」。地域α～βまでの段階が近世日本での歴史段階を、またγ〜εまでが、近現代史での諸段階を指す)。こうして現代での「地域ε」は、新自由主義のもとで究極のアモルファスな「n地域」と化しつつある、と評価したのである。

右の見解について留意しておきたいのは、現今の構造改革による重圧のもとでは、持続的に定在した地域支配層といえども、ただでは済まないということである。構造改革政治はまた、戦後日本の長期にわたる地域支配構造の解体・再編にも帰結するのであり、これまた地方の実情を把握するにあたって困難をもたらす一因でもあろう。

吉田のシェーマでもう一点気がかりなのは、地域δ〜εという現代史の諸段階についても、やや一国史的にみているような論調である。国民経済が自律しえなくなった新自由主義時代は、資本主義経済の単なる拡延にとどまらず、世界規模での構造化と編成替えとをともなうものでもあろう。中長期的な現代資本主義の転換・変容という問題とともに、こうした世界史的な規定性を、現代の地域社会論に繰り入れていく必要があるように思われる。伝統的地域のあり様が無化されてくるのと相俟って、上述のように地域間の新自由主義的な競合が促迫されてきているが、ビッグビジネスの野放図な活動も重畳するなかで、地域格差もまた、中央(グローバル都市)—地方関係を含め、従来とは別のかたちをとって拡大再生産されているのではないだろうか。

社会格差の激化と「新しい身分社会」

現代の格差社会をどうみるかというのは、人口に膾炙したトピックであり、すでに歴史研究でも対応がみられるところである。かつて「反貧困」の運動が提起された際に、現代日本で猖獗を極める「貧困ビジネス」のネットワークが明るみに出された〔湯浅　二〇〇七〕。そこでは生活保障から排除された派遣労働者やフリーターについて、ドヤ・飯場のみならず、「労働住宅」〔岩田　二〇〇八〕ともいわれるような特殊な入居形態がその受け皿とされ、さらにギャンブル施設・サラ金ビルや保証人ビジネスが吸着してくる、といったように、じつに貧困状態を脱却させせないことを目的に展開していたのであった。一見して、「宿《やど》」・「部屋」・「寄場」といったものを彷彿とさせるがごとき、前近代への本卦返りのようにさえみられる社会的排除の実態で、これについては、近世の都市社会下層研究が蓄積してきた成果も示唆を与えうるのではないだろうか。三都のような巨大都市底辺に滞留していた単身男性の「日用《ひよう》層」から、近現代での都市下層雑業層への展開までをも見通す射程が、求められるところである。

第二次安倍政権により、労働法制面でも規制緩和が再始動されて以来、人材派遣業は再び成長産業とみなされたが、小泉政権期に腕をふるった新古典派エコノミスト・竹中平蔵のサポートを得つつ、この局面で政商のごとく権力に密着する企業家が擡頭するに至ったのが、今日である［佐々木実　二〇一三、森　二〇一五］。総じて歴史的にみれば、労働力の商品化プロセスの進行がもたらした商取引業者の介在や、請負化の進行という事態について、人宿《ひとやど》・口入屋のような前近代の請負商人［松本　二〇一七］から、近現代の労務供給業者への系譜をたどるという、通史的視角の必要性が問われるものと考える。この点で、町田祐一の近業［町田　二〇一六］はたいへんに重要であり、日本の近代都市像を肉づけしていくうえで必要な、具体性に富んだ検証の質を飛躍的に高めるものである。今後の課題としては、町田が検討した明治大正期以前の段階、すなわち近世都市の民衆世界における、近代にかけての移行の実態解明が、残されているといえる。この問題については、身分制解体期の江戸・東京都市社会の様相を明らかにした横山百合子の研究視角［横山　二〇〇五］を参照しつつ、さらに進められる必要があろう。

一方では、構造改革・規制緩和の進展による市場化・私営化の恩恵に浴した、持てる富裕層・支配層の自己正当化や、その再生産の優遇、それゆえのさまざまな格差の蓄積や階層固定化という帰結、さらには国政の場における二世・三世世襲議員の叢生・持続・グループ化といった事態をみれば、現代日本をもって〝新しい身分社会〟と表現するような認識にも、それなりの意義があるようにみえてこよう。経済学者の森岡孝二は、現代の労働社会について、雇用の身分化が進められた「新たな身分雇用社会」、「雇用身分制」というようなとらえ方をしている［森岡　二〇一五］。このように現状の労働環境を、新たなる「身分制」として描き出す視点が提出されるほどであってみれば、伝統社会における身分制との差異をはじめとして、前近代を対象とする身分社会論から明らかにしておくべき問題は多いものと考える。

生存の歴史学と災害史の提起

反貧困の運動はまた、自己責任論の現代貧困層における内面化、過剰な自助努力・自責意識の内面化による社会的排除への馴致という、イデオロギー上の局面における重大な問題をも、提起していた［湯浅　二〇〇八］。かたや歴史学においては、安丸良夫による通俗道徳論こそが、こうした問題にかかわる最大の成果であって、民衆の近世から近代にかけての通俗道徳を介した主体形成メカニズムはすでに明示されている。経済的な成功者が道徳上も優位に立つといった自己責任の論理は、社会意識のうえで岩盤のごとく堅固に存続してきたが、そこから現代企業社会による統合を経たうえで、ほとんど自己責任のリミットに近づきつつあるようにみえる現在へと行き着く歴史過程に関しては、なお解明を俟つ点が多々存在するであろう。

近世史研究でいえば、家業出精という勤労の成果いかんによって、社会的な成功と失敗を判別するという意識形態が、元禄期ごろから『河内屋可正旧記』といった著名な史料上で認められるという問題があり、経営面で失敗すれば道徳的にも非難を浴びかねないという、長期にわたる社会意識上での問題の根深さをうかがわせるものである。

近世日本の民衆は小経営を基本として生活を構築しており、単婚小家族の労働燃焼をエンジンとして成り立ち、通俗道徳をそのイデオロギー的な支えとしていた。このような民衆生活にとって、存立および再生産の条件にはまさしく厳しいものがあり、家々のサブシステンスの確保のためには、共同組織・共同体の集団的なレヴェルを含め、じつに多大な努力が傾注された。「人の「いのち」が自然の脅威と偶然性に支配されていた社会であった」［倉地　二〇一六：一三―一四］と評されるように、災害や流行病をはじめ、多少なりとも環境の変化が起これば直ちに小経営の存続は脅かされ、潰れた家筋も多くみられた。こうした近世民衆の生存条件をめぐっては従来から検討が重ねられており、大門正克は「生存の歴史学」という問題系を近現代史の領域で構想するに先立ち、その重要な前提をなす民衆生活史研究として、大藤修や沢山美果子らによる、日本近世史での成果を参照したことを述懐している［大門　二〇〇四］。

貧困と飢餓の問題を考えるにあたっては、前近代史ではとくに飢饉の歴史的研究が欠かせない。菊池勇夫は、新自由主義の問題性についても思索をめぐらせてきた近世史研究者であり、その一連の研究成果はきわめて示唆に富む［菊池　二〇〇〇・二〇〇三・二〇一七］。菊池の研究は、近世的な分業・市場関係の進展こそが、まさに人為的な飢餓状況を招いた要因であることを明瞭に指摘した。近世日本での全国的流通・市場関係の展開は、地域的には不均等な成長をもたらし、広範な食糧問題に帰結するとともに大飢饉を激化させたのであり、その意味で当時より存在した地域格差の問題性を、看取することができる。

今日の視点からは、地域格差の歴史的位置づけにあたっても、二〇一一年三月の東日本大震災以降の情況を、無視するわけにはいかない。いわゆる「三・一一」以後の事態は、日本の歴史学界に強い衝撃をもたらし、前近代史研究の現状に対しても問いを突きつけた。災害史研究のありかたについて、いっそう自覚的に取り組む必要性が痛感されたのである。東北地方被災地での「創造的復興」と称しての、社会実験のごとき「ショック療法」的大型復興手法の問題性については、いうまでもない［古川　二〇一五、綱島ほか編　二〇一六］。日本列島の大地が、さらなる巨大災害発生の可能性が指摘されている活動期に入ったとみられる現在、近世史研究でもこれまで以上に重要な取組みが進められてきている［菊池　二〇一二、吉田　二〇一三、倉地　二〇一六］。日本史においては、自然災害からの復興の詳細を史料上から追跡できるようになるのは、近世以降のことである。公儀の姿勢や地域社会での広域的対応、土木事業の請負化など、時代の枠のなかで被災からの復興過程を描き出そうとした、倉地克直による通史的展望の試み［倉地　二〇一六］など、あらためて注目しておくべきであろう。

3　新自由主義時代からみる歴史像の問題

近代化論の残存あるいは復活

合衆国で日本史研究に携わっているダニエル・V・ボツマンは、英語圏における従来の日本史研究のありかたについて、次のような問題点を指摘している[6]［Botsman 2007］。かつて冷戦期以来の近代化論的アプローチに顕著にみられた根底的な問題は、今日もなお残存しているというのである。近代化論の立場は過度に目的論的であり、近代に向け着実に進展するひとつの社会、という考えに合致するようにみえる側面についてのみ注目し、過去のそれ以外の諸局面については軽視してしまう。このような歴史主義的な想定に関して、現在の諸研究が免れているわけではない、と診断するボツマンは、江戸時代の身分制社会が明治維新以後の近代社会とは根本的に異質であったことを強調しつつ、前近代の過去について、現代の観点のみでは容易には翻訳も説明もしがたい面に取り組むことの重要性について、注意を喚起している。

「日本の近代は、結局内生的なものではなかったし、少なくともまず第一には、一九世紀中葉での西洋帝国主義との出会いによる所産として理解されなければならない」ともボツマンは述べる［Botsman 2007: 9］。意見が分かれるところでもあろうが、幕末日本社会の実態と、欧米列強帝国主義の内実とを、複眼的に理解しなければならない必然性が、ここから導き出される。幕末維新期の日本を検討するにあたっても、一国史的な「明治維新の国際的条件」を検証するのみでは不充分なのであって、同時代の総体としての世界史的な過程として、理解される必要があるといえるのではないか〔後述〕。

ハリー・D・ハルトゥーニアンは、右のボツマンとはまったくタイプの違う歴史家であるが、冷戦期以来米国の研究教育機関や専門家集団における地域研究（エリア・スタディーズ）を支配してきた近代化論に抗して、長きにわたり批判してきた学者である。冷戦後にいったんは「滅びたパラダイム」と化した近代化論が、近年は新たな帝国主義とともに復活してきた、との見解を、ハルトゥーニアンは一書を費やして披瀝している[Harootunian 2004]。この「新帝国主義」については、マルクス主義地理学者ハーヴェイの見解［ハーヴェイ　二〇〇五］も参照されているが、終章に及んで新自由主義グローバル化としての支配であることが明示される。すなわち、現在に再帰している近代化論とは、新自由主義イデオロギーにほかならない、ということである。

日本史研究の分野とは異なるものの、リン・ハントもその近著では、近代化論のパラダイムの盛衰についてもふれ、「近代化論の重要な構成要素は、グローバリゼーションをめぐる叙述のなかで再び登場してきている」［ハント　二〇一六：一六］などと述べているのも興味深い。日本史のみならず、グローバル・ヒストリーと括られる諸動向も含めて、総じて新自由主義に親和的な、再版近代化論とも看做されるような主張について、さまざまな分野にわたって批判的に検討する必要が、なおもあるだろう。

社会経済史分野の経済学化

近代日本経済史を専門とする加瀬和俊は、次のように述べていた。「経済史学の分野においては、新自由主義的な発想・気分は広く浸透しており、明示的にその方法を採用している者はなお少数であるとはいえ、近代日本における企業の努力、経済成長とその下での民衆生活の向上、労働者の勤労意欲とそれに対応した個人的利得等の関連を肯定的に把握しようとする姿勢が主流化しつつある」［加瀬　二〇〇八：一三二］。加瀬は、主に近現代史を念頭においてこう述べているわけであるが、近世史の分野であっても警戒しておく必要があるのではないか(7)。すでに、近代経済学の分野で青木昌彦が創始した比較制度分析のアプローチにもとづく論述が登場しており、中近世史の研究成果についても組み込もうとしている［中林編　二〇一三］。数量経済史研究にもとづき、「経済社会化」として江戸期経済の成長動向をとらえようとする、経済学界で長きにわたって主流をなしてきた議論が、これらの背景をなしている。前近代経済成長論のヴァリエーションとして、「勤勉革命」を随伴する「アダム・スミス的成長」論、プロト工業化論、小経営生産様式論について折衷的な在来産業発展論、先物金融技術の発達論等々、近代化論の種々の道具立てを揃えた幅広い動向が、ここには含まれる。

関連する具体例として、ここでは近世日本での開発と環境の問題をあげておこう。環境史研究は、二一世紀に入ってから日本前近代史では進展著しい領域である。近世史では水本邦彦による「二次的自然」に着目しての提起［水本二〇〇三］の意義が大きく、広範に分布している農用林としての草山・柴山や燃料林、入会林野・草地の様態についても、水本がかつて検出した土砂留《どめ》制度の展開に発して、研究内在的に追究できたところが大きな強みであった。水本の研究に触発された例として、武井弘一による問題提起を加えることができる［武井 二〇一五］。まず近世初期の大規模新田開発を起因とする自然改造について述べ、ついで一八世紀段階に開発限界を迎えると、農業生産そのものが「持続困難」な矛盾を抱えこむに至り、いわば「水田リスク社会」ともいうべき行き詰まりの実態をみせた、とまで評価している。近世後期の環境問題について、その深刻性を最大限に見積もろうとする議論で、草肥農法の限界を越えるべく魚肥の多投が全国に普及すると、鯡の主要供給地たる蝦夷地の自然資源（水産・森林の両方）が大規模に収奪され続け、近代にもとどまるところがなかった、という知見［田島 二〇一一］とも考え併せ、今後とも検討していく必要があろう。

都市史の研究では、岩淵令治の論考［岩淵 二〇一六］が注目される。行き詰まりをみせる現代のいわば反転像として、往々にして近い過去としての江戸期、それも都市江戸に、「ユートピア像」が求められるということの問題性が指摘されている。江戸の都市社会を清潔都市やリサイクル都市、緑豊かな環境都市・エコロジー都市としてみようとするような評価の無根拠性を洗い出し、「現代に都合のよいユートピア」にすぎないもの、と犀利に論じている。

近世社会論というよりも江戸時代像として、一定程度の限界は認めながらも、安定した低環境負荷型の社会ととらえようとする視線は、環境経済学・経済史研究にみられるものである［細田 二〇一〇、鬼頭 二〇一二］。斎藤修による「徳川日本」環境史の再解釈［斎藤 二〇一四］もその一角を占めており、新自由主義時代ならではの歴史像がうかがえる。一六〜一七世紀の大開発による森林資源略奪にもかかわらず、なぜ日本列島上の森林被覆は大崩れすることがなかったのか、と斎藤は問題を立てる（被覆がどれほど回復したのかどうか自体が、検証を要するであろうが）。育林による森林保護のような、上からの領主的対応・指令のみならず、市場志向の吉野林業に代表されるような、民間での材木・木工製品市場に対応する林業産地の形成こそが、いっそう重要な動向であると評価するのである。市場の機能を抜きに森林保全は語れないというわけだが、市場向け林産地の動向として一般化できるのかも疑問であるし、そもそも山林利用の問題を林業生産のみに限定しているところに、視野の狭さがあろう。議論の前提として、山野の用益のトータルな実態解明や、山村部在地社会と消費地・都市間の流通構造についての、ていねいな復元も欠かせないはずである（こうした問題につき、地域社会論の立場からの［後藤ほか　二〇一〇］が参考になる）。

総じて環境史研究も含め、「経済社会化」論的な予定調和には終わらせず、矛盾をはらんだ社会の特質を炙り出すような多角的な検討こそが、求められるところであると考える。その際、経済外的要因を捨象することなく考察しなければならないのは、いうまでもないだろう。

個人史の再評価と個人主義的歴史観

長谷川貴彦は、エゴ・ドキュメントを活用する欧米の歴史学での新動向を取り上げて論じるなかで、近年での「個人史の復権」について、「新自由主義的な自己責任論が唱えられるなか、移行期にあってリスク社会の脅威を個人主義的に解決していかなければならない状況が創出されてきたことも関係している」と述べている［長谷川　二〇一五：五六］。ここから考えるべきなのは、新自由主義時代に個人史を評価しなおすこと自体が、根本からアトミスティックな理解をもとめるような社会観や、個人主義的な方法論的態度の相関物であることを免れない、という可能性をはらむことであり、ここを注視する必要があるのではないだろうか（なお［小田中　二〇〇六］も参照されたい）。

近世日本の諸身分についての学説史にふれて、須田努はおおよそ次のような見解を述べている[8]［須田　二〇一三］。二〇世紀末以降に展開した「身分的周縁」論は、既往の身分制社会論を大きく変えるもので、周縁的な諸集団の存在を明らかにする成果があった。このような研究に対しては、近世に生きた人々のさまざまな「属性」（性別・年齢・世代・活動地等を指すほか、自己意識も含む）に注目するアプローチが対置され、そこでは身分変更のような流動性への着目を含め、個々の近世人の生き方に「属性」という概念から迫るという視角がますます重要になってきている、という。

たしかにこれは、社会集団論と対置させるようなアプローチであり、諸集団による規定性には包摂されきらないような、個々の主体レヴェルにおいての検証をめざすものである、とはいえよう。エゴ・ヒストリー研究の新動向に認められるような、自己意識のあり様や、個別の主体形成過程をも含めたライフ・ヒストリーの検証が、さらに推進できることにもなろう。

　ただし、社会集団論とそれを継承する身分的周縁論にあっては、あくまで近世社会の構造把握が本位であった、という事実を再確認しておく必要があろう。こうした一連の身分社会研究は、社会構造論の見地に立脚しており、そこから近世段階における地域社会構造の具体的復元をめざすというアプローチをとっている。そもそも史学史的にとらえなおせば、諸主体の水準と社会構造との分析を統一的に行う、というのが、戦後歴史学の段階から意識的に追求されてきた重要な見地なのであってみれば、主体と構造との統一的把握という考え方を放棄することはできないだろう。構造把握のみでも、主体形成論一本やりであっても、それだけでは不完全にとどまるのであり、どちらの視座についても取り落とすことなどできないのである。

　したがって、個人か集団かというような、二者択一を迫るような問題の立て方には、同意するわけにはいかない。それは贋の問題にすぎない。新自由主義時代において、個別の事例検出のみに注力することには、上述のような危険性がともなうのであり、やはりここでも構造的な把握を欠かすことはできない、と考えるほうがよいのではないだろうか。

おわりに

安倍自公政権は、「明治一五〇年」関連施策の推進と称し、「明治の精神」を賞揚し、日本近代化の偉業を再確認する目的で、記念事業の実施に乗り出している[9]。このような政治上の動きに対峙しては、たとえば維新変革の諸過程について、前近代から近代にかけての巨視的な歴史のなかに、いかに位置づければよいのであろうか。

　鎖国日本の、条約体制と世界市場への強制的編入から明らかなように、資本主義化の大波がおし寄せたこの時代については、世界史的な把握がどうしても欠かせない［宮地二〇〇一］。日本史研究のために「国際的環境」を論じるという態度ではなく、必要なのは、世界史上の一八六〇年代、ひいては一九世紀段階の長期的歴史把握なのである。古典的自由主義の最盛期、ならびに自由貿易帝国主義の時代であることにも留意したい[10]。

　こうした見地に立つと、横山伊徳による通史叙述［横山二〇一三］に注目せざるをえない。同書では、幕末日本と欧米列強との遭遇、という伝統的な検討の構図は塗り替えられている。しかも、西洋中心主義への対論として主張されてきた従来の東アジア地域論、ほぼ中朝日三国間の関係史に近いそれに依拠するのでもなく、扱われるスケールはさらに大きいものである。一八世紀以降の太平洋世界の変動をもあわせて組み込むことで、横山は幕末維新期に至る同時代の諸過程を、まさしく世界史としても統合して叙述しようとするのである。こうした試みの重要性からすれば、同書による成果は、近世日本を対象とする歴史研究のなかでも、近年最大の達成として評価できる。[11] 新自由主義時代の日本史研究というものを考えるとして、その最大の可能性は、究極的に世界史叙述に至る綜合化への方向をめざす、というところにあると考えられよう。

　その後上梓された幕末維新期の通史叙述として、藤田覚の手によるものがある［藤田　二〇一五］。研究成果を集大成しつつ、従来の近世政治史研究には欠落していた、社会経済状況や民衆生活への目配りをもあわせて、具体的総合的に叙述しようという、そこでの方向性は当然ながら間違っていない。しかし同書には、近世民衆の成長をポジティヴに描き出そうとするあまり、経済発展中心の解釈を施す近代化論的な論調から距離がとれず、ほとんど見分けがつかなくなっているような危険性も、同時に内在しているように見受けられる。こうした社会的発展の重視と、かつての世直し状況論以来の人民闘争史研究の遺産とが、一書のうちに共存するという、やや特異な内容をみせている。ここには、近世後期での矛盾蓄積と民衆の成長とを、同時に叙述していく際の困難というものを、看取せざるをえない。近世社会の発展を積極的に評価するにあたっては、近代化論的な起源探し、ルーツの追求に陥る可能性が多々あるという陥穽にも、充分注意しておくべきであろう。かつてないほどの批判的意識による、幕末維新期についての検討、そして一九世紀段階の世界史把握が必要となってきている。

注

（1）日本史研究会と歴研との共編『日本史講座』（東京大学出版会、二〇〇四―二〇〇五年）では、いまだ新自由主義を問題とする視角の共有は認めがたい。

（2）「一億総活躍・元年」と称し、安倍首相が二〇一六年の年頭記者会見で、徳川吉宗の植樹政策を引き合いに出し、享保期の将軍吉宗に倣って、「未来への投資」として「一億総活躍の苗木を植える挑戦」などと述べたことは記憶に新しい。現任の総理は、公方様にも比肩する専制権力を揮いえる、という含意ともなろうか。

（3）道徳教科教材への「江戸しぐさ」の掲載などは、歴史学の成果についての無視にもとづく深刻な問題である［子どもと教科書全国ネット21　二〇一四］。

（4）熊本藩の宝暦改革以降の新たな展開に、改革政治の「典型」性を見出すのはすでに常套化した視角で、佐々木潤之介も晩年の著作で注目したところである［佐々木　一九九三］。もちろん、近世の小商品生産段階のもとでの「二重の社会関係」を基礎とする藩権力の「絶対支配化」を展望し、往年の世直し状況論との接合をはかった佐々木の展望とは、方向性からしてまったく相違するものである。

(5) 磯田と大幅に重なる事例を扱う小関悠一郎も、これには「重要な論点を提起した」と言及するにとどまり、磯田の近代化論的シェーマについては何ら論評していない［小関　二〇一二］。

(6)『近代日本形成期の処罰と権力』とでも訳しうる書名であるが、邦訳書ではなぜか改変されてしまっている［ボツマン　二〇〇九］。原題ではもちろん、ミシェル・フーコーの主著『監視と処罰』（一九七五年）が意識されているのであるが。内容面でも、正確を期すためにはこの原書まで当たる必要がある。

(7) 安田浩は、この加瀬の議論にふれて、「生活・労働を経済成長の従属関数と考えるような新自由主義的意識は、遍在しているのではないかとの指摘」は重要であるとし、「歴史プロパーの記述においては、前近代史研究においてもしばしば、かつての近代化論と共通の発想ではないか、と思われるような言辞が存在する」とも述べている［安田　二〇〇八：三四］。

(8) 須田は身分的周縁論について、「中核的身分と、周縁的身分との二元論に陥り、両者の溝を大きくし、さらには両者を固定的なものと認識してしまう、という矛盾を内包していた」［須田　二〇一三：一八］とも述べるが、端的な誤解であろう。いわば「対象としての周縁」のみに着目して、「方法としての周縁」という身分的周縁論のアプローチの側については目配りしていない、徴候的なケースであると考える。

(9) 首相官邸ウェブサイト（http://www.kantei.go.jp/jp/singi/meiji150/）。

(10) 一九世紀段階の古典的自由主義の検討が、新自由主義の問題からみても重要であることを指摘したものに、［小沢　二〇〇七］がある。

(11) シリーズ物の形態で出版されたこともあって、既存の研究史を更新するような、こうしたメリットが過小評価されているようにも思う。

文献一覧

磯田道史「近世中後期藩政改革と「プロト近代行政」――熊本藩宝暦改革の伝播をめぐって」『史学』第八〇巻第一号、二〇一一年

岩田正美『社会的排除――参加の欠如・不確かな帰属』有斐閣、二〇〇八年

岩淵令治「遥かなる「江戸」――創出される町人のユートピア」『書物学』第9巻、勉誠出版、二〇一六年

大門正克「生者と死者の歴史学――日本近現代の農村を事例に」『宮城歴史科学研究』第五六号、二〇〇四年

大門正克「「生存」を問い直す歴史学の構想――「一九六〇～七〇年代の日本」と現在との往還を通じて」『歴史学研究』

第八八六号、二〇一一年
岡田知弘『「自治体消滅」論を超えて』自治体研究社、二〇一四年
岡田知弘・榊原秀訓・永山利和編『地域と自治体　第37集　地方消滅論・地方創生政策を問う』自治体研究社、二〇一五年
小沢弘明「新自由主義時代の自由主義研究」『人民の歴史学』第一七四号、二〇〇七年
小田中直樹『日本の個人主義』筑摩書房、二〇〇六年
小野将「「新自由主義時代」の近世史研究」『歴史科学』第二〇〇号、二〇一〇年
加瀬和俊「戦間期日本における失業問題と労働者意識」『人民の歴史学』第一七七号、二〇〇八年
菊池勇夫『飢饉――飢えと食の日本史』（集英社新書）集英社、二〇〇〇年
菊池勇夫『飢饉から読む近世社会』校倉書房、二〇〇三年
菊池勇夫『東北から考える近世史――環境・災害・食料、そして東北史像』清文堂出版、二〇一二年
菊池勇夫『非常非命の歴史学――東北大飢饉再考』校倉書房、二〇一七年
鬼頭宏『環境先進国・江戸』吉川弘文館、二〇一二年
倉地克直『江戸の災害史――徳川日本の経験に学ぶ』（中公新書）中央公論新社、二〇一六年
小関悠一郎『〈明君〉の近世――学問・知識と藩政改革』吉川弘文館、二〇一二年
後藤雅知・吉田伸之編『山里の社会史』山川出版社、二〇一〇年
子どもと教科書全国ネット21編『徹底批判!!「私たちの道徳」道徳の教科化でゆがめられる子どもたち』合同出版、二〇一四年
斎藤修『環境の経済史――森林・市場・国家』岩波書店、二〇一四年
佐々木潤之介『幕末社会の展開』岩波書店、一九九三年
佐々木実『市場と権力――「改革」に憑かれた経済学者の肖像』講談社、二〇一三年
須田努「近世、身分・身分制の研究史整理」深谷克己・須田編『近世人の事典』東京堂出版、二〇一三年
武井弘一『江戸日本の転換点――水田の激増は何をもたらしたか』ＮＨＫ出版、二〇一五年
田島佳也「北の水産資源・森林資源の利用とその認識――ニシン漁場における薪利用との関連から」湯本貴和編『シリーズ日本列島の三万五千年――人と自然の環境史　第4巻　島と海と森の環境史』文一総合出版、二〇一一年
綱島不二雄・岡田知弘・塩崎賢明・宮入興一編『東日本大震災復興の検証――どのようにして「惨事便乗型復興」を乗り越えるか』合同出版、二〇一六年
中林真幸編『日本経済の長い近代化――統治と市場、そして組織　1600-1970』名古屋大学出版会、二〇一三年
ハーヴェイ、デヴィッド『ニュー・インペリアリズム』本橋哲也訳、青木書店、二〇〇五年
長谷川貴彦「エゴ・ドキュメント論」『歴史評論』第七七七号、

二〇一五年
ハント、リン『グローバル時代の歴史学』長谷川貴彦訳、岩波書店、二〇一六年
藤田覚『シリーズ日本近世史⑤　幕末から維新へ』（岩波新書）岩波書店、二〇一五年
古川美穂『東北ショック・ドクトリン』岩波書店、二〇一五年
細田衛士『環境と経済の文明史』NTT出版、二〇一〇年
ボツマン、ダニエル・V『血塗られた慈悲、笞打つ帝国。――江戸から明治へ、刑罰はいかに権力を変えたのか？』小林朋則訳、インターシフト、二〇〇九年
町田祐一『近代都市の下層社会――東京の職業紹介所をめぐる人々』法政大学出版局、二〇一六年
松本良太『武家奉公人と都市社会』校倉書房、二〇一七年（予定）
水本邦彦『草山の語る近世』山川出版社、二〇〇三年
宮地正人「グローバリゼイションの観点から明治維新を考える」『社会科学研究』第五二巻第六号、二〇〇一年
森　功『日本を壊す政商――パソナ南部靖之の政・官・芸能人脈』文藝春秋、二〇一五年
森岡孝二『雇用身分社会』岩波書店、二〇一五年
安田浩「コメント」『人民の歴史学』第一七七号、二〇〇八年
湯浅誠『貧困襲来』山吹書店、二〇〇七年
湯浅誠『反貧困――「すべり台社会」からの脱出』（岩波新書）岩波書店、二〇〇八年
横山百合子『明治維新と近世身分制の解体』山川出版社、二〇〇五年
横山伊徳『日本近世の歴史　5　開国前夜の世界』吉川弘文館、二〇一三年
吉田伸之「安政江戸大震災と浅草寺寺院社会」都市史研究会編『年報都市史研究　20　危機と都市』山川出版社、二〇一三年
吉田伸之『地域史の方法と実践』校倉書房、二〇一五年
渡辺治・岡田知弘・後藤道夫・二宮厚美『〈大国〉への執念　安倍政権と日本の危機』大月書店、二〇一四年
Botsman, Daniel V., *Punishment and Power in the Making of Modern Japan*, Princeton University Press, 2007.
Harootunian, Harry D., ***The Empire's New Clothes: Paradigm lost and regained***, Prickly Paradigm Press, 2004.

3　グローバル・ヒストリー——可能性と課題

木畑　洋一

1　グローバル・ヒストリーの台頭

最近の歴史学の新たな動向について語る場合、まず浮かんでくるのがグローバル・ヒストリー（グローバルヒストリーと中黒なしで表記されることも多いが、本稿では中黒をつけた表記とし、引用文や書名での表記は原文に従う）の台頭であろう。一九六〇年代に米国の歴史家L・S・スタヴリアーノスがこの言葉をタイトルに含む二冊の本（*A Global History of Man*, 1962 と *The World since 1500 : A Global History*, 1966）を出すなど、表現自体は新しいものとはいえないが、この言葉が大きく浮上してきたのは一九九〇年代である。入江昭は、「この分野が少数の歴史家によって提唱され始めた一九九〇年代初期には、私はその学問的な意味をすぐ理解することはなかった。（中略）私がはじめてグローバルな国際関係史を書いたのは一九九七年、（中略）二〇〇二年には同じ枠組みで『グローバル・コミュニティ』という本を書いた。（中略）すでにこの頃になると、欧米の多くの歴史家がグローバルな視野の重要性を唱えるようになっており」と、その間の変化を回顧している［入江二〇一四：三七―三九］。

このような変化の背景となったのは、グローバリゼーションの展開であった。日本初の「グローバル白書」ともいわれる、一九九七年に出された経済審議会「二一世紀世界経済委員会報告書」によると、一九八〇年代以降、グローバリゼーションはまったく新しい段階に入り、重層的、拡張的、加速度的に展開するようになった。八〇年代末から九〇年代初めにかけての冷戦終結によって、その勢いはさらに増したのである。そのなかで、グローバルな視野の重要性がさまざまな側面で強調されはじめ、歴史学においてはグローバル・ヒストリーの台頭につながった。

とはいえ、日本の歴史学研究におけるその存在感は、九〇年代にはまだ薄かったといってよい。二〇〇二年に刊行された前回の『現代歴史学の成果と課題』において、筆者は「帝国主義と世界システム」という項目を担当したが、そこでは「……「グローバル・ヒストリー」の潮流は、現在アメリカ合衆国を中心として盛んになりつつある」と、当時出たばかりのケネス・ポメランツの研究『大分岐』(1)を取り上げて軽くふれた程度であった。

しかし、その頃以降、日本においてもグローバル・ヒストリーについての議論は急速に広がっていった。その動きを主導した歴史家の一人がインド史研究者水島司であり、ポメランツや筆者も参加して二〇〇七年に東京大学教養学部で行われた連続講義にもとづいたグローバル・ヒストリーの論集を編むとともに［水島編　二〇〇八］、ブックレット形式のよくまとまった入門書［水島　二〇一〇］を著わした。

その水島とも協力しつつ、日本でのグローバル・ヒストリー研究を牽引しているのが、『グローバル・ヒストリーの挑戦』にも寄稿した、イギリス帝国史家の秋田茂である。秋田は、早くから、グローバル・ヒストリーをめぐる国際的な共同研究に参加し、また大阪大学において自らも国際共同研究の拠点をつくるなど、積極的な活動を続けてきている。彼が中心となってベトナム史の桃木至朗などと組織した共同研究の成果は、続々と発表されてきている［秋田・桃木編　二〇一三・二〇一六、秋田編　二〇一三］。

さらに、イスラーム史研究から出発して「新しい世界史」構築の旗手として活躍している羽田正は、後述のごとく自身はグローバル・ヒストリーという表現には少し距離をおきつつも、やはりそれについての国際的な共同研究を行い、新しい世界史とグローバル・ヒストリーに関するネットワークの構築に努めている。その一つの成果が、東京大学、復旦大学、プリンストン大学の研究者による東アジア史についての論集である［羽田編　二〇一六］。

このように、二〇〇〇年代後半からグローバル・ヒストリー研究推進の動きが強まるなかで、グローバル・ヒストリーの流行化ともいえる現象もみられてきた。その言葉をタイトルに掲げる論文集などが次々と世に問われてきたのである（たとえば、［河西・浪川・スティール編　二〇〇五、日本孫文研究会編　二〇一三、西田・梅崎編　二〇一五］）。

2　グローバル・ヒストリーの射程

こうして、グローバル・ヒストリーというものの存在感は一挙に高まってきた。しかし、その中身については暗中模索が続いている。グローバル・ヒストリーの意味するものが何であり、どのような研究がグローバル・ヒストリーと呼べるかという点について、明確なコンセンサスがあるとは思えないのである。

グローバル・ヒストリーとは何か、という問題を正面から扱ったパミラ・クロスリーも、結局それについての定義を与えないまま、「広範で包括的な、あるいは普遍的な展望を語ろうとする歴史記述の総称」［クロスリー　二〇一二：一五六］としてその言葉を用いている。そして「発散」、「収斂」、「伝染」、「システム」というキーワードに即して、世界について大きな物語を語ってきた人々（歴史家には限られない）の仕事を紹介することで、この問いへの答えとしているのは、若干隔靴掻痒の感を覚える。同じく『グローバル・ヒストリーとは何か』と題したセバスティアン・コンラッドの本でも、その定義として示されているのは、「現象、出来事、過程がグローバルな文脈におかれる歴史分析の一形態」［Conrad 2016: 5］というものであり、きわめて茫漠としたものにとどまっている。

もとよりこれらの本も、こうした説明で満足しているわけではなく、従来の歴史学の中心となっていた一国史（ナショナル・ヒストリー）克服の動きとしてグローバル・ヒストリーをとらえつつ、その射程と考えられる範囲について論じているが、ここでは、日本でグローバル・ヒストリーについての説明としてよく引かれている水島司の議論［水島　二〇一〇：二―四］を手がかりに、日本における研究動向にふれ、その特徴について考えてみたい[2]。

扱う時間の長さ

グローバル・ヒストリーを地球《グローブ》の歴史というかたちで措定すると、従来の歴史学が扱っていたよりもはるかに長い対象時期があらわれてくる。その最も典型的な例が、水島も紹介しているオーストラリアのデヴィッド・クリスチャンなどによって提唱されている「ビッグ・ヒストリー」である［クリスチャン　二〇一五］。ビッグ・バンすなわち宇宙の誕生以降の時代すべてを対象とする「ビッグ・ヒストリー」においては、人類が出現してからの歴史、すなわちこれまで考古学および歴史学が扱ってきた時代は、そのごくわずかの部分を占めるだけのものとなる。

「ビッグ・ヒストリー」の日本での影響力は限られているが、日本でも、杉原薫などを中心とした研究グループは、「地球圏」（水や空気、化石資源を供給すると同時に地震や火山噴火によって人間を脅かす圏域）、「生命圏」（生命のつながりを人間と共有し、生物多様性や生態系の持続性への考慮を人間に求めている圏域）との関連のなかで、人間が生存基盤をいかに構築して「人間圏」を発展させてきたかを考察した［杉原ほか編　二〇一〇］。現在の人類につながる「人間圏」はせいぜい二〇万年の歴史しかもたないのに対し、「地球圏」

は四六億年、「生命圏」は四〇億年の歴史をもつのである。

地球環境の問題、自然への人間の向き合い方の問題がますます問われるなかで、歴史学研究における時間的視野のこのような拡大は、たしかに大きな意味をもつ。ただし、これはグローバル・ヒストリーによる研究対象の一つとみるべきであり、その特徴とみなすことはできないであろう。

対象となる空間の広さ

すでにふれたように地球全体も研究の対象となるが、グローバル・ヒストリーではさらに大陸や大洋海域といった広い空間が重視される。

大陸については、ユーラシア世界を対象としたシリーズの刊行〔塩川ほか編　二〇一二〕にそうした志向性がうかがえるが、日本でより精力的に取り組まれてきたのは、海域、海洋に着目した研究である。前述した日本でのグローバル・ヒストリー研究の先導者のうち、桃木至朗が『海域アジア史研究入門』を編んだり〔桃木編　二〇〇八〕、羽田正が「東アジア海域に漕ぎだす」というシリーズの一巻として、『海から見た歴史』を編集したりしているところに、その流れがみられる〔羽田編　二〇一三〕。ただし、歴史学における海への着目は最近になって始まったわけではない。前回の『現代歴史学の成果と課題』にも、長島弘「アジア海域通商圏論――インド洋世界を中心に」が収録されている。そもそも海洋国家である日本において、海から歴史をみる視点がはぐくまれてきたことは異とするに足りないであろう。そうした蓄積の上に立つ海洋史、海域史研究が、グローバル・ヒストリー台頭の流れのなかで、新たな生命を得たというべきであろう。

大陸や海域、さらに地球全体といったかたちでの研究対象空間の設定は、国家という範囲の相対化につながる。すでにふれたようにグローバル・ヒストリーは、一国史批判、ナショナル・ヒストリー批判という性格を強くもっているのである。その点は、次に述べるヨーロッパ中心主義の否定というグローバル・ヒストリーの特徴に密接にかかわってくる。

ヨーロッパ中心主義批判

グローバル・ヒストリーは、これまで支配的であった近代歴史学が、ヨーロッパにおいてはぐくまれ、ヨーロッパが世界で優位に立っていた時代に歴史認識の支配的なパラダイムとして世界に広がっていったものとして、そのヨーロッパ中心主義的性格を剔抉、批判し、それに代わる歴史像を提示しようとする志向性をもっている。そこでは非ヨーロッパ世界の歴史を重視するなかで、世界におけるヨーロッパの位置を相対化することが試みられる。

こうした点については、アジア世界の歴史に取り組んでいる日本の歴史家の研究成果が、世界的な影響力をもってきていることに注目したい。

とりわけ杉原薫の活躍はめざましい。杉原は、『アジア間貿易の形成と構造』［杉原　一九九六］において、ヨーロッパによるインパクトが強くアジアに及んできた一九世紀後半に、アジアで工業化を内に含んだ独自の国際分業体制が発展して地域内部の貿易（アジア間貿易）が成長していたと主張し、アジアの相対的な自立性と発展に着目することでヨーロッパ中心史観を相対化して、大きな反響を呼んだが、それ以降、その議論をさらに発展させ、近現代世界をみる新たな視座の構築を進めている。たとえば、工業化に向けて「西欧の道」とは異なる「東アジアの道」が存在したこと、その二つの道が相互にかかわりあうなかで、グローバルな工業化が進んできたことについて論じているのである［Sugihara 2013］。

この杉原の研究に示されるように、経済史の面では、グローバル・ヒストリーを掲げたヨーロッパ中心主義克服の動きは着実に進んでいる。二〇一五年夏に京都で開催された第一七回世界経済史学会は、そうした勢いが発揮された場であったと思われるし、杉山伸也によるグローバル経済史の概説［杉山　二〇一四］は、その成果を簡潔に提示している。

しかし、それ以外の領域でヨーロッパ中心主義やヨーロッパ中心史観を克服する成果がどれほど出されてきているかという点では、いまだ心もとない。筆者は、E・J・ホブズボームによる「短い二〇世紀」論（第一次世界大戦期から冷戦が終わる一九九〇年代初めまでを指す）をヨーロッパ中心主義的視点からの二〇世紀論であると批判して、非ヨーロッパ地域の植民地化が進みはじめる一八七〇年代から一九九〇年代初め（冷戦の終焉期であるとともに、帝国主義の時代につくられた世界体制の終焉期である）までを「長い二〇世紀」として、そのグローバルな歴史像を描こうとしたが［木畑　二〇一四］、植民地化の加速が始まる要因はヨーロッパ側に求められるところが大きく、不十分な作業に終わっている。

とはいえ、非ヨーロッパ地域に視点を据えて歴史を見直し、ヨーロッパ中心主義の相対化を行う作業がさまざまなかたちで進んできていることは事実である。一例をあげれば、羽田正は、イスラーム世界という観念が一九世紀にヨーロッパ側において創造されたものであるとして、そのような枠組みをはずして世界をみることを提唱し、結果としてヨーロッパ中心主義的な歴史観に痛撃を与えた［羽田二〇〇五]。

比較と関係（つながり）の重視

異なる地域の歴史的展開を比較するという作業は、歴史学においてつねに行われてきたといってよい。日本における戦後歴史学も、その中心的方法は、近代ヨーロッパと日本との比較であった。グローバル・ヒストリーも、グローバルな視野のもとでの比較を重視する。ただしそこでは、比較の対象となる諸地域がいかに連関し、つながっていたかという点がとくに着目される。グローバル・ヒストリーの特徴は何か、という問いに答えるとする場合、まずあげるべきは、この比較と関係（つながり）という分析視座・方法であろう。

比較と関係という契機の重要性を主張しつつすぐれた研究を展開しているのが、秋田茂である。秋田は、自らが提唱する方法について次のように述べている［秋田二〇〇八：四一］。

自分の研究対象を分析し評価する枠組みに「比較」の視点を明示的に組みこんでみよう。研究対象を突き放して相対化することで、初めてその研究の独自性が見えてくる。比較よりもさらに有効なのは、「関係性」を考えることだ。関係を考えるためには、モノ・ヒト・カネ・情報・知識・技術・制度などの移動・移転・移植と、その媒介項を考える必要がある。

秋田の研究対象はイギリス帝国であるが、従来の研究ではイギリス本国による帝国諸地域への政治的・経済的支配の側面がもっぱら強調されてきたのに対し、彼はアジア諸地域の側におけるさまざまな主体的な営みを描き、帝国の動態が生み出す関係性をそれに重ねていく。彼は、広大な帝国の上に立ったヘゲモニー国家としてのイギリスがアジアにいかにかかわったかという問題を、アジア間貿易の意味や、貿易と金融の相互関係などに着目して分析し、東アジア地域の工業化と、イギリスの金融・サーヴィス利害の優位の確立が、「共存しながらともに発展した」という結論を導いているのである［秋田　二〇一二：一八〇］。

比較と関係という点に関連して指摘しておきたいのは、ある時代の世界について各地域の間を比較すると同時にその関係性を探っていくという「輪切り」論ともいうべき研究の方向である。再び秋田の表現を借りれば、「同時代の世界諸地域での出来事を、相互につなぎ合わせて関係づけ、一体化していく世界のなかでの諸地域の位置と役割を再考し、いわば「輪切りの世界史」像を考えていく関係史研究」［秋田　二〇〇八：三六］ということになる。このような視座からの研究の動きはさまざまな時代をめぐってみることができるが、とくにめざましいのは、「輪切り」としての近世論である。それについて永井和は、「グローバルな規模の「単一の世界」の形成・展開において、アジアが中心性を失わず、ヨーロッパよりも優位であった時代が世界史的な意味での「近世」、そしてその優劣関係が逆転して以降が「近代」となるわけである。グローバル・ヒストリーの隆盛は、世界史におけるアジア認識の転換をもたらし、その転換は「近世」という時代区分の前景化および世界化をもたらしたのだといえよう」〔永井　二〇一六：九七〕と、述べている。もともと近世という時代区分の概念は、中世と近代にはさまれた時期を示すものとして、ヨーロッパ史のなかで生み出されてきたものであり、それが日本史にも転用されて一国史的な枠組みのなかで用いられてきていたが、グローバルな規模での比較と関係という視座のもとに据えることによって、世界を広く「輪切り」にしてみていくうえでの重要な概念となってきたのである。

3　世界史とグローバル・ヒストリー

このように、グローバル・ヒストリーの特徴といわれるものを検討してくると、それらがどこか既視感をもって立ちあらわれてくることに気づく。その点についてコンラッドも、「パラダイムとしてのグローバル・ヒストリーは相当近年に発したものであるが、その研究過程は過去に遠く遡る」〔Conrad 2016: 13〕と、述べている。そこから、今まで述べてきたような研究を行うに際して、ことさらグローバル・ヒストリーと呼ばなくても、これまで使われてきた世界史という呼称を生かしていけばよいのではないか、という疑問がわいてくる。

こうした疑問に対し、たとえば水島司は、「一国史を相対化すべき役割の世界史も、しばしば自国と周辺地域の国民国家史の寄せ集め(3)」であったとして、その違いを強調している。しかし、たしかにこれまでの世界史研究のなかにそのような傾向が散見されたとしても、そうでない世界史、グローバル・ヒストリーの特徴とされるものに通じる内容をもった世界史研究も、日本において豊かな蓄積をもっていることを忘れてはならない。そのような例としては、第二次世界大戦後の日本における世界史研究を牽引した上原専禄や上原の後継者ともいえる吉田悟郎の仕事が思い浮かぶし、ヨーロッパ中心主義批判という点においては、板垣雄三の一貫した主張を想起することができる。またモノの流通に即して「関係性」に迫っていくという面での研究としては、川北稔による砂糖の研究、角山栄による茶の研究などがよく知られている。

こうした点をどこまで強く意識するか否かに人によって違いはあるにせよ、めざすべき研究についてあえてグローバル・ヒストリーという言葉を使わず、世界史という表現を尊重しつづけている研究者も多くいることには、注意しておくべきであろう。たとえば羽田正は、水島などが唱えているグローバル・ヒストリーが、自身が提唱する地球社会の世界史という考え方と多くの点で共通しているとしながらも、アメリカ合衆国を中心に英語圏で流行っているグローバル・ヒストリーは、ともすると従来のヨーロッパ史の解釈を維持したままで、そこに非ヨーロッパの歴史を組み込むだけのものになりがちであるし、元来バラバラだった世界が経済的に一体化していく過程を描くことがグローバル・ヒストリーとして説かれることもある（つまり経済的グローバリゼーションの歴史がグローバル・ヒストリーに等値されるということ）として、むしろこれまでの世界史の刷新を強く意識して、「新しい世界史」の構築をめざすべきであると説いている［羽田　二〇一一：一〇一―一〇二］。彼によると、英語圏でのグローバル・ヒストリーは「新しい世界史」の解釈と理解を生み出すための有力な研究方法として位置づけられるのである［羽田編　二〇一六：五］。

また南塚信吾は、これから先の世界史を考えていくための手がかりとなる方法として、①地域から出発する方法、②比較からのアプローチ、③一定の時代に着目してその時代の諸地域の関係に注目しつつ全体像を構想する同時代史的アプローチ、④ネットワーク論、⑤ヒトやモノの移動から世界史を構想する方法、⑥地球に住む人間の「類」としてのアプローチ、をあげているが、これらがグローバル・ヒストリー論で提唱されている方法と重なりあっていることは明白である［南塚　二〇〇七：四五―四六］。

このように、あえてグローバル・ヒストリーと麗々しくうたわなくても、実質的に同じ方向性をとっている研究は、これまでも行われてきたし、現在もさまざまなかたちで行われているのである。グローバル・ヒストリーについて論じる場合には、その点に十分注意を払う必要があろう。そのような研究として、次のようなものをあげることができよう。筆者の関心にそったごくランダムな例であることをお断りしておきたい。

秋田の研究にみられるように、グローバル・ヒストリー研究にとって帝国という対象は非常に重要なものであるが、それについては「興亡の世界史」というシリーズが、貴重な成果を提供している。とくに、モンゴル帝国を対象とした杉山正明、インカ帝国とスペイン帝国の関係を取り上げた網野徹哉、イギリス帝国についての井野瀬久美惠の巻［杉山正明　二〇〇八、網野　二〇〇八、井野瀬　二〇〇七］

などが、注目に値する。

二〇世紀における二つの世界大戦史研究においてもそうした方向をみることができる。世界大戦は、そもそも世界的なひろがりをもつものであり、グローバルな視野で論じられるのはあたりまえであるということができようが、それはこれまで必ずしもなされていなかった。第一次世界大戦の場合は、ヨーロッパにもっぱら焦点があてられるきらいがあったし、第二次世界大戦の場合は、ヨーロッパにおける戦争とアジア太平洋における戦争がそれぞれ独立して論じられることが多かったのである。そうしたなかで、第一次世界大戦については、京都大学人文科学研究所のメンバーを中心とする共同研究［山室ほか編　二〇一四、山室ほか　二〇一〇～一四］や、池田嘉郎などの研究［池田編　二〇一四］が、非ヨーロッパ地域、とりわけアジアにおける第一次世界大戦の様相を重視することによって、戦争のグローバルな性格にあらためて迫ろうとした。また第二次世界大戦について、ヨーロッパでの戦争とアジアでの戦争の相互連関を、戦争に至る道から戦時期にかけて追った筆者の研究［木畑　二〇〇一］も、グローバル・ヒストリーとしての大戦史研究という意味をもっていたということができよう。

さらに、冷戦史研究にもそれはいいうる。冷戦は第二次世界大戦後の世界の状況を規定したが、それは欧米を中心とした出来事であり、冷戦史研究もヨーロッパ中心主義的性格を帯びることが多かった。それに対して、非欧米世界と冷戦のかかわりを探り、グローバルな視野のなかで冷戦の意味を問おうとする研究が、進展してきたのである。そのすぐれた例が、イギリスの歴史家O・A・ウェスタッドによる『グローバル冷戦史』であり［ウェスタッド　二〇一〇］、その刺戟などのもとに、脱植民地化と冷戦の関連を重視した益田実らによる共同研究の成果が著された［益田ほか編　二〇一五］。

グローバル・ヒストリーと世界史の関連をめぐっては、世界史教育の問題も取り上げておかなくてはならない。日本の高等学校における世界史教育は、さまざまな批判にさらされることも多いが、それなりに広い視野をもってなされてきたし、そのなかではヨーロッパ中心史観についての批判と反省も行われてきた［鳥越　二〇一五］。そうしたこれまでの世界史教育の実践を前提としつつ、グローバル・ヒストリー論を強く意識した世界史像を教科書に準ずるかたちで提示したのが、先にふれた大阪大学のグループによる市民のための世界史教科書である［大阪大学歴史教育研究会編　二〇一四］。また、大学生レベルの教科書とすることを目的として、日本・アジアなど非ヨーロッパ世界との相互関係をつねに念頭におきながらヨーロッパ史を描いた野心的な概説書も出されている［南塚ほか編　二〇一六］。

最近の高等学校世界史教科書のなかに、グローバル・ヒストリーでの議論が盛り込まれてきていることにも注意したい。二〇一六年現在で使用中の教科書でいえば、たとえば大阪大学グループのグローバル・ヒストリー研究の基礎をつくった川北稔や、グループ内の代表的研究者桃木至朗などが執筆している世界史Bの教科書（帝国書院）の記述を締めくくる「世界を結びつけたもの・世界に広がったもので歴史をふり返ってみよう」という部分は、そうした視角からの世界史像の簡明なまとめということができる。

これから先「歴史総合」という科目が高等学校における必修科目となるが、そこで使われる教科書がこうした観点からみていかなるものになっていくかが問われることは、いうまでもない。

4　グローバル・ヒストリーの課題

グローバル・ヒストリーと呼ぶにせよ、世界史という呼称に固執するにせよ、それをめぐる議論のなかで提起されてきている視点を追求していくことは、歴史学研究にとって重要かつ必要である。ただし、その際に警戒すべきことは、中身をともなわぬままレッテルとしてグローバル・ヒストリーを用いていくことであろう。現に、本稿の最初のほうであげた、タイトルにグローバル・ヒストリーを冠した論集に含まれている研究のなかにも、いったいどのようにグローバル・ヒストリーの視座や方法が生かされているのか疑わしいものが含まれている。グローバル・ヒストリーの呼称インフレ現象は防がなければならない。

実際のところ、本稿でグローバル・ヒストリーの特徴として強調した諸点について、それを具体的な研究に生かしていく際には、さまざまな点への留意が必要である。

たとえば趙景達は、ヨーロッパ中心主義を批判する場合にも、西欧近代の先進性を相対化する際の指標が結局のところ西欧的近代のなかにもとめられがちであるという正鵠を射た指摘を行っている［趙景達　二〇一二］。趙によると、宮嶋博史の東アジア近世についての小農社会論などは、そうした弊を免れているという。ヨーロッパもアジアもともに相対化する視点が必要なのである。なお趙はさらに、国際関係を重視するグローバル・ヒストリーにおいては民衆運動史の視点が欠けがちであるとして、民衆運動に根ざした「下からの」国際関係へのアプローチが必要であるとも主張している。この点もきわめて重要であるが、それについては、本巻の貴堂嘉之「下からのグローバル・ヒストリーに向けて」を参照されたい。

またグローバルな文脈のなかでの比較と関係を追求するにしても、そこではさまざまなレベルに向けた重層的な視座が求められる。さしあたりは、グローバル／リージョナル／ナショナル／ローカルというレベルを設定し、その相互作用への目配りを行っていくことが重要であろう。

その際筆者が強調しておきたいのは、ナショナル・ヒストリーの再定位の必要性である。グローバル・ヒストリー論においては、伝統的な歴史学における一国史的な視角の強固さを批判するあまり、国家という単位や、それに呼応するナショナル・ヒストリーの価値を否定する議論も目につく。近代以降の国民国家像を、それ以前の時代に適用することは厳禁であり、また近代世界においても国家の役割にはいろいろな留保をつけるべきであるが、ヨーロッパ優位のもとで国民国家が世界に広がったことは事実であり、これから先もその重要性は続いていく。国民国家がグローバルな場から退場していくことは、当面考えられず、ナショナル・ヒストリーを無視することはできないのである。ただし、その場合のナショナル・ヒストリーは、いわば「開かれた」ものとなる必要があろう。「開かれた」ナショナル・ヒストリーは、国民国家を問題としながらもそれをつねに相対化していく。そのためには第一に、国民国家というものが真空から生まれてきたわけではなく、つねに周辺地域とのかかわりのなかで存在し発展してきたことについての認識が必要である。たとえば、日本についてのナショナル・ヒストリーは「アジアのなかの日本」という問題と切り離せない。また第二に、国民国家の領域性を相対化する視点が重要である。「一つの日本」でなく「いくつもの日本」という考え方である。それと重なり合うところもあるが、第三に、マイノリティの視座からナショナル・ヒストリーをみていくという姿勢も求められる。

またローカルなレベルも、グローバルなレベルとの関連であらためて問題となる。グローバル・ヒストリーであれ世界史であれ、ローカル・ヒストリーの刻印をつねに帯びながら動いているのであり、グローバル・ヒストリーはローカル・ヒストリーという基盤から切り離しては論じがたいし、ローカル・ヒストリーのほうはグローバルな展望につながることによって新たな息吹をみせることになる。その点について、世界史やグローバル・ヒストリーについてのアジアからの発信母体として最近登場した『世界史アジアレヴュー *The Asian Review of World Histories*』（世界史が複数形になっていることに注意）に掲載された一論文の主張を引いておこう [Polónia 2015: 66]。

実際、グローバル・ヒストリーも世界史も、ローカル・ヒストリーの絶対的総計といったものではなく、全体は各部分の総計よりも大きいが、各部分は、ローカルで地域的なスペースや地域間にわたるスペースのなかで、異なる観察空間を互いに結びあうことなしには存在できない。この議論を認めると、その結果として、いかなる歴史的現象といえども、それが世界大のグローバルな規模のものであっても、経験的な分析という点では、ローカルもしくは地域的なスケールでの観察なしには理解できないことになる。また、グローバルな現象の効果が特定され研究可能になるのはローカルなスケールにおいてである。

こうしたさまざまなレベルに眼を配った研究のなかからグローバルな視野を生み出していくのが、グローバル・ヒストリーのめざすべき姿であろう。すでにふれた川北稔は、現在のグローバル・ヒストリーの流行状況を批判的にみて、「世界がすべての地域の「共通の、しかも不動のゴール」であるとする歴史観」にグローバル・ヒストリーが傾斜していくことに警鐘を鳴らしているが［川北　二〇一五］、このような重層的な視座を堅持していくことが、そうした懸念を解消する手がかりになるであろう。

そのためには、グローバル・ヒストリーを志向する歴史家は、グローバルという旗印のもとでの構図づくりに安住するのではなく、細部に十分な気配りをしていかなければならない。クロスリーは、一次史料にもとづいて実証的な研究を行う歴史家と、そうした歴史家の仕事の結果を利用しつつ大きな物語を紡ぐグローバル・ヒストリーの書き手との間には共通するところがほとんどないと述べており［クロスリー　二〇一二：一五四］、現にそのような現象がみられないわけではないが、それはあるべき姿ではない。一人の歴史家が、細部にこだわる実証的な研究を行いつつ、ある時に大きな物語を紡ぐということは当然考えられるが、実証性や細部へのこだわりと乖離したグローバル・ヒストリーは空しいものといわなければならない。

最後に、日本におけるグローバル・ヒストリー研究の課題として、その成果をまさにグローバルなものにしていくことが求められている、という点を指摘しておきたい。日本での研究成果の海外発信である。この点では、これまでも日本の歴史家はかなり国際的に貢献してきている。たとえば、『大分岐』でポメランツは、彼の議論がグローバルな発展に関する杉原薫の議論との共通性をもっていると論じているし、コンラッドも、杉原や濱下武志、川勝平太の研究に言及している。またクロスリーが、現在のグローバル・ヒストリーにつながる仕事をしてきた先駆者のなかに、中村元、朝河貫一、内藤湖南、仁井田陞といった人々を入れていることも興味深い。このような先例にならいつつ、グローバル・ヒストリーの成果であると誇ることができる日本での研究を、世界に問うていくことが、これからの若い世代にはますます必要となる。

その点で、本稿の最初のほうで紹介した国際的な共同研究の推進や、すぐ前にふれた『世界史アジアレヴュー』発刊の母体となっている世界史研究者アジア協会（Asian Association of World Historians, その会長は現在秋田茂がつとめている）の活動など、精力的な動きが近年広がっているのは、じつに心強い。こうした動きがさらに強まり、豊かな実を結んでいくことが期待されるのである。

注

（1）Kenneth Pomeranz, *The Great Divergence*, Princeton University Press, 2000 の邦訳は、原著刊行から一五年後に刊行された［ポメランツ、二〇一五］。本書は、一九世紀半ばまでにヨーロッパが他にぬきんでて豊かになっていたということは事実としつつ、ヨーロッパが一八〇〇年以前にも、内生的に世界のなかでの経済的優位を確立していたとする見解を批判し、一七五〇年頃までは、ヨーロッパと中国、より狭くはイングランドと長江デルタ地域の間で、一人あたりの所得や生活水準が等しかったとした。さらに、その状況からヨーロッパ優位への「大分岐」をもたらした要因として、石炭（化石燃料）の豊富な使用と新世界（南北アメリカ）との環大西洋貿易関係の展開とに着目した。邦訳完成までの間に寄せられた批判に応えるかたちで、邦訳に添えられた「日本語版への序文」において、ポメランツは原著における一七五〇年頃という時期区分を一七〇〇年頃に変えているが、本書全体の主張は、維持しつづけている。

（2）水島はグローバル・ヒストリーの特徴として五つの点をあげているが、以下の本文で手がかりとするのは、第四点目までである。第五点目としては、研究の対象、テーマが従来の歴史学ではほとんど取り扱われてこなかったものが多く、歴史学に新たな視角をもたらすものであるという点があげられている。水島は従来の主なテーマ（戦争や政治、経済活動、宗教、文化）と対比されるものとして、疫病、環境、人口、生活水準といったテーマを列挙しているが、本稿ではそうした個々のテーマについて論じることはしない。また、人口や生活水準を新たなテーマと呼ぶべきかどうかは疑問である。

（3）二〇〇七年度の東京大学教養学部におけるグローバル・ヒストリーをめぐるリレー講義の紹介文から。

文献一覧

秋田茂「グローバルヒストリーの挑戦と西洋史研究」『パブリック・ヒストリー』第五号、二〇〇八年

秋田茂『イギリス帝国の歴史――アジアから考える』（中公新書）中央公論新社、二〇一二年

秋田茂編『アジアからみたグローバルヒストリー――「長期の18世紀」から「東アジアの経済再興」へ』ミネルヴァ書房、

二〇一三年
秋田茂・桃木至朗編『グローバルヒストリーと帝国』大阪大学出版会、二〇一三年
秋田茂・桃木至朗編『グローバルヒストリーと戦争』大阪大学出版会、二〇一六年
網野徹哉『興亡の世界史　12　インカとスペイン　帝国の交錯』講談社、二〇〇八年
池田嘉郎編『第一次世界大戦と帝国の遺産』山川出版社、二〇一四年
井野瀬久美惠『興亡の世界史　16　大英帝国という経験』講談社、二〇〇七年
入江昭『歴史家が見る現代世界』（講談社現代新書）講談社、二〇一四年
ウェスタッド、O・A『グローバル冷戦史――第三世界への介入と現代世界の形成』佐々木雄太監訳、名古屋大学出版会、二〇一〇年
大阪大学歴史教育研究会編『市民のための世界史』大阪大学出版会、二〇一四年
川北稔「歴史観の問題――歴史学のいま（三）」『図書』（岩波書店）、二〇一五年六月
河西英通／浪川健治／M・ウィリアム・スティール編『ローカルヒストリーからグローバルヒストリーへ』岩田書院、二〇〇五年
木畑洋一『第一次世界大戦――現代世界への転換点』吉川弘文館、二〇〇一年
木畑洋一『二〇世紀の歴史』（岩波新書）岩波書店、二〇一四年
クリスチャン、デヴィッド『ビッグヒストリー入門――科学の力で読み解く世界史』渡辺正隆訳、WAVE出版、二〇一五年
クロスリー、パミラ・カイル『グローバル・ヒストリーとは何か』佐藤彰一訳、岩波書店、二〇一二年
塩川伸明・小松久男・沼野充義編『ユーラシア世界』1～5、東京大学出版会、二〇一二年
杉原薫『アジア間貿易の形成と構造』ミネルヴァ書房、一九九六年
杉原薫・川井秀一・河野泰之・田辺明生編『地球圏・生命圏・人間圏――持続的な生存基盤を求めて』京都大学学術出版会、二〇一〇年
杉山伸也『グローバル経済史入門』（岩波新書）岩波書店、二〇一四年
杉山正明『興亡の世界史　9　モンゴル帝国と長いその後』講談社、二〇〇八年
趙景達「グローバル・ヒストリー雑感――政治文化史と民衆運動史の視点から」『歴史評論』第七四一号、二〇一二年
鳥越泰彦「戦後世界史意識の変遷――高校世界史教科書の分析から」『新しい世界史教育へ』飯田共同印刷株式会社、二〇一五年
永井和「近世論からみたグローバル・ヒストリー」『岩波講座日本歴史　22　歴史学の現在』岩波書店、二〇一六年
西田慎・梅崎透編『グローバル・ヒストリーとしての「1968

年」 世界が揺れた転換点』ミネルヴァ書房、二〇一五年
日本孫文研究会編『グローバルヒストリーの中の辛亥革命』汲古書院、二〇一三年
羽田正『イスラーム世界の創造』東京大学出版会、二〇〇五年
羽田正『新しい世界史へ――地球市民のための構想』（岩波新書）岩波書店、二〇一一年
羽田正編『東アジア海域に漕ぎだす　1　海から見た歴史』東京大学出版会、二〇一三年
羽田正編『グローバルヒストリーと東アジア史』東京大学出版会、二〇一六年
ポメランツ、K『大分岐　中国、ヨーロッパ、そして近代世界経済の形成』川北稔監訳、名古屋大学出版会、二〇一五年
益田実・池田亮・青野利彦・齋藤嘉臣編『冷戦史を問いなおす「冷戦」と「非冷戦」の境界』ミネルヴァ書房、二〇一五年
水島司『グローバル・ヒストリー入門』（世界史リブレット）山川出版社、二〇一〇年
水島司編『グローバル・ヒストリーの挑戦』山川出版社、二〇〇八年
南塚信吾『世界史なんていらない？』（岩波ブックレット）岩波書店、二〇〇七年
南塚信吾・秋田茂・高澤紀恵編『新しく学ぶ西洋の歴史――アジアから考える』ミネルヴァ書房、二〇一六年
桃木至朗編『海域アジア史研究入門』岩波書店、二〇〇八年
山室信一ほか「レクチャー　第一次世界大戦を考える」シリーズ、全一二冊、人文書院、二〇一〇～二〇一四年
山室信一・岡田暁生・小関隆・藤原辰史編『現代の起点　第一次世界大戦』全四巻、岩波書店、二〇一四年
Conrad, Sebastian, *What Is Global History?*, Princeton University Press, 2016.
Polónia, Amélia , “Think Globally, Act Locally : Environmental History as Global History in the First Global Age,” *Asian Review of World Histories*, 3-1, 2015.
Sugihara, Kaoru, “The European miracle in global history: an East Asian perspective,” in: Maxine Berg, ed., *Writing the History of the Global,* Oxford University Press, 2013.

4　下からのグローバル・ヒストリーに向けて
――人の移動、人種・階級・ジェンダーの視座から

貴堂　嘉之

1　グローバル時代の歴史学
――下からのグローバル・ヒストリーに向けて

二一世紀の現代歴史学において、グローバル・ヒストリーの研究動向ほど大きな注目を集めている分野はないだろう。CiNii で関連する書籍・論文を調べる限り、日本では一九九〇年代からグローバリゼーション関連の論考が増えはじめ、二〇〇二年以降、グローバル・ヒストリーをタイトルに冠する研究が続々登場したことがわかる。歴史学研究会の全体会「グローバル資本主義と歴史認識」が開催されたのが二〇〇二年なので、九・一一後、二一世紀の幕開けの時期に、グローバリゼーションにいかに向き合うかという問題意識が醸成されたと考えていいだろう〔伊豫谷　二〇〇二、サッセン　一九九九〕。しかし、木畑洋一の「グローバル・ヒストリー――可能性と課題」（本巻第1章3）で指摘されたとおり、これらはグローバリゼーションの時代を背景に生まれた共通項をもつものの、グローバル・ヒストリーとは何かについての明確な定義はなく、歴史研究者各々が従来の国民国家史やヨーロッパ中心主義を乗り越え、新しい世界史をつくりだそうとする動きとも共振しており、これらをひとまとめにして論じることはかなり厄介である。

ただ、今後も、グローバル・ヒストリーと呼ぶか、新しい世界史と呼ぶかは別にして、現代歴史学のなかでグローバルなコンテクスト――私の専門に近い馴染みのある言葉でいえば、トランスナショナルな分析視角――を重視した研究は、深化・発展しつづけることが予想される。二〇一六年に刊行が開始された「ミネルヴァ世界史叢書」全五巻は、現時点の日本におけるグローバル・ヒストリー研究の到達点を示すものとなろう。シリーズ第一巻の『「世界史」の世界史』の巻末に収録された「総論　われわれが目指す世界史」は、これまでの世界史の問題点や限界を指摘したうえで、オルタナティブの世界史の試みを、①新し

い歴史学の諸潮流、②国民国家を超える／疑う、③欧米中心主義と闘う、④「反近代」「超近代」「ポスト近代」、⑤「脱中心化」、⑥「人間中心主義」から離れる、にわけて詳述し、二一世紀を見通せるアクチュアリティをもった世界史、その見取り図こそが求められていると提言する。編者の南塚信吾が担当した序論「「世界史」の世界史」とあわせ、これからのグローバル時代の歴史学に求められる論点をコンパクトにまとめた論考となっており、広く読まれるべきであろう［秋田　二〇一六、羽田　二〇一六］。このシリーズの編者には、日本におけるグローバル・ヒストリー、世界史再考を牽引してきた南塚信吾、羽田正、秋田茂、桃木至朗らが名を連ねており、彼らのこれまでの提言をもとに、具体的にどのような成果がでてくるのかが期待される［南塚　二〇〇七、羽田　二〇一一、秋田、二〇〇八、桃木　二〇〇九、Haneda 2015］。

他方、海外の研究では、リン・ハントの *Writing History in the Global Era* (2014) が、グローバル・ヒストリーを欧米の史学史に位置づけるにあたって有益である［ハント 二〇一六、長谷川 二〇一六］。フランス革命史、文化史の研究で知られるハントが活躍するアメリカ歴史学界は、一九七〇年代以降に登場した、言語論的転回、文化論的転回、空間論的転回、越境論的転回などの発信源であり、「転回」以降の現代歴史学を主導してきたといってよい[1]。この「転回」については、本巻の松原宏之の論考を参考にされたい。ハントは、この歴史研究の潮流を整理するなかで、冷戦期の歴史研究の主要な四つのパラダイム（マルクス主義、近代化論、アナール学派、アイデンティティ・ポリティクス）の成り立ち、特徴を示したうえで、それが文化理論にもとづく歴史学（文化論的転回）により基盤を失い、衰退していったという。歴史学の「転回」が、経済的・社会的な関係が文化的・政治的表現の基礎を提供するという既存パラダイムの前提を切り崩し、言語や文化の自立的な論理を明らかにし九〇年代までに歴史学を席捲することになったという。しかし、現状では、文化論的歴史学は、政治から乖離し、小さくローカルなもの、個別事象にこだわり、全体性を喪失して断片化し、「大きな物語」を描けないなどの批判を受け活力を失いつつあり、その有効なパラダイムの代案を提示できないなか、トップダウン型のグローバル・ヒストリーだけが「大きな物語」の座を独占することになっていると主張し、それに対してハントは「下からのグローバル・ヒストリー」を提唱している。

この「下からの／底辺からの（ボトムアップ）」という視座は、アメリカ史研究者であれば、ヨーロッパのアナール学派とは異なるかたちで、公民権運動やエスニック・

リバイバルの運動の影響を受け発展した（アメリカ）社会史のそれを想起するわけだが、ここでの含意はいかなるものか。日本でも趙景達が民衆運動の視点を組み入れた「下からの」アプローチの必要性を主張している［趙 二〇一二］。「下からのグローバル・ヒストリー」が本章のテーマでもあるので、ハントのグローバル・ヒストリー論（第二章）をもう少し詳しく紹介することにしよう。

ハントによれば、九〇年代になぜグローバリゼーションが突如として注目を集めたのかといえば、それは資本主義vs共産主義という対立の構図が冷戦の終焉により終わり、そこに醸成されたイデオロギー的空白をグローバリゼーションが埋めたからだという。ソ連の国家主導の経済に勝利したグローバル経済は、八〇年代の新自由主義革命を継承したものであり、これがなぜ西側陣営が冷戦に勝利し、グローバルな覇権に上りつめたのかという「大きな物語」を提供したからでもあった。だが、歴史研究者のグローバリゼーション研究への取組みは、一国史中心の歴史叙述へのこだわり、対象領域の高度な専門化の弊害などもあり遅れた。実際、グローバリゼーションの様式整理においては、社会科学、社会学分野に圧倒的な研究蓄積があり、歴史学は到底太刀打ちできそうになかった［スティーガー 二〇一〇］。しかし、欧米でこの状況を打開したのは、歴史教育の変革の動きだった。アメリカでは、八〇年代まで世界史は西洋文明史そのものだったが、多文化主義《マルチカルチュラリズム》運動と移民たちによる自らのエスニックな文化的起源にふれる歴史教育を求める声から、ヨーロッパ中心主義的ではない多元的視座の世界史教育が実践されるようになっていった。一九八二年に世界史協会が設立され、九六年には歴史教育ナショナル・スタンダードが設計され、まさにグローバル・ヒストリーのコンセプトにしたがい、テーマが設定された。ヨーロッパにおいても、ＥＵ地域統合のなか、ヨーロッパというアイデンティティを国民国家と世界との間の媒介者として確立する途上で、歴史教育の国際化が推進された。

文化論的歴史学がローカルでミクロな歴史を描くのに対し、グローバル・ヒストリーはより結合し相互依存を深めるこの世界のマクロな歴史的展開を重視する。そのグローバル・ヒストリーにもいくつか潮流があり、ハントは「トップダウン型」と「ボトムアップ型」に分け区別する。前者では、グローバリゼーションの推進力として経済に第一義的な優位性を与え、グローバリゼーションが地球上のあらゆる地域を変容させて、ウォーラーステインのいうところの世界システム（世界＝経済）が創出していくプロセスに焦点をあてる。マクロ経済学的な手法で「西欧の勃興」を終着点とする近代資本主義発展史が叙述され、そこには西欧中心主義と経済成長重視の思想が貫かれる。ハントによれば、ウォーラースティンのみならず、ブローデルの全体史、アンドレ・グンダー・フランクの従属理論、ジョン・ホブソンの『西洋文明の東洋的起源』もこのグループとなる。

他方、「ボトムアップ型」とは、上から一つのシステムがつくられる過程をみるのではなく、多様な場所の歴史が接続されて相互に依存していく、一つのトランスナショナルなプロセスに着目するもので、「トップダウン型」の包括的な理論構築をめざすタイプと文化論的転回後のミクロストリアの断片化した個別実証研究の「中間路線」とされる［ギンズブルク　二〇一六、長谷川　二〇一六］。ハントによれば、グローバル・ヒストリーといっても、ブローデルやウォーラースティンを真似る歴史家はほとんどおらず、全体史的な叙述や包括理論とは距離をとってきたのが実情で、トランスナショナルの視座や比較史のボトムアップの視座のほうが一般的であった。二〇〇六年に創刊された雑誌 *Journal of Global History* (Cambridge University Press) の投稿論文も、個別実証をもとにしたボトムアップの視座が支配的である。こうしたボトムアップ型の研究に特徴的なのは、第一に境界地帯、砂漠、河川、海域などの長く無視されてきたトランスナショナルな空間を再発見したことである。とりわけ陸の領域としての国民国家を必然的な研究の出発点とするのではなく、海に注目することでそれが海域アプローチの隆盛へとつながった。また、とりわけ近世史の分野で大きな成果をあげており、タバコやチョコレートなどの交易活動、ヨーロッパで知られていた流通経路の外部の研究にあたるユダヤ人やアルメニア人のディアスポラ的共同体の研究など、経済的な動機だけでなく、嗜好の変化や個人的交流、家族の紐帯、宗教的感覚など文化史的諸問題も取り扱っている。こうした活動には、近代資本主義の発展過程で消滅してしまったものもあり、近代化とは必ずしも一致しない現象であるわけだが、こうした相互依存（双方向の関係）やつながりを浮かび上がらせることで、グローバリゼーションが西欧独自の創造物ではないこと、グローバル化＝近代化＝西欧化という等式が成り立たず、本質的にグローバル化は、普遍的でどこででも起こりうるものであることが明らかにされる。

以上、ハントのグローバル・ヒストリー論の整理にもとづいて「下から」の視座の意義を確認してきた。日本でのグローバル・ヒストリー論と摺り合わせれば、水島司らのいう諸特徴とも一致する視座であろう［水島　二〇〇八・二〇一〇］。ハントの史学史の整理はやや図式的で、パラダイム・シフトを強調しすぎている。下からのグローバル・ヒストリーを考える際には、これが文化論的「転回」

後の歴史学と必ずしも背反しないことはもとより、むしろその個別実証の裏づけをもとに積み上げる、まさに下からの視座を大事にすべきである。また、日本で九〇年代以降に隆盛した国民国家論とグローバル・ヒストリーの関係については、バイブルのごとく読まれた『想像の共同体』の著者、ベネディクト・アンダーソンのグローバリゼーション論についてふれておくのも悪くないだろう。アンダーソンは、『想像の共同体』を書いたときに「グローバリゼーション」を考えに入れてなかったと語っているが、いま再読すればナショナリズム思想の国際連関、グローバルな思想流行を追ったグローバル史とも読める［梅本　二〇〇七］。ナショナリズムの時代が終わりグローバリズムの時代が到来すると定説ではいわれるが、グローバリズムはつねにナショナリズムとともにあり、その生成と発展を促してきたとアンダーソンは指摘する。彼のグローバル化の定義は、「ある場所で生まれた理念や思想が世界中を移動し、その土地その土地で固有の意味を帯びながら、人々を新しい実践へと駆り立てていくプロセス」であり、グローバル化を徹頭徹尾、人と人との「つながり」をめぐる問題に着目して描こうとする点に特徴がある。前著と違い『比較の亡霊』では、出版資本主義がもたらすのは、むしろ「世界」という グローバル化された意識であると指摘されており、「比較の亡霊」とは近代化論的な比較で抑圧されたグローバルな現実そのものである［アンダーソン　二〇〇五］。アンダーソンのフィリピン・ナショナリズム研究の集大成でもある『三つの旗の下で』では、ホセ・リサールらがグローバルなネットワークを通じて、とりわけヨーロッパのアナーキズムの思想や運動とつながりをもった点に着目し、反植民地主義的ナショナリズムが「想像」される様子を描いた［アンダーソン　二〇一二］。こうした研究視座は、日本では『移動と革命――ディアスポラたちの「世界史」』で提唱されている、「ディアスポラ」たちの移動軌跡から世界史を描き直す試みや、ガリキオのブラック・インターナショナリズム論とも通底しているだろう［小沢ほか　二〇一二、ガリキオ　二〇一三］。ハントは、この点について、ナショナリズムはグローバリゼーションを促進することもあれば、妨害することもあるとし、世界全体の相互連関と依存関係の力学は両方向からの力を視野に入れ検証していく必要があると語っている。

2――「トランスナショナル・ターン（越境論的転回）」

では、下からのグローバル・ヒストリーの視座をもった研究領域として、その中心となる「トランスナショナル・ターン（越境論的転回）」とは何かを明らかにしたうえで、広域圏史、人の移動史の研究動向について次にまとめることにしたい。

九〇年代後半から二〇〇〇年代以降、複数の場、都市、地域、領域、国家、帝国にまたがる人や制度、思想の移動に焦点をあて、特定の国民・国家を脱中心化した分析視角から、歴史像を描く「トランスナショナル・ターン」と呼ばれる研究動向が生まれた。この研究分野は、（上からの）グローバル・ヒストリーとの緊張関係のなかで形成されたため、グローバル・ヒストリーの枠に含めることには疑義を唱える研究者がいるかもしれない。だが、本項では上記のようなグローバル・ヒストリーの二分法にもとづき、「下からのグローバル・ヒストリー」の代表的な研究領域と位置づけ整理することとする。こうしたグローバルな相互連関、越境の視点を導入することは、ナショナル・ヒストリーの分析枠組みの解体を意味するのではなく、その歴史を相対化して描くことに主眼がある。具体例をアメリカ史であげれば、イアン・ティレルの『トランスナショナル・ネーション』は、アメリカ合衆国のナショナル・ヒストリーを大西洋史、太平洋史、西半球史などの文脈から人・制度・思想の国際連関に着目して描き直している［ティレル　二〇一〇］。

そもそも、グローバリゼーションの起源は、①人類の始まり（私たちは、アフリカに起源をもつ移住民の末裔ということになる）、②ヨーロッパによる地理上の「発見」、征服活動・植民地化、③近代（一八世紀中葉〜）、④現代（一九七〇年代〜）など、諸説あるものの、各々の歴史区分でグローバルな人の移動、越境とそのネットワークに着目することで、現在の国境線で囲われた国民国家やかつての帝国、それ以外の海域などの歴史的地層にアプローチし、従来の歴史研究の枠組みとは異なる視座から研究することが可能になる。

対象とする空間を広げる

まず、海域史と呼ばれる海洋に焦点をあてた広域圏史について大西洋史と太平洋史の成果をみてみよう。

大西洋史は、この二〇年ほどで、従来の英米関係に照準をあわせた英領北米植民地研究の分析枠組みを崩し、一五世紀後半から一九世紀初頭の北米大陸の歴史を、大西洋を囲む四大陸を跨ぐ大西洋世界という広域圏の相互連関史へとシフトさせた。日本では、バーナード・ベイリンの『アトランティック・ヒストリー』が和田光弘らにより訳出されて研究が本格化し、大西洋を舞台としたトランスナショナルな人や物、思想の歴史が、川北稔らにより切り拓かれた国際商品としての砂糖、茶、タバコなどの歴史研究の上に積み上げられ、成果をあげることとなった［ベイリン 二〇〇七］。

トランスナショナルな視座を重視する研究では、①移動する者の行為主体性に重点をおく、②国民史の枠組みを相対化する、③人や物の送出地域と受入地域の連続性、つながりを多元的に検証する、などの特徴がある。それゆえに、大西洋世界を形成した主体はヨーロッパ系諸集団だけではなく、アフリカ大陸とカリブ海域、南北アメリカ大陸を結ぶ奴隷貿易についても、アフリカ西海岸の歴史を視野に入れつつ、奴隷を単なる受動的存在ではなく、ホスト社会でクレオール化し独自の文化を生み出す歴史主体として描く。ヨーロッパ系でもイギリス人とは異なる大西洋経験をした集団として、アイルランド人のそれが「緑の大西洋史」として語られる。緑以外にも、アフリカ人のディアスポラの歴史を描く「黒い大西洋史」は、ギルロイの『ブラック・アトランティック』に影響を受けながら成果をあげ、マルクスの世界主義を源流とする「赤い大西洋史」などのアプローチもある。また、従来の国民史に収まりきらなかった、近世の権力に抵抗した船乗りや海賊などの周縁的存在にも注目が集まっている［ギルロイ 二〇〇六、レディカー 二〇一四］。日本の研究では、『海のリテラシー――北大西洋海域の「海民」の世界史』を、この研究の延長線に位置づけることができるだろう［田中 二〇一六］。

また、地球表面積の約三分の一をしめる太平洋という広域圏を分析対象とする太平洋史も独自の展開をみせてきた。これまでの研究は、合衆国本土、オーストラリア、ハワイなど複数の拠点で独自に制度化され、合衆国史の延長で太平洋を文脈化する北太平洋史、島嶼社会・植民地を主たる分析対象とする南太平洋史、そして、太平洋交易・交流史などに分断されてきた。これらを総合する分析枠組みの必要性が謳われ、欧米人が海洋進出する前のアジア太平洋（Asia-Pacific）と欧米太平洋（EuroAmerican Pacific）に分ける提案など、さまざまな試みが現在進行形で行われている。また、ハワイや北米大陸西海岸諸都市については、大西洋世界と太平洋世界という二つの広域圏を連絡する「回廊 corridor」の役割を担ったとして、その地域・広域圏・世界の国際連関の要として注目が集まっている［牧田 二〇一六］。

人の移動のグローバル・ヒストリー

次に、トランスナショナル・ヒストリーとして最も大きな成果をあげている、人の移動史（移民史、ディアスポラ、難民研究、奴隷研究、労働移動）の研究分野を取り上げたい。この分野の研究が分厚い背景には、社会科学・社会学分野でもともと国際労働力移動研究から始まり、移民・難民・移住労働者など人の移動に関する理論的整理が進んでいたことがある。日本の歴史研究者は、社会学やエスニック・スタディーズなどと融合した学際的学問領域としてこれに学び、ともに研究を進めてきた。日本でグローバリゼーション研究を立ち上げた伊豫谷がグローバル時代の移民を研究の柱としていたのは偶然ではないだろう［伊豫谷二〇〇二］。

この二〇年ほどの人の移動研究により、旧い歴史学や政治学、社会学が描いた国民国家の時代としての「近代」像、市民社会論、国境内の永住・定住モデルの静態的・固定的な国民国家像は大きな修正を余儀なくされることとなった。一言でいえば、国民史とセットとなった狭義の移民史は解体され、グローバルな人の移動史へとシフトすることとなった。たしかに移民史は九〇年代以降、とくに（もともと国民史に回収されない傾向の強かった）中国系移民史を中心に越境論的研究が盛んになったが、移民史の分析枠組みそのものの陥穽が徐々に明らかになったのである。私も長らくもやもやしながらも移民史研究を自称していたが、遅ればせながら拙著『アメリカ合衆国と中国人移民』で「人の移動のグローバル・ヒストリー」を提唱した。その理由は大きく二つある［貴堂　二〇一二］。

第一に、アメリカのような移民国家の場合、移民史が完全に国民史に組みこまれてしまっており、その呪縛から解くべく、人間の空間的移動をめぐる諸概念の再検討から始めなければならなかったからである。アメリカの「移民」は、自由意志による渡航者として、黒人奴隷や年季奉公人といった強制移動ないし契約労働者とは明確に区別される特権的な役割を担い、帰化・同化・アメリカ化といった一連のあらかじめ敷かれた国民化のレールを歩む存在として宿命づけられてきた、といっていい。しかし、「長い一九世紀」の人の移動には、決して自由移民だけではなく、奴隷や年季奉公人、苦力など、不自由で強制的な多様な人流が混在していた。世界規模で奴隷貿易・奴隷制度が廃止され、解放が達成されるなかで、世界の労働形態が「不自由労働」から「自由労働」へと不均等に移行していく時代が近代なのであり、近代の海は決して「自由」や「移民」のみでは語れず、現代にまで遍在する「不自由」や「隷属」をこそ問わなければならない。拙著では、華南から大量流出した苦力や移民を、グローバルな奴隷制廃止を契機とした国際労働市場の再編過程に位置づけたが、それは大西洋世界と太平洋世界をつなぐこと、黒人奴隷史と移民史をつなぐことではじめて可能になった。

こうした国民史のなかでの移民概念の再考は、アメリカ史に限らず歴史研究の新たな可能性を切り拓く。ヨーロッパ系「移民」概念の再検討では北村暁夫の所論が参考になる［北村　二〇〇二］。日本近現代史であれば、勢力圏としての東アジアに向かう移動は植民、非勢力圏としての太平洋諸島・南北アメリカ大陸方面に向かうのが「移民」と区別され、研究史が分断されてきた。これら「移民」と「植民」を「越境者」としてつなぎあわせ、日本からの出「移民」研究と日本の「植民地支配」に関する研究を統合して分析する本格的な研究が登場したのはごく最近のことである［日本移民学会　二〇一一、塩出　二〇一五］。これに帝国という視座を組みこめば、東栄一郎の日米という二つの帝国に挟まれた日本人移民のトランスナショナリズムの研究となるし、帝国の解体については、近年では「引揚げ」「帰還」の人の移動に関する総合研究が登場している［東　二〇一四、今泉　二〇一六］。

第二に、人の移動の管理や移民行政の成立史の観点から、国民国家の定義の再検討がなされた点があげられる。社会学者のトーピーは、「想像する」だけではネーションはできないとアンダーソンの定義に疑義を呈し、国境をまたぐ人の移動の文書管理に着目する［トーピー　二〇〇八］。国家による「国民」の掌握や移民の管理は、国家の成立と同時に達成されたかに考えがちだが、近代国民国家の時代になっても、国家は人の移動を管理・統制できず、彼らを「国民」として囲い込むまでにはかなりの時間を要した。このことは、第一次大戦で旧帝国が崩壊するまで、ネーション間の移動で国籍・身分を保障する旅券システム（パスポート）が世界各国で普及しなかったことに端的に示される。「長い一九世紀」は「移動の世紀」であったが、この時代の国境は穴だらけであり、長い時間をかけ段階的に出入国管理の制度は整備された。ちなみにアメリカの東海岸、西海岸の連邦移民出入国管理施設はそれぞれ一八九二年、一九一〇年の開設である。マックス・ヴェーバーが近代の特徴を国家による暴力の独占として論じたように、トーピーは「合法的な移動手段の独占」を近代国家成立の指標とし、これにより人々が空間移動の自由を奪われ、「アイデンティティ」の所有においても国家に依存するようになったという。

こうして人の移動のグローバル・ヒストリーは、これまで分断されてきた研究分野――国内移動と地域間移動と大陸間移動、奴隷史と移民史、移民史と難民史など――をつなぎ接続し直すことで、より大きな歴史的コンテクストを提示することになるだろう。今後、この研究分野で対象となる越境者には、国民史とは異なる文脈での掘り起こしという点でいえば、戦時の軍隊や従軍看護婦、「慰安婦」などが加わることになるだろう。近年のジェンダー史学の成果である、第二次大戦下のフランスでの米兵の性を問うた『兵士とセックス』や独ソ戦下のドイツ兵の性を扱う『戦時の性』などは、グローバル・ヒストリーの視座をもった研究といえる［ロバーツ　二〇一五、ミュールホイザー　二〇一五］。慰安婦問題についても同様で、永原陽子は日本軍「慰安婦」を、一九世紀後半以降の植民地世界を含む英仏などの同時代的な管理売春の制度と相互に影響を与えあうものとして考察し、軍隊や国家による性暴力に関するグローバルな比較史を提言している［永原　二〇一四］。

3　グローバルな支配権力の分析のために
――人種・階級・ジェンダーの交錯

以上、広域圏史や人の移動史の成果をみてきたが、最後にこの領域を支える人種やジェンダーなどの分析概念の研究史上の深化と、その問題解決に向けたアプローチの変容についてふれることにしたい。一国史をこえた枠組みを設定するトランスナショナル・ヒストリーは、これまでの植民地研究や帝国主義研究の取組みに学びつつ、その広域秩序を形成してきた人種や階級、ジェンダーの交錯する差異の政治に大きな関心を寄せてきた。

日本の人種研究は、先行研究の多い「民族」研究とくらべ、研究が立ち遅れた分野であったが、竹沢泰子らの文理融合の学際的共同研究が「人種」概念の洗い直し作業をし、「人種」を近代欧米の構築物とする西洋パラダイムを超えて、日本や東アジアの経験（日本の部落差別など）を組み込み、その「特殊性」を主張するのではなく、海外の類似性をもつ事例と接合させながら、よりグローバルな多元的な角度から人種の表象や人種化のプロセスを議論できる土台作りを行った。私自身もこの共同研究に加わり活発な議論をみてきたが、集大成として刊行された三巻本の『人種神話を解体する』の成果は、『人種概念の普遍性を問う』で示された小文字の race, 大文字の Race, 抵抗の人種の三区分（詳細はここでは省略）とともに、広く歴史研究者も共有し議論すべきだと思う［竹沢　二〇〇五・二〇〇九、竹沢ほか　二〇一六］。日本の高校世界史教科書では、長らく「人種」に関する記述が、生物学的実体がないにもかかわらず、生物学的定義と三大人種を教えていたものが、最新の改訂でようやく社会的構築物としての定義に変更され、人種の優劣思考の暴力性が強調されるようになった。

言説や表象による「人種化」という人為的な「有徴化」が、

国民社会における排除を正当化するだけでなく、この「人種化」のプロセスは、帝国形成や植民地主義、ナショナリズムなど、さまざまな政治社会空間を規定するイデオロギーとして、ジェンダーや階級など他の差異と絡まりながら、人種主義を発動してきた。こうしたグローバル・ヒストリーの人種研究としては、藤川らによる共同研究『白人とは何か？――ホワイトネス・スタディーズ入門』があげられるだろう［藤川　二〇〇五・二〇一二］。無徴である「白人」に焦点をあてる白人性研究は、ヨーロッパ・男性・白人中心主義の解体を試みた九〇年代の多文化主義運動の影響を受けていたが、ガッサン・ハージは多文化主義社会オーストラリアの排外的ナショナリズムを「白人の優位性」の幻想で分析する［ハージ　二〇〇三］。二〇一六年アメリカ大統領選の結果をみても、グローバリズムとナショナリズムの相克を論じる際には、ホワイトネスは今後も重要なキーワードとなるだろう。

白人性研究の射程は長く、植民地支配をめぐる歴史研究では、統治する白人のリスペクタビリティを守るべく、支配する側とされる側を峻別する差異の線引きのポリティクスにおいて、人種化されたジェンダー、セクシュアリティと親密性の空間はきわめて重要な視座を提供してきた。アン・ストーラーの蘭領東インドの植民地的秩序に関する研究『肉体の知識と帝国の権力』は、植民地男性の性関係と「混血」の存在が本国の「国民」を脅かし、帝国の「生政治」を作動させる様を描く［ストーラー　二〇一〇］。奴隷制システムの維持であれ、帝国形成や植民地主義、ナショナリズムでも、人種やエスニシティ、階級はつねにジェンダーと結びついて支配―被支配の差異の境界線をつくりだし近代の秩序をつくりだしてきたのであり、こうした視座は下からのグローバル・ヒストリーの研究領域として、今後も多くの成果が期待できる。

ジェンダー史一般については、ソニア・ローズ『ジェンダー史とは何か』の総括［ローズ　二〇一七：第六章］と本巻第二章の論考に譲るとして、最後にジェンダーの視座とグローバル・ヒストリーに関連した大きめの論点をいくつか提示しておきたい。

第一は、グローバル化時代の歴史的問いの国境の越え方、世界といかにつながるかという問題である。社会学者の伊藤るりは「自分の痛覚を大事に、切実で生々しい自分という〈女〉の問題から政治を考えてきた」日本のフェミニズムが、国連を舞台とするグローバル・フェミニズムの公論空間に参加し、多元的水準でのジェンダー平等をめざしてきた取組みを評価する。人種差別撤廃条約など人種問題でも同様であろうが、国際的な人権レジームの形成と個人やトランスナショナルなNGOが国家を飛び越えて、直接国連機関の各種委員会に訴えることが（一部）可能となってきた活動スタイルの変化は、戦時性暴力や人種問題など、国家のみを責任主体とみなし、対象化してきた歴史研究を過去のものとし、新たな歴史的な問いかけを促すとともに、越境的連帯の可能性を拓くことになるかもしれない。

第二に、グローバル・フェミニズムが、これまで国家が独占してきた国際政治の構造を崩し、非政府組織のトランスナショナルな活動を拡大し政治のグローバル化の重要な一翼を担うようになった現状が、すでに国際政治学のパラダイム・シフトを起こしつつある点を指摘しておかねばならない。フェミニスト国際関係論は、伝統的な国際関係論が「没人間的」だと批判し、現実主義パラダイムが男性の主観的経験と結びついてきたがゆえに歪んでいるのであり、安全保障を国家による国家のための「軍事的」安全保障とみなし、結果として女性を不可視化し、個人の安全保障を軽視したのだという。ティクナーは、安全保障を軍事的安全保障としてのみとらえるのではなく、経済安全保障、環境安全保障にも関心を向け、さらには身体的、構造的、生態系的暴力の排除というフェミニズム的観点から安全保障を再定義することを提唱している［ティクナー二〇〇五］。国連開発計画（UNDP）で登場した「人間の安全保障」とともに、従来の「国家」ではなく「人間一人ひとり」に焦点をあてるこうした取組みは、下からのグローバル・ヒストリーと手を組むことができるだろう。

その際、第二波フェミニズムのスローガンである「個人的なことは政治的なこと」という言葉を思い出し、この言葉を一歩進めて、シンシア・エンローが「個人的なことは国際的なこと」と語っていることを思い起こすことには意味があるだろう［エンロー　二〇〇六］。二〇一三年の年末にエンローを招聘し「軍事化とジェンダー」をテーマに国際シンポジウムを開催したとき、軍事主義が定着していく軍事化は、狭義の軍隊や軍事力だけでなく、日常生活のなかのさまざまな信条（世界はどのように動いているのか）や価値の束として、その一つ一つがジェンダー化されて社会に刷り込まれていくと語った。エンローの議論が興味深いのは、この軍事化を支える主体はつねに分裂していて一枚岩ではないので、これらの信条や価値を変更できれば、軍事化はつねに失速、反転可能であることを強調している点である。世界の軍事基地をめぐり、女性兵士のみならず、基地にかかわる仕事をする多様な女性たちの姿を描く手法は、グローバル社会史とでも呼ぶべき視座であり、軍事化に抗うために歴史学に何ができるかを考えるうえでも示唆的である。

注

（1）Spiegel, Gabriell M., "Presidential Address: The Task of the Historian," *American Historical Review* (2009) 114(1): 1-15; The AHR Forum, "Historiographic 'Turns' in Critical Perspective," *American Historical Review* (2012) 117 (3): xiii-xv.

文献一覧

秋田茂「グローバルヒストリーの挑戦と西洋史研究」『パブリック・ヒストリー』第五号、二〇〇八年
秋田茂ほか編『ミネルヴァ世界史叢書　総論「世界史」の世界史』ミネルヴァ書房、二〇一六年
東栄一郎『日系アメリカ移民　二つの帝国のはざまで――忘れられた記憶　1868―1945』飯野正子ほか訳、明石書店、二〇一四年
アンダーソン、ベネディクト『想像の共同体――ナショナリズムの起源と流行』白石さやほか訳、NTT出版、一九九七年
アンダーソン、ベネディクト『比較の亡霊――ナショナリズム・東南アジア・世界』糟谷啓介ほか訳、作品社、二〇〇五年
アンダーソン、ベネディクト『三つの旗のもとに――アナーキズムと反植民地主義的想像力』山本信人訳、NTT出版、二〇一二年
伊藤るり「解説　自分の痛覚をもって、世界と繋がるフェミニズム」『新編日本のフェミニズム　第9巻　グローバリゼーション』岩波書店、二〇一一年
今泉裕美子ほか編『日本帝国崩壊期「引揚げ」の比較研究』日本経済評論社、二〇一六年
伊豫谷登士翁『グローバリゼーションと移民』有信堂高文社、二〇〇一年
伊豫谷登士翁『グローバリゼーションとは何か――液状化する世界を読み解く』（平凡社新書）平凡社、二〇〇二年
梅本直之編『ベネディクト・アンダーソン　グローバリゼーションを語る』（光文社新書）光文社、二〇〇七年
エンロー、シンシア『策略――女性を軍事化する国際政治』上野千鶴子監訳・佐藤文香訳、岩波書店、二〇〇六年
小沢弘明・三宅芳夫編『移動と革命――ディアスポラたちの「世界史」』論創社、二〇一二年
ガリキオ、マーク『アメリカ黒人から見た日本、中国　一八九五～一九四五――ブラック・インターナショナリズムの盛衰』伊藤裕子訳、岩波書店、二〇一三年
北村暁夫「ヨーロッパ移民史研究の射程」『歴史評論　特集　移民と近代社会』第六二五号、二〇〇二年
貴堂嘉之『アメリカ合衆国と中国人移民――歴史のなかの「移民国家」アメリカ』名古屋大学出版会、二〇一二年
ギルロイ、ポール『ブラック・アトランティック――近代性と二重意識』上野俊哉ほか訳、月曜社、二〇〇六年
ギンズブルク、カルロ『ミクロストリアと世界史――歴史家の仕事について』上村忠男訳、みすず書房、二〇一六年
サッセン、サスキア『グローバリゼーションの時代――国家主権のゆくえ』伊豫谷登士翁訳、平凡社、一九九九年

塩出浩之『越境者の政治史――アジア太平洋における日本人の移民と植民』名古屋大学出版会、二〇一五年
スティーガー、マンフレッド・B『新版　グローバリゼーション』櫻井公人ほか訳、岩波書店、二〇一〇年
ストーラー、アン・ローラ『肉体の知識と帝国の権力――人種と植民地支配における親密なるもの』以文社、二〇一〇年
竹沢泰子編『人種概念の普遍性を問う――西洋的パラダイムを超えて』人文書院、二〇〇五年
竹沢泰子編『人種の表象と社会的リアリティ』岩波書店、二〇〇九年
竹沢泰子ほか編『人種神話を解体する　1　可視性と不可視性のはざまで』東京大学出版会、二〇一六年a
竹沢泰子ほか編『人種神話を解体する　2　科学と社会の知』東京大学出版会、二〇一六年b
竹沢泰子ほか編『人種神話を解体する　3　「血」の政治学を越えて』東京大学出版会、二〇一六年c
田中きくよほか編『海のリテラシー――北大西洋海域の「海民」の世界史』創元社、二〇一六年
趙景達「グローバル・ヒストリー雑感――政治文化史と民衆運動史の視点から」『歴史評論』第七四一号、二〇一二年
ティックナー、J・アン『国際関係論とジェンダー――安全保障へのフェミニズムの見方』進藤榮一ほか訳、岩波書店、二〇〇五年
ティレル、イアン『トランスナショナル・ネーション――アメリカ合衆国の歴史』藤本茂生ほか訳、明石書店、二〇一〇年
トーピー、ジョン『パスポートの発明――監視・シティズンシップ・国家』藤川隆男訳、法政大学出版局、二〇〇八年
トーピー、ジョン『歴史的賠償と「記憶」の解剖――ホロコースト・日系人強制収容・奴隷制・アパルトヘイト』藤川隆男訳、法政大学出版局、二〇一三年
永原陽子「「慰安婦」の比較史に向けて」歴史学研究会・日本史研究会編『「慰安婦」問題を／から考える――軍事性暴力と日常世界』岩波書店、二〇一四年
日本移民学会編『移民研究と多文化共生――日本移民学会創設二〇周年記念論文集』御茶の水書房、二〇一一年
ハージ、ガッサン『ホワイト・ネーション――ネオ・ナショナリズム批判』保苅実ほか訳、平凡社、二〇〇三年
長谷川貴彦『現代歴史学への展望――言語論的転回を超えて』岩波書店、二〇一六年
羽田正『新しい世界史へ――地球市民のための構想』（岩波新書）岩波書店、二〇一一年
羽田正編『ミネルヴァ世界史叢書　1　地域史と世界史』ミネルヴァ書房、二〇一六年
ハント、リン『グローバル時代の歴史学』長谷川貴彦訳、岩波書店、二〇一六年
藤川隆男『人種差別の世界史――白人性とは何か？』刀水書房、二〇一一年
藤川隆男編『白人とは何か？――ホワイトネス・スタディーズ入門』刀水書房、二〇〇五年
ベイリン、バーナード『アトランティック・ヒストリー』和田

光弘ほか訳、名古屋大学出版会、二〇〇七年
牧田義也「広域圏・国際連関・越境空間—」『歴史評論　特集　越境空間から読み解くアメリカ』第七九二号、二〇一六年
水島司『グローバル・ヒストリー入門』（世界史リブレット）山川出版社、二〇一〇年
水島司編『グローバル・ヒストリーの挑戦』山川出版社、二〇〇八年
南塚信吾『世界史なんていらない？』（岩波ブックレット）岩波書店、二〇〇七年
ミュールホイザー、レギーナ『戦場の性——独ソ戦下のドイツ兵と女性たち』姫岡とし子訳、岩波書店、二〇一五年
桃木至朗『わかる歴史、おもしろい歴史、役に立つ歴史——歴史学と歴史教育の再生をめざして』大阪大学出版会、二〇〇九年
レディカー、マーカス『海賊たちの黄金時代——アトランティック・ヒストリーの世界』和田光弘ほか訳、ミネルヴァ書房、二〇一四年
ローズ、ソニア『ジェンダー史とは何か』長谷川貴彦訳、法政大学出版局、二〇一七年
ロバーツ、メアリー『兵士とセックス——第二次世界大戦下のフランスで米兵は何をしたのか？』佐藤文香訳、明石書店、二〇一五年
Haneda, Masashi, 'Japanese Perspectives on "Global History,"' *Asian Review of World Histories* 3: 2 (July 2015), 219-234.

5　植民地責任論

永原　陽子

はじめに

本書は冷戦構造の崩壊と新自由主義の席捲という世界の状況のもとでの歴史学の現状を扱うものであり、「植民地責任論」が一つのテーマとして設定されるのもそのような時代状況との関連においてである。しかし、そもそもこの『成果と課題』が対象とする「歴史学」とはいったいどのような範囲を念頭におくべきものなのか、自明ではない。それを「日本語で書かれたもの」としても、「「日本人」が書いたもの」としても、あるいは「日本の学術体制の中で生み出されたもの」としても、それ自体がほかならぬ植民地責任論との関係であまりにも論争的である。もとより筆者の限られた能力ではこの問題を正面から突破することはできず、以下の小論も結局のところ筆者の目に留まったものに関する限定的な考察にとどまるが、植民地責任論は、「日本の歴史学」という枠組み自体の再考も促すものであり、歴史叙述の対象や方法のみでなく、歴史学の営みの主体のあり方、その「場」のとらえ方に深くかかわっている。そのことから、以下の議論は本書の全体的な方針に適ったものにならないかもしれない。

「植民地責任論」という用語は、現在の歴史学において必ずしも定着したものとはいえない。似たような言葉として「植民地支配責任論」もある。日本語以外の言語への翻訳がほとんど不可能なこれらの言葉のほかに、英語圏でいわれる〝colonial crimes〟に相当する「植民地犯罪」もある。それらの用語の内容や用法についてはのちに検討するとして、以下では、一九九〇年代以降に顕在化した、植民地支配（およびその前史としての奴隷貿易／奴隷制等）にかかわる被害からの回復を求める声と、それへの応答として進められてきた歴史研究について考察する。それらの研究の成果はおおむね二〇〇〇年以降にあらわれてきたといってよいが、問題意識自体は一九九〇年代に出現したため、ここでも一九九〇年代から話を始める。

1　冷戦体制の崩壊と植民地責任論の出現

植民地責任論は、狭義の植民地研究のなかから導き出されたというよりも、冷戦体制の崩壊と新自由主義の抬頭という時代状況のなかで世界各地で顕在化した、植民地支配等による「被害」に関する人々の声に端を発する。「いかなる歴史も現代史である」という一般論を越えて、それはすぐれて現代的実践的な問いのなかから生まれ、歴史学と現実社会の課題との強い相関関係のなかで発展してきたものである。それが歴史研究として実を結んできたのはおおむね二一世紀に入ってからといえよう。

たとえば、一九九二年から翌年にかけて刊行された『岩波講座　近代日本と植民地』（全八巻）は、最後の巻である第八巻を『アジアの冷戦と脱植民地化』にあてている。そこでは、「冷戦体制の終焉が、あらためて脱植民地化の問題の所在を再認識させる機会を与えたことは否定できない」（三谷太一郎による「まえがき」）として、新たな時代状況のなかでの脱植民地化研究の必要性と重要性を強調している［大江ほか　一九九三］。とはいえ、収録された論考が扱っているのは、冷戦体制とアジアの経済発展の観点からの脱植民地化過程の再考や、「戦後」をめぐる歴史認識の再検討であり、この時期に顕著になった旧植民地の住民自身の声への応答が意識されているわけではない。一方、一九八〇年代、九〇年代の歴史学を対象とした歴史学研究会の第三次『成果と課題』は、「植民地研究の動向」を「「十五年戦争」・「総力戦」・「帝国」日本」の項のなかにおき、アジアの「植民地工業化論」や、「満洲国」の建設と「十五年戦争」期の国内の政治・経済との相関関係などを取り上げることで、「戦後歴史学」の枠組みの変化を論じている。そこで「「講座派」的歴史像」への批判の潮流が総力戦体制の「近代性」・「現代性」を主張する一方で「日本に動員・連行された朝鮮人・中国人労働者に対する過酷な処遇、障害者の餓死、現代にまで残る部落差別といった事実を説明でき」ていないことが批判されているのは注目に値するが、それらの事実をめぐる当事者たちの声については言及されていない［歴史学研究会　二〇〇二］。

一九九一年に日本軍「慰安婦」であった金学順さんが自らの過去について実名で名乗り出たこと、そして九三年に同じく宋神道さんが日本政府に対して謝罪と補償を求める訴訟を起こしたことは、戦争と植民地支配に関する人々の歴史認識を大きく揺るがすとともに、上記のような歴史研究に変化を呼び起こした。たとえば、「慰安婦」にされた女性たちが名乗り出たことは、吉見義明の一連の仕事に代表されるように、日本軍の「慰安婦」制度についての重要な発見をもたらし、さらに、戦争と性暴力・性売買に関する多様な研究を発展させた（それらについては、本『成果と課題』第2巻第2章5「性売買・日本軍「慰安婦」問題と国家・社会」を参照のこと）。研究の多様な展開と同時に、声をあげる女性たちも中国、フィリピン、インドネシア、オーストラリアなど日本の植民地・占領地であった各地に広がり、そうした声を受けて、二〇〇〇年には民衆法廷としての「女性国際戦犯法廷」が開かれ、国際的にも大きな注目を浴びた。

ここで注意したいのは、「慰安婦」にされた女性たちの声が日本の戦争中の行為にかかわるものとして孤立して出てきたのではなく、世界のさまざまな地域での類似の動きと同時代的な現象としてあらわれ、やがて相互に連動しあうようになったことである。「慰安婦」にされた韓国の女性たちの名乗り出が可能となった背景に一九八〇年代末のこの国の政治の民主化があったように、軍事独裁政権下にあった中南米諸国や一党独裁的体制にあったアフリカの国々での体制転換（「民主化」）は、それまで封印されていた「過去」についての新たな意識や認識を生み出した。南アフリカや中南米諸国における「真実和解委員会」方式での「移行期正義」の追求は、そのような歴史意識の変化を反映している。

一方、植民地支配やそれに先立つ奴隷貿易の暴力に対する意識にも変化が生まれ、必ずしも直接の当事者が現存しない場合を含めて、「歴史的不正義」に対する償いが求められるようになった。たとえば、一九九〇年に独立したナミビアではドイツ植民地支配下での「絶滅戦争」の対象になったヘレロやナマの人々が、また一九九二年に複数政党制に移行したケニアでは元「マウマウ」（独立闘争期の土地解放運動）戦士たちが、大量虐殺や強制収容、拷問、性暴力の被害への償いを求める声をあげ、二〇〇〇年代に入るとそれらは旧宗主国に対する訴訟にまで発展した。第二次世界大戦直後にインドネシアの再植民地化をはかったオランダの引き起こした虐殺事件「ラワグデ事件」をめぐっては、オランダ政府に対して提起された訴訟で原告が勝訴する事態が発生した［高橋　二〇一一・二〇一三、吉田　二〇一三］。一方、南北アメリカでは、とくに一九九二年の「コロンブスのアメリカ大陸到達五〇〇周年」を機に、奴隷貿易の遺産が今日の地球規模の社会的経済的不平等の原因であると主張するアフリカ系住民が、謝罪と補償を求めはじめた。その動きはアフリカ大陸にも広がり、二〇〇七年の「イギリスの奴隷貿易廃止二〇〇周年」にはとくに大きな盛り上がりをみせた。「カリブ共同体（CARICOM）」

諸国は、二〇一三年以降、国家としてこの課題に取り組み、ヨーロッパ諸国への訴訟を準備している。

これらの動きの多くが当事国（後継国家）による謝罪と補償を求めていることから、それを現在の国際関係のなかの弱者や各国内のマイノリティ集団の生存戦略の問題としてとらえ、「謝罪のポリティクス」［井野瀬　二〇一三］あるいは「補償政治」［トーピー　二〇一三］とする議論もあるが、ここではむしろ、それらの動きを生み出した人々の歴史理解・歴史意識の変化と歴史学との関係に着目したい。

「慰安婦」とされた女性たちの運動と日本軍の性暴力に関する研究の進展が不可分であったように、たとえばケニアの「マウマウ」の場合であれば、C・エルキンス、D・アンダーソン、H・ベネットなどの研究者によって、秘匿されていたイギリス植民地関係史料の発掘が進められ、イギリス軍の暴力とその被害の実態についての解明が進められたことが大きな役割を果たした［Elkins 2005, Anderson 2005, Bennet 2012, 永原　二〇一二］。そのような研究はさらに、他の時期の類似の現象にも研究者の関心を向かわせた。アフリカ史の専門誌 *The International Journal of African Historical Studies* の二〇一二年の特集「植民地ケニアの暴力の歴史に向けて」は、これまで主として国際法学者や政治学者が関心を示してきた「植民地暴力」が、歴史研究の重要な研究領域となっていることを示している。

植民地主義の過去をめぐって当事者たちの運動と歴史研究とが車の両輪となって展開する状況はまた、それらの地球大の相互参照関係も生み出した。たとえば、南アフリカの真実和解委員会の設計者たちは、「慰安婦」にされた女性たちが名乗りでたことによって歴史研究が進展し、それが日本政府にも影響を与えたことから大きな刺激を得たと述べている［永原　二〇一二］。一方、ナミビアでドイツ植民地支配下の大量虐殺への補償を求めたヘレロの人々のなかには、日本軍によって「慰安婦」にされた女性たちの訴えを引き合いに出しながら、植民地時代のドイツ軍による性暴力への償いの要求について語る者がある。実際、当初の提訴では含まれていなかったドイツ軍による性暴力の問題が、二〇一七年の第二次提訴では言及されるようになっている。「慰安婦」問題の議論が新たな史実の発掘をもたらし植民地主義と性暴力に関する幅広い研究を進展させたこと抜きには、アフリカの人々が日本の植民地支配の過去をめぐる事例に言及することはありえなかっただろう。

このような、植民地支配やそれに先立つ奴隷貿易・奴隷制の暴力とその歴史的帰結に対する償いを求める動きに応答しようとする歴史研究が、「植民地責任論」あるいは「植民地支配責任論」である。

朝鮮社会史の板垣竜太は、一九九〇年代以降の韓国で進められた「過去清算」事業や、二〇〇二年の日朝首脳会談の考察から、そこで問われているのが従来の「戦争責任」論に抜け落ちていた、植民地支配に関する日本の歴史的責任であることを明らかにし、「戦争責任」と区別される国際法上の概念として「植民地支配責任」を定式化することを提唱した［板垣竜太　二〇〇五・二〇〇八］。板垣は、植民地支配責任の追及（「人道に対する罪」などを法的根拠とする加害責任の追及と被害者への補償、それらの上に立つ和解）という課題が、上述のような世界の動向と不可分であることを重視しつつも、それが「脱冷戦」によって顕在化した側面よりも、むしろ、一九四五年八月以降、さまざまな機会に提起されながら挫折させられてきた面を強調する（この点に関しては、吉澤文寿や愼蒼宇、矢野久も同様に評価している［吉澤　二〇〇九、矢野　二〇〇九］。また、高崎宗司は一九八〇年代から「植民地化責任」という語を用いてこのことを論じてきた［高崎　一九八五］）。すなわち、冷戦体制とは、「反共」の大義名分のために植民地支配責任の追及を回避させる構造であり、たとえば、韓国の「親日派」問題を日本人が対岸の火事のように眺めることを可能にするものであった（さらに、朝鮮半島においては、「分断」の事実によって、現在に至るまで冷戦体制が崩壊したとすらいえないともいう）。

一方、永原は、第二次世界大戦での敗戦と植民地の喪失とが一体のものとして経験され、それゆえ植民地支配の歴史が戦争責任論（またその展開としての「戦後責任論」）のなかで論じられてきた日本の場合と、第二次世界大戦後、まさに冷戦体制のゆえに植民地支配がもたらした巨大な損害に対する償いの問題を棚上げにしたまま脱植民地化を経験したヨーロッパ諸国の場合とを、対比的にではなく世界史のなかで一連のものとしてとらえようとし、そのために、「植民地責任」概念を提起した［永原　二〇〇六・二〇〇九］。

ヨーロッパの植民地支配は数世紀におよぶ歴史をもち、前史である奴隷貿易・奴隷制とも不可分であることから、その「罪」や「責任」を語ることは容易ではない。法的な意味でそれを問おうとすれば、「人道に対する罪」等の国際法上の概念に訴えることになるが、法の遡及的適用が不可能である以上、その適用範囲はごく限られたものになる。また、それを適用できる場合にも、植民地支配や奴隷貿易・奴隷制を固有の論理で裁くことはできない。それに対して、歴史認識の問題として植民地支配の責任という問いを立てることは、法的責任の問題より射程の広いものになる。世界史的にみれば、「慰安婦」にさせられた女性たちのような植民地暴力の直接の被害者が存在するのはごく一部の場合に限られるし、人の生命に限りがあれば、それらの人々が存在しなくなるのも時間の問題である。しかし、それによって「責任」の問題が消滅するわけではない。たとえば現時点で「直接の被害者」が存在しない関東大震災時の朝鮮人虐殺の問題が、この議論の埒外にあるわけでもない。その意味では、一九世紀末に始まった日本の植民地支配の「責任」と世界の他の地域での植民地支配の「責任」とは、同じ次元で論ずることが可能である。何よりも、現在なお植民地支配下におかれた場所が地球上に存在することを意識するとき、そのような射程が意味をもつはずである。

法的な根拠をもって処罰の対象とすることのできる「植民地犯罪」を中心に据えた板垣の植民地支配責任論と世界史認識を問題にする永原の植民地責任論とは、同時期にそれぞれ独立の研究から導き出されており、対象と論点の相違が用語の相違ともなっている。しかし、冷戦体制の崩壊という世界の状況のなかで植民地支配（やその前史）に関する責任を、戦争責任論、戦後責任論には回収することのできない固有の問いとして追求しようとする点で大きく重なり合っている。戦争責任論が、「戦争犯罪」の問題を中核におきつつ、より広い領域を包括するものであったのと同様、植民地責任論においても、植民地犯罪とその周辺をとりまく広い問題群についての議論とは、相補的な関係にあるといえよう（この点については戦争責任論を専門とする清水正義による議論の整理が有益である［清水　二〇〇九］）。

2　世界史の対抗軸としての植民地責任

植民地責任論を歴史学の課題として問うとき、それが今日の世界のなかでどのような位置にあるかを見定めることが必要である。ここではそれをいくつかの具体的な例から考えてみたい。

国連の主催で二〇〇一年八月末から九月初めに南アフリカのダーバンで開かれた反人種主義のための会議（「ダーバン会議」）は、奴隷貿易・奴隷制と植民地支配が「人道に対する罪」にあたるかどうかを議題とした点で、（最終的にはそれに関する合意は限定的なものになったにせよ）「植民地（支配）責任」の問題を初めて国際社会の表舞台に出した。

しかし、それは植民地責任を問うことへの逆風の始まりでもあった。何よりもダーバン会議自体に、パレスチナ問題におけるイスラエルの行動を人種主義として非難する会議の立場を不服とするイスラエルとアメリカ合衆国の退席という、致命的な幕間劇があった。それに追い討ちをかけるように、数日後には九・一一同時多発テロ事件が発生し、会議で議論された奴隷貿易や植民地支配の責任の問題は、合衆国の主導する「対テロ戦争」の合唱のなかに埋没させられていった。その後、会議の宣言と行動計画の実施状況を検証するために開かれた「ダーバン・レビュー会議（「ダーバンⅡ」）」（二〇〇九年）では、ドイツ、オランダなどいくつかのヨーロッパの国々が、「ダーバン精神」自体を「反ユダヤ主義」として指弾し、不参加を表明した。さらに、二度目の検証の場である「国連ハイレベル会合（「ダーバンⅢ」）」（二〇一一年）では不参加はいっそう広がり、イギリス、フランスなどかつての主要植民地領有国が軒並み背を向けた。そこからは、板垣雄三が指摘するとおり［板垣雄三　二〇一〇］、パレスチナ問題こそが現代世界の植民地主義的構造の、すなわち植民地責任問題の核心にあることが浮き彫りになる。一九九〇年代以降、植民地責任を追及する流れが顕在化したことは、それを押し込めようとする力が増大したことをも意味し、冷戦体制下で伏流として存在した両者の対抗関係は、強度を上げてグローバルな規模で展開するようになったといえよう。

そのような状況をよく示したのが、南アフリカの「真実和解委員会」とその後である。この委員会は、アパルトヘイト体制下の「重大な人権侵害」をめぐる真実の解明とそれを通じた社会的和解を目標としたことで、しばしば「移行期正義」のモデルのようにとらえられてきた。しかし、取り上げられた対象は、一九六一年に南アフリカが英連邦から脱退し、人種差別が完全に国内体制として制度化された時期に限られた。すなわち、委員会はアパルトヘイトをもっぱら国内問題とする立場をとった。アパルトヘイトが、それに先立つイギリスの植民地支配（ならびにそれ以前の植民地支配）の終着点に成立したこと、またそれが「アフリカ大陸への共産主義の浸透を防ぐ」という反共の目的のために、冷戦時代の西側諸国によって支えられたことについての歴史認識は、そこからは排除されている［永原　二〇〇四］。冷戦体制の崩壊後、「グローバル化」する新自由主義的世界に「普通の国」として新たに参入しようとしたこの国にとって、可能であり期待されたのは、植民地責任問題を回避したうえでの「和解」であったことがわかる。韓国の「過去清算」と日本の関係について板垣竜太が指摘した点を思い起こさせる事実である。南アフリカのみならず、中南米諸国などの場合を含め、「移行期正義」に注目する研究者は少なくないが、そこでの植民地責任をめぐる問いの不在について指摘した研究はほとんどない。

植民地責任への取組みを回避したうえでの「民主化」や「和解」と、それを歴史研究が直視してこなかったこととの矛盾が、近年の南アフリカでは噴出している。二〇一五年、ケープタウン大学ではキャンパス内のセシル・ローズ像の撤去を要求する学生たちの運動（「ローズ・マスト・フォール」運動）が起こり、運動は瞬く間に南アフリカ中の大学に広がり、さらにイギリスにも飛び火した。アパルトヘイト体制崩壊後も温存されたローズ像に象徴される大学の教育・研究を批判し、「脱植民地化した教育」を求める学生運動の背景について、「マンデラがローズを救った」からだと表現する論者もある。アカデミズムのなかの歴史研究が、植民地責任を問わないままの「民主化」や「移行期正義」を批判的にとらえきれず、新自由主義的「グローバリズム」に対峙する世界史像を示してこなかったことがいま問われているのである。

植民地責任の問いに歴史学が十分に応えていない状況は、南アフリカの場合だけではない。たとえば、二〇一五年にオックスフォードで行われた論戦（「オックスフォード・ユニオン」）で、インドのある有力な政治家がイギリスがインドに対して（植民地支配の）補償を行うことの必要を主張したとき、それに対してイギリス帝国史研究を牽引してきたJ・マッケンジーが展開したのは、インドにおけるイギリスの「功績」（たとえば、「鉄道」や「英語」が「全国の統一」に果たした役割）についての陳腐なほどに古めかしい議論であった［Mackenzie 2015］。

そのような歴史認識のずれが最も顕著にあらわれるのが、今も白人地主が多くの土地を所有しているかつての「入植植民地」である。南アフリカにせよ、同様のアパルトヘイト体制から独立した周辺諸国（ジンバブウェ、ナミビアなど）にせよ、植民地責任を正面から問うとすれば、その最大の焦点は土地問題となる。新自由主義時代に独立や「民主化」を遂げたこれらの国々では、国土の過半を占める「白人」の土地について、それを国有化したり強制収用したりすることなく、国家による「市場価格での買い取り」と再分配という市場原理の土地政策が採用された。そのような政策の矛盾を爆発させたのが、二〇〇〇年に始まる、ジンバブウェでのイギリス人地主の強制退去だった。一般の報道では大統領の独裁の問題として（しばしば揶揄的に北朝鮮の体制と重ね合わせて）片づけられるこの事態を、歴史学の対象として分析した吉國恒雄は、そこに「コロニアルな問題」（＝イギリス系地主が依然として圧倒的な土地を所有している状況をいかに克服するか）と、「ポストコロニアルな問題」（＝独立後の政権の独裁化をいかに克服するか）との重畳を見てとり、国家主導のイギリス人地主追放運動の陰にある、民衆の「第二の民主化」の要求に光をあてた［吉國　二〇〇九］。近年の植民地研究において、「ポストモダン」、また「ポストコロニアル」の議論の上に立ち、「支配・被支配の二分法」を批判し、植民地体制下の「協力者《コラボレーター》」や「グレー・ゾーン」に焦点をあてるのが流行のようになっている（したがって、その議論によれば、「植民地責任」の議論自体が「二分法」として排斥される）のに対し、吉國が示したのは、歴史学的な植民地責任論が、幾重にも重なり合う植民地主義の構造と、そのなかでの民衆の歴史認識に光をあてることの重要性である。「独裁者」たる大統領（R・ムガベ）は、ほかならぬ「植民地責任 colonial responsibilities」という言葉を使って民心を把握しようとしているが、この言葉の表面的な意味に足をすくわれ、国家権力と民衆との間の矛盾を見過ごすわけにはいかない。このことは、北朝鮮の独裁体制に目を奪われるあまり、彼の地と日本のあいだに存在する植民地責任問題を看過する風潮も想起させる。

そもそも、先にあげたいずれの例においても、植民地責任の問題を提起したのは国家ではない。国家はむしろ、そのような動きを抑圧し、あるいは逆に自らの統御のもとにおいて利用しようとしてきた（国家による統御については、「慰安婦」問題の外交問題化の例をあげるのが一番わかりやすいだろう）。さらに、植民地責任を問う人々が「民衆」一般を代表しているわけでもないことは、それぞれの事例研究が示している。植民地責任をめぐる世界の状況を見渡したとき、アジアでは問題が顕在化していないとし、それを「アジアの経済発展」と結びつけて説明する議論がある［秋田 二〇一〇］。しかし、国家に視点をおくのではなく、人々のほうに目を向けるなら、アジアに議論がないとはいえまい。栗屋利江は、インドの場合を例に、独立後の国家と植民地体制との連続性や「共犯性」の問題を指摘し、植民地責任の問いが表面化しない事情を植民地支配の歴史のなかから説明し、それ自体が植民地主義の産物であることを示している［粟屋 二〇一〇］。

植民地責任をめぐる国家と個人（民衆）の立場の相違こそが、現在、植民地犯罪や植民地経験そのものの「記憶」をめぐる攻防となって噴出していることも指摘しておかなくてはならない。いわゆる「負の歴史」の記憶に属する植民地暴力・植民地犯罪を記憶する「場」や「もの」（たとえば、「慰安婦」の歴史を示す「少女像」）をめぐる国家と民衆との関係において、「記憶」を司るのが国家であるかのような認識が広まる状況に対して、歴史研究が果たすべき役割は大きい。さらに付け加えるならば、植民地責任を問う人々とその人々の所属する国家との矛盾する関係において、ジェンダーの要因が少なからぬ意味をもっている点も見過ごせない。なぜならば、植民地責任が問われるとき、しばしばそこに性的暴力やジェンダー化された暴力の問題が含まれており、他の問題以上に、国家による統御の対象とされやすいからである。

ただし、ＣＡＲＩＣＯＭによる奴隷貿易・奴隷制への補償要求のように、もはや個人の「被害」を特定できないような場合において国家主導の動きがあるのも事実である。ＣＡＲＩＣＯＭが訴えようとしている相手は奴隷貿易・奴隷制にかかわった複数のヨーロッパの国々であるが、そのことはたとえば、この間フランスが国家主導で歴史家を動員し、奴隷貿易・奴隷制にかかわる調査を行い、報告書を出してきたような動きと対照的である［浜　二〇〇九、平野　二〇一四］。平野がかねてより明らかにしてきたとおり、フランスにおいては長らく、奴隷貿易廃止の手柄が賞賛され、それが植民地支配への道を開いたこと、すなわち奴隷貿易が植民地支配の前史であることについての認識はきわめて弱かった［平野　二〇〇二］。それに対して、奴隷貿易の「罪」が問われはじめたのである。フランスは国家として歴史を調査し、その結果を公表し、国会においては奴隷貿易・奴隷制を「人道に対する罪」とする法（二〇〇一年「トビラ法」）を成立させているが、「宣言」としての法や「事実認定」だけの法は、植民地責任の問いへの応答であると同時に、国家によるその「収拾策」ともいえる。そのような過程に、植民地研究に携わる歴史家たちが全面的にかかわっていることの意味は単純ではない。

奴隷貿易関係のみならず、フランスでは最近、一九五〇年代から六〇年代のカリブの海外県諸地域での民衆暴動に対する軍の鎮圧行動に関する報告書も出されている［Commission 2016］。報告書（作成した委員会の座長は著名なアルジェリア史家Ｂ・ストラ）は、「一九六二年のアルジェリア独立以降、海外県の歴史がフランスの国民史において周辺化され忘れられてきたこと」を批判し、対象となった事件を含む海外県の歴史を認識し記憶することが和解のためにきわめて重要であると強調する一方で、補償に関してはそれが「カタルシスの可能性をかえって狭めてしまう」として明確に否定的な判断を示している。「植民地責任」の問いを「記憶」の問題とし、カリブ海の島々がフランスの「国土」であることを強調する歴史家たちの結論は、ＣＡＲＩＣＯＭの動きなどを強く意識したものと想像される。

冷戦体制の崩壊とともに噴出した植民地責任問題は、それを徹底的に追求すれば、新自由主義的な「グローバル化」に正面から敵対するものとならざるをえない。だからこそ、この問題を国家（旧植民地領有国と独立後の旧植民地の双方）がどのように統御していくのかがさまざまな場面で問題となる。現在の国際法的秩序の許容する範囲において植民地支配下の暴力が裁きの対象となることはあっても（たとえば前述の「ラワグデ事件」や、「マウマウ」をめぐる訴訟での原告側の勝訴や勝利和解）、これまでのところそれを越えることがないのは、そのような統御の結果とみることができる。米山リサが、冷戦体制下で「補償政治」が「アメリカ化」（＝アメリカの主導による制度化）され、その状態が今日に至るまで続いていること、それが「慰安婦」問題と沖縄の米軍基地の問題の現在のあり方を左右していることを指摘しているのは、同様の理解に立つものといえよう［Yoneyama 2016］。しかし、そのような制約の範囲内であれ、植民地支配下の暴力の犯罪性が認知されるに至った事例においては、裁判官たちが植民地支配下や独裁政権下の人々のおかれた状況、また性的暴力を受けた女性たちのおかれた状況を歴史的文脈においてとらえたためであることは強調しておいてよいだろう。植民地主義の過去は世界史の大きな対抗軸となっており、それに関するいかなる歴史認識が社会の合意となるかには、国家と個人、国家と歴史研究者のあいだの関係が大きく反映されている。

3　植民地責任論と時代区分、比較史

　植民地責任論が戦争責任論・戦後責任論と区別される固有の問題系として浮かび上がってくるとき、それは第二次世界大戦とその後の歴史（「戦後」）のとらえ方に変更を迫る。『歴史学研究』は二〇一四年に「「戦後日本」の問い方と世界史認識――冷戦・脱植民地化・平和」の特集を二号にわたって組んだ。その直接の背景には、政権によって「「戦後」からの脱却」が叫ばれている状況があろうが、そこでの問いは、冷戦体制崩壊後の植民地責任問題の顕在化というここでのテーマとも重なるところが多い。同特集中の論文で、加藤公一は「東アジア」（「東北アジア」と「東南アジア」）の場合について、従来の歴史研究において「戦後日本」がもっぱら「冷戦」の枠組みで語られてきたことが、同じ時間のなかにあった脱植民地化の問題を閑却する結果になったこと、脱植民地化が「本国の非軍事化（＝敗戦――引用者）と民主化と同義か、その延長として位置付けられた」こと、それゆえ朝鮮や台湾、ベトナム、そしてなにより沖縄を視野にいれたとき「戦後」という枠組み自体が根本的な再考を迫られることを指摘している［加藤二〇一四］。

　「戦後」という歴史認識上の枠組みが植民地責任の固有の意味を曖昧にする問題は、「戦後日本」を世界史のなかで比較史的にとらえようとする際の態度にも影響してきた。「戦後」の出発点を第二次世界大戦中の戦争犯罪からの決別、それに対する裁きにおく一般的な理解においては、「似たような」経験をもつドイツの場合がしばしば参照軸

とされる。ナチ・ドイツによる東方占領が植民地主義的な性格をもつことは間違いないとしても、戦中の軍事占領と植民地支配とは別のものであり、第二次世界大戦期に植民地を領有しなかったドイツと植民地帝国であった日本との敗戦の意味には大きな相違があるはずである。ナチ・ドイツの戦争犯罪とその処罰の問題を比較の対象とすれば、(仮に戦争中に限ったとしても)「植民地犯罪」への視点は抜け落ちてしまう。もし、いずれかの国家に比較の対象を求めるなら、植民地領有国として敗戦を迎えたイタリアの場合が有効と考えられるが、それについてはわずかに、石田憲の「敗戦」の比較史や、イタリアの植民地再進出の企てに関する八十田博人の外交史的研究があるのみで、植民地の問題に正面から取り組んで日伊の比較を試みることは行われてこなかった［石田　二〇〇九、八十田　二〇一〇］。イタリアについていえば、ファシスト・イタリアの行ったエチオピア侵略時の毒ガス使用が論じられつつも［石田　二〇一一、デル・ボカ　二〇〇〇］、それが「植民地犯罪」の観点から論じられることがなかったこともここで指摘しておくべきだろう。

イタリアのエチオピア侵略における毒ガス使用の問題は、ゲルニカ爆撃と比較されることはあっても、他の植民地における同様の事例と比較されることはなかった。しかし、深澤安博の最近の研究が明らかにしたモロッコでのスペインの毒ガス使用の詳細をみるならば、それを「植民地犯罪」としてエチオピア戦争と比較することが十分に可能であり、また両者の歴史的継続性もうかがわれる［深澤　二〇一五］。そのような比較や連続性の分析はさらに、たとえば現在のパレスチナでの戦争における毒ガス使用の問題などにも広げることが可能だろう。それにより第二次世界大戦による歴史の時代区分自体も相対化される。このように、「戦後」をめぐる比較史がドイツ中心的、またヨーロッパ中心的な発想で行われてきたことも、植民地責任への視座を曇らせるひとつの要因であった。

『歴史学研究』特集での永原の論考は、ジェノサイド研究の新しい動向を紹介しながらこの問題を論じている。植民地責任問題での最初の訴訟の対象となって注目を浴びたナミビア（旧ドイツ領西南アフリカ）でのドイツ軍による大量虐殺について、近年の欧米での研究は、それを「ジェノサイド」ととらえ、ホロコースト以前にジェノサイドが行われたことに注目している。そこから、植民地でのジェノサイドとホロコーストの連続性や、強制収容所の比較などの研究が盛んに行われている。しかし、そこでは、植民地でのジェノサイドが「発見」されながらも、それがあくまでもナチ・ドイツとの関連や比較において関心を集めるにとどまり、その対象となったアフリカの人々の歴史への理解が深まっているわけではない［永原 二〇一四］。ここにも、ヨーロッパ中心的な発想による比較史が、植民地犯罪や植民地責任への関心をそいできた過程がある。

それに対して、ジェノサイドの観点から植民地暴力を分析した注目すべき研究として、井上勝生の『明治日本の植民地支配』がある［井上 二〇一三］。井上の研究は、日清戦争時の日本軍による対東学戦争がジェノサイドであったことを、日本と朝鮮の植民地主義的関係のみでなく、日本（「本土」）と沖縄、北海道（アイヌ）との植民地主義的な関係をも含めて論じており、もっぱらホロコーストを座標軸として行われる比較ジェノサイド研究とは対照的である。日本の植民地支配の歴史を明治期にまでさかのぼることにより、第二次世界大戦の歴史とは独立させて論じ、植民地責任の固有の問題を浮き彫りにしている。

おわりに

本稿では、植民地責任論がいかなる意味で戦争責任論・戦後責任論とは区別される問題領域なのかについて考えてきた。実際、二〇〇〇年以降、植民地責任論と名づけられる研究は着実にふえている。愼蒼宇は、日本の「リベラル」な人々の間で「侵略戦争への反省はあっても植民地支配へのそれに言及するものは少なかった」「近代の日本に対する歴史認識における植民地での暴力の軽視という点は、政治的立場をこえ、日本社会の広範な層に見られる」という状況がある一方で、「一九九〇年代以降、研究成果が豊かに蓄積されてきている」と指摘する［愼 二〇一五］。しかし、それらが実際には「戦争責任論」に関心をもつ研究者によって担われているのも事実である。内海愛子の一連の研究のように、もちろん早い時期から、戦争責任論の枠組みのなかで、実際には徹底的に植民地の視点から思考し、戦争責任の問題が植民地支配と不可分であることを強調してきたものがある［内海 一九八二・二〇〇八］。ところが、「植民地研究」という領域についていえば、日本のそれに関する限り、植民地責任を問う現場の声やそれに応答しようとする研究の動向への反応は緩慢であるようにみえる。たとえば、二〇〇八年に日本植民地研究会が刊行した『日本植民地研究の現状と課題』においては、植民地責任論にかかわる議論は含まれていない［日本植民地研究会 二〇〇八］。二〇一〇年の「「韓国併合」一〇〇年」の年には、植民地責任にかかわる議論が行われたが、それが継続的に発展しているわけではない［荒井 二〇一〇、成田 二〇一〇］。さらにいえば、日本植民地研究会の前掲書のなかには、筆者の見る限り「慰安婦」への言及もない。植民地責任の問いがジェンダー視点と不可分に発展してきたことを考えると、これは偶然ではないように思われる。

たしかに、植民地支配の歴史は、経済的収奪や統治機構の問題にはじまり、文化や思想の問題、あるいは近年盛んに論じられている「植民地近代化・工業化」や、規律権力等の「植民地近代性」など、幅広い問題領域を含んでおり、「植民地犯罪」に類する事象自体は植民地研究の対象の一角を占めるにすぎないともいえる。しかし、植民地責任の問いの顕在化を阻む構造自体が植民地国家と独立後の国家のある種の連続性、「コロニアルとポストコロニアルの重畳」のなかでつくられていることを考えれば、それは、植民地支配の構造（それはとりもなおさず、国家と個人〔民衆〕の関係、ジェンダー的権力関係を包み込んだ世界の構造でもある）を地域の歴史のなかで問うているのであり、「植民地研究」はこの問いへの応答を避けて通ることができない。

そのような応答とはまず、植民地支配を行った側と植民地にされた側（「協力者」や「グレー・ゾーン」を含む）の関係を、徹底的に後者に視点をおき、またジェンダー視点を中心に据えて地域史をとらえ直すことであり、そこから世界史を描き直すことだろう。逆説的ではあるが、それは、植民地支配下の時代をそれぞれの地域史のなかで特権化せず、植民地化以前と独立後を含む長い時間軸の地域史と世界史のなかに位置づけなおす作業ともいえる。たとえば木畑洋一が『二〇世紀の歴史』で試みた「定点観測」をふまえた世界史はその一つの方法であろう〔木畑　二〇一四〕。

文献一覧

秋田茂「グローバルヒストリー研究から見た「植民地責任」論の問題点」『歴史学研究』第八六五号、二〇一〇年

荒井信一「韓国併合一〇〇年——植民地支配責任と向き合うために」『世界』第八〇六号、二〇一〇年

粟屋利江「インド近代史研究と「植民地責任」論」『歴史学研究』第八六五号、二〇一〇年

石田憲『敗戦から憲法へ——日独伊　憲法制定の比較政治史』岩波書店、二〇〇九年

石田憲『ファシストの戦争——世界史的文脈で読むエチオピア戦争』千倉書房、二〇一一年

板垣雄三「〈植民地責任〉論の「これから」への希望」『歴史学研究』第八六二号、二〇一〇年

板垣竜太「植民地支配責任を定立するために」岩崎稔ほか編『継続する植民地主義——ジェンダー／民族／階級』青弓社、二〇〇五年

板垣竜太「脱冷戦と植民地支配責任の追及——続・植民地支配責任を定立するために」金富子・中野敏男編『歴史と責任——「慰安婦」問題と一九九〇年代』青弓社、二〇〇八年

井上勝生『明治日本の植民地支配——北海道から朝鮮へ』岩波

書店、二〇一三年
井野瀬久美惠「謝罪のポリティクス――奴隷貿易廃止二〇〇周年とは何だったのか」『七隅史学』第一五号、二〇一三年
内海愛子『朝鮮人BC級戦犯の記録』勁草書房、一九八二年（再刊：岩波書店、二〇一五年）
内海愛子「キムはなぜ裁かれたのか――朝鮮人BC級戦犯の軌跡」朝日新聞出版、二〇〇八年
大江志乃夫ほか編『岩波講座近代日本と植民地　8　アジアの冷戦と脱植民地化』岩波書店、一九九三年
加藤公一「戦後東アジアで「アメリカ」を学び捨てる――「冷戦としての戦後」と脱植民地化の記憶喪失」『歴史学研究』第九二〇号、二〇一四年
木畑洋一『二〇世紀の歴史』（岩波新書）岩波書店、二〇一四年
清水正義「戦争責任と植民地責任　もしくは戦争犯罪と植民地犯罪」永原陽子編『「植民地責任」論』青木書店、二〇〇九年
愼蒼宇「「朝鮮強占」一〇〇年と日本の植民地責任――植民地戦争の視座から」『インパクション』第一七四号、二〇一〇年
愼蒼宇「朝鮮人強制連行研究の成果と課題――「戦後70年」の現在から考える⑴」『大原社会問題研究所雑誌』第六八六号、二〇一五年
高崎宗司「日韓会談の経過と植民地化責任――1945年8月～1952年4月」『歴史学研究』第五四五号、一九八五年
高橋茂「ラワグデ事件判決①②」『季刊 戦争責任研究』第七六号、第七九号、二〇一二年、二〇一三年
デル・ボカ、アンジェロ編著『ムッソリーニの毒ガス――植民地戦争におけるイタリアの化学戦』関口英子ほか訳、大月書店、二〇〇〇年（原著一九九六年）
トーピー、ジョン『歴史的賠償と「記憶」の解剖――ホロコースト・日系人強制収容・奴隷制・アパルトヘイト』藤川隆男ほか訳、法政大学出版局、二〇一三年（原著二〇〇六年）
永原陽子「和解と正義――南アフリカ「真実和解委員会を超えて」」内海愛子ほか編『歴史の壁を超えて――和解と共生の平和学』法律文化社、二〇〇四年
永原陽子「「植民地責任論」試論」『歴史評論』第六七七号、二〇〇六年
永原陽子「植民地研究の現在」『歴史評論』第七五二号、二〇一二年
永原陽子「世界史のなかの植民地責任と「慰安婦」問題」西野瑠美子ほか編『「慰安婦」バッシングを越えて――「河野談話」と日本の責任』大月書店、二〇一三年
永原陽子「「戦後日本」の「戦後責任」を考える――植民地ジェノサイドをめぐる論争を手がかりに」『歴史学研究』第九二一号、二〇一四年
永原陽子編『「植民地責任」論――脱植民地化の比較史』青木書店、二〇〇九年
成田龍一「「帝国責任」ということ――「併合」一〇〇年を契機に考える」『世界』第八〇〇号、二〇一〇年
日本植民地研究会編『日本植民地研究の現状と課題』アテネ社、二〇〇八年

浜忠雄「ハイチによる「返還と補償」の要求」永原編『「植民地責任」論』青木書店、二〇〇九年
平野千果子『フランス植民地主義の歴史——奴隷制廃止から植民地帝国の崩壊まで』人文書院、二〇〇二年
平野千果子『フランス植民地主義と歴史認識』岩波書店、二〇一四年
深澤安博『アブドゥルカリームの恐怖——リーフ戦争とスペインの政治・社会の動揺』論創社、二〇一五年
八十田博人「戦後イタリアの「アフリカへの帰還」——小帝国の帝国意識と大帝国との関係」木畑洋一ほか編『帝国の長い影——20世紀国際秩序の変容』ミネルヴァ書房、二〇一〇年
矢野久「戦争責任論から植民地責任論へ——永原陽子編『「植民地責任」論——脱植民地化の比較史』（青木書店、二〇〇九年）に寄せて」『三田学会雑誌』第一〇二号第三巻、二〇〇九年
吉國恒雄「「ジンバブウェ問題」とは何か——土地闘争と民主化」永原編『「植民地責任」論』青木書店、二〇〇九年
吉澤文寿「日本の戦争責任論における植民地責任——朝鮮を事例として」永原編『「植民地責任」論』青木書店、二〇〇九年
吉田信「オランダにおける植民地責任の動向——ラワグデの残虐行為をめぐって」『国際社会研究』（福岡女子大学国際文理学部紀要）第二号、二〇一三年
歴史学研究会編『現代歴史学の成果と課題　一九八〇—二〇〇〇年　I　歴史学における方法的転回』青木書店、二〇〇二年
Anderson, David, *Histories of the Hanged: The Dirty War in Kenya and the End of Empire*, W.W.Norton, 2005.
Bennet, Huw, *Fighting the Mau Mau: The British Army and Counter-Insurgency in the Kenya Emergency*, Cambridge University Press, 2012.
Commission d' information et de recherche historique sur les événements de décembre 1959 en Martinique, de juin 1962 en Guadeloupe et en Guyane, et de mai 1967 en Guadeloupe, *Rapport à Madame la ministre des Outre-mer*, 30 octobre 2016.
Elkins, Caroline, *Imperial Reckoning: The Untold Story of Britain' s Gulag in Kenya*, Henry Holt, 2005.
Mackenzie, John, "Viewpoint: Why Britain does not owe sss-reparations to India," *BBC News*, 28 July 2015, http://www.bbc.com/news/world-asia-india-33647422［二〇一七年三月三〇日閲覧］
Yoneyama, Lisa, *Cold War Ruins: Transpacific Critique of American Justice and Japanese War Crime*, Duke University Press, 2016.

6　帝国主義と戦争

栗田　禎子

近年の日本の歴史学においては、帝国主義という概念を正面から掲げた研究が行われる例は少なく、むしろ「帝国」研究というかたちでさまざまな考察・分析が行われる傾向が目立った。「帝国」研究は多様な展開を遂げ、本巻所収の他の論考で扱われているように、その一部は現在ではいわゆるグローバル・ヒストリーの方向に発展して、とくに前近代の世界史像を描き出すうえでは興味深い視座を提供していると思われる。本稿では（「帝国」論の成果全体の評価は他の論考に譲り）あくまで資本主義のグローバルな展開にともなって引き起こされる矛盾（経済的・政治的、および軍事的な）を分析する概念としての「帝国主義」をめぐる近年の研究のあり方を検討していく――その文脈で必要な範囲で「帝国」論的研究にも言及する――ことにしたい。また、帝国主義がもたらす最大の矛盾である「戦争」（そこには帝国主義戦争の行き着く先としての「世界大戦」、究極の兵器としての「核」の問題から、植民地支配の過程での暴力、ジェノサイドまでが含まれる）をめぐる研究にも、可能な範囲でふれることにする。

テーマの性質上、取り上げる研究や問題群は、「新自由主義」「グローバル・ヒストリー」「戦争」等をめぐる他章と一部重複するが、異なった角度・「切り口」からの見方を提示することができるよう努めたい[1]。

1　帝国主義概念の重要性

一九九〇年代以降の世界と帝国主義

いわゆる戦後歴史学の流れのなかで一九七〇～八〇年代まではあたりまえのように「帝国主義」が議論されていたのに対し、一九九〇年代以降、日本の歴史学においてはこの問題が正面から取り上げられることは少なくなった。しかしながら、客観情勢の面からみると、皮肉なことに、一九九〇年代以降の世界には、ソ連・東欧「社会主義圏」崩壊、いわゆる「冷戦」体制終焉によって国際政治の構造に大きな変化が生じるなかで、帝国主義という概念がむしろあらためてアクチュアルな意味をもつような状況が生じ始めたということができる。社会主義圏崩壊と冷戦終結により、以後の世界には文字どおり資本の論理による地球統一（＝グローバリゼーション）ともいうべき状態が生まれた。「市場原理」の貫徹、「経済効率」優先を掲げ、多国籍企業が活動しやすい環境を全世界に押し広げていこうとする動きが強まるなかで、経済的にはいわゆる「新自由主義」路線の全面展開、政治的・軍事的にはアメリカをはじめとする先進資本主義諸国が（資源や地政学的観点から重要な）中東等の地域に対して仕掛ける一連の戦争（とくに二〇〇一年以降はこれは「対テロ戦争」という名目で展開されることになる）という現象が観察されるようになったのである。

歴史学の立場から、資本によるグローバルな支配が現実のものとなった現在の世界でこそ「帝国主義」概念が新たな重要性をもつことを指摘した早い例としては木谷勤の仕事があげられる［木谷　一九九七］。木谷は、「帝国主義」論は、元来、いわゆる帝国主義期の資本主義の性格規定（「独占資本」というとらえ方）をめぐる分析だけにとどまるものではなく、資本主義の展開のもとで生じる「世界の一体化」という現象と（それと表裏一体の関係にある）「分裂・亀裂」を視野に収めようとして展開してきたものであることを指摘する。その意味で、ホブスンやレーニンの仕事だけでなく、二〇世紀後半に出現したいわゆる「従属理論」や「世界システム論」も帝国主義論の新たな展開として位置づけられるのであり、「グローバリゼーション」のもとで新たな矛盾が噴出しつつある現代こそ、帝国主義という視角が重要だと示唆している。

帝国主義をめぐる議論を――ホブスン、レーニンの段階で思考停止するのではなく――その後の世界がたどった現実の展開をふまえて発展・深化させていこうとする試みは、当然これまでも行われてきており、（形式的には多くの植民地が独立を獲得した）一九五〇・六〇年代以降における帝国主義のあり方を指す概念としての「新植民地主義」、あるいは（二〇世紀の世界において「社会主義圏」が現実の力として成立したこと自体が帝国主義にどのような性格・戦略上の変化をもたらしたかに着目した）「冷戦帝国主義」概念［二瓶　二〇〇四］などをあげることができるが、一九九〇年代以降の現在の世界の状況をとらえるため、あらためて「現代帝国主義」の性格分析を正面から行おうとする取組みとしては、渡辺治や後藤道夫の仕事が注目に値する［渡辺　一九九六、後藤・伊藤　一九九七］。その議論によれば、レーニンが検討対象とした時期（一八七〇年代半ば～第一次大戦）のいわば「古典的帝国主義」に次いで、第二次大戦後の世界は「現代帝国主義」の段階に入ったが（具体的にイメージされているのはアメリカによる「新植民地主義」的支配)、一九七〇年代後半〜八〇年代に資本主義の性格にまた新たな変化が生じ(=その内容はいわゆる「新自由主義」とほぼ対応すると思われる)、結果として現在の世界は「現代帝国主義」の第二段階といえる局面にある。レーガン期に始まり、「冷戦」終焉後の一九九〇年代〜二一世紀初頭の現在まさに全面展開するに至っているこの「現代帝国主義」は、政治的・軍事的にはアメリカを盟主とする「帝国主義同盟」のかたちをとる点が特徴的であり、近年の日本の軍事化の動きもそのなかで生じている(=現代日本の帝国主義化)ことが指摘されるのである。

なお、一九九〇年代以降アメリカ主導の一連の戦争(湾岸戦争・アフガニスタン戦争・イラク戦争)の標的とされてきた中東では、現在の状況を「再植民地化」ととらえる認識がみられ、また現代の世界は「北」(=先進資本主義諸国)が共同で「南」の民衆や資源を支配・管理しようとする「集団的帝国主義」――これはアメリカ・ヨーロッパ・日本という「三極」からなるとされる――のもとにある[Amin 2012]という議論が行われている。これも「帝国主義同盟」という概念と類似した発想にもとづくものといえる。

一九世紀〜現在に至る世界史の流れを、歴史家としての蓄積を活かし、長期的視野から大胆に概観・整理してみせたうえで、「帝国主義」概念は現代にはもはやあてはまらない、と主張しているのは木畑洋一であるが[木畑 二〇一二・二〇一四]、以上のような議論と引きくらべると、「帝国主義は過去のものとなった」という認識は――現在の世界で実際に生起している事態との関係では――危機感を欠いた、楽天的にすぎるものとなっているように感じられる(過去における帝国主義の展開過程、その支配の実態や手法をめぐる木畑の分析はきわめて豊富な情報に裏づけられた示唆的なものであり、またアイルランド―南アフリカ―沖縄の三地点を選んで「定点観測」を行うという着想も的確なのだが)。これは一面では、木畑が「イギリス帝国史研究」という場で理論形成を行ってきたこと、帝国主義の問題に「帝国」論という視座からも接近してきたことと関係しているかもしれない。[2]

帝国主義理解にとって「帝国」研究的アプローチがもつ意味――それは必ずしも消極的なものばかりではない――については、次項で論じたい。

「帝国」研究的アプローチの功罪

帝国主義を一九世紀末から第一次大戦までのいわゆる「帝国主義の時代」に限定して考えるのではなく、資本主義のグローバルな展開にともなって引き起こされてきた矛盾全体を視野に収める概念としてとらえ直すうえで、イギリス帝国史研究の分野で提起された「自由貿易帝国主義」論が大きなヒントとなった形跡があることは興味深い。

平田雅博が詳細に論じ、木谷や後藤も指摘しているように、ギャラハーとロビンソンによる「自由貿易帝国主義」論は、「自由貿易」対「保護貿易」、あるいは正式の植民地の有無、といった二項対立を相対化し、「帝国主義の時代」以前にもイギリス帝国の支配は十分に帝国主義的だったことを指摘することで、帝国主義概念の射程を時間的にも空間的にも拡大する方向性を示した。正式の植民地の領有（「公式帝国」）だけが帝国主義の指標なのではなく、帝国主義的支配においてはむしろ「非公式帝国」が重要な意味をもつとする視点は、二〇世紀後半の「新植民地主義」を分析するうえでも有効であり、「従属理論」や「世界システム論」につながる発想であるとも評価されている(3)［平田　二〇〇〇、木谷　一九九七、後藤・伊藤　一九九七］。

このように、主としてイギリス帝国史等の場で展開されてきた「帝国」研究の成果（の少なくとも一部）は、帝国主義をめぐる理解を発展・深化させることに寄与してきたといえる。近年でも、植民地支配のもとでの社会や経済の変容、支配の手法や、それが現代の世界にどのような刻印を残しているのかを、「帝国」の記憶や「植民地経験」といったキーワードを手がかりに探ろうとする試みは、たとえばアフリカ史研究などの場で興味深い仕事を生み出している［井野瀬・北川編　二〇一一］。また日本史の分野でも、「帝国」という視座を導入することで、戦前の日本帝国主義の問題を日本資本主義の性格規定という角度に限定するのではなく、アジア各地で展開された植民地支配の実態、諸地域の民衆の経験全体を視野に収めるかたちで検討しようとする意識が強まったと思われる［「年報日本現代史」編集委員会　二〇〇五］。

反面、注意を要するのは、「帝国」研究的なアプローチには、ひとつ間違えば「帝国」の歴史、存在を正当化し、帝国主義を擁護する言説につながりかねない側面も存在するということである。たとえばイギリス帝国史の分野で（イギリス帝国を「ヘゲモニー国家」もしくは「構造的権力」としてとらえる、という試みの文脈で提起される）「国際公共財」という概念がある。「国際公共財」とは、自由貿易原理や鉄道・蒸気船等の交通網、金本位制、郵便・通信網等、「誰もが安価で自由に利用できるインフラと国際取引のルール」、さらには「円滑な経済活動を保証する」「安全保障制度」（＝とくに「海軍力」）までをも含む概念であるとされ［秋田　二〇〇三］、こうした「国際公共財」を提供できるのがヘゲモニー国家である、といった議論が展開されるのだが、ここでいわれている「安全保障制度」なるものが、「帝国」に支配された諸地域の民衆の側からみれば国際的な「軍事抑圧」のシステムにほかならないことは明らかであろう。「国際公共財」概念は近年の日本をとりまく政治の文脈でも、アメリカの戦争への日本の軍事協力を正当化するレトリック（＝「公共財としての日米同盟」）として機能している［小林　二〇一二］。いわゆる「集団的自衛権」行使をめぐっても「国際公共財」概念は――たとえば「シーレーン防衛」のためのペルシャ湾への出兵を求める米側の議論のなかで――重要な役割を果たしているのである。(4)

このことからもうかがわれるように、「帝国」研究的なアプローチには、ともすれば帝国主義に支配される諸地域の民衆の側の視点が欠落しがちであるという問題点が存在する。ジョバンニ・アリギが指摘しているように、世界史上の「ヘゲモニー国家」の交代――あるいは第二次大戦後の「公式帝国」の解体とアメリカ「新植民地主義」による「非公式帝国」の再編――といったプロセスを根底で規定していた力は、じつはやはり植民地諸地域の民衆の抵抗だったと考えられるのだが［アリギ　二〇〇二］、こうした発想は「帝国の側」から研究することに慣れると湧きにくくなってしまう。もちろん「帝国」研究的アプローチをとる研究においても、植民地の「ナショナリストの動向」への言及がなされることはあるのだが、それはあくまでいくつかの「変数」の一つとしてしか扱われない。植民地側の動向や植民地支配に批判的な「国際世論」の役割に注意を払う必要性を指摘する優れた研究もあらわれているが［平澤　二〇〇一・二〇〇五］、植民地のエリート・知識人の「ナショナリズム」、あるいは「国際世論」は自然発生的に生まれるわけではなく、それを背後から突き動かし、規定していたのは帝国主義の暴力のもとで苦しむ諸地域の民衆のたたかいであるという――ある意味ではあたりまえの――事実は、視野の外におかれがちである。

いわゆる「冷戦」（あるいはその終焉）という現象、さらには二〇世紀の世界において社会主義がもった意味を考える際にも、決定的に重要なのは植民地諸地域における民衆の動向に着目することだが、「帝国」研究にはこうした問題意識は薄い――例外はスエズ戦争をめぐる佐々木雄太の研究など［佐々木　一九九七］――ように見受けられる。

「帝国」研究は近年では（冒頭でふれたように）「グローバル・ヒストリー」の方向への展開・発展をみせているが、支配される側の視点を欠いた「グローバル・ヒストリー」は、奥行きの浅いものとなる危険性がある。さまざまな「関係性」への言及はなされても、最も重要・基本的な「関係」である支配＝被支配関係――植民地支配や戦争、暴力――

へのまなざしを欠いた歴史像は（カバーされている地域が物理的にはいかに広くても）平板なものとならざるをえない。この文脈で、昨今の「グローバル・ヒストリー」を、たとえばかつて板垣雄三によって帝国主義下における支配と抵抗の問題を考えるための装置として提起された「n地域」論（＝支配と抵抗の展開する「場」としての「地域」。「n」は問題設定に応じて任意の値を代入できるという意で、理論的には「個人」から「地球大」まで伸縮するものとされる）と比較してみても興味深いかもしれない［板垣雄三　一九九二］。

支配＝被支配関係への批判を欠いた「帝国」的「グローバル・ヒストリー」は、結局は宗主国の歴史（たとえばイギリス）に支配下のアジア・アフリカの諸地域の歴史を適宜組み合わせたうえで、グローバルな存在としての「帝国」の役割を正当化するだけ、のものになる可能性があるが、これはかつて上原専禄が構想した世界史像――その根底にあったのは帝国主義批判であり、解放を求めてたたかう植民地の民衆への共感だった――と比較した場合、（「グローバル」「世界史的」な姿勢が一見共通してみえても）正反対の性格をもつものといえる。アジアを研究対象に含めただけでは、「ヨーロッパ中心主義」を克服したことにはならないであろう。重要なのは「ヨーロッパ中心主義か否か」ではなく、より正確な言い方をすれば、帝国主義批判の視点があるかどうかだと考えられる。(5)

2　「下からの視点」――民衆運動への着目と「植民地責任」論

民衆運動への視角

「帝国」研究的アプローチの陥穽を指摘すると同時に、帝国主義という問題を考える際には基本的に「支配される側」の視点からみることが重要であること、帝国主義と植民地諸地域の民衆の矛盾に着目することが必要であることを強調してきた。いうまでもなく、このような視角はすでに江口朴郎によって打ち出されたものであり［江口一九五四］、その意味で「帝国主義」を資本主義のグローバルな展開が世界の諸地域にもたらす矛盾としてトータルにとらえようとする問題意識は日本の戦後歴史学にはじつは一貫して存在したといえるが、侵略され植民地化される諸地域の民衆の側から世界の構造をとらえ直そうとする試みは、一九九〇年代以降、帝国主義的支配と戦争が新たな展開をみせはじめる状況下で、新たにいくつかの注目すべき仕事を生み出している。

義和団事件の際の列強による中国共同侵略を扱った吉澤南の著作は、帝国主義という問題にあらためて民衆の視点から迫ろうとした研究である〔吉澤　二〇一〇〕。帝国主義勢力が国際的軍事抑圧体制を構築して共同で民衆を支配するという現象に注目し、そこに「多国籍軍」型戦争の原型を探ろうとする姿勢には、まさに九〇年代以降の世界の現実をみるなかで生まれた問題意識がうかがわれる。また、趙景達は民衆運動のダイナミズムに着目して朝鮮近代史を描き出そうとする作業に一貫して取り組んでおり、（アジアにおける「近代」の意味や帝国主義の現地社会による「内在化」の問題をめぐって展開している）「植民地近代」「植民地近代性」論争の過程でも、「エリート・知識人による近代の内在化」といった議論には回収されえない、民衆の反帝国主義のたたかい、エネルギーに着目すべきだとする姿勢を示している〔趙　一九九八・二〇〇八〕。

帝国主義支配下の現地社会における民衆とエリートの関係、反帝国主義闘争のなかでの両者の力学や、民衆運動を帝国主義が封じ込め、管理しようとする過程で形成されるエリート主導の「民族主義」の問題は、いわゆる「従属理論」や板垣雄三の「n地域」論でも検討されている論点であるが、この問題を明示的に提起した「サバルタン・スタディーズ」を（主としてそのインド史研究における展開をふまえるかたちで）日本に紹介したのは粟屋利江である〔粟屋　一九八八〕。インド近現代史においてサバルタン（非エリート、民衆）の視点、あるいは近年ではとくにジェンダーの視点から行われている研究は、帝国主義を「下から」みるうえで重要な素材を提供するといえる〔井坂　二〇〇二、粟谷　二〇〇三〕。

帝国主義に対する民衆の抵抗を分析するにあたっては、それを支えた伝統的な価値観や文化、社会的紐帯などに注意が払われることが多いが、（これもすでに江口朴郎によって指摘されたように）「伝統的」あるいは「封建的」諸要素は帝国主義による支配の過程で逆に温存・利用されたり、再編・強化される場合があることも忘れてはならない。この意味で、たとえば近現代の中東やアフリカで、帝国主義的分断統治政策によって創出される「部族」という枠組みや「宗派」別政治構造、あるいは宗教的「原理主義」等と苦闘しつつ展開されてきた社会変革の運動に光をあてることも重要となる。エジプトにおける共産主義運動の系譜を跡づけた研究〔長沢　二〇一二〕、あるいは近現代スーダンにおける「民族」の問題をめぐる考察〔栗田　二〇〇一〕などはその手がかりとなるかもしれない。

二〇世紀後半、世界の諸地域で表面的には独立・脱植民地化が進展するなかでも、入植者国家の支配下でかたちを変えた帝国主義的支配が再編・強化されることになった実例といえるのは——南アフリカのアパルトヘイト体制と並んで――パレスチナ問題だが、イスラエル「建国」以来の暴力・抑圧・分断差別構造によってもたらされた不条理と屈折を、支配される側の視点から暴き出した文学作品が訳出され［ハビービー　二〇〇六］、帝国主義的・人種主義的イデオロギーとしての「シオニズム」を内側から批判・克服しようとする歴史学的模索が紹介［パペ　二〇〇八］されたことにも大きな意義がある。

「植民地責任」論のインパクト

支配された側から帝国主義を問い直すという作業を明確な問題意識と方法論にもとづいて展開した事例として注目に値するのは、永原陽子による「植民地責任」論の提起であろう［永原　二〇〇九］。「植民地責任」とは「戦争責任」から連想された概念であるが、直接のヒントとなったのは、大西洋奴隷貿易以来のヨーロッパによる奴隷交易や植民地支配、人種差別の歴史を断罪し、「人道に対する罪」として告発した「ダーバン会議」（二〇〇一年）だという。（アフリカやラテンアメリカの諸人民の歴史的経験をふまえたこのような要求が二一世紀初頭になって打ち出された背景には、「冷戦」終焉による世界の構造の激変と帝国主義の復権ともいうべき状況に対する「南」の人々の危機感、必死の反撃という側面をみることもできるが）「植民地責任」論は、支配されてきた側の人々によるこのような異議申し立て、歴史的不正義告発の動きに触発されるかたちで、帝国主義的支配にともなう暴力と破壊の実態をあらためて明らかにし、その責任を問おうとするものであった。「植民地責任」論に先立って、板垣竜太によって提起された「植民地支配責任」という議論［板垣竜太　二〇〇五］があり、ともに重要な概念であるが、「植民地支配責任」論がその名のとおり第一義的には宗主国（具体的には日本）の国民に自らの支配の責任を自覚させようとする呼びかけであり、またとくに法的責任の確立を重視するのに対し、「植民地責任」論のほうはそのような動きが旧植民地の民衆のなかから出てきたということ自体に注目し、これを「脱植民地化」をめざす取組みの一環として位置づけようとしている点に特徴があるかもしれない。

なお、侵略や奴隷化、植民地支配という人類史上の不正義の記憶を継承し、告発しつづけていこうとする営みは、古くはネルーの『父が子に語る世界歴史』、近年ならたとえば（従属理論の展開の場ともなった）ラテンアメリカの知識人によって粘り強く続けられてきたものであり［ガレアーノ　二〇〇〇・二〇〇八・二〇一一］、「ダーバン会議」にみられるような「植民地責任」論の言語化は、このようなアジア・アフリカ・ラテンアメリカの人々の取組みの蓄積のうえにはじめて可能となったものであった。

「植民地責任」あるいは「植民地支配責任」という視座は、「韓国併合」の意味を歴史学的に検証しようとする取組みのなかでも活かされることになる〔歴史学研究会編二〇一一〕。

3　戦争に歴史学はどう向き合うか

「総力戦」・植民地戦争・ジェンダーの視点

資本主義のグローバルな拡大が侵略・植民地戦争を引き起こし、さらには帝国主義諸国同士の対決、世界戦争へとつながることは一九世紀末〜二〇世紀の歴史が示したとおりであるが、二一世紀初頭の現在、現代帝国主義の新たな展開のなかで「戦争」の問題は再び世界にとって――そして日本社会に生きるわれわれにとって――重大な意味をもちつつある。

このような状況を認識して、いちはやく現代における戦争の問題に歴史学の立場からあらためて取り組んだ例としてあげられるのは、『講座　戦争と現代』（全五巻、大月書店、二〇〇三年）である。ここでは現代帝国主義のもとでの「新しい戦争」の性格が分析される〔渡辺・後藤編二〇〇三〕とともに、歴史学的視点から二〇世紀の戦争全体を振り返り、その特質を描き出す作業も行われている〔木畑編　二〇〇四〕。また、日本帝国主義の引き起こした戦争であるアジア・太平洋戦争の総体をあらためて検討しようとする講座〔倉沢ほか編　二〇〇五〕、さらに第一次世界大戦一〇〇周年を契機とする叢書〔山室ほか編　二〇一四〕も刊行された。

こうした検討を通じて確認されてきた主要な論点としては、まず第一に二〇世紀の戦争の「総力戦」としての性格（戦場だけでなく国民生活、社会のあり方全体を規定していくものとしての戦争、「戦争」と「日常」との連続性）があげられる。第二にそれと並んで重要と考えられるのは、現代の戦争と「植民地戦争」の連続性が重視されるようになったことである。すでにみた吉澤の研究が示すように、植民地の民衆に対する帝国主義列強による国際的軍事抑圧の仕組みは、二〇世紀の世界戦争や、現代の「多国籍軍」型戦争の原型を形成する〔吉澤　二〇一〇〕。また、永原〔二〇一一〕は主としてアフリカ史の事例にもとづきつつ、植民地では戦争は「日常の中に埋め込まれていた」ことを明らかにし、さらに「民族絶滅」政策・性奴隷制・収容所など、戦争とファシズムの二〇世紀を特徴づけることになる諸現象が、じつは植民地における暴力の過程で準備されていたことを示唆している。植民地戦争の問題にあらためて光をあてようとする試みは、フランスの場合に関しては杉本淑彦や平野千果子によっても行われた［杉本　一九九七、平野　二〇〇二］。植民地支配の過程で展開された暴力と人種主義が、今日の世界におけるいわゆる「ジェノサイド」の問題と直結していることも明確に意識されるようになった［石田・武内編　二〇一一］。第三に注目すべきなのは——これは第一・第二の点と分かちがたく結びついているが——ジェンダーの視点の重要性が明らかになったことである。若桑みどりは現代の戦争の問題を考える際には、「帝国主義近代国家」を支えるジェンダー構造、女性への暴力と抑圧に着目することが決定的に重要だと指摘している［若桑　二〇〇五］。

このようにみてくると、戦争・植民地支配・ジェンダーの問題が交差する「黒点」（若桑の表現）としてのいわゆる「慰安婦」問題（日本軍による性奴隷制問題）が——単に日本とアジアにとっての重要な政治的課題であるだけでなく——帝国主義という問題を考えるにあたって避けては通れないテーマであることは明らかで、これは必然的に「慰安婦」問題をめぐる研究の発展を促している［歴史学研究会・日本史研究会編　二〇一四年］。「総力戦」体制・植民地戦争・ジェンダーという問題群は、帝国主義の問題をとくに東アジアに生きるわれわれが意識化するうえで重要であり、これらの視角から今も「継続する植民地主義」の問題に迫ろうとする取組み［岩崎ほか編　二〇〇五］——その際、絶えず焦点として浮上するのは沖縄の現実であり、在日朝鮮人の経験である——も生まれている。

「愛国心」とは何か——「国民国家」論・ポストコロニアリズム・「責任の歴史学」の視点

帝国主義と戦争の問題を考える際に不可欠と思われるもうひとつのポイントは、民衆を戦争に動員する単位としての「国民」である。

ネグリとハートは資本主義のグローバルな支配のもとにおかれた現代の世界をめぐる示唆的な著作を、にもかかわらず（『帝国主義』ではなく）『帝国』と名づけて発表したが［ハート／ネグリ　二〇〇三年］、その際彼らが主張したのは、「帝国主義」はあくまで主権国家別に世界を分割・支配しようとするものだったのに対し、現在のグローバル資本主義のもとではもはや国家は意味をもたなくなっている、ということだった。しかしながら、グローバルに展開する資本主義の利害と「国民国家」別の国際社会の編成とを二項対立的図式でとらえることは、じつは必ずしも正しくない。すでにレーニンの段階から帝国主義は国境を越えて展開する国際金融資本の利害を体現するものであり、植民地諸地域の民衆を「国際的」共同によって抑圧・管理する態勢を構築すると同時に、他方では「愛国心」の名のもと、「国民国家」別に自国民を戦場に動員する、という両面性をもっていた。一九九〇年代以降の現在においても、グローバル化する資本主義の利害を体現する戦争が先進諸国共同の「国際的」戦争として組織される傾向が強まる一方で（＝「帝国主義同盟」「集団的帝国主義」）、民衆を戦争に動員するにあたっては「愛国心」が称揚され、自国中心主義・排外主義的潮流が先進諸国でむしろ意図的に強化されている（＝日本の安倍政権など）ことにみられるように、現代帝国主義は「インターナショナリズム」と「ナショナリズム」の交錯ともいうべき現象［後藤・伊藤　一九九七］によって特徴づけられている。

それゆえ、現在、歴史学が戦争に向き合うにあたっては、動員の単位としての「国民」や「愛国心」の問題を検討することが依然としてきわめて重要である。一九九〇年代に盛んとなった「国民国家」をめぐる一連の研究――「国民」概念の歴史性や虚構性、近代国家への統合（と排除）にあたりさまざまな制度や規範が果たす役割を明らかにし、「国民国家」の脱構築や相対化をめざして展開されてきたいわゆる「国民国家」論――は、この文脈で大きな意義があり［歴史学研究会編　一九九七・二〇〇〇］、今こそ真価を発揮することが期待される。また、民衆を植民地支配や戦争に動員・協力させるにあたっては文化の果たす役割も決定的であり、言説・文化をめぐる研究も重要である。パレスチナ出身の在米知識人エドワード・サイードが、九〇年代以降、アメリカが中東に対しかつての英仏さながらの露骨な軍事介入を本格化させていく状況への絶望のなかで執筆した『文化と帝国主義』は――植民地主義をめぐる「知」と「権力」の共犯関係を徹底的に告発したことで知られる主著『オリエンタリズム』と並んで――帝国主義・戦争批判の重要な仕事である［サイード　一九八六・一九九八・二〇〇一］。サイードに代表されるいわゆる「ポストコロニアリズム」的な研究手法には大きな意義があるといえるだろう(6)。

「愛国心」を煽り、「国民国家」を単位とする戦争動員を押し進める動きが全面展開している状況に対峙するためには、「国民」概念の恣意性・虚構性を暴き出し、「愛国心」を笑い飛ばすような研究が大いに必要とされているが、逆にあえて「国民」概念にこだわり、この概念を前向きにとらえ直すという姿勢をとろうとするならば、その際手がかりになるのは「責任」という視点であろう。「責任」の視点はすでにふれた「植民地責任」や「植民地支配責任」をめぐる議論にあらわれており、さらにさかのぼればいうまでもなく「戦争責任」をめぐる議論として現代日本の歴史学の骨格をなしてきたものともいえるが［家永　一九七九、吉田　一九九七］、とくに近年（いわゆる「慰安婦」問題と向き合うなかで）「国民的責任」という概念が提起されるようになっているのは興味深い［酒井　二〇〇六］。

この概念を手がかりに「日本史」を問い直そうと提唱する酒井直樹によれば、「国民的責任」とは、たとえば戦争責任に関し（いわゆる「一億総懺悔」的言説にみられるように）「日本人全体で謝罪」することではなく、われわれが「戦争責任のある連中を摘発し、（中略）犠牲となった人々の前に彼らを突き出すことを怠ってきた」ことをこそ謝罪すべきだ、という考え方である。植民地支配や戦争を行った自国の政府の責任を国民自身の手で暴き出し、歴史的不正義を正すことこそが「国民的責任」であり、「愛国心」である、と言い換えることもできるだろう。昭和天皇の戦争責任問題を実証的に解明する作業に長年取り組んできた山田朗の仕事［山田　二〇〇二］はまさしくこの文脈で重要である。

英国社会史研究者であると同時に、日本の歴史家の義務として、中国における日本軍の細菌戦の実態を追及してきた松村高夫［松村・解ほか　一九九七］は近年、一人ひとりの市民が歴史家となって構築する「責任の歴史学」を提唱している(7)。「責任の歴史学」の潮流は、歴史学の立場から「戦争」と「国民」の問題に応答しようとするひとつの試みといえる。

反戦運動・「戦争の違法化」運動の歴史研究

一九九〇年代以降、アメリカ主導の「集団的帝国主義」（「帝国主義同盟」）の一翼を担うかたちでの日本の軍事化、海外派兵拡大の動きが急激に進展するなかで明らかになってきたのは、現行の日本国憲法の平和主義がいかにこうした動きに対する歯止め（＝軍事化を狙う勢力の目からみれば「障害」）となっているかであった。それゆえにこそこの時期以降、憲法に対する攻撃が激しさを増すことになったが、それは逆にイラク戦争反対（二〇〇三年）、「安保法案」反対（二〇一五年）等の運動に立ち上がった人々がその過程で日本国憲法の価値を再発見し、憲法の平和主義をあらためて主体的に選びとるという現象をもたらすことになる。こうした状況下で現在、歴史学の立場から痛感されるのは、日本国憲法の平和主義、あるいはその淵源をなす世界史上の反戦運動の系譜や、「戦争違法化」の潮流などをめぐる研究の深化が、これまで以上に必要になっているということである。

植民地獲得をめざす侵略戦争やその行きつく先としての帝国主義諸国同士の戦争を告発・批判する運動は、一九世紀以来続いてきており、今日からみた場合、現代世界にとってのその客観的意義は明らかである。だが、従来、歴史学の分野では、先進資本主義諸国内部における反戦運動に関し、研究がなされることはあっても［清水　一九九五、平田　二〇〇〇］、むしろその限界性が強調される傾向が強かった。これは一方に「社会主義圏」が存在していた時代には、戦争をその根源である資本主義の矛盾までさかのぼることなく、戦争それ自体として批判して事足れりとする姿勢はブルジョア的・偽善的だとする――ある意味で的確・原則的な――認識が支配的だったためかもしれない（実際にはロシア革命自体が第一次大戦に対する反戦運動としての性格をもっていたと考えられるのだが）。これに対し、一九九〇年代以降は――「冷戦」体制解体にともなう国際情勢の変化とアメリカ主導の新たな戦争の時代の到来という状況を反映して――反戦運動の歴史をあらためて跡づけ、戦争を批判・否定しようとして積み重ねられてきたさまざまな活動や議論、模索の意味を問い直そうとする試みが始まった。イラク戦争の只中で刊行された［松竹　二〇〇三］はその一例といえる。また、西川正雄もこの時期、第一次大戦前・大戦中の世界における戦争反対の動きをあらためて検討する作業に着手している［西川　一九九五・二〇〇七］。

第一次大戦をめぐる研究のなかからは、「良心的徴兵拒否」に関する貴重な成果が生まれた［小関　二〇一〇］。

さらに大戦の惨禍を背景に本格化した「戦争の違法化」運動については、その思想や展開過程を正面から扱った［三牧　二〇一四］や、国際法上の意義を検証する［小田・石本二〇〇四］も刊行された。

反戦運動の歴史、とくにヒロシマ・ナガサキ後の日本における核戦争反対の気運の高まりを、地域や住民のレベルで掘り下げた研究が生まれていることも特筆に値する［丸浜　二〇一一］。

このように、一九世紀に始まり、第一次大戦を経て「戦争の違法化」運動、その成果としての「不戦条約」（一九二八年）を生み出し、さらに「国連憲章」、「日本国憲法」（とくに九条と「前文」）に受け継がれていくことになる反戦運動・平和主義の潮流を跡づけていくことは現在非常に重要となっているが［山室　二〇〇七］、その際同時に注意を払いたいのは、こうした運動は決して先進諸国内部で抽象的理想論にもとづいて自然発生的に生まれたわけではなく、その背後には帝国主義支配のもとで侵略・植民地化された諸地域の民衆のたたかいがあったということである。一八八〇年代にウィリアム・モリスらによってスーダン戦争反対の運動が展開された背後には、それに先立ってイギリスによる占領や軍事介入に抵抗するエジプトやスーダンの民衆の動きがヨーロッパに伝えられていたという事実がある。第一次大戦直前のイギリスにおける反戦運動や「秘密外交」反対運動（バートランド・ラッセルらも参加）が、イラン立憲革命への英露の干渉に抗議し、イラン民衆との連帯をめざす動きとも連動していたことが示唆するように、欧米における平和運動はじつはあくまで侵略・植民地化される側の諸地域の民衆の運動に規定されるかたちで展開されてきたといえるのである。この意味で、現代の世界における平和運動の全体像を明らかにするためには、かつて「反帝国主義的平和運動」としての「非同盟運動」に関して岡倉古志郎が取り組んだような仕事［岡倉　一九九九］がさらに発展させられることが必要である。そして日本の平和憲法の意味も、このような世界史的文脈であらためてとらえ直される必要があると考えられるのである。

一九九〇年代以降の世界の現実のなかで、帝国主義と戦争というテーマは——不幸なことに——日本の歴史家がこれまで以上に切実な問題意識をもって取り組まねばならない、アクチュアルなものとなっている。この現実と切り結ぶ研究成果がさらに生み出されていくことを期待したい。

注

（1）本稿はあくまで過去十数年間を中心に「帝国主義と戦争」というテーマを考える際に手がかりとなると思われるいくつかの研究成果を紹介し、その特徴の分析・評価を試みるものである。帝国主義という問題に関するより長いスパンでの研究史の検討、筆者なりの見方については別稿［栗田二〇一七］を参照されたい。

（2）木畑は「帝国・帝国主義」というとらえ方をし、また「帝国世界」（ソ連も「帝国構造」をもつ存在であり、これに含まれるとされる）という表現を用いている。

（3）これは客観的には、「自由貿易帝国主義」論の「先見性」というよりは、この理論自体がまさしく一九五〇年代に「公式帝国」の没落と、それに代わる「新植民地主義」の登場（アメリカ主導の新たな「非公式帝国」）を目撃するなかで形成されたものであることに起因するであろう。毛利健三によって指摘されているように［毛利　一九七八］、「自由貿易帝国主義」論はじつは必ずしも帝国主義批判の議論ではなく、むしろ帝国主義的支配を正当化する面ももっているのだが、一九五〇年代の世界の時代状況を反映しつつ形成された点に、この理論がその後多くの論者に刺激を与えた秘密があると考えられる。

（4）ホルムズ海峡が機雷封鎖された場合は日本は自衛隊を派遣すべきだという主張を打ち出した米シンクタンクの「アーミテージ・リポート（第三次）」（二〇一二年）では、これは（シーレーンという）「国際公共財」防衛にかかわる問題として描き出された。なお、安倍政権下で「集団的自衛権」行使容認（二〇一四年）、「安保法制」強行（二〇一五年）など、日本の軍事化の動きが顕著となり、これに対する国民的な反対運動が展開される状況下で、従来「帝国」研究にかかわったり、「帝国」論的視座から活発に発言していた論者のなかから、（「リアルな思考法」等を掲げて）「集団的自衛権」を容認する立場に立つ者があらわれたことに注意しておく必要があるかもしれない［藤原　二〇一三、細谷　二〇一六］。歴史学や国際関係論といった学問の場で行われる議論が現実の政治のなかで果たす機能を意識化し、警戒・自省すべき時期にきているのではないか。

（5）「ヨーロッパ中心主義」から自由な「グローバル・ヒストリー」（あるいは「新しい世界史」）を描こうとする模索としては、羽田正や杉原薫の仕事が注目される。羽田は上原による世界史像構築の模索に言及しており、杉原の研究も基本的に国際経済秩序の形成に非ヨーロッパ地域が果たした役割を重視しようとする問題意識に裏づけられている［羽田　二〇一一、杉原　二〇〇三］。他方、歴史における支配＝被支配関係や、支配にともなう具体的な暴力の問題への関心が希薄であること、「国際公共財」等の概念が無批判に用いられる傾向がある（杉原）ことも観察される。

（6）いわゆる「言語論的転回」等、「ポストモダニズム」的歴史学といわれるもののなかには言説と現実の対応関係を否定し、不可知論に陥って、結果として植民地支配や戦争にともなう暴力の実態の追及を放棄することにつながる側面があることは指摘されているとおりだが［松村　一九九七、永原　二〇一一］、サイードに代表される「ポストコロニアリズム」的研究スタンスは基本的に帝国主義に対する批判的意識に支えられており［板垣竜太　二〇一一］、学ぶべきものは多い（むろん、「ポストコロニアリズム」的潮流のなかにもさまざまな分岐は存在するが）。なお、サイードらの提起を特定地域からの視点にこだわる「第三世界主義」として片づけるネグリとハートの批判［ハート／ネグリ　二〇〇三］はあたらないと考えられる。

（7）不戦大学「戦争法体制・７３１部隊・「責任の歴史学」を考える」（二〇一五年一二月一二日　不戦兵士・市民の会）での松村高夫の講演。

文献一覧

秋田茂『イギリス帝国とアジア国際秩序――ヘゲモニー国家から帝国的な構造的権力へ』名古屋大学出版会、二〇〇三年

アリギ、ジョバンニ「近代世界システムの形成と変容におけるヘゲモニー国家の役割」松田武・秋田茂編『ヘゲモニー国家と世界システム――20世紀をふりかえって』山川出版社、二〇〇二年

粟屋利江「インド近現代史研究にみられる新潮流――「サバルタン研究グループ」をめぐって」『史学雑誌』第九七編第一一号、一九八八年

粟屋利江「南アジア世界とジェンダー――歴史的視点から」小谷汪之編『現代南アジア5　社会・文化・ジェンダー』東京大学出版会、二〇〇三年

家永三郎『歴史と責任』中央大学出版部、一九七九年

井坂理穂「サバルタン研究と南アジア」長崎暢子編『現代アジア①　地域研究への招待』東京大学出版会、二〇〇二年
石田勇治・武内進一編『ジェノサイドと現代世界』勉誠出版、二〇一一年
板垣雄三『歴史の現在と地域学――現代中東への視角』岩波書店、一九九二年
板垣竜太「植民地支配責任を定立するために」岩崎稔・大川正彦・中野敏男・李孝徳編『継続する植民地主義――ジェンダー／民族／人種／階級』青弓社、二〇〇五年
板垣竜太「批判理論の陥穽――ある同時代的省察」歴史学研究会編『「韓国併合」100年と日本の歴史学――「植民地責任」論の視座から』青木書店、二〇一一年
井野瀬久美惠・北川勝彦編『アフリカと帝国――コロニアリズム研究の新思考にむけて』晃洋書房、二〇一一年
岩崎稔・大川正彦・中野敏男・李孝徳編『継続する植民地主義――ジェンダー／民族／人種／階級』青弓社、二〇〇五年
江口朴郎『帝国主義と民族』東京大学出版会、一九五四年
岡倉古志郎『非同盟研究序説　増補版』新日本出版社、一九九九年
小田滋・石本泰雄編『祖川武夫論文集　国際法と戦争違法化――その論理構造と歴史性』信山社、二〇〇四年
ガレアーノ、E『火の記憶』全三巻、飯島みどり訳、みすず書房、二〇〇〇年、二〇〇八年、二〇一一年
木谷勤『帝国主義と世界の一体化』（世界史リブレット）山川出版社、一九九七年
木畑洋一編『講座　戦争と現代2　20世紀の戦争とは何であったか』大月書店、二〇〇四年
木畑洋一「総論　帝国と帝国主義」木畑・南塚信吾・加納格『帝国と帝国主義』有志舎、二〇一二年
木畑洋一『二〇世紀の歴史』（岩波新書）岩波書店、二〇一四年
倉沢愛子／杉原達／成田龍一／テッサ・モーリス・スズキ／油井大三郎／吉田裕編『岩波講座アジア・太平洋戦争』1～5巻、二〇〇五年
栗田禎子『近代スーダンにおける体制変動と民族形成』大月書店、二〇〇一年
栗田禎子「帝国主義」歴史科学協議会編『歴史学が挑んだ課題――継承と展開の五〇年』大月書店、二〇一七年
小関隆『徴兵制と良心的徴兵拒否――イギリスの第一次世界大戦経験』人文書院、二〇一〇年
後藤道夫・伊藤正直『講座現代日本　2　現代帝国主義と世界秩序の再編』大月書店、一九九七年
小林啓治「日米関係「再生（Reviving）」構想が描く二一世紀の世界」『歴史評論』第七四二号、二〇一二年
サイード、エドワード・W『オリエンタリズム』今沢紀子訳、平凡社、一九八六年
サイード、エドワード・W『文化と帝国主義』1・2、大橋洋一訳、みすず書房、一九九八年、二〇〇一年
酒井直樹「日本史と国民的責任」酒井編『ナショナル・ヒストリーを学び捨てる』東京大学出版会、二〇〇六年

佐々木雄太『イギリス帝国とスエズ戦争——植民地主義・ナショナリズム・冷戦』名古屋大学出版会、一九九七年
清水正義「反戦運動とその思想」歴史学研究会編『講座世界史　5　強者の論理——帝国主義の時代』東京大学出版会、一九九五年
杉原薫「近代国際経済秩序の形成と展開——帝国・帝国主義・構造的権力」山本有造編『帝国の研究——原理・類型・関係』名古屋大学出版会、二〇〇三年
杉本淑彦「「人権の祖国」の植民地戦争」『岩波講座世界歴史　25　戦争と平和——未来へのメッセージ』岩波書店、一九九七年
趙景達『異端の民衆反乱——東学と甲午農民戦争』岩波書店、一九九八年
趙景達『植民地朝鮮の知識人と民衆——植民地近代性論批判』有志舎、二〇〇八年
長沢栄治『アラブ革命の遺産——エジプトのユダヤ系マルクス主義者とシオニズム』平凡社、二〇一二年
永原陽子編『「植民地責任」論——脱植民地化の比較史』青木書店、二〇〇九年
永原陽子「植民地体制の国際化と「植民地責任」——南部アフリカの歴史から」歴史学研究会編『「韓国併合」100年と日本の歴史学——「植民地責任」論の視座から』青木書店、二〇一一年
西川正雄「第二インターナショナルと第一次世界大戦——復活か新生か」西川正雄・松村高夫・石原俊時『もうひとつの選択肢——社会民主主義の苦渋の歴史』平凡社、一九九五年
西川正雄『社会主義インターナショナルの群像　一九一四—一九二三』岩波書店、二〇〇七年
二瓶敏「現代帝国主義をいかに把握するか——ネグリ／ハート『帝国』の検討を通じて」『社会科学年報』専修大学社会科学研究所、第三八号、二〇〇四年
「年報　日本現代史」編集委員会編『年報　日本現代史　一〇号　「帝国」と植民地——「大日本帝国」崩壊六〇年』現代史料出版、二〇〇五年
ハート、マイケル／ネグリ、アントニオ『〈帝国〉——グローバル化の世界秩序とマルチチュードの可能性』以文社、二〇〇三年
羽田正『新しい世界史へ——地球市民のための構想』(岩波新書) 岩波書店、二〇一一年
ハビービー、エミール『悲楽観屋サイードの失踪にまつわる奇妙な出来事』山本薫訳、作品社、二〇〇六年
パペ、イラン（語り）、ミーダーン〈パレスチナ・対話のための広場〉編訳『イラン・パペ、パレスチナを語る——「民族浄化」から「橋渡しのナラティブ」へ』柘植書房、二〇〇八年
半澤朝彦「国連とイギリス帝国の消滅」『国際政治』第一二六号、二〇〇一年
半澤朝彦「中東におけるイギリス・アメリカ「非公式帝国」の起源——一九四五年—一九四七年」『国際政治』第一四一号、二〇〇五年
平田雅博『イギリス帝国と世界システム』晃洋書房、二〇〇〇年

平野千果子『フランス植民地主義の歴史――奴隷制廃止から植民地帝国の崩壊まで』人文書院、二〇〇二年

藤原帰一『戦争の条件』（集英社新書）集英社、二〇一三年

細谷雄一『安保論争』（ちくま新書）筑摩書房、二〇一六年

松竹伸幸『反戦の世界史――国際法を生み出す力』新日本出版社、二〇〇三年

松村高夫「歴史における事実とは何か」新井章・松村高夫・本多勝一・渡辺春己『「事実」をつかむ――歴史・報道・裁判の場から考える』こうち書房、一九九七年

松村高夫・解学詩・郭洪茂・李力・江田いづみ・江田憲治『戦争と疫病――七三一部隊のもたらしたもの』本の友社、一九九七年

丸浜江里子『原水禁署名運動の誕生――東京・杉並の住民パワーと水脈』凱風社、二〇一一年

三牧聖子『戦争違法化運動の時代――「危機の20年」のアメリカ国際関係思想』名古屋大学出版会、二〇一四年

毛利健三『自由貿易帝国主義――イギリス産業資本の世界展開』東京大学出版会、一九七八年

山田朗『昭和天皇の軍事思想と戦略』校倉書房、二〇〇二年

山室信一『憲法九条の思想水脈』朝日新聞出版、二〇〇七年

山室信一・岡田暁生・小関隆・藤原辰史編『現代の起点　第一次世界大戦』1―5巻、岩波書店、二〇一四年

吉澤南『海を渡る〝土兵〟、空を飛ぶ義和団――民衆文化と帝国主義』青木書店、二〇一〇年

吉田裕『現代歴史学と戦争責任』青木書店、一九九七年

歴史学研究会編『国民国家を問う』青木書店、一九九七年

歴史学研究会編『戦後歴史学再考――「国民史」を超えて』青木書店、二〇〇〇年

歴史学研究会編『「韓国併合」100年と日本の歴史学――「植民地責任」論の視座から』青木書店、二〇一一年

歴史学研究会・日本史研究会編『「慰安婦」問題を／から考える――軍事性暴力と日常世界』岩波書店、二〇一四年

若桑みどり『戦争とジェンダー――戦争を起こす男性同盟と平和を創るジェンダー理論』大月書店、二〇〇五年

渡辺治『講座現代日本　1　現代日本の帝国主義化――形成と構造』大月書店、一九九六年

渡辺治・後藤道夫編『講座戦争と現代　1　「新しい戦争」の時代と日本』大月書店、二〇〇三年

Amin, Samir, *The Reawakening of the Arab World: Challenge and Change in the Aftermath of the Arab Spring*, New York, 2012.

第2章　「主体」の〈問い方〉をあらためて問い直す

1　ジェンダー　Ｉ　男性史とクィア史

藤野　裕子

1　ジェンダー史研究をめぐる二つの波頭

タイトルに「ジェンダー」「女性」「男性」などの語を含まずとも、ジェンダーの視点を取り入れた研究書はすでに多く、ジェンダー史はもはや独立／孤立した特殊な「テーマ」ではなく、どのテーマの研究にも導入しうる「視点」だととらえられるようになってきている。そうだとしても、ジェンダーをめぐって正面から取り組まなければならない課題は依然として多い。ジェンダー史の難しさは、研究者の問題意識や意図とは別に、些細な言い回しや思考の枠組みのちょっとしたずれが、権力関係をときに上書きし、ときに隠蔽することになりかねないことにある。もとより歴史研究全体にいえることではあるが、とりわけジェンダー史研究は枠組みや方法に関する省察的な議論を必要とする。

ここ一五年前後のジェンダー史研究の成果と課題を見据えるにあたり、小論では研究動向を網羅的に追うことをしない。ここでめざすのは、いまだ文献数は少ないにしても、ジェンダー史研究が期せずして積み残してきた課題を顕在化させるような、新たな研究動向の波頭をつかまえて、その可能性と課題を吟味することである。具体的には、男性史研究と、クィア史と呼ばれる研究領域の二つになる。

男性史・クィア史がこの一五年に急速に進展した分野であることは明らかである。男性史の萌芽的な研究はすでに一九九〇年代にみられるが（これらについては加藤千香子の整理に詳しい［加藤　二〇〇八］）、日本語での歴史研究の成果が本格的に積み上げられるようになったのは二〇〇〇年代に入ってからのことである。『現代のエスプリ』（二〇〇四年九月）、『情況』（二〇〇四年一一月）、『歴史学研究』（二〇〇八年九月）が特集を組んだほか、『男性史』と冠した論集が刊行された［阿部ほか編　二〇〇六］。クィア史についても、一九九〇年代から社会学・文学など隣接領域においてクィア研究が活性化したが、歴史学ではここ数年、イギリス女性史研究会（二〇一二年）・ジェンダー史学会（二〇一三年）・歴史学研究会近代史部会（二〇一四年）が大会・シンポジウムのテーマとして取り上げるなど、成果が蓄積した。

　だが、小論がこれらの研究を重視するのは、急速な進展という理由だけではない。男性史・クィア史研究は、何より、それまでの女性史・ジェンダー史研究の枠組みを批判的に再考する試みであり、その議論の射程を正面から受けとめることが、ジェンダー史の今後を考えるうえで不可欠だからである。ここでは、研究の内容をまとめるだけでなく、研究を推進しようとする研究者個人の熱力はいかなるもので、この一五年間の社会状況のなかでそれがどのように生まれたのかという点を、いくらかでも汲み取ることができればと思う。私の専門である日本近現代史の文献が中心となるが、こうした視点から二つの波頭をつかまえてみたい。

2　男性史研究の可能性

　男性史の研究動向について多く発言してきたアメリカ史研究の兼子歩は、その意義を次のようにまとめている。男性史研究は、従来ジェンダーとは関係のないものととらえられてきた男性や男性をめぐる文化・制度を「再ジェンダー化」する試みであり、それによって、ジェンダーを女性だけのものとみなす「ゲットー化」を克服する可能性がある。加えて、国家史・政治史とは切り離れたものとみなされがちなジェンダー史を、男性史を媒介として接続することができるのだという［兼子　二〇〇六］。女性史から発展し、女性に重点をおいて進められてきたジェンダー史研究は、公的領域だけで構成されがちな歴史研究を私的領域にまで拡大することに成功したが、そうであるがゆえに、国家・政治といったいわゆる「大文字の歴史」とは切り離れた研究とみなされがちであった。男性を対象にし、女性との非対称な関係性を明示することで、ジェンダー史を国家史・政治史と接合する途が開かれていく。これが男性という性にフォーカスした歴史研究の意義であることは、多くの研究者に同意されるところであろう。

　そのうえで、個々の研究者が男性史研究を進める背景には、そうした学問上の課題の克服というだけにはとどまらない思いがある点も確認しておきたい。すでに指摘されていることだが［加藤　二〇〇八］、歴史学における男性史研究は、男性学の活性化と並行して進展してきた［伊藤　一九九六、多賀　二〇〇六］。男性学は、抑圧する主体として一枚岩にとらえられがちだった男性に焦点をあて、男性の被抑圧性や男性性の複数性を論じたものである。ジェンダーの権力構造のなかで男性もまた息苦しさや困難さを抱えて抑圧されていることを示し、だからこそ既存のジェンダー規範からの解放が男性にとっても必要なのだと説く。戦後の日本型経営が機能不全を起こす一方で、男性に「男らしさ」を求め、公的空間での役割を期待するジェンダー規範が維持され続ける状況において、男性の側からも既存のジェンダー規範からの解放が唱えられたのである。二〇〇〇年以降の社会状況は、男性が自らの被抑圧性を痛感する局面がこれまで以上に顕著であったといえ、男性性が歴史的に構築された過程を検討する歴史研究の必要性も切実さをもって認識されるようになったといえよう。

他方、女性研究者が男性学・男性史と向き合う際には、それとはやや異なった切実さが込められている。男性学に対しては、渋谷知美が早くに違和感を表明した。男性の苦しさは男性社会における特権性や女性に対する優位性を前提に生み出されているのであって、男性の内面ばかりを重視する男性学は、そうしたジェンダーの権力構造や制度化された非対称性を不可視にしかねないと指摘した［渋谷 二〇〇一］。この渋谷の見解に対し、海妻径子は、男性学は必ずしも男性内部に閉じたものではなく、本来は女性との非対称な関係性がいっそう明確に見えてくるものであるはずだとし、男性学・男性史研究の可能性のほうを強調した［海妻 二〇〇四b］。両者の見解は異なるが、双方に共通するのは、男性への着目が最終的には両性関係の権力構造を照射するものになるべきだと考えている点である。

女性研究者がこの点を強調するのは、ジェンダーをめぐる問題の所在を把握し、その解決をはかることが困難な現状に対する危機感があるからにほかならない。海妻は自著のあとがきのなかで、現在のジェンダー・ポリティクスは「権力関係の解体をめざして行なうジェンダーの変革要求が、同時に新たな権力関係へ自らを囲い込んでいくことになるような性質のもの」であり、「いつのまにかジェンダーへの別のかたちでの自らの囲い込みに終わるような泥沼のなか」に私たちはいるのだと述べている［海妻 二〇〇四a：三八八］。後述する坂井博美も著書のあとがきにおいて、現在のジェンダーの権力関係は複雑であって、「それが必ずしも上下関係として表面に現れ出るものではなく、ある意味で「共犯」的、相互依存的、あるいは女性優位的であるようにもみえる」と述べ、だからこそ男性史の視点も含めて、男女の関係性や社会全体における男女の配置の複雑さを可視化する必要があるのだと述べている［坂井 二〇一二：三八六］。こうした権力関係のみえにくさと解決の困難さこそが、女性研究者にとって男性史研究を推し進める一つの動因になってきたのである。

それでは、そのようにして編まれた男性史の研究はいかなる具体的な成果を生みだしたのだろうか。第一にあげるべきは、軍隊・戦争・兵士とのかかわりで男性性を取り上げたことである。男性で構成された近代軍隊は最もジェンダー化された組織であることから、そこに国家から要請された究極的な男性像がみられるとして注目が集まった［阿部ほか編　二〇〇六、木本・貴堂編　二〇一〇、高嶋　二〇一五など］。小野寺拓也は、第二次世界大戦末期のドイツ兵が記した野戦郵便の分析をとおして、戦場での兵士たちの主体性を支えていた要素の一つが、兵士同士の連帯感や弱さを抑え込む男性性であったと指摘した［小野寺　二〇一二］。この弱くあってはならないという男性性が、軍隊内部だけではなく社会全体において、兵士をモデルとして構築されたことに注目したのが内田雅克である［内田　二〇一〇］。内田は少年雑誌の分析を行い、「ウィークネス・フォビア」が日清・日露期から総力戦体制期にかけてどのような変遷をたどったかを検討したが、その指標の一つとして軍人モデルの登場回数に着目している。こうした試みによって、近代国家が男性という性を構築する側面が明らかとなり、公的空間を含めたジェンダーの編成・配置の一端が浮かび上がったといえる。その意味で、男性史研究はたしかに国家史・政治史とジェンダー史を接続する役割を果たしている。

そのことの意義は明らかであるが、一方で、男性性を歴史的な存在としてとらえる際に、軍隊・兵士・戦争といった視角だけでは十分ではないことも確かである。そこでの男性性は象徴的であるにしても、一人の男性のライフコースや経験はそれらに収斂されない広がりをもつ。家庭や労働をはじめ、男性性が構築される場は幅広く、そうした場で構築された男性性は国家から要請されたそれとは必ずしも一致しない。

家庭の場からみてみよう。従来の研究において近代家族が議論される際には、おもに妻・母としての女性に焦点があてられてきた。これに対し海妻径子は、父親としての男性の役割や父性の論じられ方に焦点をあて、近代日本において家族を介してジェンダー秩序が再編される様相を論じた［海妻　二〇〇四ａ］。言説レベルにとどまらず、家庭生活における日常的な実践に即して男性のあり方を検討した試みもある。沢山美果子は三宅恒方・やす子の家庭生活について、夫・父親としての恒方の自画像や、家庭での居場所のなさ、男としての苦悩など、ジェンダー規範が生み出すきしみを男性の視点から描出した［沢山　二〇一三］。坂井博美は岩野清・泡鳴の生活に即して、「新しい男」であらんとする泡鳴と「新しい女」をめざす清とが、旧来とは異なる男性・女性としてのあり方を相互に模索し、つくりあげていたことを指摘した［坂井　二〇一二］。これらの試みは、新中間層の一つの家庭、一対の男女を扱ったにすぎないが、だからこそ、男女・子どもが対面する場において、互いが互いをつくり出す相互関係を描き出すことに成功しているように思う。

一方、労働の場に着目した研究では、ブルーワーカーを対象にすることで、新中間層とは異なった男性性を描き出している。アメリカ史研究の南修平は、ニューヨークの建設労働者が身体的強靱さや度胸、性的な放縦さなどからなる「男らしさ」の生活文化を形成していたことを指摘したが［南　二〇一五］、その「男らしさ」は高所での力仕事という労働の特質に規定され、組合などの労働者集団に入ることで獲得されたのだという。類似の男性労働者の文化は、日本史においても指摘できる。戦前の男性労働者に多く見られた、飲む・打つ・買うといった日常的実践の背後には、身体的な強靭さ、粗暴さ、義侠心などを「男らしい」とみなす価値体系が存在していたが、それらは不安定な労働形態や社会上昇の困難な生活状態などに規定されていた［藤野　二〇一五］。両者の研究が等しく示しているのは、労働者階級の男性性が、リスペクタビリティを規範とする高学歴者・新中間層の男性性と、部分的に重なりあいながらも異なることである。単なる相違というだけでなく、同時代のなかで互いのふるまいを見ながら、それぞれのふるまいが形作られていたと考えられよう。「男らしさ」をめぐる言説の時代的な変遷をふまえつつ、一つの時代において併存する多様な「男らしさ」とその相互関係を明らかにすることが、今後の男性史の課題といえる。そのことはまた、国家史・政治史とジェンダー史との接点をより多様化・精緻化することでもある。両者の研究が共通して指摘していることは、男性労働者は男性性と結びついた強固なナショナリズムを抱き、国家への貢献を希求する傾向にあった点である。男性性が複数存在するのと同様に、男性性と国家・政治とが接続する回路もまた複数存在しうる。そうした多様な回路を明示することが、課題の一つになる。

他方、家庭の場と労働の場に着目した研究がともに男性のセクシュアリティに言及している点も見落とすことができない。女性との相互関係のなかで男性をとらえようとする際、本来浮かび上がるべきことの一つはセクシュアリティであろう。かねてから女性史・ジェンダー史研究において性の二重規範が指摘されてきたように、性規範や性欲なるものの肯定のされ方において男女の非対称性は顕著である。にもかかわらず、セクシュアリティを正面から扱った男性史の研究は存外に少ない。この視点を男性史に組み込むことが今後の重要な課題と考える。

もちろん、広くセクシュアリティの歴史研究を見渡せば、とくに一九九〇年代以降、タブー視されていた性の領域を歴史叙述の俎上に乗せる試みがなされてきた。その代表作の一つが赤川学『セクシュアリティの歴史社会学』である［赤川　一九九九］。赤川は、近現代日本における性や性欲をめぐる言説（おもにオナニーや性欲論）の変遷を検討し、オナニー有害論／無害論や性欲＝本能論／性＝人格論など、性欲をめぐる多様な言説が錯綜していたことを指摘した。赤川は、フェミニズムや女性史研究が批判してきた性の二重規範や性欲＝本能論は、多様な言説の一部にすぎないとし、また現在の性をめぐる言説（性＝人格論）が男性に対して抑圧的に働く側面があると指摘する。

その網羅的にして精緻な言説分析には敬服するほかないが、それでも小論の観点からいえば以下の指摘ができるだろう。一つは徹底した言説分析の手法をとるために、非言説実践が捨象されている点である。言説が赤川のいうとおりにどれほど多様であったとしても、ひとたび非言説実践へと目を移せば、まさに（男性の）性欲＝本能論と性の二重規範に沿うかたちで遊廓・銘酒屋といった性産業の装置があり、日常的にそこへ通う男性のふるまいがある。こうした非言説実践もまた言説同様に意味作用がある。ふるまいは言説に規定されるばかりでなく、ときに言説を規定しかえし、また言説を超えもするはずだが、徹底した言説分析という手法ではこのダイナミズムが捨象されてしまう。赤川の手法は、「言説の外部にある、言説を超えた経験を直接的に（＝言説を介さずに）把握可能という前提」には立てないという見解から自覚的に選択されており［赤川　一九九九］、その見解自体は首肯できるが、言説を介しつつも「言説を超えた経験」にアプローチすることは、困難ではあるけれども不可能ともいえない［藤野　二〇一三］。言説分析のみで構成された歴史叙述では言及不可能な領域が広大にあるのだという限界を自覚し、言説実践と非言説実践の相互関係を読み解く方法を模索していくことが課題となるだろう。

二〇〇〇年以降のセクシュアリティ史の研究は、この課題をどのように扱っているのだろうか。井上章一らによるセクシュアリティ史研究は、タブーの克服という意味で重要な成果であるが、主として男性の性行動・性欲を対象としつつも、男性性や男女の非対称性への視点は弱い［井上　二〇〇八］。澁谷知美は、青少年の性をめぐる言説が近代日本の歴史過程のなかでいかなる変遷をたどったかに着目したが、M検経験者へのインタビューなどが興味深いものの、男性の性実践そのものに十分にアプローチしているわけではない［澁谷 二〇一三］。言説分析にとどまらず、実践の領域まで問おうとする場合、一般的な言説分析とは異なるタイプの史料にあたる必要がある。この点、『遊客名簿』を用いて、買う側の男性の分析を行った横田の試作は、多様な史料を用いることで男性史の新しい視座を開きうる可能性を示している［横田 二〇〇二］。セックス指南書や雑誌のセックス特集の記述をもとに、感じさせる男／感じさせられる女という役割や女性の性的な快楽なるものがつくり出されたことを指摘した田中亜以子の分析も興味深い［田中 二〇一四］。男性性にはこうした性実践での役割（とその不達成）が深くかかわっているはずであり、これまで積み重ねられてきた男性史研究の成果を、いま一度セクシュアリティの観点からとらえなおすことが求められよう。

3 クィア史という挑戦

性売買の歴史であれ、産児制限の歴史であれ、性の歴史を扱う際、従来のジェンダー史研究は異性愛を暗黙の前提としてきた。クィア史研究は、ともすれば歴史的な事象を男女の二分法だけでとらえ、異性愛主義的（ヘテロセクシズム）で、身体と性自認が一致していること（シス・ジェンダー）を自明視する傾向にあった、これまでのジェンダー史研究のあり方を根底から問い直した。その射程は、単に同性愛やトランス・ジェンダーの歴史を可視化するというだけにとどまらない。そうではなく、同性愛をそれとして異化し周縁化させる異性愛規範を可視化し、それが普遍的な規範でも自然の理でもなく、社会的に構築されたものであることを明示することもめざしている。

もちろんクィア史研究の問題提起を受けとめるべきは、ジェンダー史研究者ばかりではない。後述する星乃治彦はその著書の冒頭で、「そんなテーマをやっていると、ホモって間違えられますよ」という「ある若手研究者」の発話を紹介し、自らがゲイであることをカムアウトしながら、著書の意図を説明している［星乃 二〇〇六：一一―一三］。クィア史の研究課題を説明するためには、自らのセクシュアリティを活字上でカムアウトせざるをえないほど、歴史研究者の多くは、クィアが発言力を奪われ、不可視化されていることに無理解（発言力を奪い、不可視化していることに無自覚）である。研究者同士の集まりで同性愛嫌悪が臆面もなく表出される状況は、今後どれだけ変わる（変える）ことができるだろうか。

日本でクィア史研究が行われた背景を羅列的にあげれば、同性愛や「性同一性障害」として病理化されたトランス・ジェンダーに対する社会的な関心の高まり、アカーをはじめとする運動団体の活動［風間・河口 二〇一〇］、一九九〇年代の日本語によるクィア・スタディーズの活性化などがある。理論的支柱となる文献が翻訳出版されたことも大きい［フーコー 一九八六―八七、バトラー 一九九九、セジウィック 二〇〇一など］。

日本史の分野では、一九九〇年代に発表された古川誠の研究がクィア史研究の嚆矢といえる［古川 一九九四］。古川は主として男性同性愛を分析の対象とし、近代以前においては風紀を乱さない限りにおいて「男色」に対する寛容度が高かったことを指摘した。その後『変態性欲心理』の翻訳などをとおして、大正期以降に男性同士の性行為が病的な「変態性欲」とみなされるようになり、蔑視されていったと論じた。古川の研究の画期性は、それまでなきものとされ、不可視化されてきた同性愛を歴史研究の俎上に乗せたことであり、自明視されがちな現在の異性愛規範を歴史的な構築物として提示してみせたことにある。

こうした同性愛の歴史を些末なエピソードだと思いたい向きもあるかもしれない。異性愛規範を内面化した研究者であるほど、そのように一笑に付したい欲望にかられるかもしれない。「差別や偏見の中でも胸をはろうとするすべてのマイノリティに捧げる」との辞から始まる星乃治彦『男たちの帝国』は、クィア史研究の成果をサブカルチャーの歴史として矮小化したくなる読者の欲望をみごとに退ける［星乃 二〇〇六］。星乃は、一九世紀末から二〇世紀前半にかけてのドイツを対象に、ヴィルヘルム二世による同性との私的な恋愛関係が政治的な決定の際に大きく影響したことを示した。そのように、それまでさほど問題とされなかった政治世界の同性愛関係は、二〇世紀に入り異性愛規範が浸透するなかでスキャンダルとして報じられるようになり、そのことで異性愛規範がさらに強まったと指摘した。加えて、セジウィックの議論を参照しつつ［セジウィック 二〇〇一］、女性蔑視（ミソジニー）と同性愛嫌悪（ホモフォビア）を前提にヘテロ男性同士のホモソーシャルな関係（男性同盟）が形づくられ、男性社会が形成されたとも論じている。このように、ドイツ政治史において見て見ぬふりをされてきた男性同性愛を歴史的に位置づけ、それとのかかわりあいで異性愛規範が構築された過程を提示してみせた。クィア史が国家史・政治史と密接にかかわる研究領域であることを明示した成果といえる。

クィア史研究の射程は、同性愛／異性愛の二分法で事象をとらえるだけにとどまらない。三橋順子は、そこに収斂しえない異性装（おもに女装）やトランス・ジェンダーに焦点をあて、日本の中世～現代までの歴史を通観した［三

橋 二〇〇八年]。三橋は、中世における稚児、近世における女形、境界が曖昧だった男色・女色など、前近代には性愛のありようが多様であったことを指摘した。しかし、大正期の「変態性欲」言説によって男女二元論/異性愛規範が浸透するにともない、異性装者を病理化し、疎外・排除する風潮が強まっていったとする。男/女、同性愛/異性愛の二分法にあてはまらない性のありようと、それらを周縁化する機制の成立過程を提示した成果といえる。

繰り返しになるが、クィア史研究には、異性愛規範にもとづいて設定された従来の歴史研究の枠組みを問い直す力がある。しかし同時に、モノグラフは何らかの枠組みのなかで生産されるものであるから、クィア史研究自体の現在の枠組みがいかなるものであるかを問い直すことがやはり必要である。問題は、同性愛を「異常」として括り出す異性愛規範をどのように相対化し、異性愛/同性愛の構築性をどう強調するかという点にある。

前節で指摘したことと重なるが、現在のクィア史研究の全体的な傾向としては、雑誌を中心とする言説分析が主流を占める。そこでは時期的な変化が想定されているにせよ、一つひとつの時期についての叙述は硬直的で平板になりがちである。しかし、異性愛/同性愛の非言説実践は社会に氾濫しているのであり、一つの雑誌から読みとれる言説だけで語り切れるものではない。それらに目を向ければ、言説実践/非言説実践との関係、および異性愛/同性愛の関係は、より流動的で緊張にあふれたものになるのではないか。ヘテロセクシュアルの歴史よりもなお史料的に限界があることはもちろんだが、三橋が長く行ってきた女装者の実践を掘り起こす史料の渉猟や、矢島正見らによるライフヒストリーの試みは[矢島編 一九九七・一九九九]、地道ではあるが、クィア史研究の叙述を豊潤化するための手がかりとして示唆深い。

異性愛/同性愛のどちらもがつねに流動的に揺れ動くものととらえる視点は、クィア史研究における前近代/近代の描き方についても再考の途を開く。古川の著作に代表されるように、多くのクィア史研究は、同性愛・異性装が蔑視されるようになった転換点を二〇世紀初頭に求め、それ以前の時代においては相対的に寛容であったことを強調する。こうした叙述方法には、現在の異性愛規範を相対化し、それが歴史的な構築物であることを示す効果があるが、反面、それ以前の時代にあたかも周縁性がなかったかのような、ユートピア化した叙述に陥る危険性もある。ジュディス・バトラーはフェミニズム理論が家父長制を批判する際に「「家父長制」のまえの時代」を夢想し、「単線的な物語」にしがちなことを批判したが[バトラー 一九九九:七七—

七八］、同じことはクィア史研究における異性愛規範についてもいえるだろう。いうまでもなく、現代の規範・感覚をそのまま過去に投げかけることは問題だが、前近代においても婚姻の制度が男女一対のものと規定されてきたことからすれば、同性愛なるものには何らかの周縁性があったと考えられる。前近代において男性同性愛を発見できる一方で、「前近代の女性の同性愛の系譜をたどることが困難」［古川　一九九四：二九］であるならば、なおさらジェンダーの非対称性を色濃く反映するかたちで、近代とは異なる周縁性が存在したといえるのではないか。異性愛規範の構築性を語る際に重要なのは、時代状況のなかで周縁性が形や意味合いを変えながら再生産されていったプロセスを追うことであり、それゆえに今この場においても変容させる可能性があることを示すことではないだろうか。

このことは一面では、クィア史研究がジェンダーの非対称性を念頭におかずに議論が進められがちだという指摘とも重なりあう［前川　二〇一六］。各論考においては、「男性同性愛の分析によって女性を含めた同性愛一般が説明できるという前提に立つものではない」［古川　一九九四：二九］と明言されており、「私に彼女らの性を一人称で語る能力などない」［星乃　二〇〇六：一三］という男性研究者の誠実な態度も表明されている。ところが、男性のみに焦点をあてている（女性を含めていない）という研究者の自覚は、叙述のなかでいつの間にか霧消してしまう。たとえば、先述した男性優位の体制において同性愛嫌悪と女性蔑視が強まったという図式は、男性同性愛を説明するうえでは妥当であるとしても、この図式のなかに女性同性愛はどのように位置づくのだろうか。異性愛規範の浸透を説明するうえで最も核となる部分において、より不可視化された女性同性愛をそのままにして議論が進められている。そしてこのとき、男性の女性蔑視はつねに同性愛嫌悪を説明するために言及されており、男性同性愛者の抱く女性蔑視は念頭におかれていない。

その一方で、同性愛やトランス・ジェンダーに対して向けられる嫌悪感は男性（もしくはＭｔＦ）に対するもののほうが苛烈であると、しばしば言及されもする。その点に私も異論はないが、女性同性愛に対する相対的な寛容さとは、女性同性愛のどのような実践に対してのことなのだろうか。男性同性愛のほうが女性同性愛よりもあからさまに忌避されるとしたら、前者のほうが男性優位のジェンダー秩序を深く揺るがすからであり、それほどにジェンダー規範と同性愛嫌悪は密接にかかわる［中里見　二〇一五：七六］。だとすれば、前節で確認したセクシュアリティにおける顕著なジェンダーの非対称性は、同性愛においても貫徹していると考えられよう。たとえば、戦後日本においての「ハッテン場」が乱立したことは、男性同性愛に限っていえば性の主体性の開花と評価できるかもしれないが、そうした場の多寡にこそジェンダーの非対称性が顕著にあらわれてもいる。この点、前川直哉は、一九七〇年代の『薔薇族』の読者投稿をもとに、男性同性愛者の女性観や異性婚観を考察している［前川　二〇一四］。現代史だからこそ可能な史料分析ではあるが、こうしたジェンダーの視点を含めた研究が今後必要なのではないか。

このように考えると、女性同性愛に関する研究の重要性があらためて浮かび上がる。クィア史研究が男性同性愛を中心に進められてきたことを受けて、赤枝香奈子は近代日本における女性同士の親密な関係について検討した［赤枝　二〇一一］。青鞜メンバー同士の親密な関係や女学校におけるそれを取り上げ、女同士の絆が生殖を前提としないがゆえに成り立ったロマンティック・ラブの実践だったと評価する。一方、小山静子らの共同研究は、研究が手薄である戦後史に焦点をあて、戦後の教育改革と純潔教育が推進されるなかでさらに強化された異性愛規範や、戦後の雑誌や映画などに描かれた女性同性愛の分析を行っている［小山ほか編　二〇一四］。いまだ端緒的な研究状況にあるが、女性同性愛が男性同性愛、ジェンダー規範、異性愛規範といかなる関係にあるかという点をいっそう掘り下げることが課題となろう。

同性愛をめぐる問題をジェンダー問題の枠内に収斂させるべきではない。だが、同性愛というだけでは連帯が困難なほどに男女の権力関係は強固である。このことは、すでに数十年前にレズビアン・フェミニズムの運動が提起してきた論点でもあった。一九六〇年代アメリカの女性解放運動は、同性愛女性からの問題提起を受けて、異性愛／同性愛の切断面を直視することにより、ラディカル・フェミニズムの理論と運動を鍛えあげていった［栗原　二〇一一、吉原　二〇一三］。日本においては、一九七〇年代のウーマンリブ運動のなかから女性差別と女性同性愛差別の密接さを問題にするレズビアン・フェミニストの活動が生まれ、リブとの連帯が模索されたが［飯野　二〇〇八、杉浦　二〇〇八］、アメリカと異なり、リブ運動全体からすれば周縁的な位置づけであったといわざるをえない。両者の足跡の差異がどこから生まれたのかということ自体、興味深い論点ではあるが、レズビアン・フェミニズムの提起した問題は、異性愛／同性愛およびジェンダーの切断面を同時に受けとめて考察すべきことを、ジェンダー史・クィア史研究の双方にあらためて示唆している。

おわりに——切断面の向こう側

この一五年の間にあらわれた男性史研究とクィア史研究は、女性をおもな対象としてきた日本のジェンダー史研究の枠組みを問い直し、国家・政治との新たな連関を描き出すことを試みてきた。もちろんこれら二つの研究も期せずして課題を積み残している。なかでも、男性史におけるジェンダーの視点の欠如と、クィア史におけるジェンダーの視点の欠如という問題は、ジェンダー／セクシュアリティの片方しか問えていないという点において、じつのところ表裏一体の関係にある。この問題を克服した時に、両研究は既存のジェンダー史研究の成果との有機的なつながりをいっそう明確にすることができるだろう。これまでの研究成果と射程からすれば、それはそれほど困難なことでもないはずだ。

既存の女性史・ジェンダー史研究のゲットー化を当然視してきた研究者には、こうした男性史・クィア史の試みは、通史を無用に細分化し、全体をみえなくさせているかに思えるかもしれない。しかしながら、星乃の成果に代表されるように、男性史・クィア史研究は国家史・政治史との連関のなかに自らを位置づけ、多様な接点・回路を提示することを試みている。そればかりでなく、本論で十分にふれられなかったが、不可視化された権力関係に鋭敏であろうとする姿勢は、今後、人種・民族といった他の権力関係を捨象せずに複合的に議論することにつながっていくように思う。

アメリカの女性運動史では、有色人種のレズビアン・フェミニストに着目して、その複層的な周縁性について議論しているが［吉原　二〇一三］、日本のレズビアン・フェミニストの運動についても、一九九〇年代に、在日韓国人のレズビアンによって日本人レズビアンのアジア人蔑視を批判する声があがったことが指摘されている［飯野　二〇〇八］。文脈は異なるが、宋恵媛が一九七〇年代の在日朝鮮人女性を論じるにあたって引用した、在日女性詩人の手による「ウーマン・リブ／など／くそたわけ／太鼓腹の女達／太古此の方／ここは／女が／いくさに／でた」という詞の一節をみても［宋　二〇一六：四九］、レズビアン・フェミニズム運動における民族の問題は、日本社会全体に通底していたことが痛感される。

こうした複層的な権力関係とその相互関係を考察していくことは、歴史研究の際限なき細分化にすぎないのだろうか。これらを細分化とみなして、錯綜する切断面を経由せずに全体性なるものにあこがれるとしたら、歴史研究者のその欲望はいったい何なのだろうか。全体性とは、際限がないかに思える切断面とその関係性を粘り腰で可視化した結果として、おぼろげながらみえてくるものではないだろうか。必要なのは、切断面を放棄することではなく、それらをどのように連関させて歴史像をつくっていくかという方法論を深化させることであるはずだ。

文献一覧

赤枝香奈子『近代日本における女同士の親密な関係』角川学芸出版、二〇一一年

赤川学『セクシュアリティの歴史社会学』勁草書房、一九九九年

阿部恒久・大日方純夫・天野正子編『男性史』全三巻、日本経済評論社、二〇〇六年

飯野由里子『レズビアンである〈わたしたち〉のストーリー』生活書院、二〇〇八年

伊藤公雄『男性学入門』作品社、一九九六年

井上章一編『性欲の文化史』全二巻、講談社、二〇〇八年

内田雅克『大日本帝国の「少年」と「男性性」――少年少女雑誌に見る「ウィークネス・フォビア」』明石書店、二〇一〇年

小野寺拓也『野戦郵便から読み解く「ふつうのドイツ兵」――第二次世界大戦末期におけるイデオロギーと「主体性」』山川出版社、二〇一二年

海妻径子『近代日本の父性論とジェンダー・ポリティクス』作品社、二〇〇四年a

海妻径子「〈運動〉と〈男性史〉のあいだ――メンズリブ、フェミニズム、そしてニューライト」『現代のエスプリ』第四四六号、二〇〇四年b

風間孝・河口和也『同性愛と異性愛』岩波書店、二〇一〇年

加藤千香子「「男性史」と歴史学」『歴史学研究』第八四四号、二〇〇八年

兼子歩「男性性の歴史学――アメリカ史におけるジェンダー研究の展望」『歴史評論』第六七二号、二〇〇六年

木本喜美子・貴堂嘉之編『ジェンダーと社会――男性史・軍隊・セクシュアリティ』旬報社、二〇一〇年

栗原涼子「ニューヨークの女性解放運動とラディカル・フェミニズムの理論形成」油井大三郎編『越境する一九六〇年代――米国・日本・西欧の国際比較』彩流社、二〇一二年

小山静子・赤枝香奈子・今田絵里香編『セクシュアリティの戦後史』京都大学学術出版会、二〇一四年

坂井博美『「愛の争闘」のジェンダー力学――岩野清と泡鳴の同棲・訴訟・思想』ぺりかん社、二〇一二年

沢山美果子『近代家族と子育て』吉川弘文館、二〇一三年

渋谷知美「「フェミニスト男性研究」の視点と構想――日本の男性学および男性研究批判を中心に」『社会学評論』第五一巻第四号、二〇〇一年

澁谷知美『立身出世と下半身――男子学生の性的身体の管理の歴史』洛北出版、二〇一三年

杉浦郁子「日本におけるレズビアン・フェミニズムの活動――

一九七〇年代後半の黎明期における」『ジェンダー研究』第一一号、二〇〇八年

セジウィック、イヴ・K『男同士の絆――イギリス文学とホモソーシャルな欲望』名古屋大学出版会、二〇〇一年

宋恵媛「在日朝鮮女性の歴史叙述に向けて」『歴史評論』第七九六号、二〇一六年

多賀太『男らしさの社会学――揺らぐ男のライフコース』世界思想社、二〇〇六年

高嶋航「辮髪と軍服――清末の軍人と男性性の再構築」小浜正子編『ジェンダーの中国史』勉誠出版、二〇一五年

田中亜以子「「感じさせられる女」と「感じさせる男」――セクシュアリティの二枚舌構造の成立」小山静子ほか編『セクシュアリティの戦後史』京都大学学術出版会、二〇一四年

中里見博「「同性愛」と憲法」三成美保編『同性愛をめぐる歴史と法――尊厳としてのセクシュアリティ』明石書店、二〇一五年

バトラー、ジュディス『ジェンダー・トラブル――フェミニズムとアイデンティティの攪乱』青土社、一九九九年

フーコー、ミシェル『性の歴史』全三巻、新潮社、一九八六―八七年

藤野裕子「表象をつなぐ想像力――ルポルタージュ読解試論」『歴史学研究』第九一三号、二〇一三年

藤野裕子『都市と暴動の民衆史――東京・一九〇五―一九二三年』有志舎、二〇一五年

古川誠「セクシュアリティの変容――近代日本の同性愛をめぐる三つのコード」『日米女性ジャーナル』第一七号、一九九四年

星乃治彦『男たちの帝国――ヴィルヘルム二世からナチスへ』岩波書店、二〇〇六年

前川直哉「一九七〇年代における男性同性愛者と異性婚――『薔薇族』の読者投稿から」小山静子ほか編『セクシュアリティの戦後史』京都大学学術出版会、二〇一四年

前川直哉「男性同性愛の戦後史研究とジェンダー」『歴史評論』第七九六号、二〇一六年

三橋順子『女装と日本人』講談社、二〇〇八年

南修平『アメリカを創る男たち――ニューヨーク建設労働者の生活世界と「愛国主義」』名古屋大学出版会、二〇一五年

矢島正見編『男性同性愛者のライフヒストリー』学文社、一九九七年

矢島正見編『女性同性愛者のライフヒストリー』学文社、一九九九年

吉原令子『アメリカの第二波フェミニズム――一九六〇年代から現在まで』ドメス出版、二〇一三年

横田冬彦「娼妓と遊客――近代京都の遊郭」京都橘女子大学女性歴史文化研究所編『京都の女性史』思文閣出版、二〇〇二年

2 ジェンダーⅡ 植民地主義との交錯という視点から

安村 直己

はじめに

植民地主義をジェンダーの視点で再検討する可能性に関し、二一世紀に入って以後の歴史研究の成果を整理すると何が見えてくるのか。中立不偏な立場がありえない以上、私としては自らの経験に即してこの困難な問いに取り組むほかはない。

資本主義的世界体制下、植民地期メキシコが低開発状況を強いられる過程を検証すべく土地制度史に焦点を絞っていた一九九〇年代初頭、私の視界には女性もジェンダーも入っていなかった。九〇年代半ば頃から史料に出てくる女性の声が耳に入るようになるが、彼女たちを主体として扱った論文を初めて公刊したのは二〇〇二年、タイトルにジェンダーを冠した論文を公刊したのは二〇一三年のことである［安村 二〇〇二・二〇一三］。

これは個人的経験であると同時に、男性中心主義的な歴史学が自己変革を遂げてきた過程の追体験でもあろう。女性史、ジェンダー史の展開に遅れて参画し、その周縁に位置する一研究者の目に、ここ一五、六年の植民地主義史研究が女性史、ジェンダー史とどう交錯し、あるいは交錯しそこなってきたと映るのか。

以下では、この立場に立ち、ニュージーランド史を専攻する松井洋和の協力をえて作成した外国史関連の文献リストのなかから、植民地主義を生きた女性の声に迫るうえで示唆に富むと判断した文献を紹介しつつ、今後の展望を考えていきたいと思う。

1 ジェンダー視点から浮上する問題群

網中昭世は、二〇世紀前半の世界経済を下支えしていた南アフリカの金鉱業がいかにポルトガルの植民地だったモザンビークからの国際的な移民労働に依拠していたのかという問いに取り組んでいる［網中 二〇一四］。ポルトガルとイギリス（一九一〇年以降は南アフリカ政府）という二つの宗主国が結ぶ労働者派遣／受入のための協定と、現地の植民地当局の対応が地域社会を変容させていく過程を解明した意欲作である。移民を通じての貨幣の流入、輸出入される財の変化にともなうアフリカ人農民女性の現金収入源の変遷、税の金納化、白人入植者の流入、男性の長期におよぶ不在などが、現地住民の間での婚資の貨幣化や結婚年齢の上昇、複数の妻の一世帯内での同居を招いた経緯が浮き彫りにされる。

これらの変容は地域社会におけるジェンダー秩序の再構築を促したと予想できるが、網中は踏み込もうとしない。その理由は何なのか。第五章三節に「捕捉されない植民地女性」というタイトルを付している網中に、ジェンダー視点が欠けているとは思えない。とすれば、ポルトガル本国および植民地当局にアフリカ人女性を「捕捉」する意図と能力が欠けていた可能性は否めない。

けれども、網中が依拠している先行研究は一次史料を使用しているはずである。今後は、それらを再検討するに加え、新たな史料の発掘・解読を通じ、「資本主義の世界的深化と植民地主義の移植」とが二つの宗主国の越境的な協力を通じて地域社会を変容させるなか、現地の女性が不利なかたちでのジェンダー秩序の再構築を阻んだ過程を、主体としての彼女たちの目線から浮き彫りにする作業に取り組むことを期待したい。これは、長谷川貴彦が重要性を指摘するトランスナショナルな人の移動とジェンダー、エスニシティの交錯という研究領野に、移動しない女性という補助線を引くことにつながるだろう［長谷川　二〇一六：一四七―一四九］。

近代植民地主義（ここでは一五世紀のポルトガル、スペインの大西洋進出以降を想定している）の歴史をひもとくと、宗主国や植民地当局によっては女性の捕捉にさほどの熱意を傾けなかったという印象を受けることがある。たとえば、フランスによる植民地支配を対象とする松沼美穂子や工藤晶人による研究が、一九世紀から二〇世紀前半にかけての現地住民の政治的権利をめぐる論争と支配の実態に関して新たな視座や貴重な知見を与えてくれる一方で、現地住民イコール男性というイメージを読者に与えかねないのは、ジェンダー意識の欠如というよりも、一次史料中、女性への言及が少ない状況の産物とみるべきだろう［松沼　二〇一二、工藤　二〇一三］。フランス本国でも女性に政治的権利が認められていなかった以上、研究者の自覚だけでどうにかなるものではない。

ただ、宗主国や時代によっては統治の対象としての女性を捕捉すべく努力を重ねる場合もありえた。小原正が取り上げたスペイン領グアテマラ聴訴院領はその一つである［小原　二〇一二］。小原によれば、本国政府および植民地当局は、インディオと総称された先住民から徴収する貢納を主要な財源の一つとしており、誰を納税者とするかに関し、試行錯誤を繰り返し、納税者台帳の整備に尽力した。グアテマラの場合、ペルーとは異なり、寡婦と一八歳以上の未婚女性も徴税対象とされ続けたので、納税者台帳には家長に加え、妻、男児、女児が記載され、子どもの年齢までもが書き込まれていた。この様式は、一八世紀後半、本国政府の方針が変わり、グアテマラでも女性が全面的に免税されるまで続く。

小原自身は、ジェンダー視点から植民地支配にアプローチしているわけではない。しかし、特定の文書の生産メカニズムとその変化に関する考察は、統治の必要が本国の政策立案者と現地の植民地官僚にジェンダー意識を植え付けるとき、植民地主義とジェンダーが交錯する様相を観察できる文書の生産につながるのだと、私たちに教えてくれる。納税者台帳の歴史人口学的視点からの分析が家族史研究に資するのはいうまでもない。その他の地域や時代についても、現地女性に関する行政文書はほとんどないとあきらめるまえに、発掘の可能性を探るべきだろう。

スペイン領アメリカ植民地に関しては、大西洋をこえて社会的上昇、生き残りをはかる個人、家族の残した私文書も豊富である。横山和加子は、スペイン、メキシコの諸文書館に残された私文書、公文書を駆使し、メキシコでエンコミエンダを受領した初期のスペイン人入植者インファンテ一族の約百年にわたる環大西洋的家族戦略と現地先住民社会との交渉の歴史を丹念に描き出す［Yokoyama 2014］。本国と植民地の双方に目を配ったトランスナショナルな家族史、女性史の見本となりえるだろう。たとえば、第二次世界大戦後のイギリスに流入した旧植民地出身女性を研究している奥田伸子は統計資料や政策決定にかかわる文書の分析に長けているが、移民家族史の手法も取り入れるとより立体的なジェンダー秩序の動態に迫れるのではなかろうか［奥田　二〇〇七・二〇一一］。

もちろん、文書生産ネットワークは宗主国、植民地、時代ごとに異なっていたから、それぞれに適合的な探索や読解の手法が求められるし、何語を母語とする研究者がどの植民地を選ぶかによって植民地支配下に生きる女性の声やジェンダー秩序の変容へのアクセスはその難易度を変える。たとえば、日本語を母語とする研究者にとり、日本の旧植民地を扱う場合、モザンビークを対象とする場合とくらべれば、文書読解面のハードルは下がる。ただし、現地社会に暮らす人々の多様な反応という次元に降り立ち、ジエンダー視点から文書や聞き取り成果を読解するとなれば、慎重な手続きが必要なことはいうまでもない。

文化人類学者として日本支配下の台湾を対象に選び、地域社会におけるジェンダー秩序の変容に迫ろうとする宮崎聖子を例にとろう。現地の男性、女性のために上から組織された青年団、女子青年団が地域社会をどう変容させたのかという問いに精力的に取り組むにあたり、現地での聞き取りからはじめ、日本政府による政策決定過程の解明へと上向する。問いの水準に応じて性質の異なる多数の文書を重層的に読解する手続きを、宮崎が試行錯誤しつつ獲得してきたように感じるのは、私の過剰な読み込みかもしれない。けれども、日本の研究者が他国の植民地支配をジェンダー視点から再検討するにあたり、手続き上、一つの参照点を提示してくれているのは確かだろう。また、男性性と女性性、双方の構築に目配せするバランス感覚も見逃せない［宮崎　二〇〇三・二〇〇八］。

脇田晴子らはかつて近現代日本の女性／ジェンダー史研究が植民地を視野に入れて新たな境地を開きつつあると指摘したが、宮崎の仕事はその産物といえよう［脇田ほか　二〇〇二］。

2　身体性、性、現地女性の声

私自身は、スペイン領アメリカ植民地に関する研究史から類推し、他地域でも女性の痕跡をとどめる文書がそれなりの厚みをもって生産され、現在でも保管されているのではないかと楽観視している。ここで他地域の研究動向に目を向けておこう。

井野瀬久美恵が近現代イギリスの植民地主義をジェンダー視点から再検討する分野の開拓者であることに異論はなかろう。その井野瀬は植民地ナイジェリアにおける教育を対象とした論文中、現地男性クリスチャン・エリート内部の多様な主体性に迫っているのだが、現地女性の声を拾い上げることはない［井野瀬　二〇〇七］。現地女性の不在ないし不可視化の大きな要因は、イギリス帝国の文書生産ネットワークへの現地女性のアクセスが困難だったことに求められるのかもしれない。とすれば、私の楽観論も揺るがざるをえない。

先に言及した脇田らの整理によれば、二〇世紀末の女性史、ジェンダー史が新たに踏み込んだ問題領域の一つが身体や性愛だとされるが、本国政府や植民地当局の生産する身体や性に関する行政文書に現地女性の声が記録されるのは稀有なようである。

たとえば、宮崎聖子は、台湾総督府のきもいりで一九二九年に創設された処女会（後に女子青年団に改組される）の創設メンバーによる、身体性の変化に関する発言を取り上げている。身体性の変化とは、纏足していない若い娘たちが運動会でリレー選手として走ることが地域住民の驚きの的だったというもので、性愛に関する発言はない。しかし、この程度の声であっても、私たちに届くのは聞き取り調査を通じてなのである［宮崎　二〇〇三］。

むろん、身体性は性愛にのみ関連しているわけではない。現地住民のさまざまな慣習は特定の身振りをともなってお り、宗主国や植民地当局はしばしばそうした慣習を抑圧しようとした。日本支配下の台湾における「葬儀改善」もその一例である。この問題を扱った胎中千鶴は索引中、ジェンダーという項目を立てていないが、五章三節に「泣きたくない女たち」、「女が泣かなくなったわけ」という小見出しを付していることから明らかなように、ジェンダー視点を備えた研究者である［胎中　二〇〇八］。

胎中によれば、伝統的葬儀は遺族、親族、地域住民に対し、大仰な身振り、表情でもって慟哭することを強いていた。とくに親族や地域の女性には、この「しぐさ」を通じて哀しみをあらわし、葬儀をにぎわす役割が課されていたのである。ところが、日本式の中等・高等教育を受けた若い女性は、この不自然なしぐさに対し、嫌悪感をあらわにする。と同時に、この慟哭にはある種の浄化作用があるのかもしれないという思いも抱く。現地女性が、宗主国による教育を通じ、支配者のまなざしを内面化しようとしつつ、そんな自分にためらいを禁じえないアンビヴァレンス、旧世代の女性による伝統的なしぐさへの執着と、新世代、ことに男性による日本式の受容との対比、そうした事柄が語られていく。

私はこの節から、植民地支配下、地域社会のジェンダー秩序が再編される過程を生きた女性の内面と声を読みとれると感じたが、そのために胎中が選んだ史料は植民地時代に日本語で著された文学作品なのである。日本の研究者にとり、アクセスが比較的容易で、かつ時代的に文書生産ネットワークと現地女性が接続する頻度の高いはずの台湾を対象としていても、行政文書のなかから現地女性の声を探すのはそれだけ難しいということなのだろう。この問題に取り組んだ胎中があえてジェンダーという用語を避けたのは、認識論および方法論上、この史料選択に自信をもてなかったからかもしれない。

ただ、ためらっているばかりでは、植民地支配を生きる主体としての女性の声は聞き取れない。認識論的厳格主義を恐れず、自らの問いに答えるための史料として文学作品をどう適切に使うべきかをその都度、判断するほかないのだ。ポストコロニアル状況下、在日朝鮮人女性は民族差別、ジェンダー差別を乗り越えて主体的な書き手に成長していく。彼女たちの文学作品を素材としてこの苦闘の軌跡に迫った文学研究者、宋恵媛は、歴史学が学ぶべき文学作品分析の一つの方向性を示しているのではないか［宋二〇一四］。

身体性に戻ると、外国の植民地支配を対象とし、かつ性愛の観点から身体性にアプローチしようとすれば、ハードルがさらに高くなるのは当然である。一例をあげよう。米国の歴史家アン・ローラ・ストーラーは、一九世紀後半から二〇世紀前半にかけてオランダ領東インド植民地においてオランダ人の人種主義とジェンダー規範がどのように機能し、現地住民との肉体的接触を回避させようとしたのかという問いに取り組んでいる。一～六章で白人側の動きを取り上げているのに対し、七章の主役は、オランダ人にとって親密な空間である家庭で働いていた現地の家事使用人である。その多くは女性であるが、彼女たちの声は基本、インタビューを通じて読者に届けられ、当時の公文書が使用されることはない。しかも、語り手はオランダ人との性的関係については語りたがらないので、そこに踏み込もうとするとストーラーは文学作品に頼らざるをえないのだ［ストーラー　二〇一〇］。

ここまでくると、植民地当局による文書生産ネットワークはインドネシアでも現地女性の声を記録していないのかと悲観したくなる。しかし、救いはある。ストーラーは一章で「（植民者と現地住民の肉体的接触という）帝国の親密なるものを記録し、文書化する記録保管庫としての国家に目を向ける」と宣言しているが、注を見るかぎり、オランダの未刊行公文書をあまり利用していないのだ。比較の対象として取り上げているフランス領インドシナ植民地に関し、四章でフランス政府の行政文書を用いているのとは対照的である。とすれば、オランダの場合、ジェンダー視点で探索すれば現地女性の声を記録した文書が発掘される可能性は残されているのだ。

むろん、オランダの公文書館に行き、無作為に文書を選んでいても、話は始まらない。先行研究に依拠しながら一定の見通しを立てたうえでなければ、見つかるはずのものも見つからない。では、どんな見通しを立てるべきなのか。私としては突破口の一つは混血にあると予想している。次項ではこの問題に関する文献を検討していこう。

3 混血という突破口

羽田正は、オランダ、イギリス、フランスの東インド会社間のせめぎあいに関する著作の六章一節を「長崎と女性・混血児」と名づけ、一七世紀、長崎で日本人女性とオランダ人のあいだに生まれ、ジャカルタに追放された混血女性の軌跡に言及している［羽田 二〇〇七］。羽田にジェンダー視点が濃厚だとはいえないものの、混血女性がオランダ政府からオランダ人と認定され、裁判制度にアクセスできた事実は特筆に値する。その結果、オランダには彼女たちの声を記録した裁判文書が残されているのだから。ストーラーが使用しているフランスの行政文書も混血問題を扱っており、訳者によれば近年、オランダの植民地関連文書の公開性が急速に高まっているとされているから、今後、同種の公文書を活用できる可能性は小さくない。

混血を問題視するかどうかは、宗主国、植民地当局、入植者、現地社会、時代によって異なる。一七世紀のオランダ政府やオランダ人男性は日本人との混血を問題視しなかったがゆえに、混血児に対して裁判所の扉を開いていたのである。木村和男が扱った一八世紀カナダにおいても、フランス政府、イギリス政府、現地の特権会社、白人交易者のいずれもが混血、混血児を問題視していなかった［木村 二〇〇四］。木村の記述から先住民女性、混血女性の声は聞こえてこないが、混血の増大が白人男性の男性性、現地先住民の男性性、女性性を変容させ、新たなジェンダー秩序をもたらしたことは推測できる。

網野徹哉によれば、スペイン支配下の一七世紀のペルーでは混血が進展し、とくに都市は混沌とした状況におかれていた。先住民女性、混血女性、貧しいスペイン人女性らは家父長制イデオロギーに抗しつつ、現金収入を求めて広場という公的空間での商いへと進出する。彼女たちは親密な空間でも、自らの運命を変えるべく、ときに手を携えながら、呪術をはじめとするさまざまな抵抗の手段を生み出していく。そうした手段は文化的「混血」の産物であり、非キリスト教的要素を取り込んでいたがゆえにときに植民地政庁の告発対象となった。彼女たちは被告として文書生産ネットワークへの接続を強いられ、結果的にその声が訴訟文書のなかに書き残されたのである［網野 二〇〇八］。

スペイン領アメリカ植民地の場合、先住民女性の声までもが多くの文書から聞き取れることを考慮すると、植民地主義とジェンダーの交錯に関する研究の進展が予想できるが、ここでは網野の延長線上に二つの方向性を指摘しておきたい。一つ目は「女たちの世界」についてである。権力関係に規定された男たちの世界と異なり、女たちの世界は階級や人種をこえ、抑圧された者たちが連帯する空間だったと網野はいう。しかしそれは、女たちの世界の一面のみをとらえた見方ではなかろうか。一八世紀メキシコでは、先住民や混血の女性呪術師の仕事に満足できないスペイン人の富裕な女性が呪術師を訴える事例は容易に見出せるのに対し、少なくとも私は先行研究や一次史料中、女性呪術師が報酬の未払いを理由にスペイン人の富裕な女性を訴えた事例に出会ったことはない［安村　二〇〇二］。これは両者の非対称性によるのだが、女たちの世界を規定するジェンダー、人種、階級の絡み合いをより立体的かつ動態的にとらえていく必要性を浮き彫りにしてくれる。

二点目は地域差と時代にかかわる。当時のカトリックのジェンダー規範によれば、女性には結婚と修道院しか自己実現の場はないとされていた。網野は、ペルーの場合、植民地時代初期にクスコ市参事会に集うスペイン人有力市民たちが設立した女子修道院が第一世代の混血女性の貞操を守るためのものであり、当初、入会した女性の大半が混血だったと指摘する。ところが、植民地時代を通じて五〇を超す女子修道院が設立されたメキシコの場合、先住民や混血の女性が入会を認められることはほとんどなく、一八世紀になって先住民女性のために設立された女子修道院にしても混血女性の受け入れは拒んだとされる［Lavrin 2008］。

女子修道院の設立と運営を左右する男たちの世界の思惑は、同じ制度、文化を共有しているはずのスペイン領アメリカ植民地であっても地域差や変化を示していたわけで、よりニュアンスに富んだ分析と叙述が求められよう。

4　植民地主義、人種主義、国民国家

支配する側と支配される側のあいだの肉体関係に関し、オランダ政府の対応が一七世紀と一九世紀末以降とで劇的に反転している事実に、読者はすでに気づいていることだろう。これは、人種という概念を生物学的にとらえ、現地女性との肉体関係や混血が白人男性の男性性や文明性を脅かしかねないという人種主義に発する懸念が、二つの時代のあいだのどこかの時点で高まったことによると思われる。何が人種主義の高まりを招いたのか。

この懸念はオランダだけでなく、多くのヨーロッパの宗主国に共有されていた。一八世紀のカナダにおけるフランス人男性と現地女性の結婚、混血児の増加に格段の懸念を示さなかった宗主国フランスだが、第三共和政期に入ると、アフリカやアジア各地の植民地における混血をどう阻

止するか、あるいは混血の人々をフランス人と認めるかどうかで頭を悩ませるようになる［ストーラー 二〇一〇、松沼 二〇一二］。松沼によれば、一九二八年の布告により、最終的に「フランス人種」の血を引いていると推定されるかどうかが認定基準とされたという。ドイツの場合はさらに踏み込み、二〇世紀初頭、二つのアフリカ植民地において異人種間婚姻を法律によって禁止するに及んだ［浅田 二〇一二］。

白人定住型植民地とその後継国家に目を向けると、一九世紀後半以降、先住民と世界各地から流入するさまざまな移民集団――アフリカからの奴隷、解放奴隷も含まれる――を前にして、やはり人種主義が高まり、白人性の優越を保護する政策や人種にもとづく移民制限政策がとられていく。イギリス帝国内の自治領カナダ政府による白人女性保護政策が一九一二年以降、各州で白人女性労働法に結実し、波紋を広げる情勢を検討した細川道久は、政策策定過程、それを支えるイデオロギーとしての優生思想の展開から、中国人男性に惹かれつつもためらいを感じ、結局、駆け落ちを選んだギリシャ系女性の軌跡にまで目を配りながら、二〇世紀前半のカナダにおける人種的規範とジェンダー規範の交錯に迫っていく［細川 二〇一二］。

白人主流派による白人性の構築と移民排斥、移民集団側の抵抗戦略については、貴堂嘉之が同じ時期のアメリカ合衆国（以後、米国と略す）における中国人移民に焦点をあて、松本悠子は、白人中心主義的アメリカ国民の創出をめざす動きとメキシコ人や日本人移民などの流入にともなって多文化状況が立ち上がる過程とのせめぎあいを扱っている［貴堂 二〇一二、松本 二〇〇七］。松本が、二〇世紀前半、生活空間において移民集団が同化と抵抗のはざまで揺れながら伝統的ジェンダー規範を強化するメカニズムを浮き彫りにする一方、貴堂は、南北戦争後のカリフォルニアで展開された、中国人男性と白人男性労働者のホモソーシャルな関係を許容する空間としての中国人売春宿をめぐる政治にまで踏み込む。

この三人は実証分析を通じてジェンダー秩序の再編に光をあてているが、主体としての女性の声を拾い上げるという点では物足りないところがあり、今後の課題といえよう。人身売買の対象とされた中国人女性の声は無理だとしても、中国人に雇用された白人女性労働者や上記のギリシャ系女性の訴訟文書には彼女たちの声も記録されているだろうから。

他方で、米国、カナダの先住民や混血集団を扱う文献はときにジェンダー視点を欠いている。カナダの先住民集団が混血の人々を排除しようとするのに並行し、メイティと呼ばれる混血の人々が独自のアイデンティティを形成する過程の契機が、カナダ政府による純血性を守るための法律にあったとするカナダ人女性研究者に対して反論を試みる細川は例外に属する。先住民のナショナリズムへの集中――これは研究者にとって選択の問題である――がジェンダー視点を後景へと退かせているように私の目には映るのだが、いかがなものだろうか［水野　二〇〇七、内田　二〇〇八］。オーストラリアの先住民を扱う文献にも同様の傾向はある［保苅　二〇〇四］。そんななか、岩崎佳孝の場合、先住民チカソーによるイギリス人男性との縁組やその後の混血の人々の扱い、解放黒人奴隷との関係にまで踏み込んでおり、ジェンダー視点を補助線として引くことで地域社会におけるジェンダー秩序の再編に迫り、女性の声を拾い上げるという課題だけが残されている［岩崎　二〇一六］。

ここまでみてくると、一九世紀から二〇世紀前半にかけて植民地主義と人種主義とが接合し、宗主国と植民地の双方で混血に対する忌避の念が高まったことは明白である。その背景としては均質な国民の創出をめざす国民国家の形成、あるいはナショナリズムの高揚を想定できる。国民国家はまた、宗主国と植民地を同時代的な相互関係においてとらえることを阻んできたのだが、二一世紀の歴史学はこの分断とどう向き合ってきたのだろうか。

5　植民地と宗主国の分断を超えて

私自身は植民地主義という用語をあまり使わない。多義的すぎるのがその理由なのだが、まさしくこの多義性ゆえに、植民地主義という概念が植民地と宗主国の分断を克服するのに資する面があるのは否めない。植民地主義は宗主国にも見出しうるからである。

イギリス帝国における女性の経験にこだわってきた井野瀬久美惠は、植民地には生涯で一度、短期滞在しただけのアリス・グリーンに焦点をあてつつ、この女性が植民地主義に主体的に向き合い、克服する過程を丹念に再構成する［井野瀬　二〇〇四］。並河葉子は、西インド植民地における奴隷制が本国イギリスのすべての人々にかかわる問題であるとし、奴隷制の即時廃止を求めて独自に活動するミドル・クラスの女性たちを取り上げる。一八三三年に男性議員たちがようやく英領植民地における奴隷制廃止に踏み切った背景には、政治的権利をもたない彼女たちの動きがあったと指摘する［並河　二〇一三］。

奴隷制が存続している間、イギリス本国の女性は黒人女性奴隷の待遇改善に尽くしたのだが、並河は、キリスト教式の結婚を通じて女性奴隷の妻／母としての権利を守ろうとするこの運動が、女性奴隷にすれば受け入れがたいジェンダー規範の押しつけにすぎなかったと喝破する［並河二〇一六］。黒人女性の声を聞き取るのは難しそうだが、ジェンダー、人種、階級および本国と植民地の立体的な関係の動態に迫ろうとする、意欲的な試みである。

もちろん、白人は非白人に対し、キリスト教的、市民的なジェンダー規範を教える使命があるという、植民地支配を正当化するイデオロギーは、イギリスの占有物ではない。また、この類のメッセージは国内に向けて発信されることも少なくない。女性が受信者であれば、妻／母としてのジェンダー役割をまっとうすることが帝国の維持につながるというメッセージとなり、その結果、政治的権利を認められていない女性の多くが植民地主義を受け入れ、「帝国の母」として主体的に植民地支配、植民地戦争に協力していく。

けれども、すべての女性がプロパガンダを受け入れたわけではない。イギリスの自治領ニュージーランドでは、男たちがイギリスによる戦争に積極的に協力するのに対し、白人女性の一部は二〇世紀初頭、夫や子を奪う悪として戦争を批判し、平和主義の構築をめざしたと原田真見は指摘する［原田　二〇一〇］。何が植民地主義を支えるジェンダー役割の受容と拒絶を決めるのかは、植民地主義の比較史にとり、今後の課題となろう。

将来的に帝国を担っていく本国の子どもたちがプロパガンダの対象とされることもあった。西山暁義が扱ったドイツの児童書『黒んぼサンボ』（一八八六年）はこの種の媒体の一つだった［西山　二〇一六］。一定割合のドイツ人児童がこうした児童書に接するなか、知らず知らずに植民地主義的ジェンダー意識に染まった可能性は否めない。私には、第二次世界大戦下、戦場および占領地域におけるドイツ軍兵士の現地白人女性への眼差しには、このジェンダー意識が見え隠れしているように思えてならない［小野寺二〇一二］。

日本でも有名な『ちびくろサンボ』（一八九九年）はスコットランド女性作家の作品だが、西山によれば『黒んぼサンボ』がその種本となった可能性があるらしい。植民地主義をめぐって複数の宗主国がある種の共犯関係にあったことをうかがわせるが、植民地支配をめぐるより直接的な共犯関係にジェンダー視点から迫ったのは浅田進史である［浅田　二〇一二］。

ドイツの膠州湾総督府は一八九九年、駐留ドイツ人兵士による中国人女性への性暴力を防止すべく、密かにドイツ人専用の性産業、直截には売春宿を事実上、公認するにおよぶ。これは、人種主義的懸念から、ドイツ人兵士を中国人女性との性行為から遠ざける目的ももっていた。では、ドイツ人専用売春宿で働く女性がどこから来たかといえば、公娼制度の延長線上に日本人業者が日本人女性を「輸入」していたのである。膠州湾租借地の人種主義的ジェンダー秩序は、総督府と日本政府の暗黙の了解なしには構築しえなかった。

密かにと書いたのは、総督がこの措置を条例でなく警察規則で処理したことを指す。条例の場合、官報で公表される。その結果、ドイツ国内で非難の世論が沸き上がるのを、総督は警察規則を選ぶことで回避しようとしたと浅田は指摘する。日暮美奈子によると、当時、ヨーロッパでは白人女性の人身売買を防止すべきとする世論が高まり、ドイツ政府も売買春の規制に乗り出していた［日暮　二〇一四］。総督が条例を回避する際に考慮したのは、本国におけるこうした情勢だったのである。本国と植民地双方におけるジェンダー秩序の再編は、同時代的相互規定性ぬきに理解できないことを、二人の分業が教えてくれる。

固有の状況におかれた植民地当局は宗主国の状況も勘案しながら宗主国との接続か切断かを選びとらねば、植民地支配を安定させられなかった。かねてから主張してきたように、宗主国を中心とみなし、そこから周縁に位置する植民地へと一方通行的に影響が広がっていくという同心円モデルは修正を求められている［安村　二〇〇二］。新たなモデルのポイントが同時代的相互規定性にあるのはいうまでもないが、ジェンダー視点を活用し、どうやって主体としての女性の声を聞き取るのかもまた、私たちに問われているのだ。

おわりに

女性史、ジェンダー史に遅れて参入した、いいかえれば周縁に位置する者が、今世紀に入ってからの植民地主義研究関連文献をジェンダー視点から振り返ると、上記のような成果と課題が浮上したわけだが、最大の課題はこれからの世代にどのようにしてジェンダー視点の有効性を理解してもらうかにある。

近年、上質なジェンダー史研究入門の刊行が続き、女性史やジェンダー史に関心のある初学者にとり、研究にとりかかるための条件は飛躍的に整備されつつある。米国史であれば『アメリカ・ジェンダー史研究入門』は必携である［有賀・小檜山編　二〇一〇］。同様に、ジェンダー視点から〇〇史概説を書き換える試みもその成果を生んでいる。〇〇に入る最大の地理的単位は世界であるが、三成美保らが編んだ『歴史を読み替える――ジェンダーから見た世界史』は、歴史に関心のある幅広い読者にとって必読書となろう［三成ほか 二〇一四］。同趣旨の論集としては、地域・時代・テーマの多様性や著者のジェンダー・バランスという面で、『世界史のなかの女性たち』が特筆に値する［水井ほか編 二〇一五］。

ただ、実際には、こうした本が書架に並んでいても、女性史やジェンダー史に関心のない読者はなかなか手にとらない。だからこそ私は今回、これらの文献に頼ることなく文献リストを作成し、ジェンダー視点とは関係のなさそうな文献をもピックアップし、そこから何かを学ぶとともに、ジェンダー視点を導入するとさらに何が見えそうなのかを、読者とともに考えるという方針をとったのである。こうした方針をとると、ジェンダーや女性がタイトルに入っていない研究書や論文も丹念に読むほかはなく、そこで想定外の出会いを経験することになる。たとえば、羽田や網野の啓蒙書はその典型だろう。

そんななか、初学者がこの経験を追体験するうえで好適なのは、『海のイギリス史――闘争と共生の世界史』である［金澤 二〇一三］。タイトルや目次には女性が一度出てくるだけで、ジェンダーは影も形もない。ところが、「パイレーツ・オブ・カリビアン」に惹かれて読み始めた読者は、男だけの世界だと思い込んでいた海の世界が多様な女性の活動によっても支えられていた諸事実に気づかされる。たとえば大西吉之の担当した章を読むと、男たちの世界と思われてきたオランダ東インド会社が本国に残された妻たちによる船員リクルート活動を不可欠な構成要素としていたと知らされる。ジェンダー視点からの植民地主義の再検討が広がりと深さを備えていくために研究者層の拡大が欠かせないが、そのための仕掛けとして同書のような意外な発見を随所に組み込んだ編集方針が求められよう。

本稿はすでに「ジェンダー」を冠してはいるが、これを読み、目から鱗が落ちる発見をする読者が一人でもいれば、所期の目的は達成されたと考える次第である。

文献一覧

浅田進史『ドイツ統治下の青島――経済的自由主義と植民地社会秩序』東京大学出版会、二〇一一年
浅田進史「植民地権力と越境のポリティクス――膠州湾租借地におけるドイツ統治を再考する」『境界研究』第三号、二〇一二年
網中昭世『植民地支配と開発――モザンビークと南アフリカ金鉱業』山川出版社、二〇一四年
網野徹哉『興亡の世界史 12 インカとスペイン――帝国の交錯』講談社、二〇〇八年

有賀夏生・小檜山ルイ編『アメリカ・ジェンダー史研究入門』青木書店、二〇一〇年
井野瀬久美惠『植民地経験のゆくえ――アリス・グリーンのサロンと世紀転換期の大英帝国』人文書院、二〇〇四年
井野瀬久美惠「現地人ミッション・エリートと教育の主体性――植民地ナイジェリアの中等教育問題を例として」駒込武・橋本伸也編『帝国と学校』昭和堂、二〇〇七年
岩崎佳孝『アメリカ先住民ネーションの形成』ナカニシヤ出版、二〇一六年
内田綾子『アメリカ先住民の現代史――歴史的記憶と文化継承』名古屋大学出版会、二〇〇八年
奥田伸子「一九六〇年代イギリスの移民女性労働とジェンダー――一九六六年サンプル・センサスを中心に」『人間文化研究』第七号、名古屋市立大学、二〇〇七年
奥田伸子「第二次世界大戦後のイギリスにおける病院家事労働と移民女性――未熟練ではあるが必要不可欠な労働力の確保をめぐって」『現代史研究』第五七号、二〇一一年
小野寺拓也『野戦郵便から読み解く〈ふつうのドイツ〉――第二次世界大戦末期におけるイデオロギーと〈主体性〉』山川出版社、二〇一二年
小原正「チアパス地方における貢納の査定制度と貢納者数――人口史研究の基礎的考察」『ラテンアメリカ研究年報』第三二号、二〇一二年
金澤周作編『海のイギリス史――闘争と共生の世界史』昭和堂、二〇一三年
貴堂嘉之『アメリカ合衆国と中国人移民――歴史のなかの〈移民国家〉アメリカ』名古屋大学出版会、二〇一二年
木村和男『毛皮交易が創る世界――ハドソン湾からユーラシアへ』岩波書店、二〇〇四年
工藤晶人『地中海帝国の片影――フランス領アルジェリアの一九世紀』東京大学出版会、二〇一三年
ストーラー、アン・ローラ『肉体の知識と帝国の権力――人種と植民地支配における親密なるもの』永渕康之・水谷智・吉田信訳、以文社、二〇一〇年（原著は二〇〇二年）
宋恵媛『〈在日朝鮮人文学史〉のために――声なき声のポリフォニー』岩波書店、二〇一四年
胎中千鶴『葬儀の植民地社会史――帝国日本と台湾の〈近代〉』風響社、二〇〇八年
並河葉子「イギリスにおける反奴隷制運動と女性」『神戸市立外国語大学 外国学研究』第八五号、二〇一三年
並河葉子「イギリス領西インド植民地における〈奴隷制改善〉と奴隷の〈結婚〉問題」『史林』第九九巻第一号、二〇一六年
西山暁義「ドイツの〈サンボ〉――帝政期ドイツにおける児童向け絵本と植民地主義」『歴史と地理―世界史の研究247』六九四号、山川出版社、二〇一六年
長谷川貴彦『現代歴史学への展望――言語論的展転回を超えて』岩波書店、二〇一六年
羽田正『興亡の世界史　15　東インド会社とアジアの海』講談社、二〇〇七年
原田真見「ニュージーランド女性の国際意識と帝国――二〇世

紀の幕開けから両大戦期まで」木畑洋一・後藤春美編『帝国の長い影――二〇世紀国際秩序の変容』ミネルヴァ書房、二〇一〇年

日暮美奈子「帝政ドイツと国際的婦女売買撲滅運動――西部国境を越える女性の移動から考える」『歴史学研究』第九二五号、二〇一四年

姫岡とし子「女性・ジェンダーの近代」歴史学研究会編『現代歴史学の成果と課題 一九八〇―二〇〇〇年 I 歴史学における方法的転回』青木書店、二〇〇二年

保苅実『ラディカル・オーラル・ヒストリー――オーストラリア先住民アボリジニの歴史実践』御茶の水書房、二〇〇四年

細川道久『白人支配のカナダ史――移民・先住民・優生学』彩流社、二〇一二年

松沼美穂『植民地の〈フランス人〉――第三共和政期の国籍・市民権・参政権』法政大学出版局、二〇一二年

松本悠子『創られるアメリカ国民と〈他者〉――〈アメリカ化〉時代のシチズンシップ』東京大学出版会、二〇〇七年

水井万里子・杉浦未樹・伏見岳志・松井洋子編『世界史のなかの女性たち』勉誠出版、二〇一五年

水野由美子『〈インディアン〉と〈市民〉のはざまで――アメリカ合衆国南西部における先住社会の再編』名古屋大学出版会、二〇〇七年

三成美保・姫岡とし子・小浜正子編『歴史を読み替える――ジェンダーから見た世界史』大月書店、二〇一四年

宮崎聖子「植民地期台湾における女性のエイジェンシーに関する一考察――台北州A街の処女会の事例」『ジェンダー研究』第六号、お茶の水女子大学、二〇〇三年

宮崎聖子『植民地期台湾における青年団と地域の変容』御茶の水書房、二〇〇八年

安村直己「交通空間としてのスペイン帝国における文化的混淆と〈政治的なるもの〉について」『思想』第九三七号、二〇〇二年

安村直己「植民地支配・共同性・ジェンダー――一八世紀メキシコの訴訟文書をめぐって」『歴史学研究』第九一二号、二〇一三年

脇田晴子・長志珠絵「ジェンダー史と女性史」歴史学研究会編『現代歴史学の成果と課題 一九八〇―二〇〇〇年 I 歴史学における方法的転回』青木書店、二〇〇二年

Lavrín, Asunción, *Brides of Christ, Conventual Life in Colonial Mexico,* Stanford University Press, 2008.

Yokoyama, Wakako, *Dos mundos y un destino. Cien años de la encomienda de Juan Infante y sus herederos en la provincia novohispana de Michoacán, 1528-1628,* Universidad Michoacana de San Nicolás de Hidalgo et al., 2014.

3 「民衆」の問い方を問い直す Ⅰ 朝鮮近現代史・日朝関係史から

愼 蒼宇

はじめに

歴史研究者は、歴史との緊張関係のみならず、つねに現実世界との同時代的な緊張をもった問題意識と研究姿勢が問われる。とりわけ「民衆」の問い方が、そのような問題意識・主体的立場と深くかかわりながら発せられてきたことはいうまでもない。そうした点を念頭におけば、日本近現代史と朝鮮近現代史における「民衆」の問い方や、現実世界に対する状況認識が、近年どのような様相を呈しているかを検討することは、侵略と植民地支配の歴史、現代の日朝関係や民族差別への向き合い方とかかわって重要な問題である。

一九八〇、九〇年代以降、一国史的、目的論的な発展史的歴史像が批判され、言語論的・文化論的・空間論的転回以降の研究動向のもとで内容の多様化が進んだ。その一方で、前記した歴史像の批判を自己目的化するような方法論と状況認識の画一化が進行しているようにもみえる。とくに、支配―被支配関係の把握においては、「支配と抵抗」をめぐる二項対立の図式が批判され、両者の統合過程が重視されるようになった。日本と植民地朝鮮との関係も、帝国主義的な収奪・暴力、宗主国と植民地との非対称な構造より、「帝国日本」という枠組みのもとでの両者の相互依存、共犯関係の把握が重視されるようになった。「民衆」の問い方も、民族運動や社会主義運動などとのかかわりよりも、民衆の「日常」的な秩序を重視する社会史的傾向が強くみられるようになった。

それは冷戦崩壊後の日米韓の朝鮮近現代史研究における交流の性質ともかかわって、東アジア、とりわけ朝鮮半島をめぐる冷戦と植民地主義の継続に対する批判意識を弱める効果をもたらし、新自由主義・新帝国主義への朝鮮近現代史研究の体制順応化と秩序志向を強めているのではないか。こうした筆者の疑念は年を追うごとに深まっているものである。

以上のような問題意識から、本稿は、①二〇〇〇年代以降の朝鮮近現代史・日朝関係史研究における「民衆」像、とりわけ植民地近代論の問題点をあらためて考察し、②近年の民衆史・運動史における「民衆」の問い方の特徴とその成果、課題を不十分ではあるが整理したい。

1　植民地近代論とその「大衆」像の問題

植民地近代論の隆盛

近年の朝鮮史の動向からみてみよう。戦後朝鮮史研究を牽引してきた朝鮮史研究会の動向を概観すれば、『朝鮮史研究会論文集』では、一九九〇年前後までは、つねに民衆・民族をめぐる課題が大きく扱われ、運動史・社会構成体史はその主軸であった。

しかし、第三三集『朝鮮史から見た一八九四年』（一九九五年）を最後に、民衆や運動を主軸のテーマとした特集はまったく組まれなくなった。それに代わって、二〇〇〇年代以降は植民地近代論が流行している。植民地近代をめぐる議論については、すでに多くの論考があるのでここでは繰り返さず、基本的な内容のみを確認しておきたい。

植民地近代論は、韓国を含むＮＩＥＳの経済発展と社会主義体制の崩壊などを背景に、一九八〇年代後半に起こった日米韓における植民地近代化論の台頭とそれに対する批判（植民地「収奪論」と評されている）を受けて、「近代」を肯定的にとらえる両者を批判し、ポストモダンとポストコロニアリズムを理論的支柱として、近代性ないし近代化そのもののもつ権力性や抑圧性、差別的、暴力的な諸側面に注目しながら、植民地の社会・文化を描き出そうとするところに最大公約数的特徴がある［板垣　二〇一一］。それは、民族主義的な歴史叙述を解体し、「支配―抵抗」の二分法的図式のなかに固定化されない多様な主体のあり方を、支配権力との関係性を視野に入れつつとらえ返そうとするものでもある［三ツ井　二〇〇八］。

それは、植民地と宗主国の対立ではなく、相互作用・連関によって「非同時的な同時代性」を共有するひとつの「近代」としてとらえ、民衆の制御の正当性をめぐって、植民地主義と民族主義が「敵対的共犯関係」となる点に注目し［松本　二〇〇二］、「帝国史」研究と深くかかわりながら、植民地近代性・植民地公共性・対日協力という三つの分析概念をキーに、抵抗と政治の再設定、近代性のヘゲモニーと規律権力、ハイブリッドなアイデンティティなどについて考察しようとしたものである［板垣・戸邉・水谷二〇一一］。

そこで描かれる民衆は、大雑把にいえば、近代的規律を内面化していく均質な「近代主体」としてであり、植民地支配の暴力に抵抗する「民衆」ではなく、支配権力による誘導と植民地知識人による啓蒙とのあいだで合理化され、そのへゲモニーを前提に葛藤する「大衆」である。

「近代主体」探しの「民衆（大衆）」像とその問題点

こうした植民地近代論に対し、民衆史の視点から根本的な批判を投げかけたのが趙景達［二〇〇五］である。趙は植民地の「近代」を語ること自体が問題なのではないとしつつ、近代の浸透性や包摂性にもっぱら着目する規律権力論や「植民地公共性」のような議論を植民地近代性論としてその問題点を指摘してきた。その内容を集約すると以下のようになるであろう。

・「下からの契機」と「近代性」の浸透を内面化しえない民衆世界の自律性を軽視している。
・植民地性と近代性の相関性を主張しているのに、後者への関心が前者を凌駕している。
・植民地性の重層性を軽視し、知識人と民衆世界の亀裂を問題にしていない。つまり、植民地近代性なるものは、都市・知識人社会が総督府とともに民衆を排除することによって成立しており、植民地でのへゲモニーの成立、同意の調達はそれらの層に限定される。
・植民地近代性論は、近代的主体の形成に関心があるため、親日エリートや中間的知識人の実像を把握しようとする傾向が強い。それは「親日派」の弁護になりうる。
・運動史の掘り起こしは植民地権力のへゲモニーの不貫徹性を反証する。民衆運動史なくして、脱植民地化の道を提示することは困難である。
・長期的に形成された伝統的な政治文化や思想は、植民地期においても残っていく。
・植民地近代化論と植民地近代性論は植民地社会を「近代」が包摂しきってしまうととらえる近代還元論に陥っている点でその発想は共通しており「仲の悪い兄弟」である。

こうした批判に対し、並木真人［二〇〇四］は、植民地近代論と趙の視点を「相互補完的」であるとし、松本武祝も「近代主体」としての農村エリートは、民衆の抵抗や暴力のいわば陰画であり、両者は補完関係になると反論したが［松本　二〇〇五］、「相互補完的」とは、近代性のへゲモニーの成立を前提とするうえでのものであり、趙の民衆像との隔たりは相当に大きい。洪宗郁［二〇一二］は、趙は「植民地近代性論」と近代の浸透の範囲や包摂の程度をめぐって争っているだけで、結局同じ「地平」に立っていると批判した。しかし、これは趙の前記した論点の多くを無視したものであり、妥当な批判とはいえない。また、洪の「「近代から切り離された民衆世界」は想定しない」という想定はあまりに安直であるといわざるをえない。植民地支配下での衛生や医療の知には、統計にあらわれない、患者化しない民衆の存在が「死角」になっており、学知研究の立場からも、「近代」に包摂されえない民衆世界の所在がつとに指摘されてきたからである［愼蒼健 二〇一〇］。

板垣竜太は、近年植民地近代論の再検証を行っている。板垣は植民地近代［性］論の問題点として、とくに、「ナショナル」「ナショナリズム」の概念は、中身が広範であり、南北が分断された朝鮮では、「民族」と「国民」が対立概念にもなりうる状況があるにもかかわらず、植民地近代［性］論の多くはそれらをひとくくりにして批判している、「ハイブリット・アイデンティティ論」は、それがもつ方向性次第では新自由主義と同調的にもなる、という点を指摘している［板垣 二〇一一、板垣・戸邊・水谷 二〇一二］も、植民地権力は、物理的な暴力、政治的な強制、経済的な搾取、文化的・ヘゲモニー的な作用など、多くの側面をもち、それらは移行期の社会の多層的な構造を通じて作用していたのであって、植民地化のプロセスは、一般化された近代性概念によっては十分にとらえきれないと指摘する。

植民地近代論者の多くは、NIES／NICSの隆盛、冷戦の終焉と社会主義体制の崩壊、新自由主義の進展とナショナリズム批判などを状況認識の中心に据えている。それに対し板垣［二〇一二］は、「高校無償化」制度からの朝鮮学校の排除、地方助成金の保留・中断、日本社会における植民地支配責任に関する言及の後退という、朝鮮に対する現在の日本の状況にかかわる問題を最初に取り上げ、「現代」はポストコロニアル、ポスト冷戦、グローバル化という三層でとらえる必要があるとし、九〇年代以降の「断絶性」よりも、植民地主義・冷戦の「継続性」を問題にした。日本の植民地支配責任についても論考を重ねており［板垣 二〇〇五・二〇一五など］、植民地近代をめぐる議論にも、それが植民地支配の責任の領域をどのように再定義していくかが求められると述べていた［板垣 二〇〇四］。

筆者も植民地近代論に一貫して批判的である。拙稿［愼蒼宇 二〇〇五］は、国民・民族を本質主義的にとらえることと、民族運動に込められた変革可能性、民衆運動における民族解放願望を考えることを、植民地近代論がひとまとめにして批判する傾向を批判し、民衆が歴史をつくる側面をなくした歴史学は底が浅く秩序意識を強調する結果にならざるをえないと指摘した。

筆者の批判は趙がいうような植民地近代性論限定ではなく、植民地近代という発想・議論そのものの陥穽に向けられている。植民地近代論の多くが、植民地での「近代性の拡張」と現代韓国の経済発展の連続性の局面を強調する（たとえ批判的でも）傾向が強いことと、植民地支配責任、朝鮮分断と戦争の危機、切実な変革主体・解放願望にかかわる議論を後方に追いやっていることは決して無関係ではなく〔愼蒼宇　二〇一一b〕、南北朝鮮全体を視野に入れた運動史・民衆史・社会経済史の成果を低く見積もる志向が埋め込まれていると考えるがゆえである。

継続する植民地主義・冷戦と、根強く強化される日本での朝鮮人差別のなかで、現在も日常と不可分のかたちで切実に民族の主権や統一・平和を希求し、運動する人々が多く存在する。こうした課題の歴史的背景を考えるうえで、植民地近代論は有効な役割を果たすどころか、そうした動きを抑圧する現代の日米韓のイデオロギー状況と親和的になりうることに注意すべきである。「支配―抵抗」の二分法を解体するのではなく、「支配―抵抗」の領域をより豊かにとらえなおしていく、現場にそくした実証研究の進展が求められているということではないか。その点でも運動史・民衆史の役割が終わったなどということはできない。

また、植民地近代論がなおざりにした「植民地性」をあらためて浮き彫りにするためには、植民地主義の根底には異民族に対する軍事支配と抵抗の継続があり、脱植民地化過程においてもその暴力の遺制が継続されていることにあらためて注目し直す必要がある。植民地支配による「戦時」と「平時」が未分離な「準戦時」状態の継続は、日清戦争以降の「五〇年戦争」〔宋　二〇〇二〕、あるいは丙寅洋擾から現在に至る「一四〇年戦争」〔愼蒼宇　二〇一一b〕の視点でとらえなおす必要がある。義兵戦争のあとも、統治機構側は群衆を恐れ、予防的に厳しく取り締まる治安体制を強化するが、群衆の可視・不可視の抵抗は繰り広げられ、「日常生活の治安対象化」が不断に繰り返されていったのである〔愼蒼宇　二〇一一a〕。その意味で、植民地戦争を通じた底辺民衆の軍事動員（「土兵」や民間軍事会社による「傭兵」）に注目した「特集　変容する「軍隊」「戦争」像」『歴史学研究』（第八八〇〜第八八三号、二〇一一年）は、現代の「戦争」も見通す画期的な取り組みである。

植民地における暴力と死の日常化は、埋葬の慣習への抑圧、埋葬地の収奪を不可避にする。この領域は文化的側面だけではなく、政策史・社会経済史・運動史の総力が問われる課題であるが、李相旭〔二〇一四〕は一九一九年の墓地規則「大改正」が、朝鮮の伝統的な慣習の尊重というよりも三・一運動弾圧後の土地所有権の有無による選別であるという新たな見解を示し、文化政治期から解放後韓国への墓地所有をめぐる植民地遺制の展望を示している。

2　二〇〇〇年代以降の朝鮮（日朝関係）民衆史・運動史的研究

それでは同時期の民衆史・運動史研究における民衆の問い方にはどのような傾向がみられたのであろうか。本稿では以下の三点に焦点をあてて述べていきたい。

① 一九八〇、九〇年代以降の社会史的研究潮流の継続。
② 朝鮮民衆思想・運動史研究と政治文化研究、東アジア史における共同研究の進展。
③ 「支配―抵抗」の相互関係をより豊かにとらえる「暴力」研究の進展。

社会史研究の進展（①）については、朝鮮史研究会編［二〇一一］に詳しいので参照されたい。最も豊かにこの領域の研究蓄積がなされたのは朝鮮王朝時代であろう。なかでも戸籍を用いた朝鮮後期時代の身分制研究、周縁的身分・社会集団の研究（郷吏など）、村落自治、両班・中人・常民・賤民に収斂されない多様な身分像の研究、中央―地方行政単位―郷村社会の秩序変容、族譜を用いた家族・親族史、訴訟・請願などの社会の諸相に関する研究などが九〇年代以降注目され、これらの変化の契機を一七世紀以降にみる長期変動論（宮嶋博史の小農社会論［一九九四］など）の提唱がなされた。宮嶋博史は近年、『両班』［宮嶋一九九五］で示していた朝鮮王朝末期「両班志向社会」の形成を、安東権氏の族譜編纂による「創られた伝統」の拡大過程から明らかにしている［宮嶋　二〇一〇］。

開港期から植民地期においては日常史、女性史・ジェンダー史・家族への注目が高まっており、身分・地域史などの視座よりも、植民地近代論の影響が強い。そのなかでも、戸籍については一八九六～一九〇九年まで実施された朝鮮での戸口調査・新式戸籍の導入に対し、人々の忌避と、そこに自らの所属・帰属（「儒」「士」など）を新たに主張しようとする動きがみられたことや［山内　二〇一四］、族譜については、創氏改名政策とのかかわりで出版された族譜に「宗族集団の生存戦略」をみることができる［板垣・水野　二〇一二］など、身分意識・宗族社会・地域史に関する重要な研究が出てきている。

しかし、こうした社会史的研究の進展がかえって不可視化させてしまう「死角」がある。『歴史学研究』（第九四六号、二〇一六年）の特集「「不在」の歴史学」は、「不在」状況をつくり出す権力と、加担する人々の当事者性を問うているが、たとえば、族譜の形成・更新自体が南北分断を反映し、帰国事業で朝鮮民主主義人民共和国に行った在日朝鮮人の家族は「在北」とされ、「在北」の家族のそれ以降の系譜は「不在」化されている。族譜の主流を描くだけでなく、族譜の「不在」をどう浮き上がらせるかが民衆史的に問われているのではないだろうか。

朝鮮民衆運動の意識構造と政治文化への接近

ここ数十年、近代朝鮮の民衆思想・運動史を牽引してきたのが趙景達である。趙の研究は二冊の単著『異端の民衆反乱』［趙　一九九八］、『朝鮮民衆運動の展開』［趙　二〇〇二］に代表される民衆史・民衆思想史・民衆運動史がその中心である。もう一つの研究領域が、『植民地期朝鮮の知識人と民衆——植民地近代性論批判』［趙　二〇〇八］に代表される近代朝鮮思想史である。二〇〇〇年代以降は、民衆の心性と暴力、政治文化研究を中心に、前述した植民地近代性論批判、東アジア比較史と共同研究、通史の叙述［趙二〇一二・二〇一三］にも対象が及ぶ。

趙の問題意識は戦前の停滞性史観や他律性史観に対する反省としての「戦後朝鮮史学」（「支配—抵抗」の歴史学と内在的発展論）の意義を認めつつ、いずれも西欧近代主義的歴史認識に一国史的に縛られており、こうした呪縛克服のためには、「必ずしも近代的方向には進もうとしない歴史の発展を見ていくこと」［趙　二〇一二：iii］が必要であるというものである。

そこでめざされているのは、知識人の期待する近代志向の民衆像ではなく、「等身大の民衆像」への接近である。そのひとつが、東学（甲午）農民戦争の主体とその内面的動機の解明である。農民戦争の担い手は内省主義を説いた正統の東学教門ではなく、神秘主義を通じた天人合一を説いた異端東学であり、民衆は呪術や土俗的信仰のなかで闘い、国王幻想、モラル・エコノミーの観念、復讐・祝祭の論理が作動するなど、趙はこれまでの通説（農民軍の近代志向）とは異なる、民衆の反近代的な意識と実践を鮮やかに描き出した［趙　一九九八］。

さらに、民乱から東学農民戦争、三・一独立運動を通じてみえる民衆の心性としての「徳望家的秩序観」（学と人格を備えた「士」＝ソンビによる秩序回復の期待）と、儒教的民本主義と勤王意識を基本とする「士意識」の民衆（義賊も含む）への拡散、植民地期の東学や新興宗教のなかにみられる終末を期待する民衆の心性をもみごとに描き出した［趙　二〇〇二］。危機の時代における民衆の意識と実践、徳治の期待への着目は、開港以降形成された日朝の従属的な米棉交換体制のなかで、一九世紀末に起こった窮民たちと地方官の防穀令の実施を明らかにした吉野誠の研究［吉野　一九七五・一九七八］にも先駆的に見出せる。さらに、秩序と反秩序をめぐるせめぎあい、義賊など逸脱者の論理への着目は、元憲兵補助員の義兵による義賊的役割を論じた拙稿［愼蒼宇 二〇〇四］、開化派エリート層と衛正斥邪派の国民国家構想と民衆の解放をめぐる心情との接近・齟齬の展開を論じた拙稿［愼蒼宇 二〇〇八a］にも影響を与えている。

そして、趙が近年積極的に用いてきたキー概念が政治文化である。近藤和彦によれば、政治文化は政治学、社会心理学からはじまり、フランス革命研究や民衆文化論などを通じて歴史学にも広がったが、基本的には、社会史を経過した政治史に、どういう意味のシステム＝文化を読むか、という解釈・分析を課題とする［近藤 二〇〇三］。

趙の政治文化に対する提起は『朝鮮民衆運動の展開』［趙 二〇〇二］から本格的にはじまり、その後内容が深められた。その特徴は、①リン・ハントの「政治や抗争が行なわれる際に、その内容や展開の在り方などを規定する、イデオロギー、伝統、観念、信仰、迷信、願望、慣行、行動規範（ルール）などの、政治過程に関わる一切の文化の事である」という定義を用いたうえで、政治文化を「表象（旗幟・標識・言葉・服制・儀礼・祝祭）」だけでなく、「原理（政治理念・政治思想など）」「現実（収税慣習・官民関係・選挙慣行・運動作法・願望・迷信など）」という三層でとらえる、②政治文化は一般的には支配層と被支配層で共有され、それが危機に瀕するか破壊されたときに民衆運動は興起する、③伝統的な政治文化に規定された民族・国家・地域独特の個性が近代に形成される、④政治文化は長期的視座で測定できる、という四点にある。政治文化を三層でとらえることで全体史への結びつけが意図されている［趙 二〇〇九］。

趙は政治文化論によって、民衆運動・民衆思想と、知識人の思想との拮抗、近代朝鮮における権力の作用・反作用、諸力がせめぎあう磁場の文化的特質をあぶりだした。「原理」である儒教的民本主義は、一君万民の徳治を理想とする君臣共治が基本であるが、一九世紀末〜二〇世紀初頭のいずれの民衆運動においてもこの理想への回帰が語られ、「現実」の権力への幻滅が頂点に達する危機のなかでこそ、政治文化は士と民との矛盾を内包しながらも、日本の朝鮮侵略に対する階層を超えた結合作用の凝集力となりえたのである。

近代朝鮮の政治文化研究にかかわる新たな研究として、小川原宏幸［二〇一〇］は、純宗の巡幸に対する朝鮮民衆の反発と伝統的な秩序復権を期待する心性を流言飛語から分析し、日本帝国主義と朝鮮との相関関係を政治文化的観点から把握しようとした。伊藤俊介［二〇一〇］は、甲午改革が理念としては伝統的王権構想に規制されながら、国際関係・国内政治関係・民衆運動とのせめぎあいのなかでそれが変質していった現実の矛盾を明らかにした。小志戸前宏茂［二〇一二］は、近代朝鮮における断髪反対・受容双方の側にある伝統的な決意・団結のありように注目し、一見「近代性」の受容にみえる行為のなかに伝統社会の規制力を浮き彫りにした。愼蒼宇［二〇〇八b］は、朝鮮における近代警察改革を規定した「徳治」的政治文化と、末端社会におけるゆすりやたかり、賄賂などの暴力性を帯びた生活諸慣習に対する寛容な秩序がせめぎあう「治安」の磁場をあぶり出し、両者は相互に反発する側面を帯びつつも、相互補完的に朝鮮王朝の徳治的な警察秩序を成り立たせていたが、植民地戦争がその特有の磁場を破壊し、強権的な憲兵警察支配が形成されていったことを明らかにした。

東アジア民衆史の共同研究の成果とその問題点

民衆の主体性と意識構造、政治文化への着目は、東アジアの研究交流・共同研究を活性化させた。二〇〇〇年代は比較史を中心に多くの成果が生み出されたが、そのなかでも新たな成果であったといえるのが久留島浩・須田努・趙景達編『薩摩・朝鮮陶工村の四百年』［二〇一四］ではないだろうか。これは慶長の役（丁酉倭乱）の際、島津義弘によって強制的に連れてこられた朝鮮人たちが居住した集落「苗代川」の人々の近世史・近現代史に関する共同研究の成果である。本書全体のテーマは、近世薩摩の支配から、明治以降、日本による朝鮮植民地化の時代、そして戦後という長期変動のなかを苛酷に生きた苗代川の人々の主体的歴史を見出すことであり、とりわけ近現代史のそれは今まで明らかにされてこなかったところでもある。本書は、まさに「もうひとつの在日朝鮮人」といえるものであり、日朝関係史の新たな共同研究の境地を切り開いたといえる。

また、民衆運動史をめぐる東アジア研究交流として、まずあげたいのは、一九九一年に韓国・中国・台湾の研究者との国際学術交流を目的に発足したアジア民衆史研究会である。

当会は一九九五年から『アジア民衆史研究』を発行しているが、そこで取り組まれてきた特集テーマは二つある。ひとつは「東アジアの近代移行と民衆」であり、一九世紀民衆運動と国民国家形成のありようの比較を通じて、人々の主体形成とその様が考察された。もうひとつが「東アジアにおける民衆の世界観」であり、主体形成に至る意識のありように着目して、君主観、他者をめぐる空間認識、西洋の衝撃をめぐる「語り」、死・老い・警察をめぐる権力が議論された。後者には近年の研究潮流の影響がみられるころが、あくまで人々の主体形成と意識構造から考えるとに、アジア民衆史研究会の「方向感覚」があるといえる。

アジア民衆史研究会は、韓国の歴史問題研究所との学術交流を一九九一年から続けている。藪田貫「韓国訪問記」[一九九五]によれば、韓国側は近代日本の侵略への民族的闘争の主体として民衆をとらえるのが一般的であり、日本史における民衆像とのあいだに大きな溝があったという。しかし、二〇〇四年頃から、韓国側でも民族主義史観が崩壊し、運動から日常、国家から地域、構造から個人、政治から文化への関心の変化が起こり、日本の歴史学との溝が狭まって、一国史を超える共同研究が実現したという[須田 二〇〇八]。その成果が『日韓民衆史研究の最前線――新しい民衆史を求めて』[歴史問題研究所・アジア民衆史研究会編 二〇一五]である。

このなかで注目されるのは一九世紀末の民衆運動史や東学農民戦争研究をリードしている裵亢燮の論考である。裵は、東学農民戦争の学説史を整理するなかで、内在的発展論や民族主義的運動史観への批判を前提に、民衆の自律性、反近代性を強調する趙景達の民衆像に対しては、その方向性を共有しつつも、民衆は支配体制から自由ではなく、伝統と近代の二分法に一元化できない、多様な方向へと開かれた、いわば「可能性の幅」をもった存在であり、その「生」に「内在的接近」する必要があると論じる。民衆の生存が脅かされる近代移行期にあらわれる民衆間の主体的動きそのものを、近代志向か伝統志向かという目的論ではとらえきれない、複雑な「振れ幅」をもったものとして把握すべきと述べているのである。しかし、それ自体は多くの民衆思想・運動史が述べてきたことでもあり、むしろ「可能性の幅」自体を規定する秩序・反秩序の磁場を趙は論じているので批判はあまり嚙み合っていないようにもみえる。

また、本書全体が「民衆史の最前線」を指し示しているかといえば疑問である。論者のなかには内容が明らかに植民地近代論に立脚しているものや言説分析ばかりで「民衆」の問いがまったくない論考もある。タイトルの「最前線」が緊張感も論争もない「ごった煮」を指しているとすれば皮肉なことであるが、その緊張のなさの背景には、九〇年代以降の状況認識と方法にかかわる認識の、立場を超えた共有性が作用しているようにもみえる。

近年の歴史研究者は状況と方法論への問題認識を語るとき、判を押したように、「グローバリゼーションの進行と世界資本主義のいっそうの進展」、「冷戦の崩壊による社会主義への期待の消滅」を語り、そこから「目的論・発展論的歴史学の否定」「支配―抵抗の二元論の克服」「民族主義・ナショナリズム・一国史批判」などの正当性を主張する。

裵亢燮も「十九世紀の民衆運動史研究にはそのような影響が直接及ばず、既存の認識枠に対する批判や省察が活発に起こることもなかった」と、韓国の従来の民族重視の運動史研究への反省を述べている。

近年の民衆史・運動史がこうした認識のもとに、一九世紀末の民衆世界と支配体制・秩序との葛藤に満ちたかかわりを描くことに大きな成果を残したのは確かである。しかし、そこから帝国主義と民族・社会主義の時代をどう豊かにとらえ直せるのか。解放後の脱植民地化の諸課題、朝鮮統一と平和を封じ込める国際環境・南北分断の問題を、民衆史・運動史はどう展望できるのだろうか。旧帝国主義国の現在の知識人が旧被支配側の民族運動も串刺しにしてナショナリズムを批判するなか、韓国の研究者も自らの社会の「遅れ」を批判して、その時流に乗るのは、まるでかつての日本と朝鮮の知識人の学知世界においてみられた植民地主義的な構図のようである。「西側」のパラダイム転換に学びそこから方法論を得るのも結構だが、それこそ欧米中心主義の繰り返しである。「日本人であるわれわれは、二〇年代の朝鮮の運動から自分が学ぶべきものは何かを、独自に考えてみなければならないはずだ。それは、恐ろしく困難な弾圧の条件と深く関係しており、また、そういう状況の中での苦闘を続けるまさにその中から次の段階の運動の展開が生まれてきている。朝鮮人の歴史家が条件の困難さに運動の屈折の原因のすべてを求めるような姿勢をとらないのは、まさに彼らの自主性ゆえに当然です。だがわれわれは、朝鮮人が書かないことの意味をあえて問題にしなければならない」〔梶村　一九九〇：八七〕という梶村の言葉は、朝鮮人が苦闘しながら主体的に継承してきた意識や実践に対する深い洞察があり、「西側」こそあらためて問い直すべきことが述べられている。[1]

民衆史や運動史の仕事は、研究者が不在化させがちな問題の領域で生き、抗う人々の存在と主体性を、具体的な現場・拠点にそくして浮き彫りにすることだと私は思う。朝鮮史・日朝関係史でいえば、グローバル化のなかの普遍的な課題ばかりを強調する前に、足元で起こっている課題、すなわち朝鮮民主主義人民共和国を制裁する政治や言動と、活性化する歴史修正主義的言動やヘイトスピーチの蔓延、朝鮮学校への無償化からの排除、補助金の停止などが進行する状況を生き、そのなかで「民族」を意識して抗う朝鮮人の諸実践に目を向けるべきである。そして、差別や暴力を放置するまなざしが日米韓の軍事・経済的関係の癒着構造のなかで恒常化し、朝鮮半島をめぐる「非平和」も植民地支配責任にかかわる諸課題も解消されない状況に、民衆史・運動史研究は今あらためてどう向き合うのかが問われていると思う。

「支配─抵抗」の領域を「暴力」の視点からとらえなおす

そうした点で重要なのは、「支配─抵抗」の領域を豊かにとらえなおす「暴力」研究の進展である。須田努・趙景達・中嶋久人編『暴力の地平を超えて』〔二〇〇四〕は、暴力を選択する人々、他者との関係における暴力、政治文化としての暴力をテーマに、民衆が暴力を選択する理由と発動の形態、そこにみられる心性や意識構造、権力による取締まりと秩序形成への社会の巻き込みのありようを浮き彫りにした諸論考が収められている。

その後も本書の執筆者の多くは暴力に関する論考を重ねているが、ここでは日朝関係史とのかかわりで藤野裕子〔二〇一五〕を取り上げたい。藤野は、一九〇五〜二三年における都市暴動に参加した人々を「民衆」と定義し、国家による暴力独占と都市下層労働者の暴力行使（とその生活文化、男性性）の関係性を鮮やかに描き出し、その延長線上に関東大震災における朝鮮人虐殺を位置づけた。日比谷焼打事件などの暴動を、「下から」のデモクラシーの運動ととらえる日本史研究は、同じ下層労働者による朝鮮人虐殺への主体性を説明できない。その点に藤野は迫ったのである。ただし、日本人下層労働者の暴力のなかでも朝鮮人に対する虐待経験は、日露戦争での軍需物資輸送・鉄道敷設の人員調達・労働現場、そして日本全国の炭鉱、鉄道工事ですでに蓄積されていた。こうした日本帝国主義の形成にともなう暴力経験の上に、関東大震災の下層労働者の朝鮮人虐殺を位置づけていく作業はいまだ課題として残っている。なお、弱者であるはずの被圧迫民族に、なぜ日本の下層労働者が被害者意識をもったのか。その顛倒した心性については、新聞などを通じた民族独立運動への偏見・恐怖の醸成〔山田 二〇〇三〕や、朝鮮人男性が日本人女性を強かんしたという虚偽情報（「レイピスト神話」）の醸成〔金富子 二〇一四〕などが指摘されてきた。朝鮮人への恐怖と憎悪の関東以外の地域での広がりに関する研究は未開拓である。

また、藤野は朝鮮人虐殺時における男性労働者の虐殺と保護の実践を男性労働者の侠気の問題として論じたが、この問題は男性文化の問題のみに解消できないので、虐殺とその後方支援にかかわる階層・ジェンダーを超えた参与について、さらに研究が深められるべきであろう。また、朝鮮人の保護自体ほんの一部であり、「社会主義者や先進的労働者の連帯志向の萌芽」〔山田 二〇一一〕のせめぎあいも戒厳令下で発揮されなかった。むしろ、「保護」はその後の「震災美談」のイデオロギーとして再利用され続けることになるわけで、この点も民衆史は課題とすべきである。近年、虐殺を在日朝鮮人史からとらえる研究として、鄭栄桓［二〇一四］は解放後在日朝鮮人運動が朝鮮人虐殺の国家謝罪・責任を問いただしたことを明らかにし、鄭永寿［二〇一五］は、劣位におかれた朝鮮民衆の身体的行動を、抹殺の恐怖からくる「避身」ととらえ、解放後までの在日朝鮮人の日本人に対する恐怖の心性と行動を流言などの口述資料から浮き彫りにし、新境地を開拓している。

　これまで、宗教・民間信仰・政治文化などにみる民衆の意識構造と結合する心性、そして暴力などの実践の形態、多様な人々の経験への着目などに民衆史・社会史は大きな成果をあげてきた。こうした方向は運動史・社会経済史・政治史との連関のなかであらためて総合をはかる必要があろう。これは新しい方法ではないが、そのことで、「支配と抵抗」の二項対立を乗り越えるのではなく、その二項対立の局面が「植民地性」の磁場の中心として強く存在することを念頭に、そこに作用する重層的差別支配構造と、民衆の抵抗と朝鮮独立運動との、階層間の矛盾・対立も内包した複雑な連関をより浮き彫りにしうるであろう。

　二〇〇〇年代以降、こうしたアプローチの進展がみられるのが在日朝鮮人史であろう。近年は社会史的視点に立った研究が多かったが、鄭栄桓［二〇一三］は解放後在日朝鮮人運動の形成と日本政府・GHQの施策の「関係性の特質」として、現在に至る在日朝鮮人をとりまく「戦後」東アジアの支配構造と、祖国の独立・統一への寄与、日本での権利獲得の関係性、「外国人」として求めうる権利の範囲、民族教育のあり方などを主張した在日朝鮮人運動の今日的な議論の原型の形成、そして後者を前者がいかにして暴力的に封じ込めていったかの連関を明らかにした。本書は親日派の行動、日本共産党と朝連の関係にも視野を広げ、朝鮮戦争に至る「新たな戦時」形成の空間における主体性をみごとに描きだした力作である。

おわりに

　ここまで「支配―抵抗」の二分法を超えるのではなく、その領域を豊かにとらえなおすべきであることを近年の民衆史・運動史が問いただしてきたことを述べてきた。最後にあらためて強調したいのは、植民地期の研究において、「不在」の所在を最も浮き彫りにしてきたのは、姜徳相・琴秉洞編［一九六三］などを嚆矢とする関東大震災時の朝鮮人虐殺の研究、朴慶植［一九六五］にはじまる朝鮮人強制連行の研究、金学順さんのカムアウトを契機とした日本軍「慰安婦」の研究であり、これらの研究は植民地支配責任の問題と結びついて今も進展を遂げているということである。植民地下の民衆の問い方は、植民地支配下の暴力の被害を明らかにすることなしには成立しえないのである。

注

（1）東アジアの冷戦を総体として批判していた道場親信氏は、他方で韓国の反徴兵制に日本人が「連帯」することが、日本人による韓国軍の解体運動＝植民地主義の再来と受け取られる可能性が高いとも強調していた（『占領と平和――〝戦後〟という経験』青土社、二〇〇五年）。道場氏は先日、若く志半ばで逝去された。心からご冥福をお祈りしたい。

文献一覧

板垣竜太「〈植民地近代〉をめぐって――朝鮮史における現状と課題」『歴史評論』第六五四号、二〇〇四年

板垣竜太「植民地支配責任を定立するために」岩崎稔・大川正彦・中野敏男・李孝徳編『継続する植民地主義』青弓社、二〇〇五年

板垣竜太「批判理論の陥穽」歴史学研究会編『「韓国併合」100年と日本の歴史学』青木書店、二〇一一年

板垣竜太「植民地支配責任論の系譜について」『歴史評論』第七八四号、二〇一五年

板垣竜太・戸邉秀明・水谷智「日本植民地研究の回顧と展望」『社会科学』第四〇巻第二号、同志社大学人文科学研究所、二〇一一年

板垣竜太・水野直樹「創氏改名時代の系譜――父系出自集団の対応に注目して」『韓国朝鮮文化研究』第一一号、二〇一二年

伊藤俊介「甲午改革の王権構想」『歴史学研究』第八六四号、二〇一〇年

小川原宏幸『伊藤博文の韓国併合構想と朝鮮社会』岩波書店、二〇一〇年

梶村秀樹『排外主義克服のための朝鮮史』青年アジア研究会、一九九〇年

姜徳相・琴秉洞編『現代史資料　6　関東大震災と朝鮮人』みすず書房、一九六三年

金富子「関東大震災時の「レイピスト神話」と朝鮮人虐殺」『大原社会問題研究所雑誌』第六六九号、二〇一四年

久留島浩・須田努・趙景達編『薩摩・朝鮮陶工村の四百年』岩波書店、二〇一四年

小志戸前宏茂『保護国期における愛国啓蒙運動と朝鮮地方社会』一橋大学社会学研究科博士論文、二〇一二年

近藤和彦「政治文化――何がどう問題か」歴史学研究会編『現代歴史学の成果と課題　一九八〇―二〇〇〇年　Ⅱ　国家像・社会像の変貌』青木書店、二〇〇三年

愼蒼健「植民地衛生学に包摂されない朝鮮人――一九三〇年代朝鮮社会の「謎」から」坂野徹・愼蒼健編著『帝国の視角／死角』青弓社、二〇一〇年

愼蒼宇「無頼と倡義のあいだ――植民地化過程の暴力と朝鮮人「傭兵」」須田努・趙景達・中嶋久人編『暴力の地平を超えて

——歴史学からの挑戦』青木書店、二〇〇四年
愼蒼宇「「民族」と「暴力」に対する想像力の衰退」『前夜』第一期二号、二〇〇五年
愼蒼宇「近代朝鮮における国民国家構想と民衆運動」久留島浩・趙景達編『アジアの国民国家構想』青木書店、二〇〇八年a
愼蒼宇『植民地朝鮮の警察と民衆世界』有志舎、二〇〇八年b
愼蒼宇「朝鮮半島の「内戦」と日本の植民地支配」『歴史学研究』第八八五号、二〇一一年a
愼蒼宇「「一四〇年戦争」の視座から」国立歴史民俗博物館編『「韓国併合」一〇〇年を問う——二〇一〇国際シンポジウム』岩波書店、二〇一一年b
須田努『イコンの崩壊まで——「戦後歴史学」と運動史研究』青木書店、二〇〇八年
須田努・趙景達・中嶋久人編『暴力の地平を超えて——歴史学からの挑戦』青木書店、二〇〇四年
宋連玉「公娼制度から「慰安婦」制度への歴史的展開」VAWW-NET Japan編『「慰安婦」戦時性暴力の実態（I）』緑風出版、二〇〇一年
裵亢燮（鶴園裕・飯倉江里衣訳）「東学農民戦争に対する新しい理解と内在的接近」アジア民衆史研究会・歴史問題研究所編『日韓民衆史研究の最前線——新しい民衆史を求めて』有志舎、二〇一五年
趙景達『異端の民衆反乱』岩波書店、一九九八年
趙景達『朝鮮民衆運動の展開』岩波書店、二〇〇二年
趙景達「十五年戦争下の朝鮮民衆——植民地近代論批判試論」『学術論文集』［朝鮮奨学会］第二五集、二〇〇五年
趙景達『植民地期朝鮮の知識人と民衆——植民地近代性論批判』有志舎、二〇〇八年
趙景達「政治文化の変容と民衆運動」『歴史学研究』第八五九号、二〇〇九年
趙景達『近代朝鮮と日本』（岩波新書）岩波書店、二〇一二年
趙景達『植民地朝鮮と日本』（岩波新書）岩波書店、二〇一三年
朝鮮史研究会編『朝鮮史研究入門』名古屋大学出版会、二〇一一年
鄭永寿「関東大震災時の虐殺事件によるトラウマ的体験とそのゆくえ——在日朝鮮人の口述資料を中心に」『クァドランテ』第一七号、二〇一五年
鄭栄桓『朝鮮独立への隘路』法政大学出版局、二〇一三年
鄭栄桓「解放直後の在日朝鮮人運動と「関東大虐殺」問題」関東大震災九〇周年記念行事実行委員会編『関東大震災　記憶の継承』日本経済評論社、二〇一四年
並木真人「朝鮮における「植民地近代性」「植民地公共性」・対日協力——植民地政治史・社会史研究のための予備的考察」『国際交流研究』第五号、二〇〇三年
並木真人「植民地期朝鮮における「公共性」の検討」三谷博編『東アジアの公論形成』東京大学出版会、二〇〇四年
朴慶植『朝鮮人強制連行の記録』未来社、一九六五年
藤野裕子『都市と暴動の民衆史——東京・一九〇五—一九二三年』有志舎、二〇一五年
洪宗郁『戦時朝鮮の転向者たち』有志舎、二〇一一年

松本武祝「"朝鮮における「植民地近代」"に関する近年の研究動向」『アジア経済』第四三巻第九号、二〇〇二年

松本武祝『朝鮮農村の〈植民地近代〉経験』社会評論社、二〇〇五年

三ツ井崇「朝鮮」日本植民地研究会編『日本植民地研究の現状と課題』アテネ社、二〇〇八年

宮嶋博史「東アジア小農社会の形成」溝口雄三・浜下武志・平石直昭・宮嶋博史編『アジアから考える 6 長期社会変動』東京大学出版会、一九九四年

宮嶋博史『両班』（中公新書）中央公論、一九九五年

宮嶋博史「朝鮮の族譜と「創られる伝統」――安東・権氏の族譜編纂史」久留島浩・趙景達編『国民国家の比較史』有志舎、二〇一〇年

藪田貫「韓国訪問記」『アジア民衆史研究』第一集、一九九五年

山内民博「十九世紀末二十世紀初朝鮮における戸籍調査と新式戸籍――地方における認識と対応」『朝鮮史研究会論文集』第五二集、二〇一四年

山田昭次『関東大震災時の朝鮮人虐殺――その国家責任と民衆責任』創史社、二〇〇三年

山田昭次『関東大震災時の朝鮮人虐殺とその後』創史社、二〇一一年

吉野誠「朝鮮開国後の穀物輸出について」『朝鮮史研究会論文集』第一二集、一九七五年

吉野誠「李朝末期における米穀輸出の展開と防穀令」『朝鮮史研究会論文集』第一五集、一九七八年

李相旭「植民地朝鮮における墓地規則改定（一九一九年）について」『歴史学研究』第九一五号、二〇一四年

歴史問題研究所・アジア民衆史研究会編『日韓民衆史研究の最前線――新しい民衆史を求めて』有志舎、二〇一五年

4　「民衆」の問い方を問い直す　Ⅱ　日本近世史研究から

若尾　政希

「回顧と展望」で「民衆運動」あるいは「一揆・打ちこわし」という項目が立てられるかどうか瀬戸際にあるようだ」とは、二〇〇七年の吉田伸之の言葉である［吉田　二〇〇七：一二六］。二〇一五年には須田努が、「近年、この分野は〝絶滅危惧種〟状態にあった」と述べた［須田　二〇一五：一三四］。実際に、『史学雑誌――回顧と展望』「日本（近世）」の章に、「民衆運動」が項目立てされない年も出てくるほどに、前近代の民衆史研究は下火である。現在、この分野をリードしている須田は、戦後歴史学のなかで階級闘争史→人民闘争史→民衆運動史と姿を変えてきた民衆史研究が、一九九〇年代以降、低迷を続けていると嘆き、その原因について、「一九世紀を自明のごとく変革期とし、闘う人民を叙述することのリアリティーは希薄になった。そして、人民闘争史から民衆運動史へのなし崩し的変容は、必然的に〝民衆とはなんぞや〟といった発言・議論へと繋がっていった」と指摘している［須田　二〇〇六：三九］。

　一方で、安丸良夫は、鹿野政直・色川大吉との座談会で、「民衆思想史研究が最初は民衆的思想主体を発見しようとするものだったとすると、それは実際上解体した」と語っている［色川大吉ほか　二〇〇九］。民衆的諸主体を発見しようとする民衆思想史は解体したとする安丸のこの言葉はとても重い。

　運動史にせよ思想史にせよ、前近代において「民衆」という「主体」が見出せなくなってきているということになろう。なぜ、そうなったのか。その原因を考察するとともに、そのような状況下で「民衆」をどう問うたらよいのか、考えてみる必要があろう。本稿の課題である。

1　二〇〇〇年に起きたこと

　長期にわたる低迷状況のなかで、民衆史研究が盛り上がりをみせたのは、二〇〇〇年であった。

　まず、一九九九年の一一月から翌年の八月にかけて、『民衆運動史――近世から近代へ』（全五巻）が刊行された［新

井ほか 一九九九―二〇〇〇〕。編者の一人である深谷克己によれば、このシリーズの計画をはじめたのは、一九九〇年代に入ってまもない頃だった。「当初は、民衆運動史研究の凋落を挽回しなければというような気分が強かったが、全巻のプランができる頃には、凋落の兆候もあるにはあるが、基礎的な史料集、自治体史の史料集などはむしろ蓄積されてきており、しかもこれまで民衆運動史とみられなかったテーマのなかで、じつは民衆運動史につながる成果が豊富に蓄積されてきていることを理解するようになった」。その一方で、「民衆運動史の国際研究交流も経験するように」なったりして、「編者らの民衆運動史をみる眼はしだいに柔軟になり、今後へ期待できるものの確かな鼓動を感じとることができるようになった」と述べる〔深谷 二〇〇〇：二九一〕。

初動から一〇年にして、このシリーズは刊行された。「日本近世・近代成立期の民衆運動」を対象に、巻1『一揆と周縁』、巻2『社会意識と世界像』、巻3『社会と秩序』、巻4『近代移行期の民衆像』、巻5『世界史のなかの民衆運動』という構成で、五〇名もの研究者（私もここに結集した一人であった）を動員した一大プロジェクトであった。「刊行にあたって」には、「民衆運動史は、国家論・民族論・フォークロア・個人史・思想宗教史・文化史・女性史・被差別部落史などの諸研究領域を総合的に視野に入れて考察される必要があるものであり、またそれだけに「諸研究領域を総合化する方法的な可能性」を本来有している分野であると考える」とあり、民衆運動史の可能性にかけた編者らの強烈な自負をみてとることができよう。

時を同じくして国立歴史民俗博物館で、企画展示「地鳴り山鳴り」が開催された（会期二〇〇一年三月二一日～五月二一日）。これは『民衆運動史』とのタイアップ企画であり、『民衆運動史』の主たる執筆者がそれぞれの専門を活かして展示をつくり上げた。当時、私が『歴史評論』に書いた展示評に拠りながら、この展示を意義づけておこう〔若尾 二〇〇〇〕。

「「地鳴り山鳴り」の展示は、地震や山崩れなどの自然災害を指すものではない。その地や山をも鳴らすほどの力と勢いを見せた、日本の民衆運動のエネルギーを総称してのネーミングである」と、展示パンフレットに書かざるをえないほど、このタイトルは文学的・比喩的である〔歴博編 二〇〇〇〕。「民衆のたたかい三〇〇年」という副題がなければ、民衆運動史をテーマとする展示だとわかる人がどれだけいるだろうかなどと思いながら、私は展示室に入っていった。ところが、展示を見終わった後には、そんな違和感など吹っ飛んでしまった。『夢の浮橋』という『源氏物語』の最終巻と同じ書名をもつ一揆絵巻や、一揆・騒動を戯画化した黄表紙や狂歌・ちょぼくれの数々、さらに歌舞伎・講談・浪花節などの世界で縦横無尽に活躍する佐倉惣五郎ら義民たちの姿は、民衆運動が物語・芸能を媒体にして記録・伝承されてきたという事実の確認をわれわれに迫るものであった。イベントとして行われた雄大・悲壮な長野県青木村義民太鼓の響きにしびれ、落語「首提灯」・講談「佐倉義民伝」の口誦芸能の世界にふけり、いつしかこのタイトルのネーミングの妙に感じ入っている自分に気がついた。

展示は三つの柱からなる。一つは、「描かれた一揆『夢の浮橋』の世界」である。天保一一年（一八四〇）庄内藩で起きた三方領知替え反対一揆——小説家藤沢周平の名著『義民が駆ける』でよく知られる一揆——を描いた絵巻物『夢の浮橋』（致道博物館蔵）の全公開は、まさしく圧巻であった。五〇メートルになろうかという長大な絵巻には、一揆の発端から終末まで微細に描写されており、いつまで見ていても見飽きることがなかった[1]。

展示の二つ目の柱は、近世〜近代移行期の民衆運動の世界である。甲州天保騒動・高崎五万石騒動・世直し一揆・戸じめ騒動・会津ヤーヤー一揆・解放令反対一揆・コレラ騒動・真土村《しんどむら》事件・自由民権運動・秩父困民党の蜂起等々の多様な民衆運動の具体相が、最新の研究の成果をふまえて展示されている。三つ目は「義民の世界・佐倉惣五郎」である。義民佐倉惣五郎像の形成とその影響が、錦絵の芝居絵、惣五郎物の出版物や浪花節のレコード等々の視・聴覚史料も駆使して、展示されていた。惣五郎が自由民権期・昭和恐慌期・戦後改革期に思い起こされ、新たな解釈を施されて登場してきたことをこの展示から教えられ、惣五郎同様、時代ごとにその像《イメージ》を変え（読み替えられ）てきた、楠正成・大石内蔵助との共通性に思いを馳せた。また佐倉周辺の惣五郎関係史跡を巡ることができるように（歴博は佐倉藩主堀田氏の居城跡にある）、「佐倉惣五郎史跡散歩案内——ゆかりの地を訪ねて」というガイドまで用意してあり、まさに至れり尽くせりであった。

展示手法という点でも、この展示は画期的なものであった。展示の各コーナーの解説板に、たとえば、義民佐倉惣五郎物語であれば「保坂智」と展示責任者の名前があげられ、和文・英文・点字で短い解説が付されている。すなわち署名展示という手法をとっている。各分野の第一線の研究者が、自らの研究成果を限られた展示スペースのなかにいかに盛り込むか、真剣に考える。どういう展示物（史料）をどのように配置し、必要とあれば展示パネルや複製展示物を作成する、そうした労力を費やしたうえで、その凝集として展示があるということが、署名展示という手法によって、より明瞭に打ちだされたのである。

　こうして民衆史研究にとって二〇〇〇年は、まさに『夢の浮橋』に描かれたような昂揚した――祝祭的な盛り上がり(2)をみせた――年だったのである。

2　民衆史研究の現在

　しかし冒頭で引用したように、その熱気は急速に冷めていった。祭りの後の静けさで、再び元の低迷状況に舞い戻ってしまったようにみえる。だが、見逃してはならないのは、民衆を主題的に扱った研究者の著作が途切れることなく毎年刊行されていることである〔奈倉　一九九九・二〇〇五・二〇〇七、落合　二〇〇〇・二〇〇七、鯨井　二〇〇〇・二〇〇六・二〇一三、八鍬　二〇〇一、林　二〇〇一・二〇〇七、保坂　二〇〇二・二〇〇四・二〇〇六、大橋　二〇〇二・二〇一四・二〇一七、須田　二〇〇二・二〇一〇、宮崎　二〇〇二・二〇〇九、久留島　二〇〇二、高橋　二〇〇三、浪川　二〇〇四、岩田　二〇〇四、斎藤　二〇〇五、深谷　二〇〇六、佐々木　二〇〇六、稲葉　二〇〇九、渡辺　二〇〇九・二〇一二a・b、菊池　二〇一〇・二〇一六、白川部　二〇一〇、紙屋　二〇一七、近世村落史研究会　二〇一七〕。こうした研究書を手に取れば、狭い意味での運動史を超えた、民衆史の歴史叙述が生まれていることがわかる。

　共同研究・論集では、一九世紀の民衆運動における「暴力」を論じた須田努の提起を受けてつくられた「暴力の地平を超えて」研究会が、その成果をまとめている〔須田・趙・中嶋編　二〇〇四〕。同じく須田が中心となった、菅野八郎に関する共同研究も刊行されている〔須田編　二〇一〇〕。

　その一方で、須田らの暴力論への異議申し立てを行ったのが、二〇〇七年の『歴史評論』の特集号「中近世非暴力運動の可能性」である〔二〇〇七〕。その趣旨文には、近年盛んになっている暴力論について、民衆の暴力に意を払い重要な指摘がなされていると評価しつつも、「暴力論だけで議論を終わらせては未来への展望は開けないのではないか」と問いかける。具体的には、保坂智が、近世の百姓一揆を訴願＝非暴力運動として位置づけ、須田が指摘した天保期の「悪党化」（暴徒化）を限定的なものだとする。稲葉継陽は、中世の民衆運動の到達点として百姓一揆を位置づける。八鍬友広は、近世に訴願が一般化したのは、上層民衆の文化的力量があったからだという。大橋幸泰は、潜伏というかたちをとった非暴力の民衆運動の歴史的意義を論じている。

　このようにみてくると、低迷状況にあることが信じられない。だが、ここに登場している研究者が単著を刊行している中堅以上の方々であって、この分野に新規参入する「若手研究者」が少ない[3]ことに思いを致すとき、低迷を認めざるをえない。

二〇〇九年には、民衆史を大会テーマ（「民衆運動の新たな視座――新自由主義の時代と現代歴史学の課題（II）」）にして歴史学研究会全体会が催された。趣旨文によれば、「戦後歴史学」は、「一九五〇年代から七〇年代を頂点にして民衆運動について分厚い研究蓄積を生み出してきた」〔歴研研究部　二〇〇九：四九〕。ところが、「その後、そうした研究は「衰退」の様相をみせ、継続された研究は、生活世界の解明に焦点をあててきたと思われる。この時代は奇しくも、新自由主義の潮流の台頭に重なる」という。「そうしたなかで、戦後歴史学が暗黙のうちに想定していた「変革」の主体という主体概念は、現実感覚との乖離を招かざるを得なかった」と問題意識を述べ、具体的には、「政治文化」の視座（趙景達報告）、「社会・文化の視座」（安田常雄報告）から民衆運動をとらえ直そうとした。私も会場で両報告に接して、個別の報告としては興味深く聞いた。しかし、この全体会が「新たな民衆運動の発想の場」となったのかというと、残念ながら、そうしたインパクトは与えられなかったように思う。[4]

3　なぜ民衆はみえなくなったのか？

先述したように、「民衆」という「主体」が見出せなくなってきているという。では、なぜ民衆はみえなくなったのか。本稿ではこの問題を、第一に、日本の前近代を対象とした民衆史研究の軌跡を振り返ることによって考えてみたい。[5]なぜなら、民衆史が「リアリティー」をもった現場に立って、それが希薄化した原因について考察してみたいからである。第二に、民衆史にかかわる史料論の展開から、この問題を考えてみたい。

まずは、前者からみていこう。二〇〇〇年より前に、民衆運動を主題とした大型シリーズが二回刊行されている。一つは一九八一年に刊行された、『一揆』である〔青木美智男ほか編　一九八一〕。これは、一揆を、「「前近代日本の固有の階級闘争」と理解する立場」からの、中世史・近世史の「三四名の執筆者による三年間の共同研究の成果」である。中世と近世の研究上の断絶の克服をめざそうとしたところに、新しさがあり、今日でも一揆研究の必読文献となっている。

もう一つは、一九七〇年代半ばに出された『日本民衆の歴史』（全一一巻）である〔門脇禎二ほか編　一九七四―七六〕。

各巻巻頭に掲載された「「日本民衆の歴史」編集にあたって」（一九七四年）に、「四年間にわたる研究会を重ねた」とあるから、これが一九七〇年頃に企画されたことになる。最終の巻一一の末尾に置かれたのが、藤原彰「結び――近づく民衆の時代」である。藤原はいう。「第一巻からたどってきた日本の民衆の歴史は、民衆こそが歴史の原動力であることを明らかにしてきたはずである。そしていま、民衆自身が主役となってみずからの歴史をつくりあげていく時代をむかえようとしているのである。過去の長い民衆のたたかいの歴史は、あたらしい時代をつくるこれからのたたかいのかてとなるであろう」と述べ、このシリーズを締めくくる。この一文は当時の時代の雰囲気をよく示しているといえよう。

七〇年前後の時代的雰囲気を彩っていたのは、ほかでもない、人民闘争史研究である。その歴史的意義については、今も大きな課題であるが、ここでは、約四〇年後の二〇一四年に歴研編集部から依頼されて、深谷克己が「生き証人の一人」として行った「検証」を紹介しておきたい［深谷 二〇一四］。

深谷によれば、一九六七年から、歴史科学協議会、日本史研究会、歴史学研究会など、「マルクス主義歴史学の影響の濃い、科学的歴史学を標榜し、民主的で在野的な姿勢を重んじる歴史学会」が、「火炎現象」のように次から次へと、人民闘争をテーマに大会報告・論集執筆を行った［深谷 二〇一四：四一］。ところが、一九七二、七三年を画期として「人民闘争という文言は消え」、「人民闘争史は大会の中心ではなくなって」いったという。すなわち「人民闘争史研究」という、「「学会闘争」という形の「歴史学運動」は、一九六七年から七二年まで六年間続いた」と深谷は結論づける［深谷 二〇一四：四四］。

その内容について、深谷は、「危機意識」と「可能意識」とをともなった「われわれの歴史学」だったと規定する。「危機意識」とは、「帝国主義・軍国主義的歴史観などの反動イデオロギー」が進行しているという危機意識である。「大学紛争・教科書検定・明治百年祭・建国記念日・沖縄返還・近代化論・農業衰退（過疎）・都市化（過密）・公害などによって揺さぶられる社会状況を、「独占資本主義的段階の国家権力」からの攻撃ととらえ、「主体」論に重点を置く歴史認識で対応しようとした」のだという。もう一方の「可能意識」とは、「国際的には、アジア・アフリカ・ラテンアメリカの民族独立運動の盛り上がり、社会主義国家の「無階級国家」化への期待」があり、「国内での「革新自治体」の登場は、そういう可能意識を後ろ支えした」という。「可能意識があるからこそ危機意識が高まり、危機意識が強いからこそ可能意識も増幅するという関係にあった」と深谷は振り返る。この「われわれの歴史学」において、「危機を可能に変える「主体」は「労働者・農民・市民」の広い「統一戦線」であり、その総称が「人民」とされた」のだという［深谷　二〇一四：四六］。

ところが、深谷によれば、当時、人民は雪崩を打つように大きく変容しつつあった。そして、人民闘争史研究を担った「歴研や歴科協の足下にも流動状況が現れており、それが人民闘争史研究を支えるエネルギーになっていた」のだが、その一方で、研究者は「人民闘争史研究の階級構成論に立って「人民」を見ていたので、流動する「主体」を見抜けなかった」。深谷は、具体的に、一九七〇年前後に東京歴史科学研究会[6]（東歴研）に集った院生・学生たち（深谷も青木美智男もそのメンバーであった）の事例を引きながら、人民闘争史研究が、時代の問題感覚とずれていく――リアリティーを失っていく――様を描写する。「戦後日本の民主化課題は「反封建」ということであった」が、当時の「学生にとって重点はすでに「反既成」へと移っていた」。「「反封建」を旨趣とする「戦後的」なものさえも「権威」化しているとして拒む立場が登場してきたということである」と述べて、時代の問題感覚が劇的に変わってきたことを指摘する。

こうして七〇年代半ばから、各学会は「「社会史」との距離のとり方も意識しながら」、「新しい課題とテーマを探し」、また個々の研究者も自身のレーゾンデートル（存在意義）を探した。「青木美智男は、七二、七三年頃から公害被害・抵抗圏の「住民」を中心においた「民衆」を主体概念の用語として使うようになり、半プロ「世直し層」を「野暮《やぼ》層」という文化的下層イメージと組み合わせてふくらませていった」。一方で「深谷は一九七三年二月の『思想』五八四号に「百姓一揆の思想」を書き、領主の「仁政」責務を迫る行動として百姓一揆を説明し、ここから「百姓成立」論をふくらませようとした」と、自らの主体形成を意義づけるのである［深谷　二〇一四：四七］（［深谷　二〇一六］も参照）。

深谷による「検証」は、渦中にいた深谷自身も変わらざるをえなかったことが、当事者ならではの臨場感をもって語られていて、説得力をもつものとなっている。話を『日本民衆の歴史』に戻せば、この企画は、七〇年頃の人民闘争史研究の問題感覚に依拠して、走り出した。しかし、執筆時には、すでに問題感覚が変わりつつあった。青木美智男に即していえば、青木は『日本民衆の歴史』の「5　世直し」（佐々木潤之介編）を分担執筆している。注目すべきことに、その歴史叙述には、のちの青木が生涯追究しつづけることになる、文化・文政期の民衆文化史や生活文化史の原型が描き出されているのである［青木美智男 二〇〇三・二〇〇九b・二〇一二・二〇一三a］。人民闘争史研究からの離陸と模索が青木のなかで進展していたことを、うかがうことができるのである。なお、青木は、当時を振り返って次のように述べている［青木美智男 一九九九：八〇］。「重要なことは、この歴史叙述を通して、国家に対置されるすぐれて政治的な概念である「人民」より、きわめて一般的な被支配層全体を統括しうる概念としての「民衆」を歴史を動かす主体として位置づけ、経済・文化活動においても、支配層にはとらえきれない世界の存在と独自の役割を描こうとしたことが具体的に示された点である。以後、人民に代わって民衆史が大きくクローズアップされるきっかけにな」った、と[7]。

一方、深谷の転換については、――すでに私は指摘したことがあるが――それは深谷個人の研究にとどまらず、近世史研究の大転換につながるものであった［若尾 二〇一四b・二〇一七］。一九七三年に深谷らが提起した仁政イデオロギー論[8]は、百姓一揆像を変えていった。「公儀」の「御百姓」である百姓は、自らの生存が脅かされる状況で、仁政を求めて訴願をし一揆を起こすのであるが、これはあくまでも仁政の回復を求めてのものと理解されるようになった。仁政が回復されれば、一揆は終熄するのである。深谷は、一九七六年の論文「百姓一揆」において、「百姓一揆は幕藩制国家の存続を前提とする階級闘争であった」と結論づけた［深谷 一九七六］。これは保坂智が指摘するように、羽仁五郎らによってはじめられ、戦後民主主義運動のなかで発展してきた百姓一揆論＝革命的伝統論[9]との決別であった［保坂 二〇一〇］。こうして七〇年代半ばに、百姓一揆像も大転換したのである。さらに八〇年代に入ると、深谷は、領主と百姓の関係意識について新しい理解を提起しはじめた。すなわち、領主と百姓、双方の利害のぶつかりあいのなかで、両者に「合意」と呼んでもよい関係意識が形成されたという理解（「百姓成立」論）を示すようになったのである［深谷 一九九三］。時を同じくして、幕藩領主制の骨格をなす領主と民との関係、領主と家臣との関係について、両者の間の相互的契機に着目し、そこに契約・合意を見出す朝尾直弘の見解が出された［朝尾 一九八五］。こうして八〇年代後半になると、幕藩制国家の「公儀」機能・公共機能的側面に注目した研究が次々と打ち出され、むき出しの強権をふるう権力者像はすっかり影を潜めたのである。

かつて、百姓一揆を研究すれば、いつかは、革命を希求した人民（変革主体）に会えるはずだという思いが人々を一揆研究にかき立てたのであるが、それは幻想にすぎないことが明らかになった。くわえて、一九七〇年代には、『日本思想大系　58　民衆運動の思想』、『日本思想大系　67　民衆宗教の思想』、『編年百姓一揆史料集成』をはじめ、民衆史にかかわる史料集が続々と刊行された［庄司ほか　一九七〇、村上ほか　一九七一、青木虹二ほか　一九七九～］。民衆史を行う研究環境は整ったのであるが、そこに変革主体を見出せないとすれば、民衆史研究が人々の関心を引かなくなったのも、当然のことであろう。

　次に、もう一つ指摘しておかねばならないのは、史料の問題である。

　一揆の記録に、「藩庁や村役人などの実務的な記録」と、「一揆についてのまとまったイメージを提供しようとしている記録作品」の二つがあることは、安丸良夫が指摘しているところである［安丸　一九七四：一六九］。両者のうち後者が、その後の研究で「百姓一揆物語」と呼ばれるようになり、そのフィクション性が明るみにされてきた［川鍋　一九七六、ウォルソール　一九八三］。私も、百姓一揆物語が、内容・形式・表現様式において、『太平記』『太平記評判秘伝理尽鈔』（「太平記読み」）等の軍書の影響を色濃く受けて成立したことを明らかにした［若尾　一九九九］。こうして、一揆物語の歴史叙述から、すぐさま事実を読みとるような研究は不可能になったのである。[10]

　史料論の進展は、安丸が指摘する「実務的な記録」にも及んだ。たとえば、一揆の訴状（目安）には、災害等により生存が危うい状況であることが切々と書き込まれているが、そうした訴状には雛形（テンプレート）があり、雛形を集めたマニュアル本が流通していたことを八鍬友広が明らかにした。訴状に書かれていることを事実として受け取ることができなくなったのである。八鍬はまた、一揆や争論における目安が寺子屋において手習や読み本の教材にされていたこと、公事宿・郷宿といった訴訟についてのノウハウを蓄積した者たちを頼って訴訟が行われたという指摘も行っている［八鍬　一九九六・一九九九・二〇〇一］。「実務的な記録」だから、そこから事実を読みとることができるという素朴な実証主義は、もはや成り立たなくなってきたのである。

　付け加えれば、「実務的な記録」と物語とは、判然と分けられるものではない。その境界は、じつは不分明で、どちらか判断に迷うものが多い。このように一揆についての史料論が進めば進むほど、研究が難しくなっていった。それに追い討ちをかけたのが、一九九〇年代末になって、ようやく日本史研究にも及んできた、言語論的転回のインパクトであった。あらゆる史料も、それにもとづく歴史叙述も、物語だと言われ、私たち研究者は、どうしたらよいのかわからず、茫然自失してしまったのである。今から振り返れば、二〇〇〇年の祝祭の内側では、このような事態が進行していたのである。

4　どうすれば民衆はみえるのか？

では、どうすれば主体はみえるのか、民衆はみえるのであろう。

この課題を自らに課して準備したのが、二〇〇二年度歴研大会近世史部会報告（「近世の政治常識と諸主体の形成」）と、二〇〇六年度歴研大会全体会報告（「歴史と主体形成――書物・出版と近世日本の社会変容」）であった［若尾　二〇〇二・二〇〇六］。

あえて「主体」という語句をタイトルに入れたのであるが、その際に私が強く意識したのは、深谷の議論であった。主体は、二〇〇一年度の近世史部会の大会テーマ「近世地域社会の構造と諸主体」にも使われており［歴研編　二〇〇一、歴研近世史部会　二〇〇一］、この「大会報告批判」を担当したのが深谷であった［深谷　二〇〇二］。近世史部会の運営委員会がまとめた「主旨説明」に、「佐々木豪農論あるいは七〇年代の豪農半プロ論」が現在の地域社会論研究の「起点あるいは批判的克服の対象」とされているのに対し、深谷は七〇年代の豪農半プロ論が「時代との緊張関係」をもって時代の「問題感覚」とのかかわりで提示されたものであったことを強調した。深谷は「世界の構造が変わっているのに、七〇年代と同じ史学史的メッセージを送り続けるとしたら、それのほうがおかしい」と、現在の問題感覚を起点にして歴史学を立ち上げるべきだと主張するのである［深谷　二〇〇一：五三］。

私は深谷の提起を重く受けとめ、次のように考えた。かつて近世史研究において主体といえば、変革主体を指すのが一般的であった。だが、主体概念をそれのみに限定して使うことは、二一世紀初頭の現代が直面している課題にはふさわしくない。学生や市民が社会変革への可能意識を普通にもっていた七〇年前後と、現代はまったく異なる。問題感覚が変わったのである。学生や市民を対象に歴史学を講義しているときに、われわれは「変革主体」だと言っても説得力がない。むしろわれわれがいかに歴史的規定を被っているのかという観点（われわれ＝「歴史的規定性・被拘束性」論）のほうが、説得力があり、学生や市民を歴史学に誘うことができる。われわれを支配し束縛している通念・常識が、じつはその社会のなかで歴史的に形成されてきた歴史的産物であることがわかるときに、歴史研究が自己に切実な学問であることに気づく。こういうわけで私は、通念・常識を問うところから歴史研究を立ち上げようと考えた。われわれがいわば身にまとっていた通念・常識に疑念を抱きそれを対象化してその歴史的由来を追跡するとき、われわれは自身が「今」という時代の政治的・社会的・経済的・文化的関係のなかに身をおく歴史的存在であることを自覚できる。一個の歴史的存在としていかに主体を形成すべきかという人生の切実な課題は、歴史を学ぶことによって達成することができる。この意味で今も歴史学は自己確立・自己変革の学問であり、政治・社会の変革の学問だと私は考えたのである。

私が日本近世の政治常識に着目するのも、現代とは異なる政治常識がどのような過程を経て形成され社会に一般化し定着したのか、定着した政治常識がどのようにして破綻していくのか、そして破綻した政治常識とどのようなかかわりをもって、次の時代を担う新たな政治常識がいかにして形成されていくのか、その歴史を描いてみたいからである。そして政治常識と密接にかかわって、領主層から民衆まで、さまざまな主体形成が行われた。それら相互の関係性、葛藤と協調の諸相を描いていきたいと考えたのである。

ところで、主体という語句について、先の「報告批判」のなかで深谷は、「主体とはすぐれてわれわれの時代のわれわれ――市民とか民衆とか呼ばれる存在――のあり方の問題とかかわっている」と述べる。「政治主体という言葉を使う時、頂上の権力を指すことはしない。領主を指すときは、地方的な領主、弱小な領主として、他の中央的なあるいは強大な領主に対する時である。「主体」は「国家」にでも「君主」にでも使うことができるが、それはつねに対抗的な存在に対して「抵抗」「闘争」する個人や集団を指している」という〔深谷　二〇〇一：五三〕。主体という語句を、個人や集団の、他との関係性を問う概念として位置づけ、関係性において主体を理解しようとしている点には共感する。しかしながら、主体を、異議申し立ての主体、抵抗の主体にのみ限定してしまうのは、研究の対象と可能性を狭めてしまうことになり、もったいないように思う。むしろ領主から民衆までの社会各層にさまざまな主体が形成されている――たとえば日本近世の領主層は、幕府との関係や対民衆、対家臣の関係のなかで、自己形成を行っていった――ことを認め、そのうえで、社会各層の諸主体の関係性を問うたほうが、研究の新しい可能性を開くことになると私は考えている。

じつはこれは、史料をどう読むのかという議論（史料論）と密接に対応している。一揆記録から事実を読みとることが困難になってきているのは、先にみたとおりであるが、私たちはいつまでも茫然とたたずんでいるわけにはいかない。ではどうするのか。私は、それぞれの一揆記録について、どういう立場からいかにして作成されたのか、徹底的に検証する（そのプロセスが史料批判である）ことから始めねばならないと考える。その一揆記録に織り込まれた、利害が対立するさまざまな人々の関係性――その史料がもつ磁場――を明るみにして、どういう立場の人が何を意図してこの記録をつくったのかを読み解いていく。こうすることによって、領主層から民衆までのさまざまな人々の意識・思想のありようを解明できるし、それら相互の関係性、葛藤と協調の諸相[11]を描くことができると私は考えている。さらにいえば、民衆という主体概念が関係性を含意したものだとすれば、民衆史は民衆史だけで完結するものではない。たとえば、対極にあると考えられがちな、領主層の思想史研究や政治史研究との関係性をも考慮に入れて、はじめて民衆史が成立すると考えるべきであろう。これが私の独りよがりでないことは、『民衆運動史』の編者たちが「刊行にあたって」で、研究領域を総合的に視野に入れた民衆史研究が進展してきていると述べていることからもわかるであろう。3項にあげた諸研究が示しているように、民衆史研究は新しい歩みを始めているのである。

関係性について、もう一言だけ述べれば、民衆史研究といえども、対象を日本一国に収斂させてしまうと近代化論・国民国家論に荷担してしまうということである。深谷らが一九九一年にアジア民衆史研究会を発足させ、現在まで、東アジア地域における民衆史の国際的な相互研究を行っているのはきわめて重要である。他地域・他国家との関係性のなかで民衆史は研究されなければならない。

注

（1）この一揆について、のちに青木美智男が『藤沢周平が描きれなかった歴史』を書いている［青木美智男　二〇〇九a］。
（2）百姓一揆・打ちこわしの祝祭的な性格について指摘したのは安丸良夫であった［安丸　一九七四］。
（3）『民衆運動史』の「刊行にあたって」でも、「この分野を研究する若手研究者は最近いちじるしい減少の傾向をみせている」と述べ、その背景として「今日の状況のなかで、民衆運動史を構想する視点を設定することが大変に難しくなっていることがあげられよう」と指摘している。
（4）討論要旨および「大会報告批判」［北河・山根　二〇〇九］参照。
（5）その全面的な検討は小稿の任ではない。一九五〇～七〇年代の運動史研究の動向については、須田努の整理がある［須田　二〇〇八］。
（6）一九六七年に歴科協の地域組織として創立された東歴研

は、『人民の歴史学』という会誌の名称からわかるように、人民闘争史研究のメッカであった。

（7）青木の思想形成過程については拙稿を参照［若尾　二〇一四a］。また、『歴史評論』に青木の聞き取りが掲載されている［青木美智男　二〇一三b］。

（8）若尾「仁政イデオロギー」参照［若尾　二〇一二］。

（9）著名な論考に林基「宝暦―天明期の社会情勢」がある［林　一九六三］。

（10）『安丸良夫集　2』に「民衆蜂起の世界像」を収録する際に、安丸は「この分野での史料発掘と史料批判が大きく進展しており、史料論の観点から本論文は再検討される必要があろう」と述べている［安丸　二〇一三：五三］。

（11）民衆と一言でいっても、その内部は多様で利害が複雑に対立している。

文献一覧

青木虹二・保坂智編『編年百姓一揆史料集成』既刊一九巻、三一書房、一九七九年～

青木美智男『百姓一揆の時代』校倉書房、一九九九年

青木美智男『深読み浮世風呂』小学館、二〇〇三年

青木美智男『全集日本の歴史　別巻　日本文化の原型』小学館、二〇〇九年a

青木美智男『藤沢周平が描ききれなかった歴史――『義民が駆ける』を読む』柏書房、二〇〇九年b

青木美智男『小林一茶――時代をよむ俳諧師』山川出版社、二〇一二年

青木美智男『小林一茶――時代を詠んだ俳諧師』岩波書店、二〇一三年a

青木美智男「私の歴史研究――日本近世農民運動史から生活文化史研究へ」（聞き手は大橋幸泰・野尻泰弘）『歴史評論』第七六〇号、二〇一三年b

青木美智男・入間田宣夫・黒川直則・佐藤和彦・佐藤誠朗・深谷克己・峰岸純夫・山田忠雄編『一揆』東京大学出版会、一九八一年

朝尾直広「「公儀」と幕藩領主制」歴史学研究会・日本史研究会編『講座日本歴史』5、東京大学出版会、一九八五年

新井勝紘・岩田浩太郎・深谷克己・保坂智・藪田貫編集『民衆運動史――近世から近代へ』全五巻、青木書店、一九九九―二〇〇〇年

稲葉継陽『日本近世社会形成史論――戦国時代論の射程』校倉書房、二〇〇九年

色川大吉・鹿野政直・安丸良夫「私たちの半世紀――民衆思想史とともに」（聞き手は今井修）『図書』二〇〇九年三月号、（のち色川大吉編『色川大吉対談集：あの人ともういちど』日本経済評論社、二〇一六年、に所収）

岩田浩太郎『近世都市騒擾の研究――民衆運動史における構造と主体』吉川弘文館、二〇〇四年

ウォルソール、アン「百姓一揆物語の歴史的性格」『歴史評論』第三九四号、一九八三年

大橋幸泰『キリシタン民衆史の研究』東京堂出版、二〇〇一年

大橋幸泰『潜伏キリシタン――江戸時代の禁教政策と民衆』講談社、二〇一四年
大橋幸泰『近世潜伏宗教論――キリシタンと隠し念仏』校倉書房、二〇一七年
落合延孝『維新変革と民衆』吉川弘文館、二〇〇〇年
落合延孝『幕末民衆の情報世界――風説留が語るもの』有志舎、二〇〇七年
門脇禎二・甘粕健・稲垣泰彦・戸田芳美・佐々木潤之介・江村栄一・中村政則・金原左門・松尾章一・藤原彰編『日本民衆の歴史』全一一巻、三省堂、一九七四―七六年
紙屋敦之『梅北一揆の研究』南方新社、二〇一七年
川鍋定男「百姓一揆物語の伝承とその世界像」『歴史評論』第三三八号、一九七六年
北河賢三・山根徹也「二〇〇九年度歴史学研究会大会報告批判・全体会」『歴史学研究』第八六一号、二〇〇九年
菊池勇夫『十八世紀末のアイヌ蜂起――クナシリ・メシナの戦い』サッポロ堂書店、二〇一〇年
菊池勇夫『近世北日本の生活世界――北に向かう人々』清文堂出版、二〇一六年
近世村落史研究会編『武州世直し一揆』慶友社、二〇一七年
鯨井千佐登『境界紀行――近世日本の生活文化と権力』勁草書房、二〇〇〇年
鯨井千佐登『境界の現場――フォークロアの歴史学』勁草書房、二〇〇六年
鯨井千佐登『表皮の社会史考――現れる陰の文化』辺境社、二〇一三年
久留島浩『近世幕領の行政と組合村』東京大学出版会、二〇〇二年
国立歴史民俗博物館編『地鳴り山鳴り』二〇〇〇年
佐々木潤之介『民衆史を学ぶということ』吉川弘文館、二〇〇六年
斎藤洋一『被差別部落の生活』同成社、二〇〇五年
島薗進・成田龍一・岩崎稔・若尾政希編『安丸良夫集　2』岩波書店、二〇一三年
庄司吉之助・林基・安丸良夫編『日本思想大系　58　民衆運動の思想』岩波書店、一九七〇年
白川部達夫『日本近世の自立と連帯――百姓的世界の展開と頼み証文』東京大学出版会、二〇一〇年
須田努『「悪党」の一九世紀――民衆運動の変質と〝近代移行期〟』青木書店、二〇〇二年
須田努「運動史研究の〝原体験〟」『歴史学研究』第八一六号、二〇〇六年
須田努『イコンの崩壊まで――「戦後歴史学」と運動史研究』青木書店、二〇〇八年
須田努『幕末の世直し　万人の戦争状態』吉川弘文館、二〇一〇年
須田努「二〇一四年の歴史学会――回顧と展望」の日本（近世）「一四　幕末維新期・民衆運動」のなかの「民衆運動」の項『史学雑誌』第一二四編第五号、二〇一五年
須田努・中嶋久人・趙景達編『暴力の地平を超えて――歴史学

からの挑戦』青木書店、二〇〇四年
須田努編『逸脱する百姓――菅野八郎からみる一九世紀の社会』東京堂出版、二〇一〇年
高橋実『助郷一揆の研究――近世農民運動史論』岩田書院、二〇〇三年
奈倉哲三『幕末民衆文化異聞――真宗門徒の四季』吉川弘文館、一九九九年
奈倉哲三『諷刺眼維新変革――民衆は天皇をどう見ていたか』校倉書房、二〇〇五年
奈倉哲三『絵解き　幕末風刺画と天皇』柏書房、二〇〇七年
浪川健治『近世北奥社会と民衆』吉川弘文館、二〇〇四年
林基「宝暦―天明期の社会情勢」『岩波講座日本歴史　第12巻』岩波書店、一九六三年（のちに『続百姓一揆の伝統』新評論、一九七一年、に所収）
林基『近世民衆史の史料学』青木書店、二〇〇一年
林基『松波勘十郎探索』上・下、平凡社、二〇〇七年
深谷克己「百姓一揆」『岩波講座日本歴史　第11巻』岩波書店、一九七六年
深谷克己『百姓成立』塙書房、一九九三年
深谷克己「あとがき」深谷編『民衆運動史　5　世界史のなかの民衆運動』二〇〇〇年
深谷克己「二〇〇一年度歴史学研究会大会報告批判・近世史部会」『歴史学研究』第七五七号、二〇〇一年
深谷克己『江戸時代の身分願望――身上がりと上下無し』吉川弘文館、二〇〇六年
深谷克己『深谷克己近世史論集　第5巻　民衆運動と正当性』校倉書房、二〇一〇年
深谷克己「「人民闘争史研究」という歴史学運動――一九七〇年前後の危機意識と可能意識のもとで」『歴史学研究』第九二一号、二〇一四年
深谷克己「幕末民衆の極楽世界――現代文庫版あとがきにかえて」『南部命助の生涯――幕末一揆と民衆世界』（岩波現代文庫）岩波書店、二〇一六年
深谷克己編『百姓一揆事典』民衆社、二〇〇四年
藤原彰「結び――近づく民衆の時代」藤原編『日本民衆の歴史　11』三省堂、一九七六年
保坂智『百姓一揆研究文献総目録』三一書房、一九九七年
保坂智『百姓一揆とその作法』吉川弘文館、二〇〇二年
保坂智『近世義民年表』吉川弘文館、二〇〇四年
保坂智『百姓一揆と義民の研究』吉川弘文館、二〇〇六年
保坂智「解説　階級闘争史から民衆運動史（社会闘争史）へ」『深谷克己近世史論集　第4巻　民衆運動と為政』校倉書房、二〇一〇年
宮崎克則『逃げる百姓、追う大名――江戸の農民獲得合戦』（中公新書）中央公論新社、二〇〇二年
宮崎克則『九州の一揆・打ちこわし』海鳥社、二〇〇九年
村上重良・安丸良夫編『日本思想大系　67　民衆宗教の思想』岩波書店、一九七一年
八鍬友広「近世的法秩序と目安往来物」岩田浩太郎編『新しい近世史　5　民衆世界と正統』新人物往来社、一九九六年

八鍬友広「訴願する実力」岩田浩太郎編『民衆運動史 2 社会意識と世界像』青木書店、一九九九年

八鍬友広『近世民衆の教育と政治参加』校倉書房、二〇〇一年

安丸良夫『日本の近代化と民衆思想』青木書店、一九七四年（のち平凡社ライブラリー、一九九九年）

吉田伸之「二〇〇六年の歴史学会――回顧と展望」の日本（近世）「九 民衆運動」の項『史学雑誌』第一一六編第五号、二〇〇七年

『歴史学研究』第七五五号、二〇〇一年

『歴史学研究』第八五九号、二〇〇九年。全体会の報告は、趙景達「政治文化の変容と民衆運動――朝鮮民衆運動史の立場から」、安田常雄「社会・文化の視座と民衆運動史研究――戦後日本の実験を通して」、稲葉継陽「コメント1」、長谷川まゆ帆「コメント2」からなる。

歴史学研究会近世史部会「二〇〇一年度歴史学研究会大会報告主旨説明・近世史部会・近世地域社会の構造と諸主体」（文責・朴澤直秀）『歴史学研究』第七四九号、二〇〇一年

歴史学研究会研究部「二〇〇九年度歴史学研究会大会報告主旨説明・全体会・民衆運動の新たな視座――新自由主義の時代と現代歴史学の課題（Ⅱ）」『歴史学研究』第八五三号、二〇〇九年

『歴史評論 特集 非暴力民衆運動の可能性』第六八八号、二〇〇七年。保坂智「百姓一揆と暴力」、稲葉継陽「中世民衆運動から百姓一揆へ」、八鍬友広「訴の時代」、細川涼一「中世における戦争と平和」、大橋幸泰「潜伏という宗教運動」、中見真理「【歴史のひろば】戦略としての非暴力へ」からなる。

若尾政希「百姓一揆物語と「太平記読み」」岩田浩太郎編『民衆運動史 2 社会意識と世界像』青木書店、一九九九年

若尾政希「展示評――「地鳴り山鳴り」を見て」『歴史評論』第六〇五号、二〇〇〇年（のち若尾『近世の政治思想論』校倉書房、二〇一二年、に所収）

若尾政希「近世の政治常識と諸主体の形成」『歴史学研究』第七六八号、二〇〇二年

若尾政希「歴史と主体形成――書物・出版と近世日本の社会変容」『歴史学研究』第八二〇号、二〇〇六年

若尾政希「仁政イデオロギー」歴史科学協議会編『戦後歴史学用語辞典』東京堂出版、二〇一二年

若尾政希「深読みする歴史学――青木美智男における文化史の発見」『歴史学研究』第九二一号、二〇一四年a

若尾政希「江戸時代前期の社会と文化」『岩波講座日本歴史 第11巻』岩波書店、二〇一四年b

若尾政希「思想史という立ち位置――総合史としてのかまえ」東京歴史科学研究会編『歴史を学ぶ人々のために――現在をどう生きるか』岩波書店、二〇一七年

渡辺尚志『東西豪農の明治維新――神奈川の左七郎と山口の勇蔵』塙書房、二〇〇九年

渡辺尚志『武士に「もの言う」百姓たち――裁判でよむ江戸時代』草思社、二〇一二年a

渡辺尚志『百姓たちの幕末維新』草思社、二〇一二年b

5　サバルタン・スタディーズの射程

粟屋　利江

はじめに

主としてインド近代史に関する論集『サバルタン・スタディーズ――南アジアの歴史と社会に関する論文集』第一巻は一九八二年に刊行された。以降、二〇〇五年に最終巻となる第一二巻を世に出し、二〇〇八年にプロジェクトとしては終焉した(1)［Chakrabarty 2013］。この間、「サバルタン」という用語は、インド近代史の分野を「越境」し、本来この用語を分析概念として生み出したグラムシへの言及もなく、「従属的な立場におかれた諸集団」を意味する簡便で、（支配と従属という権力構造に意識的であることを示すという意味で政治的に正しい）用語として広まったことは、ここであらためて確認する必要もないだろう。本章では、サバルタン・スタディーズ・グループの誕生後、四半世紀の歴史のなかで、同グループの視点や議論が歴史研究の内外においてどのような文脈を背景に受容され、どのような議論を喚起しつつ変容を遂げたのかを振り返り、サバルタン・スタディーズが喚起した関心とその意味を歴史研究のなかに位置づけることを目的とする(2)。

1　「サバルタン・スタディーズ」の軌跡

すでにサバルタン・スタディーズに関しては、筆者自身によるもの［粟屋　一九八八・一九九六・一九九九・二〇〇七・二〇一六］を含め多くの紹介がなされており、ここではごく簡単に同グループの誕生の背景とその主張とその変化、および英語圏での受容について跡づける。

サバルタン・スタディーズ初期の研究を特徴づけたのは、次の三点であろう。①既存のインド史研究に共通してみられるエリート主義の批判、②エリートの政治から自律したサバルタンの政治が存在するとしたうえで、サバルタンを歴史の「主体」として復権させること、③サバルタン独自の価値観や行動規範を明らかにしようする、以上である。①のエリート主義という批判は、既存のマルクス主義の立場にたつ研究にも向けられた。②、③を遂行するために、研究対象は農民やトライバルの蜂起に集中し、ほとんどの場合自ら史料を残さないサバルタンに、支配側の史料の読みや聴き取りを含む多様なルートから接近しようと試みた。

サバルタン・スタディーズの誕生と一九六〇年代末から七〇年代にかけてのインド（より正確にはベンガル地域）の政治状況とは緊密な関係にある。一九六七年、ベンガルの村ナクサルバーリーで開始したトライバル農民蜂起、それに共鳴した学生・知識人たちによる毛沢東主義運動への政府による暴力的な弾圧、一九七五―七七年にかけてインディラー・ガーンディー政府のもとで発動された「非常事態宣言」などの事態は、独立インドの政治に対して深い失望をもたらすものだった。サバルタン・スタディーズのメンバーはインドにおけるマルクス主義の学問伝統を引いており、とくにグループを牽引したラナジット・グハ（一九二三年生まれ）は、一九三〇年代末の学生時代から一九五六年のソ連によるハンガリー侵攻までインド共産党員として活動していたし、チャクラバルティによれば、グハとその仲間たちは、毛沢東とグラムシからインスピレーションを得た［Chakrabarty 2011: 170］。

サバルタン・スタディーズの手法や対象に変化が生じるのは、第四巻から第五巻のあたりである。(3) ルッデンによれば、四巻まで二〇の論考が農民、労働者、トライバルを扱っていたのが、その後の六巻では五本のみだった［Ludden 2002 : 18］。大きな変化として注目されるのは、①サバルタンを実体としてとらえるよりも、「サバルタン性（subalternity）」についての考察へとシフトしたこと、②インド人エリートも考察の対象としたこと、③言説分析の精緻化、④西欧近代、およびその学知に対する批判の視座である。のちに確認するように、この変化にスピヴァクが果たした役割は大きい。チャタジーは、「サバルタン・スタディーズ」へのスピヴァクの介入について、「サバルタン・スタディーズ」における「ポスト構造主義のモメント」だったと振返る。そして彼はこの変化を、「「サバルタン」の真の姿とは何か？」という問いから「「サバルタン」は如何に表象・代弁されるか？」という問いへのシフトだと簡略にまとめている［Chatterjee 2010 : 84, チャタージー　二〇〇九：一三］。ただし、後期サバルタン・スタディーズにみられる関心や理論は、北アメリカのトレンドを単に真似した、チャクラバルティの表現を借りれば、「最初にヨーロッパで、やがて別のところで」［チャクラバルティ　二〇〇〇：一五］というグローバルな知的配置への対応の結果と捉えるのは一面的であり、それこそ西洋中心史観であろう。チャタジー自身は、一九八〇年代後半以降にみられたインド社会内外の大変動（経済自由化や社会主義圏の崩壊など）にともなって、さまざまな「サバルタン」集団が、いわゆるエリートの領域とされてきた公共圏に多種多様なかたちで参与し、権利を主張する状況が、かつての「サバルタン」認識の限界を示したと言明している(4)［Chatterjee 2010 : 84］。

　後期サバルタン・スタディーズへの批判は、それらを要領よくまとめた井坂理穂に依拠すれば、次の三点である。①ポストモダニズムの影響を受け、歴史叙述におけるさまざまな認識を「西欧啓蒙主義」として批判し、一九八〇年代から台頭したヒンドゥー・ナショナリズムの言説に近似してしまう、②「サバルタンは語ることができない」という側面ばかりが論じられる、③植民地支配による「伝統」の創造／想像ばかりが強調され、現地側の積極的な関与が看過される(5)［井坂　二〇〇二］。

2　「サバルタン・スタディーズ」の受容をめぐって

　サバルタン・スタディーズ・グループのオリジナル・メンバーの一人であり、欧米、とくにアメリカでも名前が知られたパルタ・チャタジーは、あるエッセーで、今でもなぜ自分やサバルタン・スタディーズの他のメンバーが南アジア研究の領域以外で知られるようになったのか完全には理解できないと述懐している。彼は、ただ、近接する原因の一つとして、一九八〇年代にアメリカの大学でポストコロニアル研究が登場したことをあげている［Chatterjee 2003 : 49］。また、他所では、サバルタン・スタディーズの仕事が北アメリカの大学に知られるようになったのは、もっぱら、スピヴァクの「サバルタンは語ることができるか」と「サバルタン・スタディーズ――歴史記述を脱構築する」（『サバルタン・スタディーズ』第四巻に所収された）の二論考を通じてであったと、スピヴァクを名指している［Chatterjee 2010 : 85］。

　この理解はおそらくおおむね正しいであろう。フジタニも指摘するように、サバルタン・スタディーズの存在がインド近代史の分野を超えて英語圏で知られるようになるにあたって、ポストコロニアル批評の代表的論客スピヴァクの介入が果たした役割は大きい［安丸／フジタニ　一九九九：二八八］。一九八八年に刊行されたグハとスピヴァクを編者とするサバルタン・スタディーズの選集にはエドワード・サイードが序文を寄せ、そのなかで、サイードはサバルタン・スタディーズ・グループを「独立以降に知的成熟に達した、かつて植民地化された世界の知識人世代の全体を代表する」とも、「広範なポストコロニアルの文化的批判営為の自覚的な一部」とも紹介した〔Guha and Spivak 1988：ix〕。

最近オックスフォード出版局が刊行した五巻本の歴史研究のサーヴェイのなかで一九四五年以降を扱った第五巻では、インド国内における研究動向とは別に、サバルタン・スタディーズに一章が設けられている。そのタイトルは「ポストコロニアル批判と歴史――サバルタン・スタディーズ」となっており、サバルタン・スタディーズに途中から加わったギャーン・プラカーシュが担当している〔Prakash 2011〕。サバルタン・スタディーズのポストコロニアル研究との合流は、少なくとも英語圏においては、ここに到達点をみたといえる。

アメリカで現代中国史を教授するトルコ出身研究者アリーフ・ディルリクは、「ポストコロニアルはいつ始まったのか？」という問いに対して、皮肉を込めて「第三世界の知識人が第一世界の学界に到着したとき」という回答を与えている〔Dirlik 1994：329〕。サバルタン・スタディーズの主たるメンバーの多くがディアスポラ知識人であるという事実をもって、第一世界において第三世界をあたかも「代弁」するかのような立場を保持するエリート知識人として、彼（女）らの主張そのものを批判する研究者は少なくない。また、ポストコロニアル研究一般に対して冷淡な姿勢をとるインド出身で、彼自身もディアスポラ研究者であるサンジャイ・スブラフマニヤムは、英米のアカデミズムが主導する、インド研究者「市場」の観点からかなり辛辣にサバルタン・スタディーズの受容を描いている。彼の記述は（彼によるこの手の書き物でしばしば特徴的である）冷笑的で身もふたもない書きぶりではあるものの、サバルタン・スタディーズの受容に関して、単に理論の妥当性や有用性のみならず、グローバルなレベルにおけるアカデミアの社会文化的・制度的な側面も同様に重要であることに注意を喚起するものである〔Subrahmanyam 2013〕。とはいえ、ディアスポラ知識人の創出が、西洋中心主義的な学知への批判を深化させてきたという事実を軽視してはならないだろう。

3　日本における「サバルタン・スタディーズ」の受容

おそらく、「サバルタン・スタディーズ」グループの仕事を最初に日本に紹介したのは、インド近代史研究者長崎暢子によるものであろう〔長崎　一九八六〕。一九八五年に来日したチャタジーが東京大学駒場キャンパスで行った講演の翻訳は翌年出された［チャテルジー／長崎　一九八七］。筆者も参加した講演会はじつにこじんまりしたものだった。筆者自身もインド近代史研究における新たな潮流として動向紹介を試みた［粟屋　一九八七］が、長崎同様、インド史における「下からの歴史」という認識が前面にでていた。非エリートの価値観や行動規範などに焦点をあてたことや、史料の読みへのこだわりに筆者は「新しさ」を見出したのであるが、日本の戦後歴史学における人民闘争史や民衆思想史などの研究に慣れ親しんできた研究者の一人から、それほど「新しい」とは感じなかったと言われたことを記憶する。

サバルタン・スタディーズが日本で一挙に知名度を高め、盛んに論じ始められるのは一九九〇年代後半であり、英語圏とほぼ同様に、ポストコロニアル研究・批評の文脈だった。スピヴァクの「サバルタン・スタディーズ――歴史記述を脱構築する」を含む、『サバルタン・スタディーズ』の四巻までから選ばれた論考が『サバルタンの歴史――インド史の脱構築』として刊行されたのも、スピヴァクの最も有名な論考の一つ「サバルタンは語ることができるか」が単行本として刊行されたのも一九九八年だった。翌年には、『現代思想』でスピヴァクの特集が組まれたが、そのサブ・タイトルは「サバルタンとは誰か」であった。オリジナル・メンバーの一人でかつ後期サバルタン・スタディーズの論客の一人ディペーシュ・チャクラバルティの論考「急進的歴史と啓蒙的合理主義――最近のサバルタン研究批判をめぐって」はそれに先立って一九九六年に『思想』に掲載されたが、同号は「カルチュラル・スタディーズ――新しい文化批判のために」という特集であったことは印象的だった。そして、二〇〇〇年、『現代思想』臨時増刊総特集「現代思想のキーワード」（強調は筆者による）でも「サバルタン」は取り上げられ、ポストコロニアル批評のなかに分類された。筆者が「「サバルタン・スタディーズ」の歴史論集としての独自性は薄れつつある」［粟屋　一九九九：二一二］と述べた背景にはこうした状況があった。

4　サバルタン・スタディーズの受容の意味

Cinii の日本語論文検索機能を使って「サバルタン」で検索すると、一〇〇件弱ほど（二〇一七年三月時点）がヒットする。[7] その内容をみる限り、元来「サバルタン」を分析概念としたグラムシに関する研究を別にしても、[8] じつにさまざまな領域で「サバルタン」という用語が使われてきている状況が明らかである。幾つかアットランダムに例をあげるならば、「慰安婦」〔朴・中島 二〇一六〕、リゴベルタ・メンチュウ〔太田 二〇〇〇〕、インド人家事使用人〔新村 二〇一五〕、インド・スラムにおけるヒンドゥー・ナショナリズムの末端活動家〔中島 二〇〇三〕などである。崎山政毅のやや皮肉な表現を借りれば、「それまでの歴史記述が無視してきた「主体」を次から次へと見出すという「ラディカルな成果」」〔崎山 二〇〇一：三四〕をここにみることは可能である。一方、歴史分野の論考で「サバルタン」を冠したタイトルは例外的である（いまや、「歴史学」といった学の諸領域が横断されつつあることは自覚しつつも）。フジタニは一九九九年の座談会の場で、アメリカの歴史学界においてサバルタン・スタディーズが主流の歴史学に大きい影響を与えているとはいえないと述べたが〔安丸／フジタニ 一九九九：二八八〕、日本においても同様のことがいえるのではないかと思われる。

いずれも歴史学プロパーの論集ではないが、インド研究の分野における若手研究者が論考を寄せている『インドの社会運動と民主主義――変革を求める人びと』〔石坂編 二〇一五〕、『現代インド 5 周縁からの声』〔粟屋・井坂・井上編 二〇一五〕は、そのタイトルがサバルタン・スタディーズの関心や手法が反映されていることを予想させるかもしれないが、決してそうではない。共通するのは唯一、初期サバルタン・スタディーズに顕著であった、「実体的」なサバルタン諸集団への注目である。

そうしたなかで、インド史の分野でサバルタン独自の世界を描こうとした論考としては臼田雅之の作品がある。臼田は一八七三年にベンガルで起きた、ホワイトカラーの職にある夫が、当時一六歳の妻を斬り殺しセンセーションを巻き起こした事件を取り上げている。殺害の背景には、妻がヒンドゥー寺院の座主（モホント）と愛人関係を結んだ（結ばされた？）という事情があった。当事者はすべてバラモンである。臼田は同事件を描いた低価な大衆絵画（カリガト絵）を精緻に分析する手法をとる。そして、当時のベンガルのエリート層がこのスキャンダルでもっぱら問題にした女の「貞操」よりも、大衆絵画が関心をもち、強調したのはバラモンの権威失墜であったと論じ、サバルタン独自の世界観が存在したことを指摘した。ここには初期サバルタン・スタディーズの視座がもった可能性が示されているように思う[9]。

初期のサバルタン・スタディーズは「下からの歴史」的な性格を有していたことから、日本史研究における民衆（思想）史との親和性が感知されたはずである。事実、ひろたまさきは、サバルタン・スタディーズは、「民衆叛乱や民衆文化における独自性、歴史の原動力としての下層民衆の独自性を明らかにしようとした点で、日本の民衆思想史研究に極めて近かったといえよう」という認識を記している［ひろた 二〇〇六：二八］。また、安丸良夫は、民衆運動のもつ独自の行動形態や意識形態が、マルクス主義的な下部構造論から説明できないという認識が民衆思想史研究の出発点であったという観点から、サバルタン・スタディーズへの「エール」を送ったように思える。安丸の認識は、サバルタン・スタディーズが当時のインドにおけるマルクス主義的歴史叙述に対してもった不満と共通している。さらに安丸は、民衆という表現がいまや「保守的」な心性をイメージさせる状況において、民衆史を活性化させるために「民衆史からサバルタン研究へ」といったシフトまでを可能性として示したのだった［安丸／フジタニ 一九九九：三〇一］。須田努も民衆運動史の行き詰まりを打開する可能性を示すものとして、サバルタン・スタディーズに言及した［須田 二〇〇〇：三五］。戸邉秀明論文は、戦後歴史学についてのいきとどいた史学史であるが、戦後歴史学が一九五〇年代に停滞から脱する試みとして三つの潮流を指摘し、そのなかの一つとされる民衆思想史が近代化論のエリート主義に対抗した営為に、サバルタン・スタディーズとの並行関係を見出しているのは興味深い［戸邉 二〇一六］。しかし、これまでのところ、サバルタン・スタディーズは日本における歴史研究に生産的なかたちで貢献してきたかと問うならば楽観的な回答を与えることは難しいように思われる。その要因の一つは、スピヴァクの介入以降、日本におけるサバルタン・スタディーズをめぐる議論・関心が独特の方向性に向かったことと無関係ではないのではないか。

スピヴァクが「サバルタンは語ることができるか？」という問いをたて、挑戦的にノーという回答を出した論考の衝撃は大きかった。その結果、英語圏でも日本でも、サバルタン・スタディーズをめぐる議論の構成のされ方が大きく規定されたように思う。一つには、サバルタンの同定とそのエイジェンシーのとらえ方、第二に、サバルタンの表象・代弁をめぐる問題群、第三に近代西洋的な知の優位性、言い換えれば「近代」批判である。

「他者」の表象をめぐって最も根本的な議論を展開してきたのは、一つには人類学の領域であろう。「サバルタン」のエイジェンシーおよび表象の暴力という問題を真摯に受け止め、自省的な考察をめぐらせた一人が太田好信であろう［太田 二〇〇〇・二〇〇一］。太田はグアテマラの活動家リゴベルタ・メンチュウの証言をめぐって「（第一世界の）知識人が（第三世界の）サバルタンを表象できるのか？」という問題について、人類学研究が直面する困難を腑分けしつつ、それでもメンチュウが「証言」するに至った過程に、主体的関与（エイジェンシー）を読み解くすべを示す。この問題は、インドにおけるダリト（元不可触民）による自伝や「慰安婦」の「証言」にかかわる議論に寄与するものである。また、田辺明生もインド人類学研究とサバルタン・スタディーズとの関係を俎上にのせ、「グローバルな経済活動や権力作用の歴史的文脈において地域の人々のありかたを理解しようとしている」現在の南アジア人類学が学んだ相手として、サバルタン・スタディーズもその一つとした［田辺 二〇〇九：三四九］。

一方、ポスト構造主義の「文体」を別にして、[10] 歴史研究の分野において後期サバルタン・スタディーズが喚起する批判（閉塞感といってもよいかもしれない）は、一九九〇年代以降の歴史学研究（なかでも戦後歴史学を背景とする歴史研究）に多く共通する性格のものではないかと思う。貢献についても同様である。貢献についてまず述べるならば、ナイーブな「主体」概念をより精緻なものにしたし（「エイジェンシー」という用語が取って代わったのも、複合的な権力構造への認識が深まった結果である）、史料の読みについても新たな可能性を引き出し、権力＝知の働きへの注視を再認識させた。西洋「近代」を無意識のうちにモデルとする歴史認識に大きなゆさぶりをかけたことも貢献としてあげられよう。とはいえ、この部分についても、新種の限界と陥穽が潜んでいるように思われる（これが、後期サバルタン・スタディーズへの批判でもある）。一つは、すでに井坂の批判を紹介したが、「サバルタン」が語ることを困難とさせる権力構造をどこまでも指摘して論が終わる繰り返しである。さらに、「近代」であれ、「啓蒙」であれ、さらには既存の歴史学が拠る「歴史」認識さえを含む「大きな物語」が内包する西洋の知のヘゲモニーを批判するにあたって、[11] 再び、西洋を立ち上げてしまうのではないかという疑念もある。こうした批判は、西洋の知というもの自体を前提にして展開されてしまう傾向にあるからである。さらに、批判される「近代」や「啓蒙」概念もしばしばのっぺりしたもので、それらがさまざまな人々にとって多様な意味をもつ可能性が軽視されているようにも思われる。キャロル・グラックが、ある種の社会史研究を論じた部分で、それらが近代化のベクトルの外に位置するテーマを取り上げる意図として、「彼ら（近代化の外にいるとされた人々——引用者）が歴史が支配する方向に逆らったからではなく、むしろその方向の外に位置していたからなのだ」と指摘している（傍点は原文）［グラック 二〇〇七：六八］。この指摘は、チャクラバルティの次のような記述を想起させる。「根源的に「断片的」で「挿話風」であることを学ぶためにサバルタンのもとに出かけることは、知り、判断し、意志する主体が、なんらかの探究に先だって、すべての人にとってよいことをすでに知っているというふりをすることのうちにうごく、モノマニア的な想像から遠ざかることなのである」〔チャクラバルティ　一九九八：一〇二〕。「近代」に抗する視点は、「非近代」とみなされる事象や集団を静的に固定化し、さらには「浪漫化」する傾向を帯びる。(12)

チャクラバルティの「ヨーロッパを地方化する」という言葉は広く知られ、リン・ハントが、チャクラバルティの名前をあげつつポストコロニアル研究がヨーロッパ中心主義に対する批判ともなり、いまや西欧の歴史家は非西欧の歴史を読むようになったと評価している(13)〔ハント　二〇一六：三四―三五〕。ただし、ポストコロニアル研究は、資本主義を「近代」と置き換えてしまったことによって、帝国主義批判に失敗したというハルトゥーニアンのような評価も無視できない。彼によれば、「ヨーロッパを地方化する」といったポストコロニアルの立場は、むしろ、ヨーロッパ・西洋を脱中心化することなく、再生産してしまったのだ(12)〔ハルトゥーニアン　二〇一四：一三四―一三七〕。

おわりに

一九八〇年から二〇〇〇年を対象にした『現代歴史学の成果と課題　第一巻　歴史学における方法的転回』に論を寄せた小谷汪之は冒頭ですでにポストコロニアリズム研究を取り上げており、次のような疑義を述べた。「ポストコロニアリズムの営為は常に西欧的な知のエスタブリッシュメントのなかに回収され、そこに小さいけれども居心地のよい場所を与えられることによって、終わってしまう可能性がある」〔小谷　二〇〇二：九〕。小谷がここに後期サバルタン・スタディーズを含めているのは明らかである。なぜならば、注において、「今やあまりにも有名になり、西欧的アカデミズムのなかにエスタブリッシュされ終わったぶん、そのそもそもの志を忘れてしまった感のあるサバルタン・スタディーズ」と記しているからである(14)〔小谷　二〇〇二：一九〕。筆者もかつて、後期サバルタン・スタディーズが批判の対象とする目的論とも歴史主義とも言い換えられる「メタ・ナラティブ」、「基底定立的（foundational）な歴史叙述」を批判し、「断片」を強調するサバルタン・スタディーズが、オルターナティブな歴史像を提示しないことに不満を表明したことがある〔粟屋　一九九六・一九九九〕。したがって、ポストコロニアル（サバルタン・スタディーズを含む）が批判する「西洋／近代／コロニアル／男性／エリートを中心とする世界史像」は、周縁からの異議申し立てをすべて呑み込んでは安泰を保つ知的ブラックホールとして生きながらえるのではないかという小谷の批判に賛同する面もある。異議申し立ての多様な様相を言説レベルで微細に分析しても、新自由主義的な市場の論理はダメージは受けないし、親和性すらあるともいえるかもしれない。

小谷の疑義は、ポストコロニアル批判の論者が看過しているわけではない（小谷とは異なった展望にたってはいても）。たとえば、スピヴァクは一九九〇年代の半ばの時点で、「「サバルタン」という言葉が定義として持つ力を失いつつあるのではないかと思います。「サバルタン」という言葉が自分の持っていないものを欲しがっている、どのグループにも当てはまる決まり文句のようになってしまっているものですから」と述べている［スピヴァク 一九九九：八二］。同様の不満は、チャタジーも編者の一人とする論集『インドにおける新たな文化史』の序文からも読み取れる。そこでは「「サバルタン」という用語がインド全土、海外において職業的歴史家や大学院生のあいだで、社会的・政治的な不正義に対するあらゆる大義を表象するために受容され始めている」ことに、新たな主観主義の再来として危機感が表明されている［Chatterjee et al. 2014 : 13］。

「歴史学一般への問いが、日本でのいわゆる「戦後歴史学」に対する批判として先鋭化した」と評価される「一九九〇年代という時代を反映したポストモダンな視点から「歴史学」ひいては近代知の再考を試みる」ことを掲げた全三巻のシリーズ『歴史の描き方』の第一巻『ナショナル・ヒストリーを学び捨てる』[15]に付された座談会でキャロル・グラックは次のような発言をしている。「民衆史の大きな業績のひとつは、民衆という概念が、どの歴史学派でも無視できない、無視してはいけない概念になったことです。今のジェンダーと同じように。……民衆を考えないで近代日本史を書くことはできない。……だから民衆は消えていくのではなくて、真ん中のところに固い形で存在しているのではないですか」［酒井ほか 二〇〇六：二一〇］。この発言にある「民衆」を「サバルタン」と置き換えることも概して誤りではないかもしれない。「民衆」の定義も一定でないと同様、「サバルタン」をいかに定義するかはこれまで述べてきたようにさまざまであろう。しかし、定義の揺れや幅はしばしば生産的な学的な営為をもたらすし、職業的歴史家につねに自己の立ち位置について自省を求める機能を果たすであろう。

インドのサバルタン・スタディーズ・グループに話を戻せば、近年、チャタジーなどは、サバルタン・スタディーズは時代の産物であって、政治社会状況の変化は、別のプロジェクトを必要としていると述べている。新たな考察の対象として具体的には、「大衆文化」、「視覚」（映画、カレンダー、広告、大衆プリント、写真など）、「身体化された実践」などがあげられている。近代ヨーロッパ的な指標による審美観や感性からは「逸脱」するような（インドのボリウッド映画を想起していただければよいかもしれない）「ポピュラー」なレベルの文化生産・消費にみられるエネルギーや想像力（それは、必ずしも「進歩的」な方向に向かうわけではないとも感知されている）に、新たな可能性を見出しているようである［Chatterjee 2012; Chatterjee et al. 2014; Amin 2015］。

サバルタン・スタディーズを含む「ポスト」の諸学問が、社会経済史との対話の回路を閉ざしたというティルタンカル・ロイなどの批判は妥当であると考える［Roy 2005］。「ポピュラー」レベルの文化生産や消費の分析が、一九九〇年代以降の新自由主義経済が規定する構造と「ムード」のなかで、それらとどこまで接合的かつ批判的に展開されるのか注目されるところである。

注

（1）当初、三巻で終了するはずであった。第六巻までの編者はラナジット・グハ、以降は編集委員会の構成メンバーが複数で編者にあたった。第一一巻から出版社がOxford University PressからPermanent Blackにかわるとともに、それまでのサブ・タイトル「南アジアの歴史と社会に関する論文集」は落とされ、第一一巻は「コミュニティ、ジェンダー、暴力」、第一二巻では「ムスリム、ダリト、歴史の捏造」というサブ・タイトルが付されている。第八巻は特別に「ラナジット・グハを記念する論考」というサブ・タイトルが付されていた。刊行年は、第一巻から四巻までは一九八二年以降、毎年刊行され、その後、二、三年の間隔がおかれるようになり、とくに、第一一巻（二〇〇〇年）から第一二巻（二〇〇五年）が刊行されるまでに五年の空白がある。グループ・メンバー個々による研究書、個別論考は数多い。「サバルタン・スタディーズ」関連の選集は、これまでに四冊刊行されている。論集『サバルタン・スタディーズ』に所収された論考のみからなる選集は［Guha and Spivak 1988］だけである。グハによる選集には［Guha 1997］、三本以外はメンバーの単著や他雑誌に掲載された論考から選ばれている。これら二つの選集がグループ自身によるものだとすれば、その後に刊行された二冊［Chaturvedi 2000］、［Ludden 2002］は、グループの外部に身をおく研究者によって編まれている。前者は、グループの「知的軌跡」をたどるかたちで構成され、論争的な論考に重点がおかれ、後者は、インド内外での批評論考が集められている。

（2）このたびの企画『現代歴史学の成果と課題』は、二〇〇一年以降を対象としているが、以下に述べるように「サバルタン・スタディーズ」のインド史研究を超えた、日本・欧米（正確には英語圏）での受容や議論は、一九八〇年代後半から始まっているので、その時期もカバーせざるをえないことをあらかじめお断りしておきたい。

(3) それぞれ、一九八五年、一九八七年刊行。ただし、チャタジーは新たな展開は第五、六巻から始まったとしている [Chatterjee 2010 : 83]。

(4) ただし、このチャタジーの説明は、「サバルタン」政治の自律性を論ずることを困難にしたことを説明しても（そもそも、こうした二項対立的な議論自体が初期のサバルタン・スタディーズへの批判にも含まれていた）、ポストモダン的な言説分析に傾注するようになったことは説明できないだろう。

(5) 井坂はインド史研究の文脈でまとめている。[粟屋 一九九九・二〇〇七・二〇一五] も同様であるが、参照されたい。

(6) こうした批判については、フジタニも安丸との対談のなかで指摘している [安丸／フジタニ 一九九九：二九五―二九六]。

(7) これまでみてきたように、日本においては、スピヴァクの介入以降の後期サバルタン・スタディーズがもっぱら関心をもって論じられてきており、後期サバルタン・スタディーズがポストコロニアル研究（もしくはカルチュラル・スタディーズ）とほぼ同視されたために、サバルタン・スタディーズの射程という筆者に課せられた責務において、ポストコロニアル研究までを広くカバーすべきかもしれない。しかし、筆者の力量からくる限界もあり、この分野については整理することはできない。

(8) サバルタン・スタディーズやスピヴァクの『サバルタンは語ることができるか』が、グラムシ研究の分野において、彼のサバルタン論を外から活性化したという状況を生んだことも付言しておきたい [グラムシ 二〇一一]。

(9) 同事件はインド・ジェンダー史研究を代表する一人タニカ・サルカールも考察の対象にしており、[粟屋 二〇〇七] で簡単に紹介した。

(10) ポストコロニアル研究の「文体」に対して「歴史家」が苛立ちを示すことは珍しくない。たとえば、ベイリによる「ポストモダニスト・ジャーゴン」[Bayly 1998 : 318] や、メトカフによる次のような表現。「一九九〇年代の「ポストコロニアル」理論家たちの複雑でジャーゴンに満ちた散文」[Metcalf 2016 : 21]。付言しなければならないが、メトカフは、こうした議論の多くは刺激的で、挑発的だったと評価している。ただ、自分の学問スタイルではなかったという。小谷が、サイードの『オリエンタリズム』の文体を「ペダンティックな」と評したこととつながるだろう [小谷 二〇〇二：一八―一九]。

(11) 植民地化された社会からの、西欧近代的な「歴史」概念に対する批判については、[グハ 二〇一七] などを参照のこと。

(12) ポストコロニアル研究が強調してきた「近代の複数性」に対するグラックの批判は [グラック 二〇〇七：一〇八]。

(13) ハントは「一九九二年にチャクラバルティが西欧の歴史学の権威性を告発する書物を刊行したときに、潮目は変わり始めていた」と書いている［ハント　二〇一六：三五］。一九九二年の書物とは、おそらく、"Postcoloniality and the Artifice of History: Who Speaks for Indian 'Past'?," *Representations*, 37, 1992であり、のち *Provincializing Europe: Postcolonial Thought and Historical Difference*, Princeton, 2000に修正版が所収された。

(14) 小谷は初期のサバルタン・スタディーズの評価点として、サバルタンの「主体性」を無視することによって、コロニアリズム的歴史叙述とナショナリスト的な歴史叙述が思想的な「共犯関係」にあることをあぶりだす点であるとしている。小谷は別稿で、コロニアリズムとナショナリズムの共犯関係を指摘することにとどまらず、サバルタンの「主体性」を追求するにあたって、ポストコロニアル理論の言説分析と歴史学の方法との違いを論じている［小谷　二〇〇二：一九・二〇〇三］。

(15) この「学び捨てる（unlearn）」という表現自体、スピヴァクのサバルタン論考からとられているということはあらためて指摘する必要もないだろう。

文献一覧

粟屋利江「インド近代史研究にみられる新潮流――「サバルタン研究グループ」をめぐって」『史学雑誌』第九七編第一一号、一九八八年
粟屋利江「『サバルタン研究』再考――インド近代へのまなざし」『創文』第三七六号、一九九六年
粟屋利江「『サバルタン・スタディーズ』の軌跡とスピヴァクの〈介入〉」『現代思想』第二七巻第八号、一九九九年
粟屋利江「「サバルタン・スタディーズ」と南アジア社会史研究」『メトロポリタン史学』第三号、二〇〇七年
粟屋利江「『サバルタン・スタディーズ』・ダリト・歴史叙述」『史学雑誌』コラム歴史の風、第一二五編第一号、二〇一六年
粟屋利江・井坂理穂・井上貴子編『現代インド　5　周縁からの声』東京大学出版会、二〇一五年
井坂理穂「サバルタン研究と南アジア」長崎暢子編『現代南アジア　1　地域研究への招待』東京大学出版会、二〇〇二年
石坂晋哉編『インドの社会運動と民主主義――変革を求める人びと』昭和堂、二〇一五年
臼田雅之「カリガト絵の読解から得られるサバルタン世界の景観」『東海大学紀要』（文学部）第七九号、二〇〇三年
太田好信「人類学とサバルタンの主体的関与《エイジェンシー》――『私の名はリゴベルタ・メンチュウ』における表象の問題」『現代思想』第二八巻第二号、二〇〇〇年
太田好信『民族誌的近代への介入――文化を語る権利は誰にあるのか』人文書院、二〇〇一年
グハ、Rほか『サバルタンの歴史――インド史の脱構築』竹中千春訳、岩波書店、一九九八年
グハ、ラナジット『世界史の脱構築――ヘーゲルの歴史哲学批判からタゴールの詩の世界へ』竹中千春訳、立教大学出版会、二〇一七年

グラック、キャロル『歴史で考える』梅﨑透訳、岩波書店、二〇〇七年
グラムシ、アントニオ『グラムシ『獄中ノート』著作集Ⅶ　歴史の周辺にて「サバルタンノート」注解』松田博編訳、明石書店、二〇一一年
小谷汪之「総論　世界史像の行方」歴史学研究会編『現代歴史学の成果と課題　一九八〇―二〇〇〇年　Ⅰ　歴史学における方法的転回』青木書店、二〇〇二年
小谷汪之「ポストコロニアル・アジア史研究の視界」『思想』第九四九号、二〇〇三年
酒井直樹／キャロル・グラック／成田龍一「座談会」酒井編『歴史の描き方　１　ナショナル・ヒストリーを学び捨てる』東京大学出版会、二〇〇六年
崎山政毅『サバルタンと歴史』青土社、二〇〇一年
須田努「暴力・放火という実践行為――世直し騒動から新政反対一揆へ」新井勝紘編『民衆運動史　近世から近代へ　４　近代移行期の民衆像』青木書店、二〇〇〇年
スピヴァク、ガヤトリ・C『サバルタンは語ることができるか』上村忠男訳、みすず書房、一九九八年
スピヴァク、G・C「サバルタン・トーク」吉原ゆかり訳『現代思想』第二七巻第八号、一九九九年
スピヴァク、G・C『ポストコロニアル理性批判――消え去りゆく現在の歴史のために』上村忠男・本橋哲也訳、月曜社、二〇〇三年
田辺明生「サバルタン・スタディーズと南アジア人類学」『国立民族学博物館研究報告』三三巻三号、二〇〇九年
チャクラバルティ、D「急進的歴史と啓蒙的合理主義――最近のサバルタン研究批判をめぐって」臼田雅之訳、『思想』第八五九号、一九九六年
チャクラバルティ、D「マイノリティの歴史、サバルタンの歴史」臼田雅之訳、『思想』第八九一号、一九九八年
チャクラバルティ、ディペシュ「インド史の問題としてのヨーロッパ」大久保桂子訳、『トレイシーズ』第一号、二〇〇〇年
チャタージー、パルタ「『サバルタン・スタディーズ』略史」粟屋利江・植松歩美訳、『みすず』第五七一号、二〇〇九年
チャテルジー、パルタ／長崎暢子「「サバルタン・スタディ」グループの研究について――インドにおける歴史研究の新しい傾向」『東京大学教養学科紀要』第二〇号、一九八七年
戸邉秀明「マルクス主義と戦後歴史学」『岩波講座日本歴史第22巻　歴史学の現在』岩波書店、二〇一六年
中島岳志「サバルタン的公共性とヒンドゥー・ナショナリズム――スラム街におけるセワー・バーラティの活動をめぐって」『アジア・アフリカ地域研究』第三号、二〇〇三年
長崎暢子「民衆運動における「派閥」――インド近代史上の問題」『社会史研究』第七号、一九八六年
新村恵美「インドの家事労働者の回顧録に関する一考察――G・C・スピヴァクとサバルタン・スタディーズの言説を使って」『目白大学人文学研究』第一一号、二〇一五年
朴裕河・中島岳志「サバルタンの声は届いたのか」『週刊金曜日』一〇九二号、二〇一六年

ハルトゥーニアン、ハリー『アメリカ〈帝国〉の現在——イデオロギーの守護者たち』平野克弥訳、みすず書房、二〇一四年
ハント、リン『グローバル時代の歴史学』長谷川貴彦訳、岩波書店、二〇一六年
ひろたまさき「パンドラの箱——民衆思想史研究の課題」酒井直樹編『歴史の描き方1　ナショナル・ヒストリーを学び捨てる』東京大学出版会、二〇〇六年
安丸良夫／タカシ・フジタニ「対談　いま、民衆を語る視点とは？——民衆史とサバルタン研究をつなぐもの」『世界』第六六三号、一九九九年

Amin, Shahid, *Conquest and Community: The Afterlife of Warrior Saint Ghazi Miyan*, Orient Blackswan, 2015.

Bayly, C. A., "Epilogue: Historiographical and Autobiographical Note," in *Origins of Nationality in South Asia: Patriotism and Ethical Government in the Making of Modern India*, Oxford University Press, 1998.

Chakrabarty, Dipesh, "Belatedness as Possibility: Subaltern Histories, Once Again," in Elleke Boehmer and Rosinka Chaudhuri, eds., *The Indian Postcolonial: A Critical Reader*, Routledge, 2011.

Chakrabarty, Dipesh, "Subaltern Studies in Retrospect and Reminiscence," *Economic and Political Weekly*, XLVIII(12), 2013.

Chatterjee, Partha, "My Place in the Global Republic of Letters," in Jackie Assayag and Véronique Bénéï, eds., *At Home in Diaspora: South Asian Scholars and the West*, Permanent Black, 2003.

Chatterjee, Partha, "Reflections on "Can the Subaltern Speak?" : Subaltern Studies After Spivak," in Rosalind C. Morris, ed., *Can the Subaltern Speak?: Reflections on the History of an Idea*, Columbia University Press, 2010.

Chatterjee, Partha, "After Subaltern Studies," *Economic and Political Weekly*, XLVII(35), 2012.

Chatterjee, Partha, Tapati Guha-Thakurta and Bodhisattva Kar, eds., *New Cultural Histories of India: Materiality and Practices*, Oxford University Press, 2014.

Chaturvedi, Vinayak, ed., *Mapping Subaltern Studies and the Postcolonial*, Verso, 2000.

Dirlik, Arif, "The Postcolonial Aura: Third World Criticism in tha Age of Global Capitalism," *Critical Inquiry*, 20, 1994.

Guha, Ranajit, ed., *A Subaltern Studies Reader, 1986-1995*, University of Minnesota Press, 1997.

Guha, Ranajit and Gayatri Chakravorty Spivak, eds., *Selected Subaltern Studies*, Foreword by Edward W. Said, Oxford University Press, 1988.

Ludden, David, ed., *Reading Subaltern Studies: Critical History, Contested Meaning, and the Glabalisation of South Asia*, Permanent Black, 2002.

Metcalf, Thomas R., "From Empire to India and Back: A Career in History," in Antoinette Burton and Dane

Kennedy, eds., *How Empire Shaped Us*, Bloomsbury Academic, 2016.

Prakash, Gyan, "Postcolonial Criticism and History: Subaltern Studies," in Axel Schneider and Daniel Woolf, eds.,*The Oxford History of Historical Writing,vol.5 Historical Writing since 1945*, Oxford University Press, 2011.

Roy, Tirthankar, *Rethinking Economic Change in India: Labour and Livelihood*, Routledge, 2005.

Subrahmanyam, Sanjay, "The Global Market for Indian History," in *Is 'Indian Civilization' a Myth? : Fictions and Histories*, Permanent Black, 2013.

6　カルチュラル・ターン後の歴史学と叙述

松原　宏之

1　問題の所在
——言語論的転回から文化論的転回へ

歴史学のいまを考えるうえで、カルチュラル・ターンがもたらすものの検討は欠かせない。「言語論的転回」が、史料の読み解きを研ぎ澄ましていったからだけではない。人間の発話や意味づけや振る舞いへの着目が、社会の成り立ちと動態のとらえ方を深化させたからである。「文化論的転回」を経た歴史家は、この世界を満たし、駆動している一連の過程を描こうとする。日常から制度へと及び、立体的で動的な歴史である。

本項で転回の概要をみたうえで、その核心を、近年の厳しい批判をとおして次項でつかみ直そう。見えてくるはずなのは、ある文化的なものを研究対象にするというよりも、狭義の文化史から政治経済史をまたいで世界の動態をとらえようとする統合史・全体史の模索である。この理論的展望との対比を用いて、第3項で具体的諸研究の試みを位置づけ、評価しよう。そして最後に第4項で、歴史叙述について考えねばならない。カルチュラル・ターンをふまえるなら歴史家は、過去をそのままに記録するというよりも、何を「史実」と確定し、それをどう解釈するかを否応なく左右する。観察者にとどまらずいわば歴史の動態に参与する者がいかに書きうるのか、これが問いになろう。

言語論的転回とはなにか——史料批判の先へ

カルチュラル・ターンの起点のひとつは、ことばと認知をめぐる省察にある。いわゆる言語論的転回である。

言語学者ソシュールの考察を種に叢生したのは、史料と現実との関係の問い直しであった。虹をながめてそこに何種類の色を見出すかは、その観察者がもっている通念による。だとすれば、眼前の現実をそのまま写し取るのでなく、観察者がもつ観念や関心や語彙を介して「史実」を生み出すのが史料かもしれない。ここにおいて、記録を読むことで過去を再現できるという想定は再考を求められる。文書や図像を書き残し、それを史料として保存し、探し出し、解釈する作業自体に、不定形で無数のできごとのなかから「史実」を選びだしていく側面があろう。史料をとおして真実を明らかにできると考えてきた歴史学は、その学知の再考を迫られた。

「史実」をめぐるこの問いが、歴史修正主義論争を招く一方で、「実証」の水準をより複雑で精緻なものへと飛躍させた。テクストの外部はないと断じたジャック・デリダ流のレトリックは、事実の存否そのものを後世にゆだねるのかといった議論を生んだ。しかしホロコーストを圧倒的なできごととみたデリダが問い詰めたのは、経験者の命を奪ってその証言を許さないほどの事件に、歴史家はいかに肉薄できるかであった［Spiegel 2009］。史料がいつ誰によってどんな視角から書かれたのかを、史料に導かれるだけでなく、ときにその記述を「逆なで」にして感知せよとカルロ・ギンズブルグは応じた。史料そのものが行使する力を勘案するなら、史料はできごとを伝えない「壁」ではなく向こう側を見通しうる「ゆがんだガラス」である。その制約を受け止めるなら、ガラスの形状や欠落までもが豊かな情報源となる［ギンズブルグ　二〇〇三］。歴史家を拘束する認識枠組みや物語類型があるなら、それら自体の来歴を問うことで見えるものもあろう［『思想』　二〇一〇、岡本ほか編　二〇一五］。

「史実」の歴史性に着目したことで、かつて当然の存在とみなした階級、性差、人種といった属性がつくられる過程が見えてきた。Ｅ・Ｐ・トムスンや喜安朗らの先駆的論考は、「労働者」を生産関係に由来する自明の主体としてでなく、社会的な紐帯の次元から彫刻し直した［喜安　一九八二］。ジョーン・スコットによれば、「女」もまた社会的・歴史的に生み出される。生物学的性差にもとづいた女性を対象にすると、社会や時代ごとにさまざまな意味で彼女を「妻」や「母」と名づけた力をとらえそこねる。女が何を経験しようが自分とは無関係だとうそぶく者が、社会を動かす主体の座から「女性」を遠ざけて、性差を抜いた「市民」や「労働者」という一般名称を独り占めする瞬間を見逃してしまう。有色の、下層の、母ならざる女たちを性差以外の夾雑物をかかえた者として周縁化し、性差がじつはさまざまな社会的属性の複合物としてのジェンダーであることを忘れてしまう。デイヴィッド・ローディガーは、一目でわかるような白人と黒人という境界線もまた、経済的・社会的に自立した自由民としての地位を失いかけていた一九世紀アメリカ合衆国国民がつくりだしたものだと喝破した。雇用主や大地主への依存が奴隷身分と近似的だと感じとった者は、自律を欠き、放縦でだらしない「黒人」を自分の顔に墨を塗って自ら演じてみせた。人種の区分を構築することで、間抜けなやつらとは対照的な自己なるものを確保したわけである［スコット　二〇〇四、ローディガー　二〇〇六］。

歴史家たちは言語論的転回を必ずしも歓迎しなかった。それにもかかわらず、この転回の影響は広く及んだのである。

文化論的転回とはなにか——動的な社会像

さて本稿でより比重をおくべきは、社会像の変化である。日本語圏の歴史学では、カルチュラル・ターンは言語論的転回と表記されることが多い。しかし諸学は、文化的な過程が社会のあり方に影響することに気づき、歴史家に応答を求めた。言語論的転回という用語で史料論・実証論に限らずに、一連の試みを「文化論的転回」として整理したい。

文化人類学者クリフォード・ギアツによれば、人間を動かすのは直接に行使される力だけではない。一九世紀バリの政治秩序は、強制力というよりも、演劇的な儀礼をとおしてかたちづくられる合意に依拠した。人々が日常的やりとりのなかで確かめた規範こそが、人々の振る舞いを定める［ギアツ　一九八七・一九九〇］。パレスチナ出身の文学者エドワード・サイードにいわせれば、たとえイスラエルが軍事力で一時的には土地を奪っても、合意を保つ物語なしには占領はいつまで経っても承認されない。裏を返せば、他者を「オリエント」と表象し、その枠内に位置づけてしまうことこそが、「オクシデント」の優位をつくりだし、その優劣をあたかも必然かのように長らえさせてきた［サイード　一九九三・一九九八］。歴史哲学者ミシェル・フーコーは、知と言説の網が他者ばかりか自己までをも規律していくことを描いた［フーコー　一九七七・一九八六］。

世界をかたちづくるこうした文化的な機制への着目が、歴史家に射程と視角の拡張をうながした。言説や表象には、狭義の言語論や史料論にとどまらない社会的な広がりがある。

国民国家を準備したのは新聞や小説の流通だったといち早く論じたのは、ベネディクト・アンダーソンであった。ラテン語を介したひとつの世界を、俗語・国語をともにする読者たちの共同体が分割していったのである［アンダーソン　一九八三］。フーコーの示唆に触発されて、医学史や科学史が活況を呈した。ドイツの近代化過程に着目する川越修が示すように、性科学や衛生学はその科学的権威で逸脱者を名指しし、彼らを排斥し矯正し、他方で中産階級の振る舞いを正統としていく。学知が人々の生き方を左右し、社会政策を方向づけ、そこに制度が生まれていく［川越 一九九五・二〇〇四］。ジョージ・チョーンシーによれば、一九世紀末ニューヨークでにわかに強まった逸脱視こそが「同性愛者」をつくりだし、ひるがえってそれが異性愛や市民の意味を確立した［Chauncy 1994］。パレードをはじめとする儀礼は、社会における正統なメンバーを確定し、あるべき規範を維持・回復する行為とみなすことができる［ハント編 一九九三］。陸続と生まれる作品群は、社会関係の成り立ちと動態をとらえ直そうとする文化史の奔流であった。

2 転回の問い直し

このカルチュラル・ターンの意義を、近年の諸批判との問答を介して突き詰めてみよう。転回が何をもたらしうるのか、その可能性の中心を探らねばならない。

批　判

流行としての文化史が終末期にあるとピーター・バークは言う。「文化論的転回」という用語を普及させたとされるボネルとハントの編著も、歴史家たちが言説や表象の研究に耽溺する状況を戒めた。文化への着目は一方で包括的な視座を提供するようでいて、他方でその広さが、言説や表象研究への無批判な安住を許していないかと問うのである［バーク 二〇一〇、Bonnell & Hunt 1999, Cook 2008］。

そもそも転回はあったのかとさえ問うたのは、二〇一二年のアメリカ歴史学協会会誌特集号であった。言語論的転回は実証への信頼を傷つけただけではないのか。実証の洗練にすぎなかったのではないか。こうした反問に耳を傾けつつ、言語論的転回の強みを引き出そうとする社会史の深化については後述しよう［*American Historical Review* 2012］。

批判者たちがあげる最大の懸念は、文化論的転回が新しい歴史像を提供できるのかである。「文化理論は、パラダイムを再建するというよりは、破壊したにすぎない」のではないか。文化的過程の注視はミクロな動態を精緻に明らかにする反面、マクロな変動を明らかにすることを忘れてはいないか。とりわけ、文化史の隆盛は、政治経済史的な関心を後景に押しやっていないか。文化史ブーム自体が、市場を自明視してその存在を俎上に載せない新自由主義時代の産物ではないか、こう問うのである［ハント 二〇一六、Rodgers 2011, *American Historical Review* 2015］。

文化論的転回の追究と徹底――全体史を求めて

転回の肝は何かとあらためて問わねばならない。

文化史の終わりを宣告して政治経済史への回帰を唱える批判者たちは、「文化」を社会の下位領域や、政治や経済と分かたれた別領域とみなす節がある。とはいえ、よく考えれば、文化論的転回が拓いたのは、政治史、経済史、社会史、文化史をまたいで、それら諸領域における文化的過程を包含した統合の可能性ではなかったか。重層的であり、時間的変化をも見通すいわば全体史の構想である。

リン・ハントがそのフランス革命研究で描き出したように、王権を打倒し国民主権に移行するという大転換は、その正統性が人々に納得されないかぎりは遂行されえないし、存続できない。文化史批判と軌を一にするようにアメリカで台頭する「資本主義の歴史」も、政治経済史の文化論的転回と呼ぶべきものを胚胎している。資本と土地と工場があるだけでは産業化は進まないし、資本家の地位は確立しない。それら資源の用い方や社会関係を妥当とみなす物語が社会において流通しない限り、人は働かず、工場は稼働せず、資本家たちは正統性を手にできない。刷新を要しているのは、文化と政治経済構造との二分法的な理解なのである［Beckert 2001, 2011, ハント　一九八九］。

日々そこここで展開する文化的過程への着目は、批判者たちが思い描く「マクロな社会」や「長期的な変動」の理解に変更を求めるだろう。ウィリアム・シーウェルの議論が参考になるだろう。歴史家たちは、社会科学者たちのモデルに依拠して社会変動を説明し、その枠のなかでの個別研究に安住していないかとシーウェルは挑発する。文化論に即して考えるなら、社会科学者が想定する単体のような「社会」は実像にそぐわない。一見すると堅牢な構造や制度は、じつのところ日々の折衝の連鎖が総体として保つにすぎない。このとき、ある一枚岩が状態AからBに移行するような変化は起きない。変化はいつも個別の現場で生じるよりなく、そのできごとが連鎖を呼ばねば総体は変動しない。社会科学者のモデルは、この変化の現場を見ずに、ある一方向への変化を目的論的（teleological）に語るにすぎないとシーウェルは喝破する。産業化や民主化へと向かう単線的な近代化を想定したまま、実際に変化が起きる現場を見ていないという批判である［Sewell 2005］。

変化の行方は戦争や金や法制度といった要素だけで決まりはしない。連鎖の成否は基礎的な条件によっても規定されるが、他方でわずかな入力の差がまったく別の事態を生みもする。歴史家がよく知るように、深浅長短をたがえるいくつもの文脈がたまさか重なり合うのがひとつの現場であり、そこでの働きかけの巧拙、工夫の有無、しかるべき人物や関係の在不在といった無数の偶発性（contingency）がいかなる順番（temporality）で生じるかもまたできごととその成り行きを大きく変える。環境史の示唆にも学ぶなら、便宜的にはマクロな条件とミクロなできごととに分けうる諸要素はたとえば「生存」という結節点で交差するだろう。マクロにはＡからＢへの変化と記述するよりない事態は、文化論的に描き直せば、重層的な無数の文脈上にあるイベントの集積であり、いくつもの方向性を内包しつづける動的な過程といえる［大門　二〇一一、北條　二〇〇三］。

文化論的転回を経たいま、歴史の変動をこの重層性と複雑性とで描き直すことができる。文化還元主義や文化史への逼塞とは対照的にも、この見方は、政治経済史や社会史をも串刺しするような全体史の可能性を提示する。先導的な文化史家だったハントやシーウェルらが文化史批判に転じているが、彼らの代替構想が文化論的な要素をもつのが示唆深い。いたずらな二項対立図式でなく、より包括的な歴史学の方法がありえるだろう。その動態への着目は、ある時点での暫定的な決着を見届けると同時に、それを単線的で一方向的に描くような目的論（teleology）の叙述とは袂を分かつ。できごとを終わってしまった過去として固定し、結果として現状の追認を繰り返すのでなく、そのできごとの可動性をもすくい上げようとするのである［松原　二〇一三b、小林　二〇一三、三谷　二〇一二］。

3　文化論的転回後の歴史学を求めて

歴史家たちは試行のただなかにある。言語論的転回の系譜をひく作品群が成果をあげつつある。他方、衆目一致して文化論的転回の具現といえる研究はまだ少ない。各所に顔を出す萌芽と実験をひろいあげて、進みうる道を展望したい。

社会史の深化——言語論的転回後の史料と主体

言語論的転回の着想を徹底した一例に、女たちの助産の世界に男性産科医が進出する過程をたどる長谷川まゆ帆の仕事をあげよう。一八世紀初めまでを生きたフランスの外科医モケ・ド・ラ・モットが残した分娩指南書は、彼の医術を知る史料であるとともに、王権の伸張とともに権威の所在もまた変わる激動期に、ひとりの外科医が旧来の医療教育、内科医、他の外科医、そして産婦を囲む女性たちと競い自らの権威を勝ち取ろうとする働きかけそのものでもあった。史料の形状や所在までをも読みほどくこの研究は、多くのアクターたちの折衝をたどる社会史であるとともに、そのやりとりそのもののなかから「アクター」の輪郭やアクター間の関係が立ちあらわれる過程を描き出す。言語論的転回を経て深化した歴史学の姿をみとめることができる［長谷川まゆ帆　二〇一二］。

労働社会史の成果をふまえて、あらためて主体の問題を考える可能性については長谷川貴彦が理論的にも整理を進めてきた。ひとは言説によって規定され、つくられるだけではない。一八～一九世紀イギリスの貧者たちがしたためた手紙が示すように、教区から給付を引き出そうと貧者たちもまた言説を操った。自分たちがいかなる言葉遣いで判定されるかを織り込んだうえで、貧者たちは例文や代書人を使って体裁を整えた。救済にふさわしい者を選別する教区側の試みと、それを逆手に取ろうとする試みとの折衝を、読み取る作業である［長谷川貴彦　二〇一四］。兵士たちの戦時郵便史料をあつかう小野寺拓也は、ふつうのドイツ人がナチスに加担する主体になっていく過程を描き出す。軍隊組織には違和感をもちつつも、生き残るために身近な戦友とは打ち解けてみせ、男らしさを装い、無力感を埋め合わせる機会を求めるうちに、ときに暴力的なナチスの兵士になっていく。ここでも主体とその属性はあらかじめ存在するわけでないが、周囲と折衝しその都度に選択をして兵士たちは何者かになっていく。動的な主体像である［小野寺　二〇一二］。

こうした深化の先に分水嶺があろう。史実と主体の再発見にとどまるのか、やりとりから生まれ直す主体たちが織りなす動的な社会が見えるのかである。「言語論的転回を超えて」、「主体の復権」に注目する長谷川貴彦は、その著書ではイギリス福祉国家の形成を描き直そうと試みる。国家機構が一手に引き受けるのでなく、種々の中間団体や貧民たちまでの折衝のなかから福祉国家が立ちあらわれる紆余曲折を描こうとする作品だが、貧民たちの言説戦略はその一章を占めるにすぎない。諸主体の関係から新たな全体史をうかがう試みは、さらなる飛躍を待っている［長谷川貴彦　二〇一四・二〇一六］。

文化論的転回後の動態の歴史学

この全体史を、日常から政治経済に及ぶ文化的な機制に注目してつかまえようとするのが文化論的転回といえよう。

社会の制度や秩序はいつも文化的了解とともにある。しかし、その合意や追認を調達するはずの文化的過程は、ときに思わぬ乱調にも見舞われる。制度や権力を産出する日々の折衝は、異論や不具合をも生むからである。近代化の屋台骨を問いなおす、科学史や医療史の成果をみてみよう。

近代学校制度は国民化の装置であり、体育や保健教育は壮健な国民をつくろうとした。ところが、昭和戦前期までの日本で、その努力は達成されなかったと宝月理恵はいう。衛生制度、学校医たちの営み、そして新中間層家族の受け止めをみくらべると、教室で指導された歯みがきを、子どもは忠実には実践しないのがわかる［宝月 二〇一〇］。ロンダ・シービンガーもまた科学知の力のほどを、知識の獲得と伝播の現場で洗いなおす。カリブ海諸島に咲く黄胡蝶《オウコチョウ》は現地では中絶薬として知られながら、一八世紀ヨーロッパへはその薬効情報を抹消されて伝わった。薬草探査事業にとって、植民地経営に資するか利潤を生む医薬品となるかが重要であり、産ましむべき女たちに自決権を与えるつもりはなかったからである。ところがシービンガーが発見するのは、現地民、アフリカ人、現地生まれのヨーロッパ人、女性らがしのぎを削るなかで、書斎派・国家連携型のヨーロッパ知識人が主導権を握りきれない様子であった［シービンガー 二〇〇七］。

こうしたゆらぎや障害は、一過的というよりも、基層的で長期的な連関のなかにある偶発性であり摩擦である。国民国家や植民地の経営は大きな推進力をもったが、それはしかし個々の現場で、多様な人々との折衝をとおして具体化し、その結果がいつも一方的である保証はない。巨大な国家意思が、歯みがきという細い経路で家庭への浸透をはかるとき、日常という別の実践系にいる子どもや家族が面倒くさいとばかりにそれを受け流したのはその一例であった。大本教の祖・出口なおを描く安丸良夫がすでに垣間見せていたのは、「通俗道徳」という近世的規範意識こそが明治期日本にあってもこの女性を規定しつづけたことである。勤勉や倹約といった徳目を実践しようとどれほど努めても叶わないとき、一庶民にすぎなかったなおは神懸からざるをえなかった。近代化や産業化が進むはずのその時期に、根深く存続する社会像に影響され、また逆にそれを駆使してなおとその信者たちは大本教を打ち立てた［安丸 一九七七］。深度や波長をたがえる世界認識、規範像、欲求に由来する解釈や了解や納得のずれは、ひとつのできごとのなかにさえ複数のベクトルを持ち込んでいく。それはときに歴史を押しとどめ、抵抗を生み、あるいはまた動かしていく。

大正デモクラシーの起点とされてきた一九一八年の米騒動の前後二〇年弱を描き直す藤野裕子によれば、一連の都市騒擾を民衆運動の成長として称揚はできない。藤野が注目した下層民たちは、民主化の主体たる「民衆」や「労働者」としてではとらえきれない。親分に依存し、寄せ場で暮らす貧しく若い男性人夫たちは、勤勉や禁欲では報われない生活を送り、その満たされない承認欲求を暴動への参加で表現する。政治集会の場を埋めた男たちは、ときにまた官憲や政党や親分に背を向け、上層階級に「馬鹿にするな」と吐き捨て、街頭の占拠で「天下」を取ろうとし、関東大震災時には朝鮮人を虐殺さえした。着実な民主化の軌跡とはいいがたい。このジェンダー化された主体に注目して藤野が描き出すのは、労働・生活経験、社会的期待、アイデンティティを異にするアクターたちによる、どう転ぶとも知れず、不穏な暴力の予感をはらんだ「民主化」である［藤野　二〇一五］。

一九一〇年代アメリカにおける性病防止運動が医学の名のもとに中産階級的な性規範を下層民に課したとみるのも一面的である。松原宏之によれば、医師やテクノクラートに先駆けたのは、ソーシャルワークを旗印に社会改良を唱えた女性たちであった。一八世紀末のアメリカ革命以来、自立した個人に多くを期待したこの国は、都市化や産業化に社会的に対処する制度を欠いた。衛生問題を放置し、無策のまま乳幼児を見殺しにするこの政体に怒る女性たちは、機能不全にあるアメリカを担うべきは自分たちだと要求していた。既存の国家や知への批判をはぐくむ彼女たちと、医師やテクノクラートは、第一次世界大戦期にいったんは連携する。しかし社会像のちがいは、彼らの合意と協働を戦後には解体していってしまう［松原　二〇一三a］。

ナチス期にいたる食べることの歴史を描くのは藤原辰史『ナチスのキッチン』である。建築家、家政学者、料理研究家らの協力を引き出してナチスが食を合理化し、管理下におく過程を描くこの研究はしかし、その底流にある複数の文脈に繰り返しぶち当たる。調理と食事の合理化は労働管理の一環であり、近代の趨勢であるかのようである。しかし食べるという行為は、環境史のより長い視野に照らせば、エネルギーの摂取という生きものの基礎的営みであった。キッチンという近代空間は、竈を中心により長い伝統をもつ精神世界の場でもある。ナチス的な近代化の徹底は家政学に携わる女性たちから協力を得ることで進展もするが、それら協力者たちを含む人々が思い描き、必要とした食事は合理化の一点に収斂はしなかった［藤原　二〇一二］。

できごとに際して、社会像、規範、時間軸、立場、欲求、解釈などのちがいが調整や齟齬や衝突を経ていくことに目をこらすなら、そこで得られる歴史像は動態を見失わない。民主化、科学化、合理化といった一見たしかな過程は、水面下にいくつもの潜勢力をかかえている。報われない男性人夫や苦学生を暴力に駆り立てる条件が存続した。専門家による科学と発言権の独占を承服しない母親やソーシャルワーカーがいる。ナチスのキッチンは完遂されないとともに、食の合理化はいまもまだかたちを変えてありうる。文化論的転回後にこそ明らかにしうる動的な歴史が姿をあらわしつつある。

4 叙述の挑戦——歴史学の責任と可能性

さて忘れてならないのは、文化論的転回が、研究対象としての歴史だけでなく、歴史家自身を問うことである。なかでも課題は、歴史叙述のあり方である。

参与する歴史家

記録を残すこと、それを史料に用い、解釈を与えること、そのいずれの段階でも歴史家はまったくの第三者ではありえない。これこれのできごとがあったと述べることは、ある史実を認定する行為である。実証を重ねてもなお、歴史学はその行為に責任を負う。このことを認めるなら、歴史家は世界と読み手に働きかけることから逃げずに、その歴史像の妥当性を検証へとひらかねばならない。自らを観察者の立場に祭り上げずに、過去を語り直す過程に否応なく参与している自らをも含んで、いかに叙述するのか。歴史家は、自らがいかなる歴史像を提示するのかをその文体をも含めてみつめざるをえない［『歴史学研究』二〇一三—二〇一四］。

これは歴史学の危機ではない。むしろ、可能性である。世界のあり方を決めてしまうからこそ歴史叙述は重大である。世界と読み手にとって切実でありうる。歴史をいかに書くかが、過去というよりも、現在にいたる歴史をどう評価し、どこへ進むかを決定づけると指摘した保苅実『ラディカル・オーラル・ヒストリー』が思い出される。オーストラリア先住民「ジミーじいさん」の荒唐無稽とも思える語りにどう呼応するかは、植民地主義を追認するか否かの分かれ道だという。怪物「ジャッキー・バンダマラ」の所行についての「じいさん」の証言を聞き流すことは、アボリジニが植民者の不当性を刻みつけようとする歴史実践を消し去る行為だからである。このとき実証に徹することは、中立どころか植民地主義への加担になる。その不当を訴えるために、保苅は文体の限りを尽くした［保苅 二〇〇四］。歴史を語る者は、そのコミットメントを引き受けるしかない。

この立場は、検証可能性の放棄ではない。ある歴史を私はこう考えると叙述するとき、それが歴史家のあらかじめ抱いた信念の表明であるとは限らない。史料群は、これが唯一の事実だと訴えかけ、事態はかくして決着したと結論を迫る。歴史家は、それら史料を来歴とともに吟味し、その際の自らの思考の枠組みを対象化し、暫定的な決着を説明するとともにそこで伏在しつづけるいくつもの潮流に目をこらす。歴史家自身も中空にいるわけでないとすれば、歴史家は向かってくる風を計算してどこかで押し返してやらねばならない。その判断までをも開示して、反論や応答に開かれた対話がありうるだろう。

文化論的転回後の叙述と文体

歴史学が否応なく権力の一端を担ってきた植民地史は、この論点に鋭敏である。一九世紀フランス領アルジェリアをアルジェリア側史料もふんだんに用いて描く工藤晶人『地中海帝国の片影』は、単に実証性を求めた研究ではない［工藤　二〇一三］。「歴史の書き方自体に目をむけねばならない」と強調する工藤は、植民地主義に批判的な者までがアルジェをフランスとの関係でのみ論じることを警戒し、アルジェ史の叙述の仕組みを読み解いていく。フランスの支配に還元しえない近世地中海史の文脈を呼びおこし、イスラム法との折衷を見出し、現地民助役の重みが増しさえする統治状況を発見するとともに、なぜいかにそれらが見えなくなったかを追跡する。工藤があぶり出すのは、植民地支配が貫徹しなかったことを覆い隠してきた当時の法学者から現代の歴史学者にいたる知識人の責任である。植民地フィリピンとアメリカ帝国との相互関係を歴史家が捨象するのを厳しく批判する中野聡とも共通点がある。自省度の高い作品である［中野　二〇〇七］。

先述の藤野裕子の筆致は、手堅い実証を重ねて抑制的である。しかしそれは実証主義的であることを目的にはしていない。騒擾に加わった人々の状況を民衆史の手つきで丹念に明らかにしていくのは、その民衆史の臨界の先に、ジェンダー化された身体が思いがけない暴力へと走り出すその機制と情動を指し示すためである。対話するように、今まで見えていなかった世界へと読者を誘い出すために選択された文体である。

藤野と一見すると対照的に、松原はその解釈を隠さない。科学知にもとづく規律の浸透を説く先行研究との対峙を何度となく提示し、史料解釈に立ち入って性医学者やテクノクラートたちの頓挫を浮かび上がらせようとする。短い文でリズムを刻んで、読み手の説得に努める。その執拗さは、史料と読み手と筆者をも囲む歴史の磁場を破ろうとする働きかけである。医師や官僚たちが残す史料の量はしばしば他を圧する。読み手は、近代化論や規律論といった支配的な歴史像をもっている。こうした状況で死角になるであろう歴史像に光を当てるには、見立てと論拠とをどこまでも開陳しながらも、歴史家には読者の横に立って対話を仕掛けるという道もある。

藤原辰史は希望を探す。それが牽強付会に終わらないのが興味深い。竈の前で、食べるという根源的な行為が生み出す喜びや創造性を信じる藤原はしかし、史料に引き戻されてはキッチンの合理化に直面することになる。ナチ時代の巨大な力が建築家や家政学者たちを巻き込んでしまうことを知る。しかしそこであらためて藤原は、包摂されきらないものを探してあたりを見回す。検証を重ねる先にようやく、事前の想定どおりではない、「残余」のような「希望」のありかを藤原は指さす。読み手はこのとき、単なる史実以上のものを手にする。ナチ時代を制し現代にまで続く食の合理化という趨勢とともに、その趨勢が見えにくくするかもしれない潮流の存在と、両者のせめぎ合いを描くことで「来たるべき台所」の構想を得ようとする歴史家の姿を目にする。それは読者にとって、過ぎてしまったできごとの確認にとどまらず、何を選ぶのかという問いになる。

実証主義の堅い砦から出るのはおそろしくみえる。進むべき道もまだ確立されていない。しかし現状のままで、歴史学とその文体は読者を揺り動かす力をもっているだろうか。実証主義の堅い文体はそれ自体が目的ではなかったことを忘れていないだろうか。

他方、新しい歴史像が見えつつある。新自由主義下の世界は進歩や解放というよりも不吉だが、文化論的転回の視座から見える歴史の行方は一方向的とは限らない。盤石かのような制度もが日々の交渉の連鎖の上にあるとすれば、新自由主義的な世界は容易に変わらない柔構造をもつとともに、その折衝のいかんで姿を変えもする。

世界の動態をつかまえようと突き詰めることが歴史の叙述そして文体にも変更を要請するとすれば、それは間違いなく真摯な一考に値する。歴史家自らもまたその一部であるような歴史の動態を解き明かし、叙述せねばならない。その叙述と文体は多様でありうる。歴史的過程の広さまでをも伝え、その困難を打開するために、あらゆる文体を駆使せねばならない。実験は始まっている。

文献一覧

アンダーソン、ベネディクト『定本想像の共同体――ナショナリズムの起源と流行』白石隆・白石さや訳、書籍工房早山、二〇〇七年

大門正克「「生存」を問い直す歴史学の構想――「一九六〇～七〇年代の日本」と現在との往還を通じて」『歴史学研究』第八八六号、二〇一一年

岡本充弘・鹿島徹・長谷川貴彦・渡辺賢一郎編『歴史を射つ――言語論的転回・文化史・パブリックヒストリー・ナシ

ヨナルヒストリー』御茶の水書房、二〇一五年
小野寺拓也『野戦郵便から読み解く「ふつうのドイツ兵」――第二次世界大戦末期におけるイデオロギーと「主体性」』山川出版社、二〇一二年
川越修『性に病む社会――ドイツ　ある近代の軌跡』山川出版社、一九九五年
川越修『社会国家の生成――20世紀社会とナチズム』岩波書店、二〇〇四年
喜安朗『パリの聖月曜日――19世紀都市騒乱の舞台裏』平凡社、一九八二年
ギアツ、クリフォード『文化の解釈学』吉田禎吾・柳川啓一・中牧弘允・板橋作美訳、岩波書店、一九八七［一九七三］年
ギアツ、クリフォード『ヌガラ――19世紀バリの劇場国家』小泉潤二訳、みすず書房、一九九〇［一九八〇］年
ギンズブルグ、カルロ『歴史を逆なでに読む』上村忠男訳、みすず書房、二〇〇三年
工藤晶人『地中海帝国の片影――フランス領アルジェリアの19世紀』東京大学出版会、二〇一三年
小林道憲『歴史哲学への招待――生命パラダイムから考える』ミネルヴァ書房、二〇一三年
サイード、エドワード『オリエンタリズム』今沢紀子訳、平凡社、一九九三［一九七八］年
サイード、エドワード『文化と帝国主義』大橋洋一訳、みすず書房、一九九八［一九九三］年
シービンガー、ロンダ『植物と帝国――抹殺された中絶薬とジェンダー』小川眞里子・弓削尚子訳、工作社、二〇〇七［二〇〇四］年
スコット、ジョーン・W『増補新版　ジェンダーと歴史学』荻野美穂訳、平凡社、二〇〇四［一九八八］年
バーク、ピーター『増補改訂版　文化史とは何か』長谷川貴彦訳、法政大学出版局、二〇一〇［二〇〇八］年
長谷川貴彦『イギリス福祉国家の歴史的源流――近世・近代転換期の中間団体』東京大学出版会、二〇一四年
長谷川貴彦『現代歴史学への展望――言語論的転回を超えて』岩波書店、二〇一六年
長谷川まゆ帆『さしのべる手――近代産科医の誕生とその時代』岩波書店、二〇一一年
ハント、リン『フランス革命の政治文化』松浦義弘訳、平凡社、一九八九［一九八四］年
ハント、リン『グローバル時代の歴史学』長谷川貴彦訳、岩波書店、二〇一六［二〇一四］年
ハント、リン編『文化の新しい歴史学』筒井清忠訳、岩波書店、一九九三［一九八九］年
フーコー、ミシェル『監獄の誕生――監視と処罰』田村俶訳、新潮社、一九七七年
フーコー、ミシェル『知への意志（性の歴史1）』渡辺守章訳、新潮社、一九八六［一九七六］年
藤原辰史『ナチスのキッチン――「食べること」の環境史』水声社、二〇一二年
藤野裕子『都市と暴動の民衆史――東京・一九〇五―一九二三

年』有志舎、二〇一五年
宝月理恵『近代日本における衛生の展開と受容』東信堂、二〇一〇年
北條勝貴「総説　自然と人間のあいだで」増尾伸一郎・工藤健一・北條編『環境と心性の葛藤』勉誠出版、二〇〇三年
保苅実『ラディカル・オーラル・ヒストリー――オーストラリア先住民アボリジニの歴史実践』御茶の水書房、二〇〇四年
松原宏之『虫喰う近代――一九一〇年代社会衛生運動とアメリカの政治文化』ナカニシヤ出版、二〇一三年a
松原宏之「歴史の変動、歴史家と変革――レイモンド・フォスディックと第一次世界大戦期アメリカ改良運動の交錯する波」『歴史学研究』第九一三号、二〇一三年b、一―一一頁
三谷博『明治維新を考える』（岩波現代文庫）岩波書店、二〇一二［二〇〇六］年
ローディガー、デイヴィッド・R『アメリカにおける白人意識の構築――労働者階級の形成と人種』小原豊志・竹中興慈・井川真砂・落合明子訳、明石書店、二〇〇六［一九九一］年
安丸良夫『出口なお』朝日新聞社、一九七七年
『歴史学研究　特集　史料の力、歴史家を囲む磁場――史料読解の認識構造』第九一二―九一四号、二〇一三―二〇一四年
『思想　特集　ヘイドン・ホワイト的問題と歴史学』第一〇三六号、二〇一〇年
"AHR Forum: Historiographic "Turns" in Critical Perspective." *American Historical Review* 117, no. 3 (2012): 698-813.
Beckert, Sven, "History of American Capitalism," in *American History Now*, edited by Eric Foner and Lisa McGirr, Temple University Press, 2011.
Beckert, Sven, *The Monied Metropolis: New York City and the Consolidation of the American Bourgeoisie, 1850-1896*, Cambridge University Press, 2001.
Bonnell, Victoria E., and Lynn Avery Hunt, eds., *Beyond the Cultural Turn: New Directions in the Study of Society and Culture*, University of California Press, 1999.
Chauncey, George, *Gay New York: Gender, Urban Culture, and the Makings of the Gay Male World, 1890-1940*, Basic Books, 1994.
"Conversation: Explaining Historical Change; or, the Lost History of Causes," *The American Historical Review* 120, no. 4 (2015): 1369-423.
Cook, James W., Lawrence B. Glickman, and Michael O' Malley,*The Cultural Turn in U.S. History: Past, Present, and Future,* University of Chicago Press, 2008.
Rodgers, Daniel T., *Age of Fracture*, Belknap Press of Harvard University Press, 2011.
Sewell, William Hamilton, *Logics of History: Social Theory and Social Transformation,* University of Chicago Press, 2005.
Spiegel, Gabrielle M., "The Task of the Historian," *American Historical Review* 114, no. 1 (2009): 1-15.

第3章　「生存」／「いのち」の歴史学

1 「生存」の歴史学

大門　正克

はじめに

ソ連社会主義解体と冷戦構造崩壊後の一九九〇年代に入ると、日本の歴史学では国民国家論や言語論的転回をめぐる歴史認識の論争が続く一方で、時代状況が歴史学に与える大きな影響を注視する議論が登場してきた。九〇年代半ばの鹿野政直は、「歴史学はいま、はげしく化けかわろうとしている」とし、それを「化生する歴史学」「自明性の解体」と呼び、歴史意識と歴史学が時代状況の大きな変化の渦にさらされて変貌する様相を書きとめている［鹿野 一九九八：四四および第Ⅰ部］。いま振り返れば、鹿野の文章は、九〇年代にあらわれた歴史学の変化の波頭を最も早く受けとめたものだということがよくわかる。

九〇年代後半以降、私は、歴史意識と現在意識の変貌を新自由主義とのかかわりで観測し、歴史学の新しい議論の場を探るようになった［大門　二〇〇八b：第一部］。二〇〇〇年代に入ると、小沢弘明は、歴史学の現在を「新自由主義時代の歴史学」と名づけ、歴史学は新自由主義時代のもとにあること、「認識論からの攻撃」には受けとめるべきものもあるが、それでも歴史学に「必要性と存立可能性」があるとすれば、それはどこに求めることができるのかと問題提起をした[1]。

三人の議論をめぐって確認しておくべきことは、九〇年代半ば以降、歴史学の「自明性を解体」するような巨大な変化が訪れているという認識のもと、歴史学や歴史意識にもたらされた変化を確認するとともに、歴史学の「必要性と存立可能性」を根本的に考え直さなくてはならないという考えがあらわれてきたことである。

今から振り返れば、九〇年代後半以降の日本社会で新自由主義の猛威が吹き荒れてきたことは見えやすいことであるだろうし、「新自由主義と歴史学」というテーマもなじみのあるものであるにちがいない。しかし、二〇〇〇年代初頭の日本社会では、格差社会論は提起されていたものの、それを新自由主義と結びつける理解は少数であったし、小沢弘明が繰り返し指摘したように、世界でも日本でも、歴史学は新自由主義への反応が最も鈍い分野のひとつだった［小沢 二〇〇七］。

日本の歴史学が、「新自由主義時代の歴史学」のテーマを受けとめる機運は、ようやく二〇〇〇年代後半に訪れた。二〇〇七年から〇九年にかけて、東京歴史科学研究会、歴史科学協議会、歴史学研究会、大阪歴史科学協議会は、いずれも大会テーマに新自由主義を選んだ（詳しくは［大門 二〇一二］参照）。大阪歴史科学協議会は、二〇一五年にも新自由主義を大会テーマにすえている。

この過程で、「新自由主義時代の歴史学」と密接にかかわり、新たに「生存」や「生きること」が歴史学の課題として提起され、「生存学」も提唱されてきた。これらがもつ意味について、二一世紀初頭の歴史学の成果と課題にかかわって整理することがここでの目的である。

1 「生存」の歴史学／「生存学」の提起

二〇〇八年の歴史学研究会大会テーマ「新自由主義の時代と現代歴史学の課題」のもとで、私は、「序説「生存」の歴史学」を報告した。報告のなかで私は、新自由主義時代のなかで「生存」について考える意義を強調し、「生存」の歴史学をめぐって、①「生存」は「労働」と「生活」の両方を含む概念であること、②「生存」は関係のなかにある概念であり、「生存」に注目することで、人々が「生存」するという主体的行為と構造・システム（国家の法や行政・制度）との関係や、そこにはらまれる矛盾・葛藤を解明できること（矛盾の動態的把握）、③「生存」の問題からジェンダーに敏感な議論ができることを指摘した［大門 二〇〇八a］。

歴史学における「生存」については、二〇一一年の日本史研究会大会で議論が続いた。同大会では、「「生きること」の歴史像」をテーマに掲げ、そのもとで「歴史における「生存」の構造的把握」を共通テーマにした全体会が開催され、高岡裕之が「「生存」をめぐる国家と社会」を報告した。高岡は、大門の報告が、「構造」よりは「主体」、「市場」や「国家」よりは「民衆」を重視していると批判し、「生存」の構造的把握が必要だとして、一九三〇年代から五〇年代を中心にした「国家」と「社会」の関連把握を、主に政策を対象にして論じた［高岡 二〇一二］。岩城卓二は、人々の「引越」を「「生存」の場を求める」行為と位置づけ、「「生存」をベースに組み立てられる身分」というように、近世の身分制を「生存」の視点から位置づけ直そうとしており、「生存」という新しい視点を歴史学に導入する方向性を示唆した［岩城 二〇一二］。

岩城が新しい方向性を示そうとしたように、「生存」の歴史学の問題提起は、従来の学問の見直しを含めて行われていることに留意したい。私の報告は、九〇年代後半から一〇年間にわたる自分自身の同時代史的検証にもとづき、新自由主義時代の歴史学について関心を寄せた歴史批評と、農村の社会経済史的研究のふたつの仕事の接点から構想されたものであった。農村女性の出産・労働・生活改善を対象にした研究を通じて、私は、第一次世界大戦後の農業経営の発展志向のなかで農村女性の労働過重問題と高い乳幼児死亡率があらわれたことについて検証したが、経済史研究からはほとんど関心が集まらなかった。私は、その理由のひとつに経済史研究の方法があるのではないかと考えた。経済史研究では、もっぱら「労働」に関心を集めてきたからであり、「生活」は別個のこととして扱われる傾向があった。農家女性の過重労働問題にともなって高い乳幼児死亡率が引き起こされることは、「労働」と「生活」（再生産）が一体の問題であることを示していた。阪神大震災以来、歴史学のあり方を再検討してきたこともふまえ、ここで私は、「労働」と「生活」を含む概念として新たに「生存」を提起した［大門 二〇〇八・二〇一三c］。

「生存」の歴史学の提起とほぼ同じ二〇〇七年に、社会学の立岩真也は、立命館大学を拠点にして、「生存学」の創成を提起した。ここでの「生存学」は、「障老病異」、すなわち病い、老い、障害、異なりをもつ身体で生きる人々の経験を社会とのかかわりで検討し、生き方、あるべき世界を構想するものである。(2)「生存学」もまた従来の学問を見直し、新しい学問の創成をめざすものだった。医学は、基本的に病気や障害を「治す」ための学問であり、「治らない状態」は学問外にされてしまうこと、社会福祉学は福祉サービスについて議論するが、「障老病異」とともに生きていることを相手にするものではない。そこから「生存学」は、「障老病異」の当事者が研究に加わる道筋を整え、「障老病異」の本人に家族、医療・保健衛生などの専門職業人などを加えて、「障老病異」の人たちがどのように生きてきたのかを知り、これからどうして生きていくのかを考える学問として構想された。

「生存学」創成の提起には前提があった。一九七〇年代から八〇年代にかけて、障害者の人たちが家と施設を出てくらす「自立生活」の試みが、政策との緊張などで曲折をへながらひろがった［安積ほか 一九九五］。この試みにより、依存しないこと＝自立としてきた考え方は、他人の支援を得つつ、自分のしたいことは自分で決めることへと転換していく。九〇年代に入ると、自己責任に重心をおいて自己決定を強調する新自由主義の考えが強まった。自立生活は自己責任に抗するなかで、自立の考え方を転換させる重要な役割を担ったのである。このような推移のうえに、二〇〇〇年代に入ると、当事者が自らの経験を振り返って研究する当事者研究の考え方がひろがる〔立岩・天田 二〇一一〕。生存学は、自立生活／当事者研究をふまえ、二〇〇〇年代に構想された学問であった。

今までの学問の見直しを含め、二〇一〇年前後から現在にかけて、「生存」をめぐる議論がひろがっている。社会学と文化人類学では、「生」そのものを対象にすえる議論や〔藤村 二〇〇八、田辺 二〇一〇〕、グローバリゼーションのもとで、「生業」と〈生きる世界〉に着目する議論が登場した〔松井ほか編 二〇一一〕。「生存」の歴史学をめぐる議論では、『歴史学研究』の特集「歴史のなかの「貧困」と「生存」を問い直す――都市をフィールドとして」（第八八六―八八八号、二〇一一―一二年）に続き、東京歴史科学研究会の大会では、二〇一二年から一五年まで四年間にわたり、「生存」のテーマが掲げられ続けた[3]。

2 「生存」の歴史学の提起と歴史研究の課題

「生存」の歴史学の提起により、歴史研究の課題がどのように開けているのか、以下、地域社会、生存権、生存保障の三つの主題を取り上げて、今までの課題との接続や新たな課題の提示など、議論を整理してみたい。

地域社会と「生存」

日本の近現代の歴史において、生存権が法律で定められるのは、戦後の日本国憲法においてであるが、奥村弘は、早くから明治憲法のなかに「生存権的規定」を読み込み、その歴史的位置づけをはかってきた〔奥村 二〇〇八・二〇一四〕。大日本帝国憲法第九条には、天皇の役割として、警察を中心とした「公共ノ安寧秩序」の保持だけでなく、「臣民ノ幸福ヲ増進」することが重要なものとして位置づけられていた。奥村はここから、大日本帝国憲法には「国民の生存権を積極的に保障する」ことが組み込まれていたとする。その一方で、明治憲法で権利義務の関係を法的に担うのは、主権者である天皇であり、憲法のこの原理は地方自治にも貫かれていた。明治期の市制町村制による地方自治では、人民に固有の権利を認め、彼らが契約的に担う自治体で権利と義務が具体化するという考えが採用されたのではなく、天皇による「臣民ノ福祉」の「増進」を前提にして、自治は国民の権利ではなく、国民の義務として国家の統治行為の一部に参加することが地方自治だと位置づけられた。

奥村は、国民の義務としての自治という考え方は、近世以来の日本社会の展開から導きだされたものではなく、一九世紀半ばに入り、階級に分裂した社会をかかえたドイツ・オーストリアを中心に構想されたものだとする〔奥村二〇一四〕。「階級に分裂した社会を外部から統合調整する組織」として町村を位置づける考えが日本にも導入され、ここから町村は、天皇制国家を支え、「「生存権」を保障する基礎単位」にすえられたとする(4)。

とはいえ、「臣民ノ幸福ヲ増進」する役割を天皇に認めたものの、生存は権利として付与されるのではなく、人々は義務として自治に取り組まなければならない。生存を維持する救護法が制定されるのは、ようやく一九二九年のこと、それまでのあいだに町村や名望家は人々の生存に対してどのような役割を果たしたのか。この点をめぐり、災害や「行き倒れ」、社会事業などの研究が行われている。

大川啓は、二〇世紀初頭の地方都市（秋田市）における火災を例に、近代日本の地方資産家が名望を獲得するためには、地域運営能力や地方利益に加えて、平時・非常時の福祉活動への貢献が必要であったとする〔大川二〇一五〕。日露戦後の「行き倒れ」をめぐり、竹永三男は、事例や行政・法制における対応などについて精力的に研究している〔〔竹永　二〇一三〕など〕。都市下層民が自助努力での生活が不可能になりつつあったとき、民間でどのような扶助が行われたのかをめぐり、大杉由香は、東京を例にして方面委員の活動や社会事業について検討している〔大杉　二〇一一〕。

以上のような検討に加えて、町村それ自体がどのように推移したのかを検討する必要がある。ここでは、奥村の研究に林宥一の研究を接続してみたい。長野県五加村では、日露戦後から戦時期にかけて、部落間対立と財政負担、小作農民の台頭などがからまり、地方自治をたえず再編するかたちで問題が提起され、それらが克服されるのはようやく戦時体制に入ってからであった。行政村と集落にまで降り立った五加村の詳細な共同研究を通じて、林は、地方自治＝町村制こそが支配と自治の矛盾の焦点であることに気づき〔大石・西田編　一九九一〕、そこから新たに「地域的公共関係」論を展開した〔林　一九九三〕。林がそこで到達したのは、「市町村という行政・自治組織」は、「近代天皇制国家の支配・統治」と「住民の自治的公共生活」の両面において、「最も基礎的な「地域」組織」であり、「政治的・社会的秩序の基礎的変化はこの組織の変化として顕現するはずである」という認識だった。

林の研究と奥村の研究を重ねれば、権利としての生存を与えられず、義務として自治を担うことを要請された地域の人々は、「市町村という行政・自治組織」に義務として参加し、あるいは働きかけ、この組織を変容させることで、地域における生存を維持しようとしてきたと整理できる。地域社会における「生存」を歴史的に検討するためには、法律や政策の分析に加えて、町村の歴史的展開を検証し、相互関係を検討する必要がある。(5)

市町村の展開については、東北の事例も加えておく。東北の近現代史の共同研究を通じて、一九三〇年代から六〇年代前半は、東北の大きな変動期であると問題提起されている［大門ほか編　二〇一三］。その際に注目すべきは、三つの事例研究がいずれも地方自治を対象にしており、とくに医療の社会化の役割が大きいことである［川内　二〇一三、高岡　二〇一三、大門　二〇一三b］。一九三八年に制定され、一九五八年に改正された国民健康保険法では、「ある程度の弾力」的運用が地方自治体に認められており、国民健康保険は、地方自治体が「意外な社会的インパクトを与えるシステム」だった［玉井　一九八二］。この指摘をふまえて、東北地方の変動期を考える必要がある。それに加えて、戦後の日本国憲法で規定された地方自治の本旨が地域社会の「生存」に与えた影響は大きかった［大門　二〇一三b］。

「生存」の歴史にとって、地域社会とのかかわりは重要なテーマである。地域における生存のあり様を歴史的に考えるためには、地域社会の諸課題を「生存」の視点で束ねるとともに、生存をめぐる言説と地域的展開が織りなす地点、自治が変容する過程、行政と自治の相互交渉の視点に焦点を合わせて、地方自治をダイナミックに検討する必要がある。

生存権の輪郭から動態へ

戦前日本の救貧をめぐる言説を分析した冨江直子は、戦前日本の救貧は、個人の生存の権利ではなく、国家の恩恵としての救済でもなく、全体に貢献する義務（生存の義務）として繰り返し位置づけられたとした［冨江　二〇〇七］。戦前日本では、選挙や徴兵、教育が国民の義務として位置づけられ、参加することを求められたのと同様に、救貧は、単なる経済的救済ではなく、精神的な救済によって人格を完成させ、困窮者を全体の営みに参加させるものであった。奥村が指摘した義務としての自治とあわせれば、戦前日本では、天皇―臣民関係のなかで、選挙や徴兵、教育のみならず、自治や救済も義務として位置づけられていたことになる。

冨江が指摘した生存の義務という観念の歴史的影響は小さくなく、日本の歴史のなかで生存権は、日本国憲法でようやく登場することになった。結核で療養していた朝日茂が一九五六年に生活保護の低い基準をめぐって提訴し、六〇年に地裁で勝訴したことの意味は、生存権の考えを押し広げるうえできわめて大きかった。冨江直子は、朝日訴訟をめぐって言説と社会の受容の両面から検討し、敗戦によって国家よりも高い価値を自己の生活に見出す精神が存在した時代（藤田省三）だったからこそ、「「個人」の生に公共的な価値を置く「生存権」の理念」が多くの人に届いたのではないかと述べた［冨江　二〇一三］。敗戦―戦後が生存権の考えをひろげる重要な契機だったといえよう。

ただし、戦後になってからも生存権は大きな制約をうけた。労働観＝「稼働能力」観の存在である。大竹晴佳は、生活保護法にみられた「稼働能力」観の変遷をたどり、一九五〇年代の生活保護法の「自立」観には二つの解釈があったことを明らかにした［大竹　二〇一〇］。ひとつは、「惰民」を許容せず、稼働能力を回復させるところに主眼をおくものであり、もう一つは、人間に本来備わる多元的な可能性をひらこうとする生存権保障の観点であった。後者の「自立」観は、朝日訴訟で明瞭になったものだったが、六〇年代に優勢になったのは前者であり、経済政策や社会福祉政策、同和対策、障害者政策などで広範にみられたものだった。「稼働能力」観への批判があらわれるのは、六〇年代後半以降の教育権保障運動や障害者運動をとおしてであった［大門　二〇一五］。

戦後日本の社会保障のほとんどは、日本国籍をもつ人々のみを対象にしたなかで、在日外国人（ほとんどは在日朝鮮人）にとって、生活保障の最後の拠り所は生活保護による医療扶助だった。一九五〇年代、政府は防衛費増大と緊縮予算のしわ寄せを社会保障におよぼし、生活保護を抑制した。在日朝鮮人は、生活保護で厳しく認定されても生活保護に対する異議申立が認められなかったので、生活保護の枠組みから段階的に排除され、生存の淵に追い込まれた［金耿昊　二〇一三］。

生存権については、以上のような輪郭を確認したうえで、言説分析や社会の受容から、さらに言説と実践の相互関係の分析に進む必要がある。この点で参照すべきは、『歴史学研究』の特集「「救済」をめぐる言説と実践」（第九三二―九三三号、二〇一五年）である。特集の趣旨文では、言語論的転回後の現在、「ようやく実態と言説の区分を乗り越えて両者の相互関係」を解明する試みがあらわれてきたとして、言説と実践が織りなす「歴史の現場」を分析対象にすえなくてはならない、と指摘されている〔『歴史学研究』二〇一五〕。同特集で、南ア戦争という「歴史の現場」に焦点を合わせ、「人道主義」を検証したのが大澤広晃だった〔大澤　二〇一五〕。大澤は、「人道主義」の言説と実践は、同時代の関心や思潮との相互関係のなかで形成されたこと、ただし、「人道主義」の言説と実践は、イギリス帝国の「公正さ」による統治の実践を促す側面をもっており、戦後の南アで進行したのは、非白人の「救済」とは逆の方向、つまり「人種」による差別と隔離の強化であり、ここからやがてアパルトヘイト体制の構築に向かうこと、とはいえ、「救済」の言説と実践は、自らが主体となって自己の「救済」をめざす非白人の登場も促したと述べた。

　大澤がめざしたのは、「救済」の言説と実践の相互関係の検証であり、言説と実践が複雑にからまりながら展開する「救済」のあり様を動態的に把握することである。この検討課題は、「生存」の歴史学にもあてはまる。「生存」の歴史学にとって大事なことは、「生存権」の輪郭を確認したうえで、「生存」の歴史的なあり様を動態的に把握し、歴史の動態のなかで「生存」の意味や課題、困難などを見定めることである。

生存保障から「生存と教育の社会史」へ

二〇〇〇年代に入り、国民国家や時間の枠を越えるかたちで、比較教育社会史の試みが続けられ、その一環として「生存と教育の社会史」をめざす本が刊行された〔三時ほか編　二〇一六〕。本書に加わる岩下誠は、本書に先立って新自由主義時代における教育社会史の論点を整理している〔岩下　二〇一三〕。岩下は、新自由主義的な教育が拡大し、それと連動するように既存の社会保障が後退する現状のもとでは、教育社会史をめぐる「選抜配分（文化的再生産論）」と「社会化（国民国家論、規律化論）」という「従来の枠組みでは収まりきらない教育機能の歴史的多様性」に注目する必要があり、そのためには、「生存保障というトータルな観点」で「教育の機能を問い直す」必要があると問題提起をした。「生存保障」による教育の問い直しとは、「人びとが生を営むことを支えるさまざまな手段」の一つとして教育を位置づけ、「生存の構成要素としての教育」のあり方を歴史的に検討することであった。

　岩下らは、新自由主義時代のなかで教育社会史の方法と課題を再検討し、そこから「生存保障」という観点を得て、本書の発刊に至った。その本書は、教育支援の過程で排除があらわれることに注目し、教育支援の現場に焦点をすえて支援と排除の関係を歴史的に検討しようとする。その際に注目すべきは、教育支援の議論の射程を狭くせず、同心円のように教育支援のまわりに家族・労働・福祉とのかかわりで検討する視点をすえ、さらにそのまわりに「生存」を補助線として引いていることである。そのことで本書は、最終的に、「「生きることの仕組み」としての教育の役割」、つまり「仕組みを構築する過程あるいは仕組みのなかでもがきながら生きようとする人々の姿」を明らかにする課題の設定に至っている（傍点——引用者、以下同）。教育には、本来「生きること」とのかかわりが含まれているはずだが、それを議論することは簡単ではない。本書は、右のような同心円的把握のなかに「生存」の視点をすえることで、「「人が生きること」に教育がどのように関わってきたのかという「生存と教育の社会史」」を課題とした本になった。

教育支援の現場に焦点を合わせる本書のなかで大事な指摘がされている。「重要なのは、全体と家族の関係は一元的な支配や規範化に至ることなく」、教育支援の「媒介者」によって「屈折、脱臼させられ、媒介点において独自の排除と選別の論理が埋め込まれていく」ことであり、そこを見定めることである〔三時ほか編　二〇一六：二一七〕。

「一元的な支配や規範化」の結論を急ぐのではなく、「独自の排除と選別の論理」を読み解くために、本書に収録された各論文では、里親へのインタビュー調査や被支援家族の状況調査票、ケースワーク報告書、学級通信・文集、退校後の追跡調査など、教育支援の媒介者を含んだ一次史料を探索し、支援と排除の関係を検証しようとしている。一次史料の読解による教育支援と排除の独自の論理の検証↓家族・労働・福祉とのかかわりで教育を考える↓「生存の構成要素としての教育」のあり方を歴史的に検討する↓このような方法を通じて教育の機能をあらためて問い直すこと、これが本書でめざされていることである。

家族・労働・福祉が織りなす様相を明らかにするためには、ジェンダーの視点も含めた一次史料の丹念な読解が必要である。また、「救済」の言説と実践で指摘したように、一次史料の背後には言説と実践が複雑にからまっており、史料の読解には二重三重の留意が必要になる。本巻所収の「序論　歴史学の現在——二〇〇一～二〇一五年」で述べたように、二一世紀の歴史学は、新自由主義と認識論的な問いが重なる時代のなかにあり、何よりも史料読解への自覚的な取組みが求められている。人々の存在のあり様が複雑にからまる「生存」の歴史学こそ、史料読解への自覚、工夫が求められているテーマである。

3　三・一一を受けとめる

二〇一一年三月一一日の東日本大震災は、「生存」の歴史学や「生存学」にも大きな影響を与え、そのなかで三冊の本が発刊された。

二〇一二年から一五年にかけて、東京都新宿、宮城県気仙沼市、岩手県陸前高田市、福島県福島市で、「生存」の歴史と現在を問い直すフォーラムが続けられている。その過程で、気仙沼フォーラムまでの取組みをふまえた『「生存」の東北史』が発刊された〔大門ほか編　二〇一三〕。この本の終章で、私は、「生存」の仕組みを次の三つの次元で整理した〔大門　二〇一三a〕。A人間と自然（人間と自然の物質代謝）、B労働と生活（支配的経済制度、労働といのち、地域循環型経済）、C国家と社会（国家の性格、社会の編成）。「生存」の仕組みは、三・一一とのかかわりを念頭において、あらためて整理されたものである。右の本のなかで川島秀一は、「震災前の三陸沿岸の、生活感覚や歴史的認識が排除された復興計画は必ず失敗するということを明らかにするため」に書かれねばならなかったと述べ、「生存」の仕組みの理解にとって、人間と自然の関係が欠かせないことを指摘した〔川島　二〇一三〕。それまでの「生存」の歴史学には欠けていた視点である。もうひとつ、「生存」の視点を設定するとき、私は「資本主義の側から経済活動の意味を読み解くだけでなく、人びとや地域の側から経済活動の意味を位置づけ直す必要がでてくる」として、あらためて生きることにとって労働と生活が果たす役割やいのちと再生産のかかわり、ジェンダーの問題群などの意味についてふれ、労働と生活の視点の重要性について言及した〔大門　二〇一三a〕。先に「生存」の歴史学とかかわって取り上げた三つの主題（地域社会、生存権、生存保障）も、A・B・Cによる「生存」の仕組みにかかわっている。地域社会はCに、生存保障はBとCにそれぞれかかわっており、生存権の輪郭と動態は、「生存」の歴史の分析方法にかかわるものである。

江戸時代のくらしやこころについて研究してきた倉地克直は、「歴史学とわたし」で始まり、「「身の丈」の歴史学」「「生きること」の歴史学・その後」で終わる『「生きること」の歴史学』をまとめた〔倉地　二〇一五〕。「身の丈」（からだとこころ、家、一片の史料）から考えて村や国家におよび、再び「身の丈」にもどってくるようなかたちで「生きること」を考え、そこから歴史全体を見渡す本書には、三・一一後にあらためて歴史研究について考える視座がある。なお、「生きること」をタイトルに選んだ歴史書は、以前に『生きることの近世史』が発刊されている［塚本 二〇〇一］。この本は、「生きること」が喫緊の課題であるとして、自然から政治まで、江戸時代における人命環境を総合的にとらえようとしたものであり、グローバル化のもとで歴史を根源的に考えようとする姿勢が含まれていた。

新自由主義の時代に「生存」の歴史学が構想され、グローバル化や三・一一とのかかわりで「生きること」の歴史学が提唱されている。同様に「生存学」も、三・一一後に『大震災後の生存学』を刊行して、あらためて議論を喚起している［天田・渡辺 二〇一五］。印象的なことは、当事者性に比重をおいた「生存学」において、三・一一後には、大震災の前後で「社会関係」がどのように「変容・再編」したのか、「全体構成の軸を「社会関係」として再設定しようとしていることである。そこには、人々の「生の技法／生存の実践」に対して、「社会」は「後方支援」だけでいいのか、「別様な制度設計」がめざされるべきなのかという問いがあった。

三・一一とかかわった三冊の本には、あらためて全体を確認し、そのうえで生存や生きること、生の技法を再考しようとする共通点がある。三・一一には、全体の再検討を促す機運があったといってもいいだろう。三・一一は、学問の方法にどのような影響を与えたのか、そのことを考えるうえで、宮本憲一らと飯島伸子の仕事をふりかえった二つの文章が印象に残った。岡田知弘は、一九七〇年代の地域開発と公害問題は、一国経済を前提にしたそれまでの経済学の限界を明らかにし、宮本憲一らによって、地域経済と地域住民の生活・環境問題、地方自治体の行財政構造を総体として把握する地域経済論が提起されたことを紹介した［岡田 二〇一三］。地域経済論は一国経済による経済学を再構築するものであり、さらに産業活動と、現地の徹底調査による人間の健康被害や生命維持を包含する新しい学問であった。飯島伸子もまた、一九六〇年代以来、公害に対して問い続けてきた研究者であった。友澤悠季は、公害をめぐって発せられた無数の人々の声を聞こうとした飯島が、「被害構造論」を構築することで、「環境問題」の議論に「被害」の視点を持ち込み、「人間を基点とした環境論」を環境社会学としてうちたてようとした過程を追った［友澤 二〇一四］。

宮本と飯島に共通するのは、「住民の生活」や「人間」の視点を必ず携えつつ、既存の学問のあり方の検証と自己検証を重ねて、新しい学問の全体性を地域経済論、環境社会学として構想したことである。これらの構想は、「生存」の歴史学や「生きること」の歴史学、「生存学」がめざすこととも重なる。宮本や飯島のあゆみに学びつつ、「生存」の視点と全体の構想をどう結びつけるのか、今後の大きな試金石である。

なお、三・一一後に「生存」を大会テーマに掲げつづけた東京歴史科学研究会の取組みについても言及しておきたい。二〇一二年の大会テーマは、「〈弱者〉の生存と「共同性」」であった。そこでは、共同体や「共同性」からも排除される人々を生存の危機にある人々＝〈弱者〉と規定し、〈弱者〉の救済システムの歴史的展開に焦点を合わせることで、「生存」の問題に歴史学から応えようとした〔『人民の歴史学』二〇一二〕。その後、大会では、「主体性」や「地域」「女性」をテーマにして「生存」の危機にある人々を検討し、暴力やハンセン病、性労働にまで、「生存」の検討課題をひろげている。これらの大会テーマをふまえて、渡辺尚志は「生存」と災害をテーマに取り上げ、近世の個別事例を検証したうえで、あらためて「生存」の検討課題を提示しており、参考になる〔渡辺　二〇一四〕。渡辺が具体的な検討課題としてとりあげたのは、物乞い、災害と日常性、備考貯蓄制度、村の二面性であり、そのことを通じて家（家族）と村の役割をあらためて強調し、さらに「生存」の主体と制度の動態的把握の必要性を指摘している。

おわりに――歴史学の意味を繰り返し問い直す

二〇〇〇年代後半にようやく新自由主義に反応した歴史学は、新たに「生存」や「生きること」を自らの課題として問うようになった。「生存」の歴史学をめぐり、あらためて三つの点にふれてまとめとしたい。

第一に、「生存」の歴史学は、歴史学の方法／学問を繰り返し問い直す。生存する、生きるという視点をすえることで、歴史学の方法は、どう問い直される必要があるのか。あるいは、生存するという視点と歴史の全体性はどう接続されるべきなのか。このような問いを重ねるなかで、「生存」の歴史学をいっそう展開させる必要がある。

なお、この点にかかわって倉地は、二〇〇八年の大門の報告には「動き」があったが、「生存」の仕組みの三つ（A・B・C）の整理は「やや静態的な印象」があり、三者の「相互関係」の解明が今後の課題だと指摘した〔倉地　二〇一五〕。「生存」の歴史学は、「生存」するという主体的行為と構造・システムの矛盾の動態的把握をめざしたはずであり（二〇〇八年報告）、歴史学の方法ともかかわって、倉地の指摘はきわめて重要である。その後、私は、三者の「相互関係」を動態的に把握する試みを行っているが〔大

門　二〇一五］、今後いっそう取り組むことが課題となる。

第一の課題を追究するためにも、第二に、「生存」の歴史学にかかわる史料読解を問い直す必要がある。「生存と教育の社会史」をめぐって指摘した点である。この点について、夜間中学に関する私の歴史研究にも問いを立てておきたい［大門　二〇一二］。宋恵媛は、在日朝鮮人女性と文字のかかわりをめぐって、「生活のための労働に追われ、年老いて」、一九七〇・八〇年代に通った夜間中学で日本語を苦労して学ぶ、「逞しさとほほえましさが重なり合ったイメージ」が形成されてきたとする［宋　二〇一二］。しかし、夜間中学には、「一定のポリティクス」が働いていたはずであり、女性たちは、それ以前の戦後に朝鮮語を学んでいた可能性があったにもかかわらず、それらが留意されていない。これは在日朝鮮人女性の「特殊なポストコロニアル状況」が考慮されていないからだと批判した。私は私の夜間中学研究について自問し、ジェンダー表象のなかに在日朝鮮人女性像をおしこむことはなかったのではないかと思うが、しかし、「特殊なポストコロニアル状況」に十分な留意を払ったのか。ジェンダーやポストコロニアル状況にも留意した史料読解を十分に行うことが、動態的把握をめざす「生存」の歴史学にとって、必須の課題である。

第三に、「生存」の歴史学では、たえざる同時代史的検証が求められる。同時代史的検証は、今を生きながら過去を問う歴史研究の特性にかかわるものであり、歴史研究者による歴史研究の現在性と歴史性を検証するものである。二〇〇八年の歴研大会報告で私が行ったことであり［大門　二〇〇八］、大澤広晃も自らの「救済」の歴史研究を同時代史的に検証している［大澤　二〇一五］。

これら三つの課題をふまえて「生存」の歴史学を進める必要がある。

注

（1）小沢がはじめて「新自由主義時代」という表現を使ったのは、二〇〇二年の歴史学研究会七〇周年記念シンポジウムの報告においてである［大門　二〇〇三］。

（2）「「生存学」創成拠点パンフレット」（http://www.ritsumei-arsvi.org/uploads/pdf/pamphlet.pdf、二〇一六年一〇月二日）。以下、「生存学」と既存の学問とのかかわりについても、このパンフレットによる。

（3）二〇一二年には、「「生存」は、近年の歴史学を横断するキーワードとなりつつある」といった声が聞かれ［西尾・松岡　二〇一二］、二〇一四年には、「「生存をめぐる歴史学研究」の流れ」があることが指摘されている［『部落問題研究』二〇一四：二］。

（4）奥村は、大日本帝国憲法および地方自治に対して「生存権の保障」と述べているが、「臣民ノ福祉ノ増進」なので、正確には「福祉」や「生存」の保障であろう。

(5) なお、林宥一は、研究の出発点で、貧農まで含めた農民による「生活の論理」「生存権」の構想に関心を寄せていた。その意味で「地域的公共関係」論は、林が長い間考え続けた「生活の論理」「生存権」の延長線上に位置づくテーマでもあった［西田・大門　二〇〇〇］。

文献一覧

安積純子ほか『生の技法――家と施設を出て暮らす障害者の社会学』藤原書店、一九九五年

天田城介・渡辺克典編『大震災の生存学』青弓社、二〇一五年

岩下誠「新自由主義時代の教育社会史のあり方を考える」広田照幸・橋本伸也・岩下編『福祉国家と教育――比較教育社会史の新たな展開に向けて』昭和堂、二〇一三年

岩城卓二「近世の「生存」――人口動態を中心に」『日本史研究』第五九四号、二〇一二年

大石嘉一郎・西田美昭編『近代日本の行政村』日本経済評論社、一九九一年

大門正克「「聞きえなかった声」、そして新自由主義の時代」『歴史学研究月報』第五一九号、二〇〇三年

大門正克「序説「生存」の歴史学――「一九三〇～六〇年代の日本」と現在との往還を通じて」『歴史学研究』第八四六号、二〇〇八年a

大門正克『歴史への問い／現在への問い』校倉書房、二〇〇八年b

大門正克「「生存」を問い直す歴史学の構想――「一九六〇～七〇年代の日本」と現在との往還を通じて」『歴史学研究』第八八六号、二〇一一年

大門正克「「生存の歴史」――その可能性と意義」大門ほか編『「生存」の東北史』大月書店、二〇一三年a

大門正克「いのちを守る農村婦人運動――「生存」の足場を創る歴史の試み、岩手県和賀町」大門ほか編『「生存」の東北史』大月書店、二〇一三年b

大門正克「「生存」の視点とは――経済史研究とのかかわりで」『エコノミア』第六四巻第一号、二〇一三年c

大門正克「高度経済成長と日本社会の変容」『岩波講座日本歴史　近現代5』岩波書店、二〇一五年

大門正克・岡田知弘・川内淳史・河西英通・高岡裕之編『「生存」の東北史――歴史から問う三・一一』大月書店、二〇一三年

大川啓「近代日本における名望と地域福祉の社会史――20世紀初頭の秋田市における資産家の福祉活動を中心に」『歴史学研究』第九二九号、二〇一五年

大澤広晃「「人道主義」と南アフリカ戦争」『歴史学研究』第九三二号、二〇一五年

大杉由香「戦間期東京市における貧困・生存をめぐる関係――貧困者の実態と社会事業のあり方をめぐって」『歴史学研究』第八八六号、二〇一一年

大竹晴佳「高度成長期の社会保障」大門正克ほか編『高度成長の時代　1　復興と離陸』大月書店、二〇一〇年

岡田知弘「社会科学に問われるもの」『季論21』第一〇号、

二〇一三年
小沢弘明「新自由主義時代の自由主義研究」『人民の歴史学』第一七四号、二〇〇七年
奥村弘「大日本帝国憲法の基本原理について」『日本史研究』第五五〇号、二〇〇八年
奥村弘「明治地方自治制における「生存権」と地域社会の位置づけについて」『ヒストリア』第二四七号、二〇一四年
川内淳史「近現代東北の転換点――戦時期「人口問題」と地域社会」大門ほか編『「生存」の東北史』大月書店、二〇一三年
川島秀一「三陸の歴史と津波――海と人のつながり」大門ほか編『「生存」の東北史』大月書店、二〇一三年
金耿昊「戦後日本社会における生活保護制度の形成と在日朝鮮人」『人民の歴史学』第一九八号、二〇一三年
鹿野政直『化生する歴史学――自明性の解体のなかで』校倉書房、一九九八年
倉地克直『「生きること」の歴史学――徳川日本のくらしとこころ』敬文舎、二〇一五年
三時眞貴子ほか編『教育支援と排除の比較社会史――「生存」をめぐる家族・労働・福祉』昭和堂、二〇一六年
『人民の歴史学』第一九一号、二〇一二年
宋恵媛「在日朝鮮一世女性と文学――植民地以後の女たちの移動とエリクチュールをめぐる考察」『朝鮮学報』第二二三号、二〇一二年
高岡裕之「「生存」をめぐる国家と社会――二〇世紀日本を中心として」『日本史研究』第五九四号、二〇一一年
高岡裕之「近現代日本の地域医療と岩手の医療保健運動」大門ほか編『「生存」の東北史』大月書店、二〇一三年
竹永三男「日露戦後の行旅病人と家族・労働・地域社会――福島県内で行き倒れた二五〇人余の声から」『日本史研究』第六〇七号、二〇一三年
立岩真也・天田城介「生存の技法／生存学の技法」立命館大学生存学研究センター編『生存学』第三号、二〇一一年
田辺繁治『「生」の人類学』岩波書店、二〇一〇年
玉井金吾「日本型社会保障の原型に関する覚え書」『経済学雑誌』第八二巻第一号、一九八一年
塚本学『生きることの近世史――人命環境の歴史から』平凡社、二〇〇一年
冨江直子『救貧のなかの日本近代――生存の義務』ミネルヴァ書房、二〇〇七年
冨江直子「戦後史のなかの朝日訴訟――朝日訴訟運動はなぜ「生存権」を語ることができたのか」『貧困研究』第一一号、二〇一三年
友澤悠季『「問い」としての公害――環境社会学者・飯島伸子の思索』勁草書房、二〇一四年
西尾泰広・松岡弘之「「九条の会」運動と若手歴史研究者」『歴史評論』第七四二号、二〇一二年
西田美昭・大門正克「林宥一氏の近代日本農民運動史研究」林宥一『近代日本農民運動史論』日本経済評論社、二〇〇〇年
林宥一「階級の成立と地域社会」坂野潤治ほか編『シリーズ日本近現代史 3 構造と変動』岩波書店、一九九三年

藤村正之『〈生〉の社会学』東京大学出版会、二〇〇八年
『部落問題研究』第二〇七号、二〇一四年
松井健ほか編『グローバリゼーションと〈生きる世界〉――生業からみた人類学的現在』昭和堂、二〇一一年
『歴史学研究』第九三二号、二〇一五年
渡辺尚志「災害と「生存」――日本近世を対象として」『人民の歴史学』第二〇〇号、二〇一四年

2　「いのち」とジェンダーの歴史学

沢山美果子

はじめに――一九九〇年代から引き継いだもの

『現代歴史学の成果と課題　一九八〇―二〇〇〇年』〔歴史学研究会編　二〇〇二〕の「総論　ジェンダー史と女性史」では、ジェンダー視点の導入が、近代社会の公私の分離を問うことで私領域のみならず公領域を逆照射し、産、性、身体という新たな研究領域を拡大したことが指摘されている。近世史研究においても、一九九〇年代には、ジェンダーの視点が取り入れられ、近世社会の歴史性を、生命の再生産や性の問題に焦点をあて、家、共同体、男と女といったさまざまな関係性と女の身体性に着目して明らかにしようとする研究が登場する〔曽根　一九九〇、妻鹿　一九九五、倉地　一九九八、沢山　一九九八〕。

一九九〇年代に登場した、これら性差の根幹にある身体性と女たちの経験に着目する研究は、その後、さまざまな権力関係のなかにある性と生殖や買売春をめぐる研究へと展開するとともに、その根底にある「いのち」への視座を深めていく。その過程は、男女の権力関係や男性による女性の抑圧に焦点化しがちであったそれまでの出産の社会史研究やジェンダー史に対し、ジェンダーを分析概念とすることで、ジェンダーが単に直接的な女と男の両性関係だけでなく、あらゆる社会関係の場に存在し機能していることを明らかにするジェンダー史への新たな展開の過程でもあった。

「「いのち」とジェンダーの歴史学」をテーマとする本稿の目的は、二〇〇一年から二〇一五年のあいだの、これら「いのち」の視座からの近世史研究と、日本近世・近現代を対象とする性、生殖、売買春を扱った研究の成果と課題を、「いのち」の視座の広がりとジェンダーの歴史学の展開という視点から整理することにある。

1 「いのち」の視座からの近世史像の再構築

いのちを守る場としての「家」と性と生殖への着目

二〇〇〇年以降の近世史研究でまず着目すべきことは、「いのち」への関心が増大し、人々のいのちを守る砦としての「家」の維持・存続とかかわらせて性と生殖をとらえ、一人ひとりのいのちやライフサイクルの視座から近世史像を再構築する試みが登場してきた点である〔塚本 二〇〇一、大藤 二〇〇三、倉地 二〇〇八〕。その契機となったのは、「国家史を離れた住民の生命維持の努力の歴史へ」という大きな枠組みでの歴史把握を試みた塚本学の『生きることの近世史　人命環境の歴史から』〔塚本 二〇〇一〕である。塚本は近世社会を、主体の側からいのちの環境が問題になった時代として位置づける。塚本が「いのち」の視点から、なかでも画期とするのは一八世紀後半以降である。その理由は、この時期に、庶民的出自の産科医によって産婦と胎児のいのちを救うための努力がなされる一方で「小家族の家計」の「危機」から堕胎・間引きがなされるという、女、子どものいのちと「家」の存続との矛盾をはらむ関係が浮上してくる点に求められる。

「いのち」の視座から近世史像を再構築しようとする試みは、倉地克直の『全集日本の歴史　第11巻　徳川社会のゆらぎ』〔倉地 二〇〇八〕では、公儀という幕府権力、藩、村や町、身分団体、「家」といった、いのちを支える関係と場、生きるシステムに着目して一八世紀像を描く試みへと展開する。そこでは、一つひとつの「いのち」を視座に、一八世紀徳川日本の「ゆらぎ」の背後にあった「「いのち」をめぐる徳川日本人の英々とした努力」と「「いのち」をめぐるせめぎあい、そして、人を「家」の維持・存続とかかわる生殖能力と労働能力によって評価するという徳川社会の「いのち」の歴史性が描き出される。

さらに、二〇一一年三月一一日の東日本大震災以降には、「生きること」の歴史像」〔『日本史研究』 二〇一二〕をめぐる特集が組まれ、人々が他者の生命を尊重する生命観を共有するようになった一七世紀末から一八世紀近世初頭の人口動態と生存システムに焦点をあてる試みがなされる。岩城卓二は、百姓として生きていけなくなった人々に身分移動を容認する引越や、家の相続に不要な男子・女子を放出することで労働力のバランスをとり、村内の余剰労働力を調整する養子は、家と村の生存を保障する生存システムだった〔岩城 二〇一二〕とする。さらに人もまた動植物の一分岐と位置づけ、近世社会の人と自然のかかわり方をさまざまな視点から明らかにする試み〔水本編 二〇一三〕では、近世人のいのちをめぐる観念とライフコースへの接近がはかられる［沢山　二〇一三］など、「いのち」の視座の広がりがみてとれる。

その背後には、東日本大震災に象徴される災害の頻発や地球環境の変化といった生存の危機と、その一方での「共生」への願いがあった［水本編　二〇一三、倉地　二〇一五］。「いのち」への関心の高まりは、生と死、医療、そして近世社会の「家」や「村」の維持・存続と人口調整としての堕胎・間引き、捨て子、人口移動といった問題［大藤二〇一五］、さらに「いのち」の歴史性や、人々のライフコース、「いのち」の環境への着目を促すものであった。

このように、日本近世史では、いのちを軸に、いのちを支えつなぐ場としての「家」、支配層のいのちをめぐる危機管理、いのちをめぐる公共空間としての「世間」、「いのち」を守る生存システム、いのちの環境史といった「いのち」の視座から近世史像を再構築しようとする研究が展開している。それは、従来は藩主の善政のあらわれとされてきた救恤や教化といった福祉政策をはじめ、近世社会のさまざまな問題を「ふつうの人々」の「いのち」の視座からとらえなおすことで近世史像の再構築をはかろうとする試みといえよう。

歴史人口学の側からの提起

さて、「家」に生きた一人ひとりのライフコースを再現できる宗門改め帳の数量的分析をとおし、堕胎・間引きといった出生コントロールの問題や「ふつうの人々の姿」を明らかにしてきた歴史人口学の成果は、いのちの問題に接近するうえで、大事な手がかりを与えてくれる［浜野二〇一一］。その歴史人口学の日本での牽引者である速水融を中心とする「ユーラシア人口・家族史プロジェクト」（一九九五〜二〇〇〇年）にかかわった研究者たちの研究成果が、二〇〇六年以降まとまったかたちで刊行された。

その一つが、ライフコースと地域的多様性の二つの側面に焦点をあて、地域や時代による相違を、個人を単位とするミクロ分析により照射することで、一八世紀ないし一九世紀前半から、「明治民法が制度化したような「家社会」への変化が、堕胎・間引きを良しとしない心性の広がりと各地域の均質化への動きをともないつつ始まっていたことを明らかにした研究［落合編　二〇〇六・二〇一五］である。もう一つは、「個人、家族、社会、ひいては人類の再生産にとって重要」な「結婚」を、江戸時代後半から戦前という長期的時間軸で分析した研究［黒須編　二〇一二］である。そこでは、人口学的データという数量的史料と結婚・離婚・再婚の事例という質的史料を駆使して、一八〜一九世紀庶民の皆婚、頻繁な結婚解消（離別、死別）、再婚、幕末の晩婚化、そして女子労働力の需要を背景とする男女比の回復と女児の生存確率の上昇など、人々が自然と社会経済環境のなかで「さまざまな選択肢を経て培ってきた「生きる力」」が多角的に描き出される。これら歴史人口学の議論は、近世から近代への「家」の展開やいのちをつなぐための人々のさまざまな選択について考えるうえで示唆的である。

ところで歴史人口学の側からは、すでに一九九〇年代から、自然にまかせた生殖の結果としての堕胎・間引きという通説の再検討、そして日本史研究では「間引き」と一括りにされてきた出生制限の方法のきめ細かな分析の必要が指摘されていた。また、近世後期の日本農村の出生力の低さの背景に、リプロダクティヴ・ヘルスをめぐる問題、とりわけ出産による死亡や「母親の疾病」、「労働の強度と時間」にかかわる自然流産率の高さ、長い母乳哺育期間といった要因があること［鬼頭　一九九五］や、家族制限の手段としての堕胎・間引きは、当時者である農民の心性に即してみるなら区別されていたのではとの問題提起もなされていた［斎藤　一九九七］。

さらに二〇〇〇年代初頭には、出生制限の方法には、「余分」な子どもを残さないために嬰児殺しに及ぶストッピング、出生間隔を長期化することで出生児数を少なくするスペーシングの二つの方法があるという夫婦の出生行動を視野に入れる説が出され、近世農民の場合は後者の出生パターンだったとされる。スペーシングに注目するこの説は、その手段として、「禁欲」や避妊、「授乳の長期化」、安全な堕胎の方法への着目を促す。と同時に、歴史学が実証の問題として堕胎・間引きに接近する際には歴史人口学との対話が不可欠なことを提示するものでもあった［友部　二〇〇二］。

「家」における性と生殖の諸相への着目

二〇〇〇年以降になると、産育史の側からも、従来の通説のとらえなおしがなされていく。太田素子は、実際に堕胎・間引きを見聞していた在郷知識人は、「間引き」よりも「コガエシ」の語を用いたこと、また「コガエシ」の背景には、近世民衆の性と生殖をめぐる占いをはじめ、多様な要因があったことを、嬰児殺しの当事者の記録の読み解きをとおして明らかにした［太田　二〇〇七］。また、「家」の維持・存続と子どものいのちとの矛盾をはらんだ関係のなかでなされた堕胎・間引き、捨て子といった人々の出生コントロールをめぐる選択の背後には、どのような子どものいのちをめぐる観念があったのか、民俗学や今までの日本史学が、間引きを合理化する「伝統的心性」としてあげてきた「七歳までは神の内」という子ども観の再検討もなされている［柴田 二〇一三］。とともに、堕胎・間引き、捨て子の境界は、現代のような意味で画然とは区別されないこと［小山編 二〇一三］や、堕胎・間引き、捨て子の背後には、子どものいのちの序列化と選別、その一方で子どものいのちを奪うことへの罪の意識やモラルの葛藤があったことが明らかにされつつある［沢山 二〇一〇］。これら、出生コントロールの多様な具体像への接近は、人々の「いのち」をめぐる観念を、当事者の心性に添いつつきめ細かく検討することにもつながる。

人々のライフサイクルをめぐる研究でも、一人ひとりのライフサイクルと大きくかかわる主題である性と生殖の問題を、人々が生きる場である「家」や共同体、藩とかかわらせてとらえるべきことが提起されている。大藤修は、家族計画意識の芽生えとしての堕胎・間引き、近世村人の「いのち」をめぐる観念とかかわる「子宝」意識、公権力の堕胎・間引き禁圧と産育管理といった「いのち」への介入など、「いのち」をめぐる問題を、ライフサイクル研究の重要な主題として取り上げている［大藤 二〇〇三］。

このように、人々のいのちを守る砦、生きる場としての「家」への着目は、性と生殖への着目を促すとともに、出生抑制の多様な具体像も含めた性と生殖の諸相を、当事者の心性やいのちをめぐる選択、夫婦の出生行動といった諸側面から考察するという課題を提起するものであった。

2 性・生殖・買売春研究の新たな展開

近世の性・生殖と「いのち」への視座

生命の再生産を考察の対象としない歴史学のあり方を見直し、性・生殖の問題を歴史の分析軸に組み込む必要があるとの提起は、一九八〇年代半ば以降から相次いでなされてきたが、一九九〇年代以降のジェンダー視点の導入と「生命の生産と再生産」労働という概念の提起［スコット 二〇〇四］は、ジェンダーの根幹にかかわる性・生殖、身体、さらに買売春研究の新たな展開をもたらすものであった。なぜなら、性と生殖による生命の生産への着目は、「家」における生命の生産とその一方での出生コントロール、また遊所における生命の生産の否定という側面への着目を促し、性と生殖の問題を、その根底にあるいのちの次元からとらえることを求めるものであったからである。

そうした動向を反映して、二〇〇〇年以降は、性と生殖をめぐる特集が、歴史学の機関誌に相次いで登場する。二〇〇〇年四月には、『歴史評論』が「生殖と女性史」という特集を、同年七月には『歴史学研究』が、「性と権力関係の歴史」という特集を組む。

前者は、生殖は人類存続のための根源的な営みであるにもかかわらず、女性史を除けば、歴史学の対象になることはなかったこと、他方、女性史の側も、生殖を女性の領域に閉じ込めてしまったと指摘し、生殖を社会や国家との相互関係のなかで考察することは歴史学にとり不可欠の課題と提起している。他方「性的なるものをめぐる社会的諸関係」への視角が不十分な日本の歴史学に風穴を開け「性・セクシュアリティの歴史に新たな光を当てるべく」企画された後者は、その後『シリーズ歴史学の現在　9　性と権力関係の歴史』〔歴史学研究会編　二〇〇四〕として刊行される。それは、性と生殖、セクシュアリティが、「歴史学の現在」を象徴するテーマとなったことのみならず、性と生殖という視点から歴史と社会を問い直すことの有効性が認識されたことを示す。これら二つの特集は、性と生殖の問題を、女性だけの問題にせず社会的諸関係のなかで考察するための枠組みの模索という課題を提起するものでもあった。

買売春研究の新たな展開

二〇〇〇年以降、買売春研究においても、「家」と「遊所」の関係を性と生殖という視点から分析する研究が登場しはじめ、近世の性は、「家」における「生殖」のための性と「遊所」における「快楽」としての性、「産むための性」と「消費のための性」、家族／家の内部での生命の生産・再生産労働と、その疎外形態としての買売春という二つの基本的局面からなるものとしてとらえられる〔倉地　二〇〇〇、荒野　二〇〇三・二〇〇四、横山　二〇一五〕。また、「遊所」の外で生身の性を売る「隠売女」の心と身体を分析した曽根ひろみは、近世社会は買売春が下層民まで広がった「売春社会」であったと規定した〔曽根　二〇〇三〕。さらに、家と遊所は画然と二分されていたわけではなく、家と遊所、「町女」と「遊女」を行き来する女たちの姿を探る研究〔松井　二〇一三〕も登場しつつある。その意味で、性を売る女たちの姿を、女たちのライフコースに即してとらえ、生きるための、いわばいのちをつなぐための生業という視点から売春をどう考えるかが一つの課題となりつつある。

一方、二〇〇〇年代には、都市社会史の塚田孝や吉田伸之によって、遊廓や遊女を近世都市社会の不可分の構成要素としてとらえ、売春女性の意識や行動と近世的社会構造との相互規定的な関係、そして新吉原遊廓を中核とする性売買の重層的社会構造を指摘する「遊廓社会」論が提起され、その集大成ともいえる『シリーズ遊廓社会』（全二巻）が刊行された〔佐賀・吉田編　二〇一三・二〇一四〕。

さらにその到達点と課題を整理する特集〔『部落問題研究』二〇一五〕も組まれ、遊廓をめぐる研究は大きく進展した。「遊廓社会」論は、家と遊所を日常と非日常に二元化してとらえてきた今までの遊廓研究に対し、身分や役という視点から遊廓社会をとらえ、遊女屋の営業が町の特権であり、遊女の人身把握は町の役であったことなど、遊廓が近世社会から隔絶されていないことを明らかにし、近世の買売春の大衆化への新たな視点を提起したといえる。

しかし「遊廓社会」論については、ジェンダーの視点からの批判もある。横山百合子は、性や「売春社会」の実相に迫るうえでの「遊廓社会」論の有効性を認めるものの、遊女を商品として客体化され事実上意志をもたぬ存在として位置づける「ジェンダー視点の欠如」がみられると批判し、曽根ら女性史研究の遊女研究が遊女の主体性に着目したことを評価すべきとして両者の接合を主張する〔横山二〇一一・二〇一四a・二〇一五〕。また曽根ひろみは、「遊廓社会」論では、非公認の下層の「隠売女」や、素人と娼婦の間を行き来する「売女がましい女」が分析対象とされていないと批判している〔曽根　二〇一四〕。

すでに一九九〇年代に、最下層売春女性である「隠売女」の身体性に着目した曽根、江戸・新吉原遊廓の遊女屋の借用證文や引当〈担保〉証文といった史料を手がかりに、遊女屋への資金の担保が、遊女自身の身体そのものであった事実を指摘した横山〔二〇一四a・b〕の批判は、性売買システムの構造分析にとどまるのではなく、性を売って生きる遊女たちのいのちと身体性に即し、女たちの側から性を売るという選択がもっていた意味を問うという課題を提起する。さらに、遊廓経営の合理化、システム化が遊女の下層化と遊客一人あたりの揚代金を低額・標準化させ、茶屋・遊女屋は収益確保のため薄利多売型をめざし遊女への抑圧を強めたという横山の指摘は、遊廓経営の面から「売春社会」の実態に迫る。ともに、遊廓の大衆化が遊女たちのいのちの軽視につながる一方で、遊女による火付に象徴されるような、いのちの抑圧からの脱却への意思を強めたとして、遊女の主体性をも問う〔横山　二〇一五〕。

その意味で横山の議論は、曽根の「売春社会」という提起と吉田らの遊女の流通にかかわる人々が織りなす「遊廓社会」をめぐる議論を接合することで、近世の性売買の歴史的特質とその構造を、遊女たちのいのちという生存の条件と主体性の面から深めようとするものであった。が、さらに性と身体を売買される商品として位置づけられた遊女たちの身体性に即して性売買を考えようとするなら、遊女たちの妊娠、出産をめぐる問題を避けては通れない。男たちの欲望・快楽のために性を売らねばならず、他方で妊娠、出産を否定された遊女たちの「避妊・堕胎の具体的なあり方」については曽根が「今後の課題」とした点でもある。しかし、この問題については、隠売女の検挙の記録を検討した宮本由紀子の研究［宮本 二〇〇〇］をもとに遊女の懐妊をめぐる問題を取り上げた研究［沢山 二〇一五b］があるのみで、いまだ課題のまま残されている。

買う側への視点

このように近世の性、とくに買売春をめぐる研究はこの間に大きく進展した。しかし買う側の問題については、「遊客名簿」をもとに、近代にあって「買春」は、自分が家族とともに住む同じ都市空間、日々の生活時間のなかに組み込まれ、その意味で近代は「大衆売春社会」であったことを統計的に明らかにした横田冬彦の研究［横田 二〇一四］があるものの、近世の「売春社会」については、史料的制約もあり、まだ緒についたばかりである。

そうしたなか、遊客の買春の実態と遊女への意識を、一八世紀末から明治初年にかけての日記や回想記などに記された新吉原登楼の事例などから探り、武士、民衆を問わず買春を受容する意識の浸透がみられると指摘した研究［横山 二〇一五］、町人の残した日記の遊所をめぐる記述のなかに、「家」の維持・存続への願いが、一方で「家」と「遊所」を区分し、悪所としての「遊所」での性売買を容認する意識を生んだことを読み解いた研究［沢山 二〇一五b］、遊女評判記から、遊廓における客の身分についての言説を拾い出すことで、買う側の問題に接近しようとした研究［高木 二〇一五］は、買う側の意識に接近するための方法的手がかりを示唆するものである。松井洋子は、新しい遊廓史研究は、かつての風俗史や文学的な遊里論で用いられてきた「細見」や『評判記』を新たな視点から見直そうとしていると指摘しているが［松井 二〇一五］、買売春の当事者であり、自ら語ることの少ない男と女の声をどう聴き取るか、日記、回想録をはじめ新たな史料の発掘と今まで用いられてきた「細見」などの史料の新たな読解など、史料論と分析方法、史料読解の錬磨が求められている。

これら近世の遊廓研究に比して、近世から近代への展開を扱った研究は層が薄い。そのなかで人見佐知子の研究は、一八七二年「芸娼妓解放令」を契機として、近世遊廓社会が大きく変容し、身分制にもとづいた遊廓社会の統治が解体していくことを、法的位置づけの変化と遊女自身にとっての意味の両面から、また、大阪、金沢など実際の現場での公娼制再編の具体的な過程をとおして明らかにしようとしたものである。そこでは、近代公娼制が、どのように女性に性売買を強要しようとしたか、女性にとっての意味を明らかにすることが意図されている［人見　二〇一五ｂ］。こうした近世から近代への展開をめぐる研究は、近世の「売春社会」から近代の「大衆売春社会」への重層的な展開のプロセスを明らかにしていくうえでも重要である。

近現代の性と生殖とジェンダー史の新たな展開

性と生殖の当事者への着目という点では、とくに近現代史研究で重要な成果が登場してきている。これらの成果は、ジェンダー史研究の新たな展開をも物語る。その代表的なものに荻野美穂の『「家族計画」への道――近代日本の生殖をめぐる政治』［荻野　二〇〇八］がある。一九八八年に性と生殖への着目の意味を提起し、一九九二年にはスコットの『ジェンダーと歴史学』を紹介するなど、ジェンダーの視点での性と生殖をめぐる研究を牽引してきた荻野のこの研究は、ジェンダー史研究の新しい展開を示すものとしても興味深い。

『「家族計画」への道』では、私的であると同時に公的関心事でもある生殖管理の問題が、近代日本でどのように移り変わってきたのか、避妊と中絶の関係性に焦点を絞り、性と生殖の当事者である女、家族、共同体、国家、国際社会など、さまざまな当事者の利害の錯綜、競合する場における、明治から現代までの、ほぼ一〇〇年にわたるプロセスをたどる。そこでは、当事者の声を拾うこと、そして当事者たちが切実に求めた具体的な生殖コントロールの方法を明らかにすることが重視される。

荻野は、一九八八年に発表した「性差の歴史学」［荻野　二〇〇二］では、堕胎は「男の意向や協力とは無関係に」「女が独自に行いうる」「生殖コントロール法として重要な位置を占め」、そこには「男や社会一般とは異なる論理や行動の動機が存在するはず」という前提から出発していた。それに対し本書では、「はず」という予見からではなく、妊娠、出産の直接の当事者である女たちの声、そして彼女たちが「最も知りたかった」具体的な生殖コントロールの方法、さらに、その具体的な方法をとおして浮かび上がる管理する側とされる側のせめぎあいの様相に焦点があてられる。そのことで、管理の対象とされた女性たちが抱え込んだ矛盾や葛藤、そして、近代初頭には遊女のものとして忌避されていた避妊が、どのようなプロセスを経て避妊を是とする現代の私たちの意識に至ったのか、人々の生殖をめぐる意識の歴史的変化が描き出される。

性と生殖の当事者である女たちの経験への着目は、戦後の「家族計画」に焦点をあて、女性の身体に働くさまざまなボディ・ポリティクスの具体的分析をとおし、戦後の「一、三人の実子を持つという夫婦間の性と生殖の統制を不可避な条件」とする「近代家族」は、ボディ・ポリティクスの結果とする田間泰子の研究［田間　二〇〇六］、沖縄の出生力転換の問題を、同じくボディ・ポリティクスの視点から明らかにしようとした澤田佳世の研究［澤田　二〇一四］にもみることができる。

田間もまた、「家族計画」の時代を生きた人々の声、姿、思惑、感情、利害関心、身体において日々生きられる家族の姿に着目する。また澤田は、ポスト構造主義のジェンダーの視点から、生殖の当事者である女性たちの経験を中心に据え、生殖をめぐるポリティクスをとらえるための方法の精緻化をはかる。そこでは、生殖の意思決定の場での、国際社会・国家・地域社会・家族・男女、それぞれの多様な利害が交錯し、せめぎあう重層的な関係が分析の俎上にのせられる。また、出生力転換期を生きた女性のライフ・ヒストリーの聞き取りをとおし、教育、就労、結婚、育児経験といったライフ・ヒストリーと生殖をめぐる選択との関係が考察される。このように澤田も、「沖縄の出生力変動」をもたらした生殖の意思決定の場での多様な行為主体の対立や葛藤、交渉と妥協の過程という、まさに生殖の現場に降り立ち、生殖の当事者である個々の女たちの多様な生殖経験を抉り出そうと試みる。

こうした動向は、長谷川貴彦が整理したイギリスのジェンダー史研究の動向とも重なる。言語論的転回以降のイギリスのジェンダー史研究においては、身体性をもった女性の経験の固有性を重視し、言説によって構築されるものとしてではなく身体性をもった主体として女性をとらえようとする新しい展開がみられるという。長谷川は、イギリスにおけるポスト言語論的転回段階の歴史学は、個人や主体を不可視化してきた構造主義的な言語論的転回への反発から、自叙伝、日記、書簡などエゴドキュメント（自己文書）と呼ばれる一人称で書かれた史料一般を重視し、「主体」や「自己」が再検討されていること、また、ジェンダー史に〈経験〉という観念を再び導入し、個人の主観性を考察する新しい方向性を提出したが、こうしたアプローチは、失われた人々の声を「復元」する試みでもあったと指摘している［長谷川　二〇一〇・二〇一一］。

言語論的転回以降、主観性、主体の復権がはかられたが、それは経験と語りの復権、史料としてのエゴドキュメントの重視に結びつき、そのことはジェンダー史に新しい展開をもたらしたという長谷川の指摘は、荻野、田間、澤田の研究とも重なりあう。とりわけジェンダー史研究を牽引してきた荻野の変化は、日本におけるポスト言語論的転回段階の、新しいジェンダー史の展開を象徴的に示すものと言えるだろう。

これらの研究の展開は、女性の身体や性と生殖と、その根底にある「いのち」への視座が、一人ひとりの個に即し、その生きた現場に残された史料の読解をとおし、身体に刻まれた「生」の経験という根源的な次元からの歴史のとらえ直しを促したことを示す。と同時にその試みは、言説分析と男女の一元的な権力関係に焦点をあて、女性の身体感覚や経験への視点を欠いたそれまでのジェンダー史を再構築する試みでもあったことを意味する。

おわりに――残された課題とは何か

本稿では、「いのち」の視座からの近世史研究、性と生殖、買売春をめぐる研究を対象に、その具体的な研究成果に即して、「いのち」の視座の広がりが近世史研究とジェンダー史にもたらした意味とは何かを探ってみた。その結果、明らかになったことは三点ある。一つは、二〇〇〇年代以降、「いのち」の視座から近世史像の再構築をはかる研究が登場するが、「いのち」の視座は、一人ひとりの側から近世社会をとらえ直す点で近世史像の再構築を促すとともに「いのち」の環境や「いのち」の歴史性を探るという課題を浮き彫りにしたこと、二つには、性と生殖という視点は、買売春研究にも取り入れられ、遊女の身体性や「いのち」に即して買売春を考える研究へと展開したが、そこでは「遊廓社会」という構造分析だけではとらえきれない、「売春社会」という買売春の大衆化のなかで、性を売る労働が女にとってどのような意味をもっていたのか、主体である女の側から、そのいのちへの抑圧の構造と生存への願望も含めて明らかにし、さらに買う男の側の問題を明らかにするための新たな史料の博捜と既存の史料の読み直し、分析方法の錬磨と史料読解の方法が求められていること、三つには、近現代の性と生殖をめぐる研究では、さまざまな利害や葛藤が交錯する性と生殖の現場での女性たちの経験に焦点をあて、妊娠、出産の当事者である女性の声を拾う研究が厚みを増したが、それは、女性の経験と、女性個人の主観性の重視という点で、一九九〇年代の、おもに言説と男女の一元的な権力関係に注目し女性を受け身の存在としてとらえる傾向が強かったジェンダー史からの新たな展開とみることができること。この三点である。

哲学者の内山節は、「「いのち」は関係のなかに存在している」とし、「自然と人間の関係のなかに「いのち」が存在し」、「人と人の関係が「いのち」を存在させ」、「過去と未来との関係が「いのち」のありかを教えている」とする〔内山　二〇一六〕。歴史研究においても、性と生殖の根底にある「いのち」の視座を取り入れることが、「いのち」をめぐる重層的な関係性のとらえ直しをもたらした。そのことは、この間の近世史、買売春、性と生殖をめぐるジェンダー史研究の展開からもみてとれる。では、そこに残された課題とは何か。最後にその点にふれておきたい。

その一つは、史料読解をめぐる課題である。性と生殖や買売春、出生制限という問題は、個人の生活のなかでも、最も私的で表面にあらわれにくく、それゆえエゴドキュメントという個の記録の読解が大きな意味をもつ。しかし、いうまでもないが、個の記録を取り上げればよいということではない。個の記録を取り上げながら、一人称の語りのなかにさまざまな関係性や権力関係を見出し、しかも、個の記録の襞や陰影まで読み解くには、そして、一人ひとりの生に寄り添い、その葛藤やあがき、諦めをも読み解くには、どのような史料読解が求められるのだろうか。

個人の語りにこだわった上記の近現代の性と生殖をめぐる研究でも、その点は大きな課題として残されている。そこでは、大きな物語を描こうとすればするほど、個人の語りは、大きな物語に回収され、ともすると個人の語りは類型化のもとで断片化され、個別の語りの行間までも丁寧にすくいとるには至っていないように思う［沢山 二〇一六］。個別の語りの行間を読み解くには、個の記録がつくられた経緯を社会的・歴史的文脈のなかでとらえる［倉地 二〇一五］必要がある。また、何を語り何を語るべきではないかという語り手の取捨選択にも影響を及ぼす、文書のとる「形式」「言葉使い」「慣習」「プロット」［長谷川 二〇一〇］にも留意した読解が求められるだろう。その意味で、荻野が、「まずは自分の手と足を働かせて史料を探し歩き、見つかった断片をつなぎ合わせながら、そこから自分なりの歴史のイメージと問題構成を少しずつ作り上げていく」だけでなく「かき集めたさまざまな史料の中に身を沈めて、そこからたち昇ってくる過去の空気、人々やイメージのようなものを感じ取る」［荻野 二〇〇八：三四九］と述べていることは、丹念な史料収集をとおして歴史の現場に降り立ち人々の生に寄り添う道程は、史料の行間をも読みとる史料読解の深まりをともなうことを示す点でも示唆的である。

二つには、性と生殖という人々の営みの近世から近代への歴史的展開を重層的に描く必要があるという課題である。この問題については、近世から近代への転換期に生きた人々の「産み育てること」をめぐる営みの変容を探る試み［沢山 二〇一五b］があるものの、研究の層が薄く、大きな課題として残されている。その点で、明治維新に先立つ近世後期に、明治民法が規定するような「家社会」への標準化、均質化が各地域で自生的に起きていたとする歴史人口学の提起［落合編 二〇一五］は示唆的である。また荻野は、人々にとって「出生抑制の最もなじみ深い手段」は堕胎で、避妊は遊女がするものとして忌避されていたとするが、近世の買売春をめぐる研究では、避妊という問題は妊娠、出産が忌避される遊女の生業とも、また遊女の性と生殖をめぐる選択や願望ともかかわる重要な問題であるにもかかわらず、ほとんど取り上げられていない。

しかし、婚姻にとらわれない自由な性交渉が広範に存在していた近世社会、また「家」の維持・存続への願望と「子宝」意識が高まる近世後期には、性交渉を忌む日を記述した、性的禁欲を求める文書が刷物として流布していく［沢山 二〇一五b］。子どもの「いのち」への関心の高まりは、出生抑制の手段として間引きから堕胎、さらに性行為は生殖を望むときだけにすべきとする性的禁欲や避妊への方向性を内包していたのではないだろうか。ただ、荻野が指摘するように、さまざまな性行動のなかで夫婦の性が特権化されていく近代初頭の知識人層の女性たちの間では、夫婦間の性行為に遊女がする避妊を持ち込むのは不道徳、出産を避ける手段として「避妊より堕胎の方がまだしもまし」との感覚が強かったとすると、避妊は性的禁欲よりも性的快楽と結びつけて理解されていたことになる。とするなら、避妊と性的快楽、性的禁欲、そして子どもの「いのち」への関心の高まりと堕胎や避妊との関係も、一筋縄ではいかない複雑な関係性のなかにある。その関係性を、当事者である女と男の感覚や意識に寄り添いつつエゴドキュメントをはじめとする史料群の読解をとおして丁寧に解きほぐしていく必要がある。

さらに明治前半期には、いつの時点で「人命」とみなすかをめぐるさまざまな議論がなされた結果、女性の子宮口の外部での胎児は刑法上「人」となり殺人罪が、内部では女性を犯罪者とする「堕胎罪」が成立する［田間 二〇〇〇］。堕胎・間引きといった生殖コントロールをめぐる問題は、いつ何をもって、どの時点で「いのち」とみなすかという問いと絡む複雑な問題でもあり、生殖管理の近世から近代への展開と人々の堕胎・間引き、避妊といった選択の背後にある「いのち」をめぐるせめぎあいの様相を内在的に分析する必要がある。

そうした性と生殖の近世から近代、さらに現代への歴史的展開を跡づけることは、「いのち」の視座から「近代家族」の生成過程や、「近代家族」に生きた女と男、子どもが抱えた問題とは何であったのかという問題に新たな光をあてることにもなるだろう。それは、なぜ、どのようなプロセスをへて、性と生殖が、社会と切り離された「近代家族」という私的な空間のなかの男と女の関係のなかに閉じ込められ、その一方で大衆売春社会となっていくのかを問うこと、さらに、近世から近代への歴史的過程のなかで、「いのち」をめぐるさまざまな関係性が、どのように変容していくのかを問うことを意味する。

文献一覧

荒野泰典「江戸幕府と東アジア」『日本の時代史 14』吉川弘文館、二〇〇三年

荒野泰典「近世日本の国家領域と境界――長崎遊女と混血児から考える」史学会編『歴史学の最前線』東京大学出版会、二〇〇四年

岩城卓二「近世の「生存」――人口動態を中心に」『日本史研究』第五九四号、二〇一二年

内山節『いのちの場所』岩波書店、二〇一六年

大門正克「日本近代史研究における一九九〇年代」『歴史評論』第六一八号、二〇〇一年

太田素子『子宝と子返し――近世農村の家族生活と子育て』藤原書店、二〇〇七年

大藤修『近世村人のライフサイクル』山川出版社、二〇〇三年

大藤修「近世史――人名と生死の研究の現在」『本郷』第一一七号、二〇一五年

荻野美穂『ジェンダー化される身体』勁草書房、二〇〇二年

荻野美穂『「家族計画」への道――近代日本の生殖をめぐる政治』岩波書店、二〇〇八年

落合恵美子編『徳川日本のライフコース――歴史人口学との対話』ミネルヴァ書房、二〇〇六年

落合恵美子編『徳川日本の家族と地域性――歴史人口学との対話』ミネルヴァ書房、二〇一五年

鬼頭宏「前近代日本の授乳と出生力」『上智経済論集』第四〇巻第二号、一九九五年

倉地克直『性と身体の近世史』東京大学出版会、一九九八年

倉地克直「買売春を考える」倉地克直・沢山美果子編『男と女の過去と未来』世界思想社、二〇〇〇年

倉地克直『全集日本の歴史 11 徳川社会のゆらぎ』小学館、二〇〇八年

倉地克直『「生きること」の歴史学――徳川日本のくらしとこころ』敬文舎、二〇一五年

黒須里美編『歴史人口学からみた結婚・離婚・再婚』麗澤大学出版会、二〇一二年

小山静子編『論集 現代日本の教育史 4 こども・家族と教育』日本図書センター、二〇一三年

斎藤修『比較史の遠近法』NTT出版、一九九七年

佐賀朝「近代遊廓社会史研究の課題と展望――『シリーズ遊廓社会 2』を素材に考える」『部落問題研究』第二一一号、二〇一五年

佐賀朝・吉田伸之編『シリーズ遊廓社会 1 三都と地方都市』吉川弘文館、二〇一三年

佐賀朝・吉田伸之編『シリーズ遊廓社会 2 近世から近代へ』

吉川弘文館、二〇一四年
澤田佳世『戦後沖縄の生殖をめぐるポリティクス――米軍統治下の出生力転換と女たちの交渉』大月書店、二〇一四年
沢山美果子『性と生殖の近世』勁草書房、二〇〇五年
沢山美果子「近世後期の「家」と女の身体・子どもの「いのち」」『七隈史学』第一二号、二〇一〇年
沢山美果子「近世人のライフコース」水本邦彦編『環境の日本史　4　人々の営みと近世の自然』吉川弘文館、二〇一三年
沢山美果子「「産み育てること」の近代」『講座明治維新　9　明治維新と女性』有志舎、二〇一五年a
沢山美果子「近世の性」『岩波講座日本歴史　第14巻』岩波書店、二〇一五年b
沢山美果子「書評　澤田佳世『戦後沖縄の生殖をめぐるポリティクス――米軍統治下の出生力転換と女たちの交渉』」『女性史学』二〇一六年
柴田純『日本幼児史――子どもへのまなざし』吉川弘文館、二〇一三年
『人民の歴史学　特集「生存の危機」と人々の主体性』第一九七号、二〇一三年
スコット、ジョーン・W『増補新版　ジェンダーと歴史学』荻野美穂訳、平凡社、二〇〇四年
曽根ひろみ「「売女」考――近世の売春」女性史総合研究会編『日本女性生活史　3　近世』東京大学出版会、一九九〇年
曽根ひろみ『娼婦と近世社会』吉川弘文館、二〇〇三年
曽根ひろみ「明治四年「新吉原町規定申合」成立の意義」『歴史学研究』第九二六号、二〇一四年
高木まどか「吉原における客の身分――遊女評判記を中心に」『常民文化』第三八号、二〇一五年
田間泰子「堕胎と殺人のあいだ」『近代日本文化論集　6』岩波書店、二〇〇〇年
田間泰子『近代家族とボディ・ポリティクス』世界思想社、二〇〇六年
塚本学『生きることの近世史――人命環境の歴史から』（平凡社新書）平凡社、二〇〇一年
友部謙一「徳川農村における「出生力」とその近接要因」速水融編『近代移行期の人口と歴史』ミネルヴァ書房、二〇〇二年
『日本史研究　特集「生きること」の歴史像』第五九四号、二〇一二年
長谷川貴彦「物語の復権／主体の復権――ポスト言語論的転回の歴史学」『思想』第一〇三六号、二〇一〇年（のち『現代歴史学への展望――言語論的転回を超えて』岩波書店、二〇一六年に収録）
長谷川貴彦「イギリス労働者文化のメタヒストリー――「経験」から「物語」への転回」『歴史評論』第七三七号、二〇一一年
浜野潔『歴史文化ライブラリー　歴史人口学で読む江戸日本』吉川弘文館、二〇一一年
人見佐知子『近代公娼制度の社会史的研究』日本経済評論社、二〇一五年a
人見佐知子「セクシュアリティの変容と明治維新――芸娼妓解放令の歴史的意義」『講座明治維新　9　明治維新と女性』

有志舎、二〇一五年b

『部落問題研究　特集　近世～近代遊廓社会史研究の到達点と課題――『シリーズ遊廓社会』1・2巻を素材に考える』二〇一五年

松井洋子「長崎と丸山遊女――直轄貿易都市の遊廓社会」佐賀・吉田編『シリーズ遊廓社会1　三都と地方都市』吉川弘文館、二〇一三年

松井洋子「貿易都市長崎から見た近世日本の「売春社会」」『歴史学研究』第九二六号、二〇一四年

松井洋子「近世遊廓社会史の方法をめぐって」『部落問題研究』第二一一号、二〇一五年

水本邦彦編『環境の日本史　4　人々の営みと近世の自然』吉川弘文館、二〇一三年

宮本由紀子「隠売女と旗本経営――「藤岡屋日記」を中心として」『駒澤史学』第五五号、二〇〇〇年

明治維新史学会編『講座明治維新　9　明治維新と女性』有志舎、二〇一五年

妻鹿淳子『犯科帳のなかの女たち――岡山藩の記録から』平凡社、一九九五年

安丸良夫『日本の近代化と民衆思想』青木書店、一九七四年（のち平凡社ライブラリー、一九九九年）

横田冬彦「混血児追放令と異人遊廓の成立――「鎖国」における〈人種主義〉再考」ひろたまさき・横田編『異文化交流の再検討――日本近代の〈経験〉とその周辺』平凡社、二〇一一年

横田冬彦「コラム「遊客名簿」と統計――大衆買春社会の成立」歴史学研究会・日本史研究会編『「慰安婦」問題を／から考える――軍事性暴力と日常世界』岩波書店、二〇一四年

横山百合子「一九世紀都市社会における地域ヘゲモニーの再編――女髪結・遊女の生存と〈解放〉をめぐって」『歴史学研究』第八八五号、二〇一一年

横山百合子「新吉原における「遊廓社会」と遊女の歴史的性格――寺社名目金貸付と北信豪農の関わりに着目して」『部落問題研究』第二〇九号、二〇一四年a

横山百合子「近世の遊女は身体そのものが商品化された」『週刊　朝日百科　日本の歴史』三〇、二〇一四年b

横山百合子「幕末維新期の社会と性売買の変容」『講座明治維新　9　明治維新と女性』有志舎、二〇一五年

歴史学研究会編『現代歴史学の成果と課題　一九八〇―二〇〇〇年　I　歴史学における方法的転回』青木書店、二〇〇二年

歴史学研究会編『シリーズ歴史学の現在　9　性と権力関係の歴史』青木書店、二〇〇四年

『歴史学研究　特集　性と権力関係の歴史』第七六五号、二〇〇二年

『歴史学研究　特集　性売買とジェンダーの歴史（II）』第九二六号、二〇一四年

『歴史評論　特集　生殖と女性史』第六〇〇号、二〇〇〇年

3　福祉の歴史学

高田　実

はじめに

いまほど、福祉の歴史学が求められているときはない。増大しつづける貨幣的富と対照的に、「格差社会」「子どもの貧困」「ワーキングプア」「無縁社会」が問題とされ、「「生きづらさ」の臨界」「生きさせろ」という衝撃的な叫びが発せられている。また、貧困を軍事によって解決するのではないかと危惧する「経済的徴兵制」まで論じられている。しかも、ピケティ・ブームが示すように、この問題は世界規模で拡散している。ＧＤＰの拡大につれて、貧しさと格差が大きくなり、生存が危うくなっている。歴史のパラドックスだ。高度成長期のような経済による福祉代替機能が失われたいまこそ、福祉の充実が求められているのに、経済システム自体が福祉を抹殺している。「失われた二〇年」に進行した事態を一瞥しただけでも、経済と福祉の楽観的な進歩史観を描く気にはなれない。また、続発する大災害に向かい合うと、人間存在の基盤たる自然を含み込んだ生存の歴史も考えなければならないことに気づかされる〔大門ほか　二〇一三〕。さらに、「障老病異とともに暮らす世界」を構築する「生存学の企て」（立命館大学生存学研究センター）に対しても、歴史学は応答すべきだろう。

いま、「生存」とは、「生きる」とはという根源的問いが発せられている。これに答えるには、人々の生きるための闘いと、それによって達成された成果を正しく評価する、新しい福祉の歴史が書かれなければならない。ここでは、ヨーロッパ、とくにイギリス近現代史の邦語文献を中心に（紙幅の関係上、翻訳は除く）、この問題を考えるうえで有益な歴史研究の成果を整理し、今後の課題を提起したい。

1　「福祉の複合体」史が問いかけるもの
――福祉の社会史・文化史へ

「福祉の複合体」史の登場

一九八〇年代にはネオリベラリズムが世界を席巻し、福祉国家の解体が志向された。これに対抗するために、政策や理論の研究では福祉社会の現代的再生が盛んに論じられた。折からの社会主義の崩壊を背景に、福祉の新たな座標軸が生み出された。市場主義には対抗するが、国家福祉だけではなく、福祉の総体性を考えるなかで新たな社会を再建する取組みが力をもった。エスピン・アンデルセンの福祉レジーム論が注目を集めるだけでなく、「社会的なるもの」「社会的連帯」（市野川容孝）、「正義」「承認」（田中拓道）、「連帯と承認」（竹川正吾）、「公共性」（斎藤純一）、「ソーシャル・キャピタル」、「潜在能力（ケイパビリティ）」「溜め」（A・セン、湯浅誠）、「社会的包摂」「福祉政治」（宮本太郎）、「経済と倫理」「福祉の公共哲学」（塩野谷祐一）、「福祉の経済哲学」（後藤玲子）、「定常型社会」（広井良典）、「生活保障システム」（大沢真理）、「いのちの思想」（高草木光一）など、さまざまなキーワードのもとに人々の生を救うための福祉理論が模索されている。

この動きに呼応するように、歴史学でも「福祉の複合体」史が志向されるようになった。サッチャーは「社会など存在しない」と豪語し、「ヴィクトリア朝の価値観」への回帰を唱えて福祉国家の解体に邁進した。これは、逆説的に福祉史研究を豊富化する機会となった。国家福祉の単線的発展史観では、民衆の生の実態をとらえるうえで抜け落ちる部分があまりにも多くなることに気づかされたのである。このような自省が、社会史や文化史の隆盛ともあいまって「福祉の複合体」史を生みだした。福祉を独自の共同性と救済原理をもつ多様な担い手が相互に関係性をもった構造的複合体ととらえ、その動態的変化を描こうというのだ［高田　二〇〇六］。この方法は、福祉供給の多元性を解明するだけではなく、供給側と需要側が取り結ぶ双方向的な歴史的関係性を浮かび上がらせる。つまり、特定の時空における構造のなかで成立した官民の福祉システムを利用して生きる人々の生き様と、そこに働く社会と文化の力に関心を払う「福祉の全体史」が追究されるようになった。「福祉の制度史」は「福祉の社会史・文化史」へと大きくシフトしたのである。

こうした問題関心の変化を反映した成果も生み出された。イギリス、フランス、ドイツ、スウェーデン、イタリア、ロシアをカバーするヨーロッパ比較史の試み［高田・中野　二〇一二］、ローカルな福祉の複合体の存在と家族手当、児童手当をめぐる調査・運動・制度設計のトライアングルの指摘［赤木　二〇〇五・二〇〇六・二〇〇八］、地方の保健行政とプロフェッションの重要性の解明［永島　二〇〇二］などが世に問われた。

「社会国家」史の再検討

複合体史はドイツ史の文脈では、「社会国家」史の書き換えというかたちで進行している。驚異的なペースで質の高い良書を出版しつづける川越修は、「社会国家」をドイツ史に限定されない、後発工業国の二〇世紀社会論として論じようとしている。辻英史との編著による共同研究では、国家福祉に限定されない福祉の社会史が縦横に論じられており、出産、育児、小児医療、若者、家族、性規範、土地改革、戦争障害者、ソーシャルワーク、看護、介護、年金など、取り上げられる対象は広がりをもち、中間団体への配慮も怠らない、「福祉の全体史」にふさわしい内容が論じられている。しかも、二〇世紀後半まで射程に入り、連続性と断絶性の理解において、ナチズム期だけを特殊な時期としない新しい視点も導入されている。共同の力が、ドイツ史における「社会国家」史の水準を格段に引き上げている〔川越・辻 二〇〇八、辻・川越 二〇一六〕。もちろん、国家福祉の研究も進展している。福澤直樹は、ビスマルク以来の社会保険の一〇〇年史を「社会的共同性」の変化の視点から再検討し、社会国家史を書き換えようとしている〔福澤 二〇一二〕。また、土地改革、都市計画、住宅建設の研究も大きく進展しているが、とくに永山のどかの研究は住宅建設における非営利組織に注目し、それを福祉国家形成と関連づけようとしている点で注目に値する〔森 二〇〇九、永山 二〇一二、馬場 二〇一六〕。こうして、「社会国家」史はドイツの特殊性論を相対化しつつ、「福祉の複合体」史としての内実を確実に高め、他の「福祉国家」史との対話可能性を広げている。

全体史の探究——労働史・教育史・都市住宅史との対話

「福祉の複合体」史が全体史たろうとするとき、従来それぞれ別個に進められてきた各分野の歴史研究を、人の生をめぐる歴史として統合することが求められる。

近年、福祉史に急接近を試みているのが教育史である。橋本伸也、岩下誠、三時眞貴子を中心とする比較教育社会史研究会の一連の成果は、「福祉の複合体」史の豊富化と視野拡大に大きく貢献している。労働・教育・福祉のトライアングルをめぐる問題を提起するとともに、ポスト社会主義後の新しい社会のあり方も展望する書物が刊行された〔広田ほか 二〇一三〕。教育という媒介項を入れることで、労働（経済）と福祉（社会）はより精緻に接合されるし、労働の毀損が進み、教育が格差社会を拡大する手段に転轍している現実を歴史的に考える重要な手がかりも提供された。また、若手研究者を中心に、中間団体に注目しつつ教育支援と排除の視点から「教育の複合体」史が議論されるようになったことも大きな成果である［三時ほか二〇一六］。教育のもつ社会的機能の両義性に対する歴史的認識を深めながら、さらなる議論が期待される領域である。

福祉史と接合すべきもうひとつの領域に、住宅史・都市計画史がある。上述のドイツ史の議論に加えて、住宅問題を取り入れてプラーク街の社会史を論じた中野隆生は、共同研究をリードして、都市空間論と居住空間論を結びつけようとする比較史研究を編んだ［中野隆生一九九九・二〇一五］。またイギリスについても、椿建也、本内直樹らの公共住宅政策史やニュータウン建設に関する研究があり［椿　二〇一三、本内　二〇一五］、住宅史と都市計画史はいまや豊かな実りをつけている。市場主義的グローバリズムによる地域社会の破壊に対抗して新たなコミュニティ再生が模索されているが、そこでは、ある一定の質をもった物理的な「場」の再建は、決定的に重要な意味をもっている。歴史のなかで暮らしの空間を創造的に構築する試みがいかに展開し、どのような成果を残してきたか、あらためて再確認すべきであろう。

福祉史が生の全体史であろうとする限り、これまで「〇〇史」として、方法的に分断してきた歴史研究のあり方を見直し、原点に立ち返って、福祉に関連する諸領域を生の歴史学の視点から統合すべきである。現に、ヨーロッパの福祉史の概説書には、教育も、住宅建設も、都市計画も、きちんと位置づけられている。

「福祉の複合体」史の課題
——動態化と包摂・排除論の克服

複合体史の今後の課題は、いかにそれを動態化するかにある。複合体の姿態転換は、なぜ、どのようにして生じるのか。古い複合体にどのような矛盾と緊張関係があり、それを解決するために、いかなる力がどのように合成されたのか。複合体史がパラダイス論に陥らないためにも、体制の枠組みと主体的な力を意識したうえで、動態変化を生み出す要因、とくに社会のなかの境界線をさらに深く追究することが求められている。

主体性については、「貧民の手紙」などにあらわされる「貧民のその場しのぎの生存戦略」、貧民自身の福祉の現場での交渉［長谷川貴彦　二〇一五、金澤　二〇〇八b］、あるいは生活改善運動や労働者教育などの集団自助的な改善運動などの取組み［大門　二〇一二a・b］を、福祉の制度改革と結合させる方向性が示されている。もうひとつ、社会に走る境界線の力学にそって、複合体の全体像を描き直すことも求められている。従来の階級による分断線に加えて、ジェンダー視線からする研究は大きく進展しているものの、エスニシティや宗教などの分断線や国家を超える福祉機能の検討は今後の大きな課題である。このうち宗教については、カトリックに焦点を当てた書物が出版された。中野智世が序章で強調するように、カトリック=反近代という宗教理解を払拭し、歴史的な社会のなかで現実に果たした福祉機能をしっかりと記述することが歴史家に期待されている［中野智世ほか 二〇一六］。

「福祉の複合体」史の生命力は、ある人の生き様に即してみたときに、複数の福祉の担い手がどのように接木されていたのか、その有機的な姿が描けるかどうかにかかっている。また、福祉の担い手それぞれがもつ共同性にともなう包摂と排除の力学がどのように作用し、複合体全体にどのような大きな磁場と磁力が形成されていたか、時代の構造のなかで描くことが重要な課題となろう［高田 二〇〇六］。しかし、ここで立ち止まろう。「包摂」「排除」という二項対立的な言葉は、歴史のタームとしては再検討を要する。「包摂」とは何をさすのか。矛盾に満ち、多義性を帯びた歴史の実態を説明するのに、よりふさわしい歴史用語が生み出されるべきであろう。さらに、「福祉の複合体」史を社会経済構造から切り取り、その展開史だけを描くことも厳に慎まなければならない。この点では、「反転する福祉国家」という象徴的な題名で「オランダモデルの光と影」を描く水島治郎の研究が参照されるべきだ［水島 二〇一二］。

2 中間領域へのまなざし
――社会的共同性の再評価

「福祉の複合体」史が提起されて以降、最も進展した研究領域が、「中間団体」の歴史である。一九八〇年代以前は、家族、地域共同体、アソシエーション、伝統的社会組織、宗教団体、企業などが提供する福祉は「遅れた」福祉であり、いずれは国家の福祉に取って代わられるべきであるとする通念が支配的であった。そこには、「あるべき国家、社会、福祉」という歴史の高みから過去を裁断する危険性が内包されていた。民衆が必死に生きる過程で生み出した生活の知恵とその制度的結晶を過小評価したり、見落とす危うさがあった。また、中間団体や民間福祉が注目される理由のひとつには、グローバルな市場主義が「効率」の名のもとに破壊する歴史的な共同性や社会連帯の存在と機能の大きさをリアルに正しく伝えたいという歴史家の思いがあった［『歴史学研究』 二〇一一―二〇一二］。社会史や文化史研究の進展にともなって、日常のなかで民衆の生を支えたタテとヨコの共同性がリアリティをもって描かれるようになった。

イギリスのチャリティについては、金澤周作が、ローカルな場で「悲惨さ」を分節化して創造し、それを「救う共同体」が拡大再生産される様をみごとに描き出した。福祉の社会史と文化史の魅力を存分に伝える作品となっている［金澤　二〇〇八a］。また、名誉革命体制の構造的変化のなかで叢生するアソシエーションの意味と、貧民の主体性を強調し、近世・近代移行期の福祉の動態的構造史を描く長谷川貴彦の作品は、福祉のマクロ史の醍醐味を伝える［長谷川貴彦　二〇一五］。友愛組合、労働組合、協同組合、共済団体、建設組合などの相互扶助についての研究も進んでいる［島　一九九八、高田　二〇〇五、梅垣　二〇〇八、小野塚　二〇一四］。企業家のフィランスロピーについては、岡村東洋光の一連の研究が有益だ。さらに、イギリス近現代社会の歴史的駆動力を自発性に求め、それを「福祉ボランタリズム」として表現する論集［岡本ほか　二〇一二］や、「フィランスロピー」の国際比較の雑誌特集も編まれた［『経済学論集』　二〇一二、『大原社会問題研究所雑誌』　二〇一〇―二〇一一］。

イギリス以外でも、さまざまな中間領域の民間福祉が社会を支えていたことが明らかにされている。ル・シャプリエ法下のフランスについては、小西洋平が政府から唯一認められた扶助組織である共済組合の活動を検討している［小西　二〇一五］。また、齊藤佳史は企業家の宗教との関連、防貧活動、社会意識改善など興味深い点を指摘する［齊藤　二〇一二］。スウェーデンについても、石原俊時が労働組合や労働者文化が社会民主主義型の福祉国家形成において果たした歴史的役割と中間団体の組織化を的確に描いている［石原　一九九六・二〇一二］。社会主義崩壊後のロシアでも、歴史のなかに流れる慈善の分厚い鉱脈が発掘されるようになった［高橋一彦　二〇〇七］。これらの中間組織が、国家福祉の導入期にあたる一九世紀末に組織化される共時的な現象は、福祉の複合体の姿態転換との関連で注目すべきであろう。

こうした中間領域、つまり狭義の「福祉社会」に働く力にはますます関心が集まり、しかもかつての楽観的な市民社会論とは異なり、中間団体のもつしばりや排除の力を意識した議論が多くなっている点は高く評価できよう。ただし、福祉国家の単線的発展史観の反転として、中間団体の単線的連続史観に陥ってはならないだろう。あくまで「複合体」史でなくてはならない。福祉の担い手の質的相違、とくに国家の役割に注意しながら、その構造的で有機的な連関を問うことが大事なのである。

3　いのちとケアの歴史研究
――子ども、障害者とソーシャルワーク

近年とくに関心を集めているのがケアの問題である。複数の講座、シリーズものが出版され、ケアとは何かという問いは、原理的な問題から現場での実践のあり方までを含めた福祉研究の主流となっている。「ケアの社会学」〔上野千鶴子〕、「定常型社会」のなかのケア〔広井良典〕、ジェンダー視点からするケアの倫理学〔キテイ〕などが論じられている。ヒトがヒトを対象とする福祉は、富の再配分とは異なる難しさがあり、その歴史を描くにあたっては、生そのものに向き合う歴史家の姿勢が問われる。

ケア史の蓄積は十分ではないが、中野智世はパイオニア的存在として、卓越した成果を残している。中野は、ドイツ民間福祉を担う五つの頂上団体のうち、カトリック系のカリタスの実践活動と公的福祉との関係を二〇世紀全体にわたって精力的にフォローしてきたが、ケアに関しては制度だけではなく、ソーシャルワーカーの現場における乳児保護の実践をわかりやすく描いている〔中野智世 二〇〇八a・b〕。ケアが単なる技術ではなく、宗教や科学を背景とした独自の世界観にもとづく精神活動として展開したことがよくわかる。

また、障害者の歴史については、最近やっとまとまった本が出版された。医療史や科学史の成果も援用しながら、身体、精神、知的な障害者と向き合う教育や社会事業、さらには戦争による障害などについての研究も展開している。今後の伸展に期待したい〔山下 二〇一四、大谷 二〇〇八〕。

従来の福祉史は、労働力保全を第一義的課題とする日本独自の社会政策論の影響があって、「労働」を基準に考えられてきた。疲弊した人間を労働力として職場に戻すための福祉史でもあった。しかし、一〇〇年前に国家福祉を主導した人々は、労働にだけ関心があったわけではない。「労働権ないしは扶養される権利」を構想していた。国民は、働いて自立することが最善ではあるが、それが不可能な場合は、扶養される権利をもっていると考えられた。労働による自立が過剰に強調され、障害者にまで「自立」が強要されるいまだからこそ、「扶養される権利」が唱えられてきた系譜が再認識されるべきである。

出産、育児、捨て子、子どものケアについて、洋の東西を問わず良質なモノグラフが得られ、読者の関心を広げた。近代以前には、子育てが社会の課題であると普通にとらえられていたことがわかる。とりわけ沢山美果子の研究

は、生の歴史学を構想するときに時空を超えて考えられるべき普遍的な問題を提起している。必読の書だ［高橋友子 二〇〇〇、沢山 二〇〇八・二〇一六］。さらに教育史の貢献も大きい。「保護と遺棄」というキーワードで、各地の国家と地域社会が困難な状況を抱える子どもたちをどのように支援しようとしてきたのかを明らかにしている［橋本・沢山 二〇一四］。これはたいへん有益である。捨てられ、保護された子どもがその後どのように生きたのか、生の歴史を描く可能性が広がるからだ。また出産に関しては、長谷川まゆ帆が、お産椅子や近代産科医誕生の文化史を独自の筆致で描き、他の追随を許さないオリジナリティの高い研究を発表した［長谷川まゆ帆 二〇〇四・二〇一一］。

4　福祉史と医療史・科学史の交流
――生命リスク、社会衛生学、優生学

最先端の医療が細胞レベルでの操作を可能にしているなかで、現代の生権力と生政治をめぐる議論も活性化しているが、歴史の分野でも生命とそれをとりまく医療や科学の役割に関係する研究は大きく進展している。

川越修は、ベックの「リスク社会」論を参考に、ライフコースで生じる問題群と対応策を「生命リスク」という言葉にまとめて、二〇世紀比較社会史の秀逸した二冊の論集を編纂している。一方は出産・育児などのライフコースにおける生命リスクへの社会の対応、他方は医療の病院化を中心とする医療戦略の課題を多面的に描いている［川越・鈴木 二〇〇八、川越・友部 二〇〇八］。また病院化については猪飼周平の議論が、民間医療の可能性については、服部伸の研究が参照されるべきである［猪飼 二〇一〇、服部 一九九七・二〇〇四］。医療現場と医の学知が福祉の重要なテーマとなっており、福祉史と医療史・科学史の結合は大きな力を発揮している。

この分野で突出した成果を発表しているのが鈴木晃仁である。一九世紀イングランドで医者、患者、家族のトライアングルのなかで精神病がつくりだされる過程とその歴史的意味を考察し、国際的水準の研究を続けている［Suzuki 2006］。永島剛は、伝染病の日英関係史で着実な成果を出しているし［Nagashima 2016］、精神病院については高林の研究成果がある［高林 二〇一一］。身体とともに精神が問題とされ、いのちをとりまく多角的な研究が可能となっただけでなく、最近では病原菌にまでさかのぼって、国家と社会を論じる小川真理子の論集も出版され、この分野はいまや収穫期を迎えている［小川 二〇一六］。

性をめぐる研究でも優れたモノグラフが公刊された。荻

野美穂は避妊をめぐる科学と女性の主体的な取組みをジェンダー視点から切り込んだ［荻野 一九九四］。また、川越は、性病をめぐるポリティクスから社会国家とナチズムとの関連を説得的に論じ、ファシズム研究としても、性の科学史としても新境地を開いた［川越 一九九五・二〇〇四］。

こうした成果を引き継ぎながら、社会衛生学と優生学をめぐる良質の研究が相次いでいる。松原宏之は、一九一〇年代のアメリカにおける社会衛生運動を政治文化の視点から検討しているが、性の科学とソーシャルワーカーの関係をジェンダー視点から鋭く分析する［松原 二〇一三］。また、同じくアメリカについて、貴堂嘉之と小野直子も健康優良コンテストや断種法の分析を通じて優生学の影響を論じているし、同じ論集でイギリスについては、永島剛が、ドイツについては白川耕一が同様の論点を提示している［貴堂、小野、永島、白川 二〇一三］。さらに、優生学についてぜひとも読まれるべきは、山本卓の研究であろう。英国優生学協会の活動分析を通じて、優生学が第二次大戦前後のイギリスでどのような力をもっていたのか骨太に描く［山本 二〇〇九］。

こうして、福祉のあり方に影響を与える科学や医療の両義性が分析され、複合体におけるプロフェッションと制度化された学知の光と影を描きこむことで、その像はますます立体的になる。陰影をもった全体史として、複合体史の質は大きく高められる。

5 福祉をめぐる知の歴史
――「よい社会」を求めて

福祉をめぐる知の歴史にも注目が必要だ。福祉はあくまで手段であり、目標は「よい社会」の構築にあった。歴史的事実として、国家福祉導入期の一九世紀末以降、福祉は「社会問題」（「社会」の「問題」）として議論されていたし、この時期の「社会的なるもの」のとらえ方に対する思想史的な関心も高まっている［小野塚 二〇〇九］。

経済学史としては、ピグーを中心とする厚生経済学、ポランニー、ミュルダールという非市場経済や経済学における倫理性の役割を強調した経済学の考え方が現代的視点から読み直されている［山崎 二〇一一、若森 二〇一一、藤田 二〇一〇］。また、西沢保を中心とする研究チームが、イタリアの研究者と長年交流を重ねながら、質の高い国際的研究を生み出している点は特筆に値する。厚生経済学の多層的・多元的な構成要素とその系譜を明らかにしている。学の系譜は無視されてはならない。そこには、学の受容をめぐるプル要因間の葛藤が内在するからだ。それ自体が一

つの歴史となる [Backhouse and Nishizawa 2010, 西沢・小峯 二〇一三]。

　思想史では、福祉国家形成につながるフランスの社会連帯主義の形成と展開について、田中拓道や重田園江のレベルの高い研究が出版されている [田中 二〇〇六、重田 二〇一〇]。とりわけ田中の本は、政治経済学、社会経済学、社会的共和主義、社会連帯主義の四つの思想潮流を「社会的なもの」というキーワードをめぐる拮抗のなかで動態的に描き出し、対象と射程の広い好著となっている。また、重田も、個々の思想家の思考だけでなく、それが具体的な相互扶助組織やパトロナージュといかに関連しているかを示し、フランスの福祉史を理解するうえで不可欠の本となっている。ローザンヴァロン以来の議論が次第に収穫期を迎えている。イギリスでは、江里口拓のウェッブ夫妻の思想研究や小峯敦のベヴァリッジの思想研究は、福祉国家形成の背景にあった思想を再検討する格好の素材であるし、福祉の複合体史の興隆と軌を一にした内容になっている [江里口 二〇〇八、小峯 二〇一一]。

　こうした経済学史、思想史の流れと交錯しつつ大きな進展をみせているのが「知の歴史 (intellectual history)」である。特定の主義や学派に分割されることなく、ある時代に思想的立場を横断して共有された知の世界とその担い手たちが明らかにされている。イギリス福祉国家については、ジョゼ・ハリスの論文以来、福祉をめぐる知の歴史がますます注目されている。とくにラスキンや理想主義が、国家福祉導入期の二〇世紀初頭のオックスフォード出身の官僚、政治家、知識人にいかに大きな影響を及ぼしたかが明らかにされている。寺尾範野や馬路智仁は、国家福祉導入の背景になったニューリベラリズムの思想を、知の歴史のなかに再定置させる貴重な仕事を行っている。とくに、「コモンウェルス」の思想的系譜をたどる研究は、近世以降現代まで長い連続性と空間的な拡張性をもった知の歴史としても拡大可能であるし、国家を超えた国際社会秩序構想の基幹をなすものでもあった [寺尾・馬路 二〇一三、寺尾 二〇一三・二〇一四、馬路 二〇一〇・二〇一一、岩井 二〇一二]。

　福祉国家はなぜ生まれたのか。その背景には知の力があった。ユートピアが追い求められ、それが現実の力となったのである。福祉の文化史は、人を縛る力だけではなく、未来を切り拓く文化の力もあわせて示さなくてはならない。

6 体制と福祉――総力戦体制のなかの福祉

福祉は、あくまで市場経済によって拡大される社会の矛盾を緩和し、より安心して暮らせる社会を築くためのひとつの緩和剤的な手段であった。したがって、その本質については、国家体制や経済制度のあり方、およびそれらの変革と結びつけて理解されなければならない。むしろ従来はこのような理解が通説をなしていた。資本主義体制のなかの労働力保全、帝国主義政策と労働者馴致という文脈のなかで福祉政策も理解されていた。しかし、皮肉なことに、近年の実証研究の精緻化と社会史、文化史の隆盛は、各地域社会における福祉の現場や実践についての詳細な情報を提供してくれるものの、こうした体制の枠組みのなかで福祉史を構造的に把握する面での停滞を招いているともいえる。

これについては、名誉革命体制の構造変化のなかに貧民と福祉を位置づけている長谷川貴彦の研究が何よりも参考となる。また、一九九〇年代に議論された総力戦体制論も、この研究史の文脈においてさらに深化させられるべきものである。この点については、当時の論争をふまえたうえで、戦時日本の社会改革を分析する高岡裕之の優れた研究が参照されるべきだ［高岡 二〇一一］。

さらに、第一次世界大戦一〇〇年を迎える今日、あらためて戦争と福祉の関係についての歴史研究を深める必要がある。さまざまな第一次世界大戦シリーズが刊行され、戦争と福祉に関連する個別の事例研究は集められているし、戦争による障害や精神疾患についても、北村陽子や高林陽展が示唆に富む成果を発表している［金澤 二〇一四、北村 二〇〇六・二〇〇八・二〇一六、高林 二〇一〇］。

しかし、戦争と福祉を総体として把握する試みは、依然として今後の課題として残されているといえよう。この問題については、あらためてティトマス＝テーゼの古典説を再検討することから始めるのが有益かもしれない。それについては、山本卓の研究がある［山本 二〇〇七］。また、政治史あるいは政治思想史的な研究を、三〇年前までは盛んに議論されていた帝国主義路線の研究と合体させつつ、新たな総力戦体制のなかで福祉が新しく議論されるべきだろう。この点では、松永友有の金融帝国と福祉国家の起源を接合する研究が参照されるべきである［松永 二〇〇四・二〇〇六］。

研究史は単線的には発展しない。過去の蓄積の上に新たな成果が層をなすように重ねられなければならない。言説の過剰も、制度の過剰も、ともに慎まれるべきだ。

おわりに——「福祉の歴史学」の自立と「生の全体史」への挑戦

この二〇年間に、福祉の歴史学が〈自立した〉といえるのではないだろうか。

「福祉の複合体」史は歴史理解の幅を広げるとともに、きわめて魅力的な歴史像を提示しつづけているが、その魅力は、担い手の多元性だけでなく、対象とするヒトや領域が格段に広がったところにある。乱暴な表現だが、貧困対策の「制度」史（モノとカネの福祉史）からヒトの福祉史へと関心が広まっている。ヒトが物質的に生存するだけでなく、「生きる」ためには、どんなサポートがなされたかが明らかにされているのである。この「福祉の社会史・文化史」の興隆は、ヒトが生きることの意味を総体として歴史的省察の対象とすべきことに、歴史学者が気づきはじめていることを示す。福祉の歴史学は、ヒトの生にかかわる自立した領域として成り立ちうるのだ。それは一方では、「生きづらさ」が臨界に達した歴史的現在の現実がいかに厳しいかを、他方では、従来、私的空間で圧倒的に女性の不可視的な「不払い労働」によって担われてきた生活支援業務が、社会の問題であることが認知されはじめたことを、表現するものである。福祉の歴史学が自立するにつれて、人々の生がやっとリアリティをもって描きはじめられたともいえる。「生の全体史」への挑戦が始まっている。

最後に、筆者の力不足から、国家の枠組みを超えて機能する福祉や移民に対処する福祉など、今日最も関心の高い分野についての研究成果をフォローできていないという大きな限界がある。国境なき医師団など、国家の枠を超えて国際的に活動するＮＰＯ団体の活動などを検討することを通じて、底辺の生を支える重層的な共同性のあり方が描かれるべきである。

文献一覧

赤木誠「両大戦間期イギリスにおける家族手当構想の展開——調査・運動・制度設計」『社会経済史学』第七一巻四号、二〇〇五年

赤木誠「児童手当をめぐる対立・調整・協働——イギリス福祉国家成立過程におけるリヴァプールの先駆的役割」『社会経済史学』第七二巻四号、二〇〇六年

赤木誠「地域社会の中の慈善組織協会——二〇世紀初頭リヴァプールにおける家族給付をめぐる議論と給付」『社会政策』第一巻一号、二〇〇八年

猪飼周平『病院の世紀の理論』有斐閣、二〇一〇年

石原俊時『市民社会と労働者文化——スウェーデン福祉国家の社会的起源』木鐸社、一九九六年

石原俊時「ストックホルム慈善調整協会――一九世紀末から二〇世紀初頭にかけてのスウェーデンにおける公と私の間」『経済学論集』第七八巻一号、二〇一二年
岩井淳「イングランド近世の国家観と身体性」樋口映美・貴堂嘉之・日暮美奈子編『〈近代規範〉の社会史――都市・身体・国家』彩流社、二〇一三年
梅垣宏嗣「ベヴァリッジによる「自由社会のための計画化」の変容――「友愛組合活用論」から「ヴォランタリー活動促進論」へ」『社会経済史学』第七五巻六号、二〇〇九年
江里口拓『福祉国家の効率と制御――ウェッブ夫妻の経済思想』昭和堂、二〇〇八年
大門正克編著『新生活運動と日本の戦後――敗戦から一九七〇年代』日本経済評論社、二〇一二年ａ
大門正克「「生活」「いのち」「生存」をめぐる運動」『シリーズ戦後日本社会の歴史　３　社会を問う人びと』岩波書店、二〇一二年ｂ
大門正克・岡田知弘・川内敦史・河西英通・高岡裕之編『生存の東北史――歴史から問う３・11』大月書店、二〇一三年
大谷誠「世紀転換期イギリスにおける「精神薄弱児問題」――上流・中流意識と「公」的管理」川越修・鈴木晃人編著『分別される生命――二〇世紀社会の医療戦略』法政大学出版局、二〇〇八年
『大原社会問題研究所雑誌　特集　フィランスロピーに関する研究動向の整理と文献紹介（１）（２）』六二六、六二八号、二〇一〇―二〇一一年
岡村東洋光・高田実・金澤周作編著『英国福祉ボランタリズムの起源』ミネルヴァ書房、二〇一二年
小川眞理子『病原菌と国家――ヴィクトリア時代の衛生・科学・政治』名古屋大学出版会、二〇一六年
荻野美穂『生殖の政治学――フェミニズムとバースコントロール』山川出版社、一九九四年
小野直子「アメリカ優生学運動と生殖をめぐる市民規範――断種政策における「適者」と「不適者」の境界」樋口ほか編『〈近代規範〉の社会史』彩流社、二〇一三年
小野塚知二編著『自由と公共性――介入的自由主義とその思想的起点』日本経済評論社、二〇〇九年
小野塚知二「共済団体の慈善信託――一九世紀後半イギリス労働組合の「慈善基金」に注目して」『経済学論集』第七八巻第一号、二〇一二年
重田園江『連帯の哲学Ⅰ――フランス社会連帯主義』勁草書房、二〇一〇年
金澤周作『チャリティとイギリス近代』京都大学学術出版会、二〇〇八年ａ
金澤周作「近代イギリスにおける貧者の手紙――公的救貧・チャリティ・共同体」『関学西洋史論集』第三一号、二〇〇八年ｂ
金澤周作「善意の動員――イギリスにおける戦争チャリティ」山室信一・岡田暁生・小関隆・藤原辰史編『第一次世界大戦　２　総力戦』岩波書店、二〇一四年
川越修『性に病む社会――ドイツ　ある近代の軌跡』山川出版社、一九九五年

川越修『社会国家の生成――二〇世紀社会とナチズム』岩波書店、二〇〇四年
川越修・鈴木晃人編著『分別される生命――二〇世紀社会の医療戦略』法政大学出版局、二〇〇八年
川越修・辻英史編著『社会国家を生きる――二〇世紀ドイツにおける国家・共同性・個人』法政大学出版局、二〇〇八年
川越修・友部謙一編著『生命というリスク――二〇世紀社会の再生産戦略』法政大学出版局、二〇〇八年
北村陽子「第一次世界大戦期ドイツにおける戦時扶助体制と女性動員」『西洋史学』第二二一号、二〇〇六年
北村陽子「社会の中の戦争障害者――第一次世界大戦の傷跡」川越・辻編著『社会国家を生きる』法政大学出版局、二〇〇八年
北村陽子「「傷ついた父親」は家族の扶養者たるか――第二次世界大戦後西ドイツの戦争障害者援護」辻英史・川越修編『歴史のなかの社会国家――二〇世紀ドイツの経験』山川出版社、二〇一六年
貴堂嘉之「健康優良コンテスト狂想曲――革新主義期の「科学」とアメリカ優生学運動」樋口ほか編『〈近代規範〉の社会史』彩流社、二〇一三年
『経済学論集　特集　フィランスロピーの国際比較――公と私の間で』第七八巻第一号、二〇一二年
小峯敦編著『経済思想のなかの貧困・福祉――近現代の日英における「経世済民」論』ミネルヴァ書房、二〇一一年
小西洋平「第二帝政期における共済組合――防貧とモラル化のためのプレヴォワヤンス」『社会政策』第六巻第三号、二〇一五年
齊藤佳史『フランスにおける産業と福祉　一八一五〜一九一四』日本経済評論社、二〇一二年
沢山美果子『江戸の捨て子たち――その肖像』吉川弘文館、二〇〇八年
沢山美果子『江戸の乳と子ども――いのちをつなぐ』吉川弘文館、二〇一六年
三時眞貴子・岩下誠・江口布由子・河合隆平・北村陽子編『教育支援と排除の比較社会史――「生存」をめぐる家族・労働・福祉』昭和堂、二〇一六年
島浩二『住宅組合の史的研究――イギリスにおける持家イデオロギーの源流』法律文化社、一九九八年
白川耕一「福祉の「隙間」を埋める――ドイツ強制収容法（一九二〇〜一九六〇年代）をめぐって」樋口ほか編『〈近代規範〉の社会史』彩流社、二〇一三年
高田実「「福祉の複合体」史が語るもの――〈包摂・排除〉と〈安定・拘束〉」『九州国際大学経営経済論集』第一三巻第一・二合併号、二〇〇六年
高田実「イギリスにおける友愛組合と一九〇八年老齢年金法――福祉の共同性における受容と排除」高田実・鶴島博和編著『歴史の誕生とアイデンティティ』日本経済評論社、二〇〇五年
高田実・中野智世編著『近代ヨーロッパの探求　福祉』ミネルヴァ書房、二〇一二年

高岡裕之『総力戦体制と「福祉国家」――戦時期日本の「社会改革」構想』岩波書店、二〇一一年
高橋一彦「福祉のロシア――帝政末期の「ブラーゴトヴァリーテェリノスチ」」『神戸市立外国語大学外国学研究所研究年報』第四四号、二〇〇七年
高橋友子『捨児たちのルネッサンス――一五世紀イタリアの捨児養育院と都市・農村』名古屋大学出版会、二〇〇〇年
高林陽展「第一次大戦期イングランドにおける戦争神経症――近代社会における社会的排除／包摂のポリティクス」『西洋史学』第二三九号、二〇一〇年
高林陽展「慈善医療の商業化とスキャンダリズム――ホロウェイ・サナトリウム精神病院を中心に」『史林』第九四巻第五号、二〇一一年
田中拓道『貧困と共和国――社会的連帯の誕生』人文書院、二〇〇六年
辻英史・川越修編『歴史のなかの社会国家――二〇世紀ドイツの経験』山川出版社、二〇一六年
椿建也『イギリス住宅政策史研究 一九一四～四五年――公営住宅の到来と郊外化の進展』勁草書房、二〇一三年
寺尾範野・馬路智仁「ニューリベラリズム――有機的社会観に基づく社会統合の構想」佐藤正志／ポール・ケリー編『多元主義と多文化主義の間――現代イギリス政治思想史研究』早稲田大学出版部、二〇一三年
寺尾範野「L・T・ホブハウスにおけるニューリベラリズムの社会改革思想――中間団体論と分配論の連関」『経済学史研究』第五四巻第二号、二〇一三年
寺尾範野「初期イギリス社会学と「社会的なもの」――イギリス福祉国家思想史の一断面」『社会思想史研究』第三八号、二〇一四年
永島剛「一九世紀末イギリスにおける保健行政――ブライトン市衛生当局の活動を中心に」『社会経済史学』第六八巻第四号、二〇〇二年
永島剛「二〇世紀初頭イギリス保健政策をめぐる遺伝論と環境論」樋口ほか編『〈近代規範〉の社会史』彩流社、二〇一三年
中野隆生『プラーク街の住民たち――フランス近代の住宅・民衆・国家』山川出版社、一九九九年
中野隆生編『二十世紀の都市と住宅』山川出版社、二〇一五年
中野智世「乳児死亡というリスク――第一次世界大戦前ドイツの乳児保護事業」川越・友部編著『生命というリスク』法政大学出版局、二〇〇八年a
中野智世「「家族の強化」とソーシャルワーク――マリー・バウム（一八七四～一九六五）の「家族保護」構想から」川越・辻編著『社会国家を生きる』法政大学出版局、二〇〇八年b
中野智世・前田更子・渡邊千秋・尾崎修治編著『近代ヨーロッパとキリスト教――カトリシズムの社会史』勁草書房、二〇一六年
永山のどか『ドイツ住宅問題の社会経済史的研究――福祉国家と非営利住宅建設』日本経済評論社、二〇一二年
西沢保・小峯敦編著『創設期の厚生経済学と福祉国家』ミネルヴァ書房、二〇一三年

橋本伸也・沢山美果子編『保護と遺棄の子ども史』昭和堂、二〇一四年
馬路智仁「越境的空間に広がる「福祉」——レオナード・ホブハウスにおける連関的な社会秩序の構想」『社会思想史研究』第三四号、二〇一〇年。
馬路智仁「アルフレッド・ジマーンの国際的福祉社会の構想——ブリティッシュ・コモンウェルス、国際連盟、環大西洋的共同体の思想的連環」『国際政治』第一六八号、二〇一二年
広田照幸・橋本伸也・岩下誠編『福祉国家と教育——比較教育史の新たな展開に向けて』昭和堂、二〇一三年
長谷川貴彦『イギリス福祉国家の歴史的源流』東京大学出版会、二〇一五年
長谷川まゆ帆『お産椅子への旅——ものと身体の歴史人類学』岩波書店、二〇〇四年
長谷川まゆ帆『さしのべる手——近代産科医の誕生とその時代』岩波書店、二〇一一年
服部伸『ドイツ「素人医師」団——人に優しい西洋民間療法』講談社、一九九七年
服部伸『近代医学の光と影』山川出版社、二〇〇四年
樋口映美・貴堂嘉之・日暮美奈子編『〈近代規範〉の社会史——都市・身体・国家』彩流社、二〇一三年
福澤直樹『ドイツ社会保険史——社会国家の形成と展開』名古屋大学出版会、二〇一二年
松永友有「自由党政権下における金融帝国の確立」木村和男編著『世紀転換期のイギリス帝国』ミネルヴァ書房、二〇〇四年
松永友有「イギリス失業保険制度の起源」『史学雑誌』第一一五編第七号、二〇〇六年
松原宏之『虫喰う近代——一九一〇年代社会衛生運動とアメリカの政治文化』ナカニシヤ出版、二〇一四年
本内直樹「イングランド北東部ミドルズブラの戦後復興と「民主的計画」——都市労働者の住宅団地と共同体の再建をめぐって１９３９～５１年」中野編『二十世紀の都市と住宅』山川出版社、二〇一五年
水島治郎『反転する福祉国家——オランダモデルの光と影』岩波書店、二〇一二年
馬場哲『ドイツ都市計画の社会経済史』東京大学出版会、二〇一六年
藤田菜々子『ミュルダールの経済学——福祉国家から福祉世界へ』ＮＴＴ出版、二〇一〇年
森宜人『ドイツ近代都市社会経済史』日本経済評論社、二〇〇九年
山崎聡『ピグーの倫理思想と厚生経済学——福祉・正義・優生学』昭和堂、二〇一一年
山下麻衣編著『歴史のなかの障害者』法政大学出版局、二〇一四年
山本卓「Ｒ・Ｍ・ティトマスにおける戦争と福祉——「戦争と社会政策」再考」『年報政治学　戦争と政治学』木鐸社、二〇〇七年
山本卓「一九三〇～四〇年代の英国優生学協会とティトマス——福祉国家における統合と排除」『思想』第一〇二二号、

二〇〇九年。
『歴史学研究 特集 歴史の中の「貧困」と「生存」を問い直す――都市をフィールドとして（Ⅰ）（Ⅱ）（Ⅲ）』第八八六―八八八号、二〇一一～二〇一二年
若桑みどり『カール・ポランニー――市場社会・民主主義・人間の自由』ＮＴＴ出版、二〇一一年
Backhouse, Roger and Nishizawa, Tamotsu (eds.), *No Wealth but Live: Welfare Economics and the Welfare State in Britain, 1880-1945*, Cambridge University Press, 2010.
Nagashima, Takeshi, 'Meiji Japan's encounter with the "English system" for the prevention of infectious disease', *The East Asian Journal of British History*, no 5, 2016.
Suzuki, Akihito, *Madness at Home: The Psychiatrist, the Patient, and the Family in England, 1820-1860*, University of California Press, 2006.

4　災害と生存の歴史学

倉地　克直

はじめに

災害史はかつては「災異志」と呼ばれ、正史に対する部門史の一つという位置にあった。そこでは災害の事実の確認が主な仕事とされ、そのなかで地震・噴火・飢饉・疫癘などといった分類を立てて、その動向を追うことを目的としていた。しかし近年では、災害の与える社会的影響や人々の反応などを検討する「災害の社会史」が盛んになっている。地震をめぐる北原糸子の研究〔北原　一九八三・二〇一二〕や飢饉をめぐる菊池勇夫の研究〔菊池　二〇〇三〕が代表的なものであり、安政コレラ騒動についての高橋敏のユニークな研究〔高橋　二〇〇五〕などもあげられるだろう。そうした流れをふまえて災害を総合的にとらえた『日本災害史』〔北原編　二〇〇六〕や『日本歴史災害事典』〔北原ほか編　二〇一二〕なども刊行されるに至っている。

他方「生存の歴史」のほうは比較的新しい動きである。その源流の一つにあげられる「社会事業史」は二〇世紀になって始められたもので、資本主義の矛盾が顕在化するなかでたち上げられたものであった。こうした分野でも近年は全体史との関連が意識されるようになり、高岡裕之の仕事〔高岡　二〇一一〕などが生み出されているし、女性史の流れから生まれた沢山美果子の赤子養育制度や捨子の研究〔沢山　二〇〇五・二〇〇八〕も生存の問題に深くかかわっている。

昭和時代の女性の生き様から生存の研究を積み重ねてきた大門正克は、近年「生存の歴史」をA人間と自然、B労働と生活、C国家と社会、という三つの位相でとらえることを提案している〔大門　二〇一三〕。この提案は東日本大震災以降の歴史実践のなかで生み出されたものであったが、じつは災害によってあらわになる諸問題をこの三つの位相にわたって明らかにすることで、時代の「生存の仕組み」が浮かび上がる構想になっていることに注目したい。

私自身は、江戸時代を中心に「災害と生存」の問題についてささやかな仕事を行ってきた［倉地　二〇〇八・二〇一五・二〇一六］。ここではそこでの議論を繰り返すことはしない。江戸時代の状況を浮き彫りにするためには前後の時期との比較が欠かせないと思う。そのことに意を用いながら、江戸時代については最近気になっているいくつかの問題についてふれておくことにしたい。

1　江戸時代以前の状況

家族から国家へ

生存の問題を考えるうえで家族から地域・国家へとたどっていくことは有意義な方法といえるだろう。しかし人口資料の極端に少ない江戸時代以前については、大きな困難がある。そのなかでも今津勝紀は人口変動シミュレーションや地理空間情報システムなどの新しい方法を駆使して、六世紀から九世紀の日本列島社会のイメージを刷新しており、注目される［今津　二〇〇五］。その成果を私なりに理解すると以下のとおりである。

今津はまず大宝二年（七〇二）の御野国半布里の戸籍を素材に家族の復元を行う。それによれば

①当時の人々の平均寿命は三〇歳に満たなかった。

②乳幼児死亡率も高いため、人口維持には多産が不可避であり、結果的に多産多死になった。

③妊産婦の死亡率も高いため、男（とくに戸主層）中心に再婚が頻繁に行われた。

④家族数は三人から五人で、家族として実態のないような単親家族や生涯単身のものも少なくなかった。

このように当時の家族はきわめて脆弱で流動性の高いものであった。そのため家族だけでは生命を含めた再生産は不可能であり、父方・母方いずれでもかまわないが、キョウダイ・イトコといった同世代の血縁関係が生存にとって基礎的な組織であったという。これが世帯グループで、数家族からなる二〇人程度の集団であったが、これもそれを構成する家族の不安定性に規定されて、たびたび再編成されるような流動的なものであった。

考古学的に遺構として確認される集落は、こうした世帯グループが十数個集まって構成されたものだという。これが生産の一つの単位であったことは間違いないだろうが、それが持続的な安定性をもっていたとは考えにくい。いわゆる里や郷は、行政的に便宜上設定されたものであり、さらにその上位にある郡を単位とした「国造」の支配も、今津によれば、首長制的な血縁の原理によるものではなく、王権に対する軍事を媒介にした地縁的な権力であったか

ら、律令政府や国衙を通じた行政上の救済機能以上の役割を日常的に果たすことは困難であったと考えられる。

八世紀中頃の天平年間（七二九〜四九）以降、律令政府による賑給の記事が急増する。その実施月を分析した籔井真沙美は、賑給が春から夏にかけて集中すると指摘する［籔井　二〇一〇］。これはいわゆる端境期にあたっており、飢饉が激化する。それへの対応として賑給が集中したのだろう。あわせて籔井は、律令政府が麦作の奨励を行ったことにも注目する。これは端境期の食料対策として秋蒔き麦を奨励するものであり、実際にもその収穫期である五月・六月には賑給が一時的に減少している。しかし、その一カ月後には再び賑給が増加しており、夏麦収穫の効果がきわめて限定的であったことがわかる。

備中国大税負死亡人帳を分析した今津は、比較的安定していたとされる天平一〇・一一年（七三八・七三九）でも、三月・五月に死亡者が増加することから、八世紀には人々は春から夏にかけて慢性的な飢餓状態にあったという［今津　二〇一〇］。大きな飢饉のときにはそれがより激しくあらわれ、やむなく律令政府による賑給が行われたのだと考えられるだろう。

今津の成果をふまえて下総国大嶋郷戸籍の分析を行った田中禎昭は、七、八世紀の人口変動を次のように整理した［田中　二〇一三］。

①七世紀の約九〇年間のうち、平均より人口減少の著しい年が半布里は一四年、大嶋郷は九年あったと推定される。

②それらの年は六国史などに記された災異記事との相関性が高い。

③とくに大嶋郷の場合、八世紀初頭の二〇年間は人口減少の著しい年が連続する危機的な状況であった。

④この背景には大飢饉と疫癘があると考えられるが、同時に歴史気象学の成果によれば、この時期は急激な寒冷化の時期と重なっている。

最近歴史気象学の分野では、従来の方法（屋久杉の年輪炭素同位体比や尾瀬ヶ原の泥炭コア中のハイマツ花粉の含有率など）が批判され、新たな方法（樹木年輪に含まれるセルロースの酸素同位体比）の提案も行われており［中塚　二〇一六］、これからも同分野の動向を慎重に見極める必要はあるだろう。特定の方法にもとづく結果にのみ「科学性」を認めて「特権化」することはできないという田村憲美の指摘［田村　二〇〇二］は、今でも有効だと考える。

とまれ、田中が八世紀初頭の生存クライシスが律令国家の諸政策を準備すると指摘していることは重要だ。さらに天平期に災害が連続するなかで、仏教の力によって秩序の回復と安寧をはかろうとする動きが強まる。行基に代表されるような民衆の救済運動が広がると、それをも取り込んで国家と仏教の相互依存関係が深まる。

災害からの復興

以上は主に疫癘や飢饉といった災害を念頭においたものだが、それらと重なるように火山噴火や地震・津波といった突発的な激甚災害が連続したのが九世紀後半の貞観年間（八五九〜七七）であった。その状況は保立道久の研究に詳しいが［保立　二〇一二］、こうした激甚災害からの復興は困難を極めたと思われる。貞観一六年（八七四）に起きた薩摩国開聞岳の噴火で埋没した三つの遺跡のうち、二つは集落や耕地を復旧しようとした痕跡がまったくなく、一つは建物周辺の復旧を試みたものの結局は耕地を含めて一帯が放棄されたという［渡部ほか　二〇一三］。これに対して陸奥国多賀城に接する居住区は貞観一一年（八六九）に起きた巨大地震と津波によって壊滅的な被害が出たにもかかわらず、その後も利用形態を変更しながら一〇世紀前葉までには復興し、周縁部には巨大な埋葬施設もつくられたという［柳澤　二〇一三］。これは多賀城という国家的な重要施設であることが復旧を可能にしているのであり、いわば国家からの距離が復興を決定づけたといえるだろう。

仁和三年（八八七）南海トラフを震源域とする地震・津波が発生した。この災害の全貌はよくわかっていないが、大阪湾にまで津波が押し寄せたことは確かなようだ。平安京でも三度地震があり、建物の倒壊によって圧死するものが多数出た。その後も連日のように余震が続いたが、二〇日後には大雨風によって京の鴨川と葛野川が氾濫した。そこへの街頭には日頃から孤児や病者がたむろしていた。そこへ地震と洪水が相次いで襲った。町には死人や飢人が溢れかえったが、彼らに鎮魂と救済の手がさしのべられることはなかったと、今津は述べている［今津　二〇一三］。のちに孤児や病者たちは悲田院によって「非人」として組織化されるのだが、当時は西山良平が評したように「身分以前」の存在であった［西山　二〇〇四］。

気候変動

地球規模でみた場合、九〜一三世紀は「温暖期」で、一四・一五世紀は気候は気まぐれに変化し、一六世紀になると急激に寒冷化するといわれている。ただしこれは主にヨーロッパを念頭においたものであってそのままでは日本に適用しがたいし、同じ「温暖期」といってもその間に大きな温冷の変化もあった。水田稲作を中心とした東アジアでは、温暖化が与える旱魃や疫病・虫害といったマイナスの影響をみるべきだという指摘もある［西谷地　二〇一二］。最近の新しい方法では、東アジアでは九～一二世紀は気温が低下していく時期で、一三～一五世紀は気温が乱高下すると特徴づけられている［中塚　二〇一六］。

一〇世紀から一六世紀の歴史研究においては、気候変動による災害と社会変容について検討するものが増えている。昌泰四年（九〇一）から慶安三年（一六五〇）までの気象災害史料一万四〇〇〇件余りを収集した藤木久志の『日本中世気象災害史年表稿』も刊行された［藤木　二〇〇七］。代表的な研究をいくつかなぞっておこう。

西谷地晴美は一一世紀前半の文書史料に民衆の死亡記事が多いことに注目している［西谷地　二〇一二］。そして、それが温暖化を原因とする炎暑・旱魃・凶作・飢饉・疫病によるものであり、その結果、農地の減少・農村の荒廃・人口減少がすすんだという。この時期は「慢性的な農業危機の時代」であった。こうしたなかで荒廃田の再開発と畠地の開発が行われたというのだ。

一二世紀初頭の天仁元年（一一〇八）浅間山が大噴火し、関東地方に大量の火山灰が降り積もった。この災害から復興するなかで荘園の設立ラッシュが起きると峰岸純夫はいう［峰岸　二〇〇一］。問題はこうした開発の主導権を握ることによって生存の条件を保証したものが誰かということだ。それは地域によって異なることではあろうが、この時期に形成される荘園制や在地領主制がそうした意味をもっていたことは間違いないだろう。

他方、磯貝富士男は一一〇〇年頃の温暖化の頂点を過ぎてから急速に冷涼化がすすむなかで凶作・飢饉がたびたび起こり、租税徴収が行き詰まって社会的矛盾が昂じたという［磯貝　二〇一三］。そして、その蓄積が保元・平治の乱に始まる平氏の台頭から治承・寿永の内乱に至る政治過程の基底をなしたと論じている。

歴史気象学の受容については田村憲美が幅広い検討を行っており、教えられることが多い［田村　二〇一五］。最近では数十年から五〇年くらいの周期で気候変動を明らかにすることが可能になっており、田村はその動向に注目する。実際に人々もその程度の短い周期の変動への対応を積み重ねながら、生存のシステムを整えてきたのではないかという。この指摘も重要だ。その状況を地域に則して具体的に明らかにすることが求められているだろう。

家族の脆弱性

ついで一三世紀には、寛喜二年（一二三〇）・建長四年（一二五二）・正嘉二年（一二五八）・文永一〇年（一二七三）と飢饉が相次いで起きる。こうした大きな飢饉から社会が回復するには、およそ一〇年ほどを要したという。西谷地はそれを鎌倉幕府の人身売買を許容したり禁止したりする立法が繰り返される状況として確認する。家族を売買することによってしか生存を維持できない状況が広く存在していた。同時に、この時期には在地においても都市でも「イエ」の形成がすすむと西谷地はみている。もちろん当初の「イエ」はいわゆる村落領主クラスに限られただろうが、彼らの勧農行為によって「ムラ」の自立も進むという。なお西谷地は、寛喜と正嘉の飢饉の原因として地球規模での火山噴火の影響を想定している〔西谷地　二〇一二〕。

しかし時代は「明るさ」を増すわけではない。一四世紀から一五世紀には南北朝内乱と応仁の乱という二つの大きな内乱があり、その間にも明徳の乱・応永の乱・延享の乱・嘉吉の乱など兵乱が繰り返し起きている。こうした兵乱と重なるように飢饉が起きる。とりわけ寛正の飢饉（一四五九―六一）では多くの餓死者が出た。

田村憲美が一五・一六世紀の下総国の過去帳を分析している〔田村　一九九四〕。対象になったのは村落でも上層の地侍クラスの家族という。その過去帳において死亡者がとりわけ多い年は、全国的な飢饉として知られる年と一致する。そうした飢饉年とそれ以外の「平常年」との月別死亡者数を比較した場合、春から初夏にかけての端境期が最も多いという傾向は変わらない。平常年と飢饉年の違いは、同じ端境期の死者の全体数の多少にしかないというのだ。ここから田村は、当時の東国農村社会は春から初夏にかけて慢性的飢餓状態にあったと述べている。八世紀について今津が指摘した状況が続いているのだ。

田村は畿内の状況についても分析する。結果は都市の下層においては東国農村と同じ傾向を示すのに対して、都市も農村も上層においては夏から初秋にかけてと冬から初春にかけて死亡者が多いという。つまりこの集団では、平常年の端境期に慢性的飢餓状況は存在せず、夏は痢病、冬は流行性感冒といった季節的な疾病が死亡者数増加の主な原因と考えられるというのだ。このことは一七世紀以降のことを考えるのに示唆的である。

災害と宗教

洪水や旱魃などによって荒廃した耕地を回復する過程で、人々はさまざまな土木工事を起こす。それによって自然環境の改変が進む。水防・風防林、環濠や囲堤など、その痕跡から水野章二は災害と開発の関係を読み取ろうとする〔水野　二〇〇九〕。一四〜一六世紀にも在地では河川の流路変更、水路や溜池の構築などが災害を縫うように繰り返され、それをめぐって庄郷間の紛争がしきりに起きるようになる。それが暴力的な対決に至ることもしばしばであった。紛争の仲介や解決をはかるなかで、地域における権力関係が再編成されていく。

水野は当時の災害対応を①宗教的対応、②工学的対応、③農学的対応、④社会的対応に区分して述べている［水野 二〇一三］。先の土木工事などは②に該当するだろう。③としては畠作の展開や二毛作の普及があげられてきた。④には飢饉に備えた「預かり」という備蓄［田村 二〇〇一］や飢饉時の有徳者による施行などがあげられる。①は除災のための国家的法会から在地での雨乞いや虫送りの習俗まで多様なものがある。当時はこの宗教的対応の比重が高く、②③④といった技術や制度も、①と一連のものとして実行された。いずれの担い手も同じ宗教者であったことも重要だ。寺院は知識の集積と拡散の場であった。

大災害では無数の死者が生じる。九世紀の平安京では、おびただしい死骸が放置されたままであった。一五世紀の寛正の飢饉では、名もない僧の働きによって八万二〇〇〇の死骸に木切れの卒塔婆が供えられたという。それでも河原や野原の目の届かないところには供養されない無数の死骸が残った。僧の活動の背景には民衆の死者に対する供養願望があり、それは生き継ぐことへの民衆の要求と表裏をなすものであったと西尾和美はいう［西尾 一九八五］。一二世紀や一三世紀の兵乱で非業の死を遂げた兵士たちを、敵味方の区別なく葬ったのも、三昧聖であった。当時の顕密仏教では、飢饉・疫癘・盗賊兵乱を「三災」と呼び、その除去と安穏のために大規模な法会が繰り返されたが、実際に一つひとつの「死」に向き合ったのは、下層の念仏僧や禅律僧であった［久野 二〇〇一］。やがて「ムラ」の拠り所として惣堂が営まれるようになる。

戦場の生存

一五世紀末から一六世紀にかけて気候が急速に寒冷化したことは、歴史気象学において広く認められている。作物の稔りは思わしくなく、隔年単位くらいに各地が飢饉に襲われた。飢えとも闘いながら、戦闘が繰り返される。この時代の戦闘には季節性があったと藤木久志はいう［藤木 一九九五］。戦国大名北条氏や上杉氏の出兵について調べてみると、「農閑期の戦争というよりは、むしろ端境期の飢えを凌ぐための、口減らしや出稼ぎの戦争だった」というのだ。これは先にみた田村憲美の慢性的飢餓状態という指摘と重なる。戦地では、穀物だけでなく人も馬も略奪された。人質とされた人は労働力として使役されたり、奴隷として売買されたりした。豊臣秀吉による朝鮮出兵でも、同じように穀物と人馬の強奪が行われた。数万ともいわれる朝鮮人「被虜」が日本に連行された。

飢饉時には奴隷として売買されることも生存のための一つのシステムであった［藤木　一九九八］。鎌倉幕府が飢饉時に人身売買を「認めていた」ことは磯貝富士男や西谷地晴美も指摘していた。戦場で人質になることも、過酷な条件下ではあっても生き延びる一つの「手段」であった。しかし、織田信長は一向一揆の「撫で切り」を命じた。「島原の乱」では原城に籠城した百姓たちが皆殺しになった。「乱妨取り」が「撫で切り」（皆殺し）に変わったとき、「兵乱」はもはや「災害」でなくなるのだろうか。

2　江戸時代の状況

生存のための「知」

「小さな歴史」から「大きな歴史」を批判することを生涯の課題とした塚本学が、その集大成として二〇〇一年に『生きることの近世史』を著した［塚本　二〇〇一］。塚本は、人類の進歩や発展を基準とするのではなく、「人命に普遍的価値を認める歴史叙述」が必要だという。こうした立場は、「ひとびとの生きる環境が全世界規模に拡大した現代」という時代認識にもとづくものだが、同時にそれが「国家」や「民族」の発展ではなく「郷土」の「自然」や「人物」への愛着を培ってきた江戸時代の「文人」以来の伝統につながるという塚本の史学史的な自意識によるものであることにも注意したい。

こうした立場から日本列島の歴史を通観した塚本は、その焦点が江戸時代にあるとする。その理由の一つは、長くユーラシア大陸文明の東縁に位置した「日本」が中国文明の相対化を通じて欧米文明を受容するようになることであり、もう一つは、この時代が「住民の生命に国家が直接かかわる場面が、まだ決定的ではなかった最後の時代」であったからだという。国家以外のさまざまなアクターが人々の生存を支えた。

もともと塚本は徳川綱吉の「生類憐れみ政策」から動物や自然と人間とのかかわりまで、幅広い分野に通じた碩学だから、その叙述は江戸時代史の広範囲に及んでいる。なかでも塚本が力を入れているのが、「知」の問題だ。「民間知」（経験知）と「学知」が人命維持にどのようにかかわったかが、「進歩史観」を離れて丁寧に分析される。

人命環境という関心からは、医療・衛生にかかわる知識に注目が集まる。この面では、地域医療に関する青木歳幸や海原亮などの研究［青木　一九九八、海原　二〇〇七］、田崎哲郎の牛痘種痘術の普及に関する研究［田﨑　二〇一二］、鈴木則子の流行病についての研究［鈴木則子　二〇一二］などが積み重ねられているし、地域医療についての地方博物館での展示や研究も進んだ［一関市立博物館　二〇一二］。若尾政希・横田冬彦・鈴木俊幸などによる書物・読書の歴史についての研究も、江戸時代の知識の広がりを具体的に明らかにした［横田編　二〇一五、鈴木俊幸編　二〇一五、若尾編　二〇一五］。

こうした江戸時代の状況は、先の水野章二がいう災害対応のうち、①宗教的対応よりは②③④の技術・制度による対応の比重が高まることに結果する。

江戸時代の死

一七世紀を通じて耕地が拡大し、人口が急増する。そのなかで単婚小家族が人々の「いのち」を支える基礎単位として自立する。一七世紀末から一八世紀初めになると村のなかで二、三代以上にわたって続く「家」が増えてくるが、他方で二、三代で姿を消す「家」も少なくなかった。一八世紀を通じて人口は全国的に停滞ないしは減少傾向であった。そのなかで「危機」に耐えうる「家」が残り、分家を繰り返すことでその親族ネットワークが村の内外に張り巡らされるようになる。これがそれ以前と異なる徳川社会の基礎条件であった。一九世紀後半に日本列島に住む人の平均寿命は四〇歳前後であった。八世紀から一〇〇〇年くらいのあいだに、ようやく一〇歳ほど延びたことになる。

よく知られるように江戸時代はいわゆる「小氷期」にあたっており、そのなかでも寒冷期が少なくなかった。その時期にあわせて大きな飢饉がたびたび起こっている。北奥羽地方を中心に飢饉供養塔の調査・研究を進めてきた関根達人は［関根　二〇〇四・二〇〇五］、それをふまえて墓石や過去帳の分析に発展させた［関根　二〇〇七］。その成果は多岐にわたるが、注目したい二、三についてふれておく。

一つは、大きな飢饉であっても被害の様相は必ずしも一律ではないこと。弘前周辺の場合、元禄の飢饉が天明の飢饉と同じほど多くの死亡者が出るのに対して、寛延や天保の飢饉はそれより少なく、宝暦の飢饉は平常年とほとんど変わらないという。このことはのちにもふれる。

二つは、飢饉年の月別死亡者は端境期の二・三月に増加し四・五月と減少するが、その後の六・七月に最大のピークがおとずれている。基本的な傾向は一六世紀までと同じだが、雑穀の備蓄や麦の収穫などで持ち堪えていたものが、その消滅による影響が一挙にあらわれるのだろうか。他方平常年は年間を通じて月別死亡者数にほとんど差異がない。秋から冬にかけてやや増加し流行性感冒などの影響が考えられるが、大流行の年を除けば顕著なものではない。慢性的飢餓状態は基本的に脱せられたと考えられる。

三つは、平常年であれば男女の月別死亡率に差はないが、飢饉年には成人男子の死亡率が高まるという。また子どもの飢饉時死亡率は成人より高まり、なかでも女児の率が男児よりやや高い。いずれも生理学的要因が考えうるという。

盗人と山入り

九世紀の貞観の飢饉では、群盗が横行したり、住民が山に逃散したりして、村里が空になったという［今津 二〇一〇］。状況は一五・一六世紀にも同様であった［藤木 一九九八］。一七世紀以降はどうだろうか。

群盗というほどではないとしても、飢饉時に盗人があり、村によって厳しく制裁されたことは菊池勇夫が明らかにしている［菊池 一九九四］。飢饉時に郡中議定を結んだ出羽村山地方では、「穀留」と合わせて盗人の取締を村々に命じた［青木 二〇〇四］。地震・津波のときなども同様である。江戸などでは強盗目的の放火によって大火災になることもたびたびであった。ただし、平常時と災害時とを関連づけて徳川日本の治安問題を考えることは十分ではない。人々の秩序意識との関係を含めて今後の課題だろう。

飢饉時に山に入って飢えを凌ぐことは江戸時代にも行われた。加えて、江戸時代には藩の「留山」を「御救山」として住民に開放することも各地で行われた［菊池 一九九四、長谷川成一 二〇〇七］。この場合は、薪や材木の採集・売買を許すことで、飯料の確保を支援するものであり、領主の救恤対策の一環として位置づけられるものである。

生業・流通・生活

災害と生存の関係では生業の問題も重要だ。とりわけ生業は地域の自然条件などに規定されて多様だから、それに合わせたきめ細かな考察が求められる。江戸時代の琉球は薩摩藩による厳しい支配と収奪のもとにおかれていたが、そのなかでも住民の生業に合わせた生存維持のシステムが琉球王府によってとられていたと豊見山和行はいう［豊見山 二〇一二］。「雑物」は、地域ごとに野菜や山海の産物を季節に合わせて徴発するもので、安価ではあったが対価が支払われた。焼き畑として利用された「喰実畠」は無税地とされ、食料としてのサツマイモなどが栽培されたという。東北地方における牧畜や赤米・田稗・雑穀生産についての菊池勇夫の研究も重要だ［菊池 二〇一二］。飢饉時に郡中議定を結んで「穀留」を行った出羽村山地方では、米とともに「粟・稗・蕎麦・大豆・小豆・麩殻・飴・おこし・温飩ニ素麺・菓子之類」まで移出を禁止し、酒造の禁止や制限、紅花種・菜種・荏の移出禁止などを議定している。

こうしたモノの生産や流通がこの地方の人々の生活を支えていた状況がうかがえる。もともと村山地方の郡中議定は仙台藩領からの「悪銭」流入を阻止するために始められたものであったが、大工・屋根葺の賃金や下人の休日についても議定している［青木　二〇〇四］。

宝暦の飢饉のとき、「津留」をして食料の確保をはかった弘前藩ではほとんど餓死者が出なかったが、凶作が予想されたにもかかわらず江戸への廻米を強行した盛岡藩や仙台藩では多くの餓死者が出た［菊池　一九九七］。適切に穀物の備蓄や確保が行えればある程度の減災は可能であったが、為政者が対応を誤ると大きな被害が避けられない。これも江戸時代の災害の一つの側面であった。

鰥寡孤独・病者・障害者など「社会的弱者」の生存条件については、社会のあり方や意識を含めて考えるべきことは少なくない［高野　二〇一五］。他方、彼らが「非人」身分に包摂されることで生を永らえたのも徳川社会であった。災害と「社会的弱者」の関連については、前田正明が興味深い事例を報告している［前田　二〇一四］。紀伊国印南浦での宝永四年（一七〇七）津波の犠牲者を分析した前田は、死亡者のうち七七・二％が女性であったことに注目している。しかも妻は家族の者一人以上と一緒に犠牲になっている場合が七六・五％を占めるという。このことから前田は「女性（妻）は男性（夫）に比べて老人や子供など避難能力の弱い者と行動をともにすることが多く、結果的に男性に比べて津波に巻き込まれて死亡することが多かったといえるのではないだろうか」と述べている。このことは日頃からの家族のありようをも示唆しているように思われる。

救恤の「複合」

都市における救恤については、吉田伸之や北原糸子以来の研究の蓄積が豊かだ［吉田　一九九一、北原　一九九五］。最近ではヨーロッパでの救貧活動との比較研究など新しい展開もみられる［塚田編　二〇一三］。この点では、一八世紀イギリスにおける中間団体の活動を「福祉国家の源流」とする長谷川貴彦の研究が興味深い［長谷川貴彦　二〇一四］。そのなかで徳川日本を考えるうえで注目したいことは次のようなことである。

一つは、「長い一八世紀」を通じた個と共同体の緊張関係や中間層と貧民層との「対話」が中間団体の形成を準備するということ。徳川日本でいえば、地域における「家」・村・領主などの生存をめぐる緊張関係がより豊かに描かれる必要があるということだろう。

二つは、中間団体の日常活動のなかでは医療をめぐる科学と啓蒙の役割を重視していること。この点については先にもふれた地域医療の研究がますます求められるだろう。

三つは、中間団体が学校を結節点として地域社会や家庭といった社会統合の拠点を再建しようとしたこと。徳川日本でも生存・救済と学習教化は深く結びついていた。この点では、伝統的・民衆的なモラルと中間層のモラルとの拮抗や葛藤が描かれなければならないだろう。

四つは、「アソシエーション（自発的結社）」というものをどうとらえるかということである。イギリスと同じような中間団体を「探索」することやその有無を論じることに意味はない。むしろ、「個人、家族、相互扶助組織、私的慈善などの国家以外のアクターによる福祉の供給」という「福祉複合体」の考え方が徳川日本を考えるうえでは有効だろう。

高田実は「福祉の複合体」史の意義の一つを、「国家や市場だけでなく、「福祉システム」の総体を構成する多様な担い手とその関係性を明らかにできる」点においている［高田　二〇〇一］。徳川日本から明治以降にかけて、多層的な救済の担い手がどのように消長し、その関係がどのように変化するか。それを明らかにすることは、現代社会の問題を考えるうえでも欠くことのできない課題だろう。その際、「共同性が多層化すればするほど安定し、そのバランスが崩れ一元化すればするほど不安定になる」という高田の指摘は重要だ。

明治三八年（一九〇五）の秋田大火における名望家の救済活動を分析した大川啓は、災害における救済活動の積み重ねこそが「名望」の源泉であり、それが江戸時代以来の地域での「積善の家」の活動を引き継ぐものだという［大川　二〇一五］。他方、こうした救済活動を、惰民を助長し資産を無駄に浪費するものだという批判も生まれた。その背景には「文明」論にもとづく「自助」論と地域経済活性化論があり、それがこの時期には抗しがたい説得力をもっていたと大川は指摘する。こうした状況を徳川日本からの歴史的展開として跡づけることが、日本に則した「福祉の複合」を解くことにつながるのだろう。

災害と記録

江戸時代以前の歴史災害を検討するときに、「年代記」と呼ばれる記録が利用される場合が少なくない。しかし、「年代記」には江戸時代になってからつくられたものも多く、その記事がどのような記録や記憶にもとづいているかを注意深く検討する必要があると矢田俊文はいう［矢田　二〇一二］。それは江戸時代について考える場合にも同じことである。むしろ、記録がいつ誰によってつくられ、どのように伝来したかを明らかにすることで、「事実」の復元はもとより、災害と人々のかかわりをより深く理解することができるだろう［倉地　二〇一五］。

阪神淡路大震災以来、記憶の風化を危惧し、記憶を継承する意義が繰り返し説かれてきた。しかし、そこには安易な一般化と教訓化という陥穽が潜むことに奥村弘は警鐘を鳴らす［奥村　二〇一五］。災害に「内在する個々の具体性を欠くことになるならば、災害の記憶は歴史として継承されるよりは、「きずな」や「人々のやさしさ」「いのちの大事さ」という抽象的な教訓、さらには徳目として記憶されていくことになってしまう」と危惧する。これは、歴史災害について語る場合にも肝に銘じなければならないことだ。そのためには記録の丁寧な研究と徹底した読み込みがますます求められるだろう。

人々の体験をどう記憶し、どう未来に伝えるかという点で、戦後ヒロシマは多くの経験を重ねてきた［宇吹　二〇一四］。「災害と生存の歴史学」がそこから学ぶことも多いはずだ。

おわりに

日本列島の歴史を通観したとき、自然災害とともに「兵乱」が人々の生存に与えた影響を見逃すことはできない。そのなかでは二〇〇年以上にわたる「徳川の平和」は特異である。そうした「平和」の時代にも社会に緊張感を与え人々に生命維持の努力を強いたのが、頻発する災害との闘いであった。これが一八世紀の徳川社会のあり方を考える際の仮説であった［倉地　二〇〇八］。この設問は間違っていないと考える。しかし、それによって視野から外れてしまった問題はなかっただろうか。

それ以前の人々は災害を「三災」としてとらえていた。それが二〇〇年のうちに「盗賊兵乱」の部分が事実上抜け落ちていく。そのとき人々の災害観や秩序観はどのような特質をもつようになっただろうか。幕末期に対外的緊張が高まったとき、「兵乱」の問題は再び「災害」として意識されたのだろうか。「戊辰戦争」のときはどうだろうか。

現代社会では、貧困・飢餓と暴力・戦闘が連動し、重複する世界がある一方、日本では災害復興と戦争準備とがまったく別の問題として議論される状況が進んでいる。戦争と災害を関係づける試みははじまっているが［公益財団法人史学会編　二〇一五］、今こそ「兵乱」の問題も含めて幅広く「災害」の問題を問う必要があると考える。それは生存を阻害するものを広く「災害」ととらえることだろう。そのとき災害と生存の問題は歴史学ではどのように問われるべきだろうか。

文献一覧

青木歳幸『在村蘭学の研究』思文閣出版、一九九八年
青木美智男『近世非領国地域の民衆運動と郡中議定』ゆまに書房、二〇〇四年
磯貝富士男『武家政権成立史――気候変動と歴史学』吉川弘文館、二〇一三年
一関市立博物館『江戸時代の病と医療――建部清庵生誕三〇〇年』二〇一二年
今津勝紀「古代史研究におけるGIS・シミュレーションの可能性――家族・村落・地域社会、日本古代社会の基本構造」『シミュレーションによる人口変動と集落形成過程の研究』岡山大学文学部、二〇〇五年
今津勝紀「古代の災害と地域社会」『時空間情報科学を利用した古代災害史の研究』岡山大学大学院社会文化科学研究科、二〇一〇年
今津勝紀「仁和3年の南海地震と平安京社会」『条里制・古代都市研究』第二八号、二〇一三年
宇吹暁『ヒロシマ戦後史――被爆体験はどう受け止められてきたか』岩波書店、二〇一四年
海原亮『近世医療の社会史――知識・技術・情報』吉川弘文館、二〇〇七年
大門正克「「生存」の歴史――その可能性と意義」大門正克・岡田知弘・川内淳史・河西英通・高岡裕之編『「生存」の東北史――歴史から問う3・11』大月書店、二〇一三年
大川啓「近代日本における名望と地域福祉の社会史――二〇世紀初頭の秋田市における資産家の福祉活動を中心に」『歴史学研究』第九二九号、二〇一五年
奥村弘「記憶を歴史として継承する場の広がりと歴史研究者の役割――阪神・淡路大震災二〇年、東日本大震災四年の中で考える」『歴史学研究』第九二九号、二〇一五年
菊池勇夫『飢饉の社会史』校倉書房、一九九四年
菊池勇夫『近世の飢饉』吉川弘文館、一九九七年
菊池勇夫『飢饉から読む近世社会』校倉書房、二〇〇三年
菊池勇夫『東北から考える近世史――環境・災害・食料、そして東北史像』清文堂出版、二〇一二年
北原糸子『安政大地震と民衆』三一書房、一九八三年
北原糸子『都市と貧困の社会史――江戸から東京へ』吉川弘文館、一九九五年
北原糸子『関東大震災の社会史』朝日新聞出版、二〇一一年
北原糸子編『日本災害史』吉川弘文館、二〇〇六年
北原糸子・松浦律子・木村玲欧編『日本歴史災害事典』吉川弘文館、二〇一二年
倉地克直『全集日本の歴史　第11巻　徳川社会のゆらぎ』小学館、二〇〇八年
倉地克直『「生きること」の歴史学――徳川日本のくらしところ』敬文舎、二〇一五年
倉地克直『江戸の災害史――徳川日本の経験に学ぶ』（中公新書）中央公論新社、二〇一六年

公益財団法人史学会編『災害・環境から戦争を読む』山川出版社、二〇一五年
沢山美果子『性と生殖の近世』勁草書房、二〇〇五年
沢山美果子『江戸の捨て子たち――その肖像』吉川弘文館、二〇〇八年
鈴木俊幸編『シリーズ〈本の文化史2〉書籍の宇宙』平凡社、二〇一五年
鈴木則子『江戸の流行り病――麻疹騒動はなぜ起こったのか』吉川弘文館、二〇一二年
関根達人『津軽の飢饉供養塔』弘前大学人文学部文化財論ゼミナール、二〇〇四年
関根達人『下北南部の飢饉供養塔』弘前大学人文学部文化財論ゼミナール、二〇〇五年
関根達人『津軽の近世墓標――附編・津軽の寺院過去帳』弘前大学人文学部文化財論ゼミナール、二〇〇七年
高岡裕之『総力戦体制と「福祉国家」――戦時期日本の「社会改革」構想』岩波書店、二〇一一年
高田実「「福祉国家」の歴史から「福祉の複合体」史へ――個と共同性の関係史をめざして」社会政策学会編『「福祉国家」の射程』ミネルヴァ書房、二〇〇一年
高野信治「〈障害者〉への眼差し――近世日本の人間観という観点から」荒武賢一郎・太田光俊・木下光生編『日本史学のフロンティア　2　列島の社会を問い直す』法政大学出版局、二〇一五年
高橋敏『幕末狂乱（オルギー）――コレラがやって来た！』朝日新聞社、二〇〇五年
田﨑哲郎『牛痘種痘法の普及――ヨーロッパからアジア・日本へ』岩田書店、二〇一二年
田中禎昭「古代戸籍にみる人口変動と災害・飢饉・疫病――八世紀初頭のクライシス」三宅和朗編『環境の日本史　2　古代の暮らしと祈り』吉川弘文館、二〇一三年
田村憲美『日本中世村落形成史の研究』校倉書房、一九九四年
田村憲美『在地論の射程――中世の日本・地域・在地』校倉書房、二〇〇一年
田村憲美「自然環境と中世社会」『岩波講座日本歴史　第9巻　中世4』岩波書店、二〇一五年
塚田孝編『都市における貧困と救済』大阪市立大学大学院文学研究科都市文化研究センター、二〇一三年
塚本学『生きることの近世史――人命環境の歴史から』平凡社、二〇〇一年
豊見山和行「土地所有・雑物・喰実畠――近世琉球の年貢賦課と百姓の生業形態」松井健・名和克郎・野村厚志編『グローバリゼーションと〈生きる世界〉』東京大学東洋文化研究所、二〇一一年
中塚武「高分解能古気候データを用いた新しい歴史学研究の可能性」『日本史研究』第六四六号、二〇一六年
西尾和美「室町中期京都における飢饉と民衆――応永二十八年および寛正二年の飢饉を中心に」『日本史研究』第二七五号、一九八五年
西谷地晴美『中世の気候変動と土地所有』校倉書房、二〇一二年

西山良平『都市平安京』京都大学出版会、二〇〇四年
長谷川成一「山と飢饉——近世後期津軽領の山林統制と天明飢饉」『供養塔の基礎的調査に基づく飢饉と近世社会システムの研究』平成一六年度～一八年度科学研究費補助金研究成果報告書、二〇〇七年
長谷川貴彦『イギリス福祉国家の歴史的源流——近世・近代転換期の中間団体』東京大学出版会、二〇一四年
久野修義「中世日本の寺院と戦争」歴史学研究会編『戦争と平和の中近世史』青木書店、二〇〇一年
藤木久志『雑兵たちの戦場』朝日新聞社、一九九五年
藤木久志「中世の生命維持の習俗」『成城大学民俗学研究所紀要』第二二号、一九九八年
藤木久志『日本中世気象災害史年表稿』高志書店、二〇〇七年
保立道久『歴史のなかの大地動乱——奈良・平安の地震と天皇』岩波書店、二〇一二年
前田正明「和歌山県域の津波被害と記憶伝承」『一七〇七宝永地震報告書』内閣府（防災担当）、二〇一四年
水野章二『中世の人と自然の関係史』吉川弘文館、二〇〇九年
水野章二「災害と開発」井原今朝男編『環境の日本史 4 中世の環境と開発・生業』吉川弘文館、二〇一三年
峰岸純夫『中世 災害・戦乱の社会史』吉川弘文館、二〇〇一年
矢田俊文「中世後期の地震と年代記」『東北中世史研究会会報』二二号、二〇一二年
柳澤和明「災害と向き合い歴史に学ぶ——貞観11年陸奥国巨大地震・津波とその復興」『条里制・古代都市研究』第二八号、二〇一三年
籔井真沙美「八世紀における賑給の意義と役割」『時空間情報科学を利用した古代災害史の研究』岡山大学大学院社会文化科学研究科、二〇一〇年
横田冬彦編『シリーズ〈本の文化史1〉読書と読者』平凡社、二〇一五年
吉田伸之『近世巨大都市の社会構造』東京大学出版会、一九九一年
若尾政希編『シリーズ〈本の文化史3〉書籍文化とその基底』平凡社、二〇一五年
渡部徹也・鎌田洋昭・鷹野光行・新田栄治「遺跡にみる貞観16年の開聞岳噴火災害について」『条里制・古代都市研究』第二八号、二〇一三年

5　所有と利用の関係史——土地と水を中心にして

沼尻　晃伸

はじめに

近現代日本の土地所有と利用に関しては、共同体論や地主制の性格規定などをめぐって、これまで数々の議論がなされてきた。その一方で、二〇世紀末以降、それまでとはやや異なる問題関心から、土地所有と利用やその関係が注目されるようになってきた。

一つは、市場経済との関係である。社会主義の崩壊、グローバル化と市場原理主義の広がりのなかで、あらためて「市場」を歴史的に問い直す関心から、土地所有・利用に関する研究が進められた。もう一つは、環境問題や持続可能な社会という二一世紀の現状に関する問題関心からの諸研究である。東日本大震災と原発事故後の日本の状況のもとで、このような関心にもとづく研究が増加するとともに、コモンズなどの「共」的領域についての追究が盛んに行われるようになった。

二つの問題関心に共通する傾向とは、「効率的な利用」「持続可能な利用」などというように、所有よりも利用に力点がおかれている点である。とくに、戦時期・戦後改革期とそれ以後を対象とした「利用」に注目した諸研究の登場が顕著である。「総力戦体制」論に対しては、国家の政策と所有・利用の実態との関連を問う社会経済史的アプローチからの研究が登場している。環境史（その内容・方法が多様である点に注意する必要があるが）への関心の広がりから、山野や河川あるいは都市近郊を対象とした多様な利用をめぐる矛盾・対立に関する研究も増加している。

そこで本節では、広がりつつある新たな問題関心からの土地や水を対象とした「所有と利用の関係史」に焦点をあてて研究史を整理するが、その前に、タイトルに含まれる「関係史」という言葉の意味について、二つのレベルでの「関係史」を想定している点について説明を加えておこう。

一つは、「所有」と「利用」両者の間での関係史である。この点に関して、筆者は以下の三つの関係性を想定している。第一に、農作業などの労働やレジャーにみられる、人と土地・水などとの直接的な関係である。第二に、特定の土地（建物）をめぐる所有者と利用者との関係である。地主小作関係、地主・家主と借地人・借家人の関係などがここに含まれる。第三に、所有（利用）をめぐる、国家・地方公共団体、社会的諸団体と人（家族）との関係である。法による利用規制や集落による利用慣行、権利や慣行の背後にある正当性の論理などがここに含まれる。実際には三者は関連しあっているが、本節においては、近年の研究動向に即しつつ、主に第三の関係性に注目する[1]。

もう一つは、所有と利用の関係性自体が有する「機能」を指摘するにとどめず、それらを動態的に理解し歴史総体へとかかわらせていくための「関係史」を追究する点である。大門正克は、現状の経済史研究の問題点として、(1)経済―社会の総体を問う視角の後退、(2)機能論的アプローチの強まりの二点を指摘している［大門　二〇一三］。「所有と利用の関係史」は、経済―社会の総体を把握するうえでの一つの重要な論点と考えられるし、生存しようとする人々の側から考えることのできる切り口でもある。そこで、「所有と利用の関係史」が、「「生存」／「いのち」の歴史学」とどの面で関連し、今後の課題を提起しているかという点について、最後に言及したい。

本節で対象とする諸研究は、現代日本史――なかでも戦時期～戦後改革期以後を対象とした研究が中心となる。戦時期以後を中心に論じる理由は、前述した「総力戦体制」論と関連づけた実証研究の増加という点に加え、戦後史のなかの「所有と利用の関係」変化を近現代史の大きな流れに位置づけることを意図しているためである。取り上げる「所有と利用」の中身に関しては、農地や宅地だけでなく山野や河川・水辺など多様な人と土地・水との関係に注目し、以下の三つの視角から論を進める。第一に、国家の政策による規定性である。第二に、戦後改革後新たな性格を備えた農家からみた「所有と利用の関係史」である[2]。第三に、隣接諸科学が「コモンズ」論などをふまえて描いた「所有と利用の関係史」である[3]。

1　国家による規定性からみた研究動向

戦時動員体制との関連

国家による政策が、私的な土地所有・利用をどのように規定したのか。近代日本に即してみた場合、明治政府による近代的土地所有権の設定によって、村落内の土地所有と利用が切り離されていく側面に注目した丹羽邦男の研究［丹羽　一九八九］が存在するが、一九九〇年代から二〇〇〇年代にかけて登場した新たな研究動向とは、現代化の過程に関する研究であった。具体的には、二〇世紀前半に欧米において制度化が進み日本でも移植された都市計画・国土計画などの公法的規制と、私的土地所有・利用との関係に関する研究である。これらの研究は、主に二つの関心から進展した。

第一に、日中戦争・アジア太平洋戦争下の戦時動員とのかかわりで、当該期の都市計画・国土計画を理解しようとする研究動向である。この点に早くから注目したのが、岡田知弘の研究である〔岡田　一九八九〕。岡田は、ドイツ公法史研究に依拠しつつ、日本の国土計画構想を国家総力戦に必要な資源動員の一環に位置づけ、昭和恐慌期の時局匡救事業とは異なる性格を有する戦時期の国土計画の画期性を論じようとした。このような岡田の研究視点は、資本主義国家としての段階制を論じるものであり、国家の政策が戦時期の開発に果たす役割を強調する研究であった。それゆえ、同時代における歴史学の一つの研究動向、すなわち、「国民国家」論的な問題関心から都市の近代を論じた成田龍一の研究〔成田　二〇〇三〕や戦時動員体制のもとでの平準化を重視する雨宮昭一の研究〔雨宮　一九九七〕、地理学分野において、国土空間の均質化という側面から戦時期の都市計画・国土計画に注目した水内俊雄の研究〔水内　一九九九〕などと相補う関係にあった。

市場経済との関係

第二に、国家の政策と関連しつつも、むしろ、都市公共団体に注目し、土地市場とその内容を把握しつつ都市公共団体による市場へのコントロールの可能性を見出そうとする研究動向である。このような問題関心を打ち出したのが都市法史研究であった。原田純孝は、都市の成長が土地市場での土地の移動を媒介して進展するのに対し、都市計画などの公法がそのような都市成長をコントロールする機能をもっている点に着目し、都市法の史的展開を比較史的に究明しようとした〔原田　一九九三〕。もっとも原田は、日本の場合、都市計画法（旧法）のもとで都市計画は国の権限に属するという性格をもち続けた点、「上から」の強行的な政策推進が高度成長期の都市・土地・住宅・環境問題を惹起した点を強調しており〔原田　二〇〇一〕、原田が仮説的に設定した現代の都市法が有するコントロール機能を、日本の都市法に積極的に見出そうとはしていない。むしろ「実態面での〝機能不全〟」〔原田　二〇〇一：九六〕という評価を下している。原田は、「総力戦体制」論と異なり、日本の都市計画の国家の政策との関係性を強調しつつも、それが機能しない問題に注目したのである。

原田の研究を意識しつつ、筆者も二〇世紀前半において都市計画の主たる規制の対象であった工場立地が実際には計画どおりに進まない特徴を、工場用地の需給関係の特徴から明らかにしようとした〔沼尻　二〇〇二〕。筆者が意図したことは、原田のように「市場原理」をアプリオリにとらえず、工場用地の供給・需要両サイド双方を歴史具体的に検討し、そこでの需給関係が都市計画に対してどのような性格を付与したかを検討する点にあった。そのうえで同じ都市計画の手法のなかに、用途地域制にみられる公法的統制と、地主の私的利害が組み込まれる組合施行土地区画整理という異なる二つの原理が含まれている点を論じ、後者の事業においては私的土地所有権（利用権）への人的関係にもとづく圧力が重要な意味を有した点を指摘した。また、戦時期には前者の政策原理もみられたものの、むしろ後者の論理が私的土地所有権に果たす規定性が前者の原理を代替する特徴（土地買収の際など、そのことを保証する軍や警察の強権性）を強調し、ドイツと日本との共通面を強調した岡田知弘の国土計画論を批判した。

戦時期における実態分析の重要性

土地所有・利用に対して国家による直接的な規定性を重視するか、実態との乖離を重視するかという研究史は、経済史研究に即してみると、その後、後者（国家の政策と実態との乖離）を強調する研究が増加したと考えられる。その筆頭にあげられるのが、坂根の戦時農地政策に関する研究である〔坂根　二〇一二〕。坂根は、戦前と戦後の「連続と断絶」をめぐる論争や、「総力戦体制」論のなかで主張される「平準化」論に対して、「より確かな実証をもって跡付けることの必要性」〔坂根　二〇一二：五〕を説き、政策構想だけでなくその運用実態と実績を明らかにする点を強調する。坂根は、戦時農地統制に対する岡田の議論とそれに対する沼尻の批判にも注目しつつ、農林省資料の検討から両者の議論の問題点を指摘する。そのうえで、戦時農地法制における特徴――すなわち法内容における画期性と実態は少なからずルーズであった点を指摘し、実態面、内実面での「連続と断絶」を論じるとともに、戦時農地統制のもとで機能した「市場インセンティブ」の力を評価した。

坂根の著作が、「市場インセンティブ」の機能の根強さという表現で総括されている点は、市場での売買の前提となる対等な契約を保証する「人格」がどこまで守られていたのか（とくに戦時期、地主小作関係や地元有力者と農民との関係など。前述した「所有」と「利用」自体の関係史のなかの主に第二の点に関する内容）を疑問視する筆者の観点からみた場合賛成できないが〔沼尻　二〇一四〕、坂根の研究は、国家の規定性をそのままとらえず市場の機能とのかかわりでの実態分析を重視した点に特徴がある。

坂根の研究とともに実態分析を重視した研究として、野田公夫らの共同研究をあげることができる。野田は、「資源とは人間社会が生み出す需要とそれを満たしうる人為的な働きかけ（中軸は科学技術）によって再把握された自然のこと」（傍点は原文のまま）と記し、「固有の自然とそれに対応した固有の社会によって再生産を継続してきたもの、これが農林業という営みであった。このような農林業にとって、「資源／資源化」という眼差しが加えられることはどんな意味を持ったのであろうか」［野田　二〇一三：二］という問いを読者に投げかけている。野田の議論は、総力戦のもとでの農林資源・資源化に注目しているため、前提となる人間の土地や水などへの働きかけの詳細については、総論で十分説明されていない。しかし、農林業を対象とする以上、総力戦のもとでの国家の政策（＝「再把握」）以前に構築されてきた自然と社会との関係を理解する方法を必然的にとらざるをえないことを野田が強調した点は、注目に値する。

「所有と利用の関係史」の視点からみたとき欠かすことのできない問題の一つとして、公害史が存在する。宮本憲一がまとめた戦後公害史に関する総括的な著作［宮本　二〇一四］において重視している方法とは、システム分析と政策決定過程であった。企業の行動、産業構造、地域構造、交通体系、生活様式、廃棄物に関する中間システムと公共的介入のあり様、さらには、議会や裁判での論争とその帰結を論じることの重要性を説く宮本の議論は、公害が人の健康への悪影響を及ぼす問題を把握する際、政治・経済にわたる複雑な構図と利害対立を描く必要性を強調している。

国家による国土の「切り分け」

他方、国家法や政策の、土地所有・利用に対する規定性自体を強調する研究動向も存在する。その一つが、基地問題やその跡地利用など、軍事的利用をめぐる問題に関する研究の深化である。この点について、戦前から戦後を見通した議論を展開しているのが荒川章二である。荒川は戦前における日本の軍用地の分布を通史的に描くとともに［荒川　二〇〇七］、戦後に関して「平和国家のはずの戦後日本に巨大な軍事空間が維持されたこと」や、地域開発を重点的に進めることによる地域や産業による国土の「切り分け」が進んだ点を強調する［荒川　二〇〇九：一五］。荒川が、同書で取り上げた新東京国際空港建設も、国家の政策にもとづいて決定された土地利用であった。岡田知弘の近年の研究でも、東北地方を対象とした戦時期の国土開発が資源動員政策の一環であった点、戦後の福島県では只見地方での電源開発に続き浜通りの貧困地域に原子力発電所の建設が進んだ点を指摘した［岡田　二〇一三］。アジア太平洋戦争末期の建物疎開に注目し、都市防空という観点から戦中から戦後の変化を描いた川口朋子の研究も存在する［川口　二〇一四］。生業や生活とはかけ離れた、国家的な土地利用が押しつけられていく側面が明らかにされているのである。

しかし、国家の政策枠組みを重視する研究に関しても、単純に「上から」の規定性のみを強調する研究状況ではなくなりつつある。荒川章二は、軍事利用や空港建設問題などに対して、地域社会との矛盾点（入会権と軍事利用との衝突）や空港建設に対する反対運動（三里塚闘争）を同時に描いている。岡田知弘は、利用それ自体の研究ではないが、「地域内再投資力論」と地方自治体論を組み込むことで、国家の政策に対抗する地域づくりを提唱している［岡田　二〇〇五］。川口朋子は、建物疎開経験者の記憶を集合的経験として収集し記録する手法を試みている。人々の種々の関係性をふまえたうえで、国家の政策が社会に及ぼす意味をとらえ直す試みが増加しているのである。

それでは、土地所有・利用をめぐる関係性自体を直接対象とした歴史研究は、どのようなものがあるのか。ここでは、戦後改革期とそれ以後の農家にとっての山野や河川の利用に関する諸研究を検討する。戦後自作農となる農家が戦前から有してきた入会地などの種々の利用は、戦時期、高度成長期においてどのような矛盾をはらみつつ変化したのかという視点からの研究に注目したい。

2　戦後改革後の農家が生み出した所有と利用

山野利用との関係

農地改革とかかわらせて、山野の利用をめぐる利害対立と新たな秩序形成を開拓事業に注目して検討したのが、永江雅和［永江　二〇〇二］の研究である。

永江は山林・原野の「解放」には三つの類型（林業・薪炭採取地としての利用、耕地として利用、採草地・放牧地として利用）が想定される点、耕地としての利用について検討すると開拓入植が既存の用益権である入会権や漁業権を侵害していた点を指摘した。開拓の対象となる山林が自給肥料の原料である下草や落葉の採取地である場合や干拓される場所に水産資源（鯉、鮒、鰻など）が存在する場合などで、入植者と既存農家との対立が顕在化したという。永江はこのような事態をふまえ「戦後開拓は所有権のみならず、既存の用益権をすら再分配するという意味で、よりラディカルな性格を持った土地改革」［永江　二〇〇二：二九］と評価した。永江のこの指摘は、農家が、耕地の利用とともに、周辺林野や湿地、池沼をどのように利用していたのか、その全体像を明らかにすることの重要性を示唆している。

永江の研究は農地改革の一側面を示したものであったが、より積極的に農民の周辺山野の利用を明らかにしたのが、青木健の研究である。青木は、長野県下伊那郡の一村を事例として、敗戦後の緊急開拓実施期において林野・湖沼が農村社会においてどのように利用されたのかを検討する。青木は対象地区の区有林が、集落の慣行秩序のもとで柴草刈りや炭灰焼といった林野利用がなされていた点を明らかにしたうえで、アジア太平洋戦争期に食糧増産のための開拓要請など区有林への過度の利用圧力がかかるようになり、林野の耕地化の動き（行政村当局が推進）と採草・採炭（集落が維持管理）といった林野利用が対抗・緊張関係におかれた点を動態的に明らかにした［青木　二〇一三］。

他方、このような所有と利用をめぐる緊張関係は、権力との関係においてもみられた。安岡健一は、茨城県を事例として、戦後再び田畑林野が国家により接収されることに反対する農民の動向を紹介している［安岡　二〇一三］。安岡は、農林省の役割を重視する一方で、農地改革によって生みだされた新たな所有と利用など、戦前とは異なる地域のあり様が国家による軍事的利用に対する抵抗力となっていた点に注目する(4)。

都市との関係

戦後改革期の農家が直面したのは、山野をめぐる利害対立だけではない。都市近郊の宅地としての潜在性をもつ農地も、それを農地とみなすか（＝農地改革の対象に）宅地とみなすか（＝農地改革の対象外に）で、地主・小作農民間で争われた。この点は、これまで農地改革史研究において注目されてきたが、筆者は尼崎市を事例とした分析から、以下の二点を指摘した［沼尻　二〇一五］。

第一に、農地利用と都市化とが対立する側面である。都市近郊の農地改革に関しては、農地改革の対象とされずに主に地主の利害が優先された事例が指摘されてきたが［江波戸　一九八七］、尼崎の事例をみると、たしかにそのような傾向もあるものの、同時に、小作農民側が訴訟や農地委員会への請求などの行動を起こし、五ヵ年売渡保留地域（都市化の趨勢を判断するため、国が地主から買収は行うものの売渡しを保留する地域）に指定された国有農地の買受（借受）に成功した事例も存在した。旧都市計画法に規定のなかった都市計画区域内の農地利用が、小作農民らの主張により、市町村農地委員会（農業委員会）の承認によってオーソライズされたのである。

第二に、農地利用と都市とが共存する側面である。なかでも重要な点が、農家におけるし尿の利用であった。尼崎市内に居住する兼業農家であった堀新次の日記によれば、一九四七年・一九四八年においては、肥料不足のため農会で周辺市街地に肥取に出かけている様子が描かれている。堀は、自らの会社勤務と肥取の日が重なる場合には、急きょ会社を休んだり代理人を立てたりして、し尿の収集に努めた。農家が市街地のし尿を利用する関係は、一九五〇年代に大きく変化するが、当該期都市近郊の農地利用は、都市部への食糧供給と人間の排泄物処理とを両立させる性格を有していた。

都市近郊農村の場合、工場など規模の大きい施設の立地のために、農地転用が余儀なくされる場合も、戦後増加した。筆者が検討した戦後復興期における小田原市の工場誘致の事例［沼尻二〇〇五］では、各集落（＝大字）の代表者による委員会が、工場予定地の土地所有者のみ土地を喪失しないよう、工場が位置する集落以外の各集落から土地売渡農民に対して代替地の提供がなされた。農民は、私的土地所有に対し集落が果たす機能を生かすことで、自らの生活保障の論理を組みこんで工場立地を受け入れようとしたのである。

高度成長期の共有地と河川

近郊農村と都市との関係性が大きく変わるのが、高度成長期であった。国家による地域開発政策とそれにともなう地価高騰のもとで、農地や共有地の資産化が進んだからである。そのような変化を、農民日記を用いて明らかにしたのが、西田美昭の研究［西田　二〇一〇］である。西田が注目したのは、個別の農地の売却とともに、共有地である「潟」の利用変化であった。『西山光一日記』解題によれば、西山光一が居住していた小新集落の耕地に所在した潟は、上流からの排水の中継点と低地への用水補給溜の役割を担っていたほか、潟周辺野地での葭萱の伐採、水面における蓮根、菱の実の採取、さらには漁獲、鴨打ちの場となっており、これらの利用に関しては集落で取り決めを行っていた［西田・久保編著　一九九一：一〇九三―一〇九五］。高度成長期には小新潟の地価が高騰し、農民側は何の経済的負担を土地に投下することなく潟を売却できることとなり、売却益をめぐって集落農家間の対立・亀裂が生じた。このような事態について、西田は、「生産からの「退却」と人々の連帯・絆の破壊は、「人間社会が本来目指すべき方向」からの離脱を示していた」［西田　二〇一〇：一四］と評価した。

筆者も、前述した尼崎市近郊の農民日記を利用して、高度成長期における農民による用水の維持管理に関する分析を行った［沼尻　二〇一五］。稲作に必要な用排水の調整は樋門に設置された樋板の上げ下げで行われていたが、この分析から明らかになった点は、以下の二点である。第一に、担い手の減少である。農家による樋門の管理は継続するものの、農地転用により地区内の田が減少することにより、水利委員の担い手が減少した。第二に、用水利用をめぐる都市住民との利害対立である。同書で取り上げた浜田川は、農業用排水に用いられていたほか、公共下水道が未整備の時期においては、市街地の排水路としての役割を果たした。しかし、樋門の管理は農家が行っていたため、農家において田植えに必要となる水の調達と、市街地住民が望む洪水を予防するための河川水位の低位安定とが、矛盾をきたし、尼崎市議会でたびたびこの問題が取り上げられた。しかし、樋門の管理を農民が行う点には変化がなかった。水の維持管理に対する自治体の関与が高度成長期に進みつつあったとはいえ、農業用排水と市街地排水の二重の利用を支えるようになった都市部河川に対する自治体の役割は必ずしも強まらず、農家による維持管理が弱まりつつ存続する場合もあった[5]。

画期の始まりとしての高度成長

以上、農家からみた所有と利用の問題を考えるうえで重要なことは、農家にとっての利用とは、私有地である農地だけでなく、農地を維持するうえで不可欠な小河川や用水であり、共有地であった山野や潟、海浜でもあり、さらには戦後改革期においては市街地住民のし尿でもあったという点である。戦時期・戦後改革期には、このような多様な利用と開拓とのあいだで矛盾が生じた。高度成長期における農地の資産化は、共有地とそれを管理する地域社会を破壊する一方で、利用が複雑化する都市部河川の維持管理に農民が果たす役割が残されていった。

これらの点をふまえると、一項の冒頭で紹介した丹羽邦男の議論［丹羽　一九八九］は、明治維新において近代的土地所有権の設定により所有と利用が切断される側面があるにせよ、やや過大にこの点を評価しているのではないか。戦前期〜戦後復興期に至るまで、農家の土地利用には私有地の利用にとどまらず、周辺の山野・池沼・潟・市街地のし尿といったものが含まれており戦時期・戦後改革期にはそれらの利用がかえって強まる（同時に食糧増産のための開拓事業との矛盾も生じる）ことすらあったとみるべきではないか[6]。そして、それらの関係性が劇的に変容をとげる画期の始期として、高度成長期（とくに後半期）を位置づけることができるのではないか（ここであえて「画期の始期」としたのは、高度成長期にはなお地域差も存在したこと、この後、一九八〇年代を経てより徹底して変化が進むと考えられるからである）。また、もしそのような理解が正しいとすれば、一項との関係でいえば、日本の場合、国家による規定性（この場合は国家法による近代的土地所有権の設定）だけでは、利用の特徴を十分にとらえられない点が再確認されたこととなろう。

高度成長期に住民の健康被害を及ぼすまで進んだ大気汚染や水質汚濁が、一九七〇年の公害国会以後の法整備と自治体の対応によって徐々に解消していく一方で、都市住民による入浜権、親水権などの環境権を主張する運動が進められた。しかし、これらの運動が、第三次、第四次全国総合開発計画などの政府の政策のなかで、どのような性格変化を遂げたのかという点に関する歴史研究は、あまりみられない。農家周辺の山野・池沼の利用が、高度成長期以後に劇的に変化したとするならば、一九八〇年代から二一世紀にかけての変化を明らかにすることは急務の課題といえる。その際の課題を探るために、最後に近年研究進展の著しい「コモンズ」論について、どのような歴史を前提として現状の「共」的領域を描いているかを検討しよう。

3 「共」的領域への関心

伝統的自治組織を基礎とした「コモンズ」

日本の共有地を「コモンズ」としてとらえ直そうとする研究は、社会学、経済学、民俗学、農学などの諸分野で進んでいるが、ここでは歴史的視点を有する研究を、いくつか取り上げよう。

法社会学の研究史の整理から、新たな「コモンズ」論を構築しようとしているのが、楜澤能生の議論である。楜沢は、入会権の法理に関して、川島武宜（入会権の近代化を主張＝私権としての展望）と、戒能通孝（入会権は抽象的な所有権ではなく事実的収益行為、生活共同体の支柱＝「共」有化としての展望）の理論的枠組みにまでさかのぼり、戒能の枠組みから入会権をとらえることを主張する。楜澤はスキー場や温泉地において、入会財産の利用上の平等性を担保しつつ適度な利用の維持をはかろうとする事例を見出し、そこでは伝統的な自治組織を基礎として新たな組織へ脱皮しつつ、公私の分裂を止揚しながら地域の事実上の公共的意思（法的には私的意思）を確立していったと評価する［楜澤一九九八］。楜澤の議論は、戒能が西洋との比較において日本の特徴として位置づけた「生活共同体」を基礎とした利用という点に注目している。

　このような楜澤の議論は、前述した青木健の研究との関連性という意味でも興味深い。「新たな組織へ脱皮しつつ、公私の分裂を止揚」という点に関する歴史的分析が増加することが望まれる。

環境社会学における「総有」

　他方、同じく利用に注目しながらも、やや異なる視角から議論を展開するのが、鳥越皓之の研究である。鳥越は、ムラの土地所有に注目し、ムラでは共有地（コモンズ）のみならず個人有地においても社会学でいうところの「総有」の編みかけがなされており、共有地と個人有地が底でつながっている（「オレの土地」の底には「オレ達の土地」があるという考え方）点を強調する。同時に共有地は、「弱者生活権」としての機能も有していた点を指摘した〔鳥越　一九九七〕。

　このような視点は、鳥越が中心となった茨城県の霞ヶ浦をフィールドとした共同研究においても生かされている〔鳥越編著　二〇一〇〕。そのなかで川田美紀は、「マイナーサブシステンス」論を展開した。具体的には、マイナーサブシステンスとして、内陸水＝ドジョウ、湖岸＝貝やマコモ、湖＝魚貝、モク（藻）などの採取が行われていたことを明らかにし、湖岸の公共事業によって、霞ヶ浦周辺で生活してきた人々は、マイナーサブシステンスも手放していった点を指摘した〔川田　二〇一〇〕。

　鳥越らの利用論を継承したのが、菅豊の議論である〔菅二〇〇六〕。菅は、新潟県の大川の近世～現代を事例に、川を「みんな」のもの（＝コモンズ）にする条件を検討した。その結果、境界の確定、ルール、ルール維持の担い手、コモンズの監視システム、制裁、紛争解決手段、コモンズ維持の主体（外部の統治機構と内部の自治機構との絶妙のバランス）などがあって、初めて川が「みんな」のものとなる点を強調した。

　しかし、鳥越らの主張する「総有」論に関しては、直ちに納得しがたい点も存在する。第一に、ムラの土地意識と土地所有・所持観念との関係については、渡辺尚志ら日本近世史研究において相当量の研究蓄積がある〔渡辺　二〇〇七〕。しかし、鳥越らの研究は、このような近世史研究との関連で立論されておらず、その意味で超歴史的な指摘にとどまっている。近年明治期における村落や町による土地売買への規制に関する研究が進み〔奥田晴樹二〇一二、奥田以在　二〇一二〕、筆者も前述した小田原市の事例を明らかにした。近現代における変遷を、実証的に解明していく必要がある。(7)

　第二に、湖岸や河川敷を管理する公共の論理が利用者と対立的に描かれているが、そのようにつねに言い切れるのかという点である。三島・沼津・清水二市一町石油化学コンビナート反対運動の場合、住民運動の主張をくんだ議会での意思表示が、県が中心となって進めた工業開発にストップをかけた（三島については［沼尻 二〇〇九］）。コモンズの議論を考える場合にも、そこでの「共」的領域と、自治体に埋め込まれていった地域的公共性との関係に着目することは重要ではないか。

結びにかえて

ここまでの内容を二点にまとめておこう。

第一に、国家による規定性からみた場合、必ずしも実態は政策理念と一致していないことを、近年の研究は明らかにしている点である。そこでは、自然を対象とした農林業などの固有の論理への注目も指摘されている。国家による規定力の強い軍事的利用に関する研究も深化したが、同時に戦後復興期においてはその規定性を覆す（あるいは内容の変更を迫る）農漁民の運動も存在していた。

第二に、農家においては、高度成長期以前までは所有地以外の河川や山林、池沼、潟などで多様な利用が存在しており、これら利用対象地の維持管理の担い手でもあった点である。それらは、もともとその地域に居住していた限られた住民の利用であった。そのため、戦後改革期には開拓事業との矛盾が生じた。高度成長期における農民による農業用水の管理は、新たに居住しはじめた住民の利害と対立した。そのような利害対立の側面を有しつつも、三島市などでのコンビナート反対運動にみられるように、農家や都市部の住民が有した山や水との関係は、単なる共同性としてではなく、自治体の公共性に反映されることもあった。

本節では、そのような農民や住民の多様な利用との結びつきが壊されていく画期のはじまりとして、高度成長期に注目した。高度成長期以前からの共同性に根ざした利用は、地域構成員の変化（人口流出入と世代交代）と生活自体の変化によって、その後大きな変容を遂げたと考えられるが、この点に関する研究がきわめて乏しい。今後の重要な課題の一つとして、指摘しておきたい[8]。

最後に、本節の分析をふまえ、「「生存」／「いのち」の歴史学」との接点と今後の課題を三点述べて締めくくりたい。

第一に、社会の分析、なかでも個人の「生存」が家族やその他の社会関係のなかでどのように保障されてきたか否かという点に関する分析である。近現代日本の村落に関する歴史研究の多くは、家族・親族の内部まで立ち入って歴史的に明らかにしていないため、山野や河川（さらにはそれらの利用があって成り立つ私有地）は家族の誰が労働し（させられ）利用していたのかという点について十分な議論がされてこなかった。近年の環境社会学において、入会地をコモンズととらえ、そこに「弱者生活権」や「マイナーサブシステンス」を見出そうとする議論は、歴史学の側からも学ぶべき点である。この点に関する実証的検討が今後求められよう。(9)

第二に、村落が有した、利用に関する村落外に対する権利性と村落内の構成員に対する規制力という二面的な関係のなかで「生存」をとらえる必要がある点である。権利を有した村落（およびそれを構成する農家）の社会関係は、同時に閉鎖的・排他的でかつ情実的な性格も有していた［戒能　一九四三：四八三］。国家の政策に対する抵抗力を有すると同時に、個人の「自由」を阻害する場合もあったであろう。とすれば、「生存」という主体的契機からみて、村落の社会関係が有する可能性とそこに潜む問題点の双方を把握し、その変化のプロセスのなかに「生存」を位置づけて理解する必要があろう。

第三に、権利を主張する際の正当性の論理とそれらを承認する社会との関係である。この点についても環境社会学では「レジティマシー」論として研究が進められているが［宮内編　二〇〇六］、歴史学のなかでの研究は遅れているのではないか。もともと共有地は「生活共同体」の支柱として位置づけられてきた。その一方で、西田美昭が指摘した共有地の資産化の問題、さらには「既得権益」化の問題に鑑みれば、「権利」や「正当性」とその変化を取り上げる意義がいっそう大きくなる。

高度成長期以前における人々の山野や河川における日々の労働や生活に根ざした「生存」の論理と近年各地でみられるNPOなどによる環境保全の活動の論理との連続面や断絶面は、これまでどのように歴史的に掘り起こされてきたのであろうか。新自由主義の時代のなかで、人の生きるための営みと関連づけつつ、「権利」や「正当性」の論理を歴史的に掘り起こし、それらがどのように社会によって承認されていったのか否かという点の解明は、「生存」／「いのち」の歴史学」にとって必要となる作業である点を最後に指摘しておきたい。

注

（1）多様な人と土地・水との関係性に注目することが、近年世界的に関心が高まっている環境史研究（一例として、［ラートカウ　二〇一二］）との接点を保つためにも重要である。

（2）かつて筆者は、「共同体」論の今後の課題として、共同体的諸関係を特徴づける国家による政策と家族の規定性を重視する点、共同性と公共性との関連を問う点を指摘したことがある［沼尻 二〇〇七］。ここでの研究史の総括も、そのような問題関心によっている（ただし、利用論の重要性を本節では強調している）ので、あわせて参照されたい。

（3）二〇〇〇年代に入ってからの研究動向の一つの特徴として、都市の土地所有や利用自体の実証研究が増加した点があげられる（商業地の土地所有に関する実証研究［名武 二〇〇七］、不動産業・不動産経営に関する研究［橘川・粕谷 二〇〇七、森田 二〇〇七］、貸家や貸間などに関する研究［小野 二〇一四］、東京近郊の市街地向け耕地整理に関する研究［高嶋 二〇一三］や関東大震災後の復興土地区画整理に関する研究［田中 二〇〇六］）。本節では紙幅の都合でこれらの研究に言及できないが、あわせて参照されたい。

（4）戦時期における静岡県の遠江射場の建設およびその跡地の米軍接収計画とそれに対する反対運動を描いた［浅岡 一九八五］は、このような視点を有する地方史サイドからの研究として注目される。

（5）農地転用がさらに進み農民が農業用水の管理を手放した場合については、［高木 一九九三］が参考になる。

（6）本稿では追究できなかったが、森林育成（破壊）をめぐる近世～明治期にかけての変化［斎藤 二〇一四］や明治期～昭和戦前期の変化（明治末年以降草山が地主的土地利用と結びつく林業的土地利用に変化した点［梶井 一九七九］）などと関連づけて、長期的視点から深められる必要がある。

（7）資源管理論的視点からの同様の批判として、［高柳 二〇一二］がある。

（8）本節では、主に利用に注目して論じたため、土地所有の問題に言及できていないが、一九八〇年代以後の新自由主義との関連を対象とした歴史学の分析も非常に少ない。［ハーヴェイ 二〇一三］における「都市への権利」という論点に鑑みれば、一九八〇年代以後の日本における都市の土地所有の歴史分析が重要な課題となる。あわせて、ハーヴェイらが提起する「空間」論と本節で取り上げた諸研究の方法との異同に関する理解を深めつつ、新たな分析方法を模索することが必要となろう。

（9）筆者は［沼尻 二〇一五］の終章で、農家構成員の性別と世代交代を主要な一要因として、人と土地・水の関係変化と現代化との関連を論じたが、試論的かつ一事例の分析であり、今後さらに多様な事例が発掘される必要がある。

文献一覧

青木健「共有林経営の展開と戦後緊急開拓計画——長野県下伊那郡山本村の事例」『日本史研究』第六〇九号、二〇一三年
浅岡芳郎『南遠の記録 陸軍遠江射場と住民』一九八五年
雨宮昭一『戦時戦後体制論』岩波書店、一九九七年
荒川章二『軍用地と都市・民衆』山川出版社、二〇〇七年
荒川章二『全集日本の歴史 16 豊かさへの渇望』小学館、二〇〇九年
江波戸昭『東京の地域研究』大明堂、一九八七年
大門正克「「生存」の視点とは——経済史研究とのかかわりで」

『エコノミア』第六四巻第一号、二〇一三年
岡田知弘『日本資本主義と農村開発』法律文化社、一九八九年
岡田知弘『地域づくりの経済学入門――地域内再投資力論』自治体研究社、二〇〇五年
岡田知弘「戦時期日本における資源動員政策の展開と国土開発――国家と「東北」」野田公夫編『農林資源開発史論 I 農林資源開発の世紀』京都大学学術出版会、二〇一三年
奥田以在「京都市三大事業と町財政――烏丸通拡築事業と手洗《てあらい》水《みず》町」『経済学論叢』第六四巻第四号、二〇一三年
奥田晴樹『地租改正と割地慣行』岩田書院、二〇一二年
小野浩『住空間の経済史――戦前期東京の都市形成と借家・借間市場』日本経済評論社、二〇一四年
戒能通孝『入会の研究』日本評論社、一九四三年
梶井功『土地政策と農業』家の光協会、一九七九年
川口朋子『建物疎開と都市防空――「非戦災都市」京都の戦中・戦後』京都大学学術出版会、二〇一四年
川田美紀「水辺の遊びと労働の環境史――持たざる者の権利としてのマイナーサブシステンス」鳥越皓之編著『霞ヶ浦の環境と水辺の暮らし』早稲田大学出版会、二〇一〇年
橘川武郎・粕谷誠編『日本不動産業史――産業形成からポストバブル期まで』名古屋大学出版会、二〇〇七年
楜澤能生「共同体・自然・所有と法社会学」日本法社会学会編『法社会学の新地平』有斐閣、一九九八年
斎藤修『環境の経済史――森林・市場・国家』岩波書店、二〇一四年
坂根嘉弘『日本戦時農地政策の研究』清文堂出版、二〇一二年
菅豊『川は誰のものか――人と環境の民俗学』吉川弘文館、二〇〇六年
高木正博「都市における農業用水路の変遷――主に中川下流域の事例」地方史研究協議会編『河川をめぐる歴史像――境界と交流』雄山閣出版、一九九三年
高嶋修一『都市近郊の耕地整理と地域社会――東京・世田谷の郊外開発』日本経済評論社、二〇一三年
高柳友彦「自然資源経済への歴史学的アプローチ」『一橋経済学』第六巻第一号、二〇一二年
田中傑『帝都復興と生活空間――関東大震災後の市街地形成の論理』東京大学出版会、二〇〇六年
鳥越皓之「コモンズの利用権を享受する者――パートナーシップ的発展論の可能性」『環境社会学研究』第三号、一九九七年
鳥越皓之編著『霞ヶ浦の環境と水辺の暮らし――パートナーシップ的発展論の可能性』早稲田大学出版部、二〇一〇年
永江雅和「戦後開拓政策に関する一考察――もうひとつの農地改革」『専修経済学論集』第三七巻第二号、二〇〇二年
名武なつ紀『都市の展開と土地所有――明治維新から高度成長期までの大阪都心』日本経済評論社、二〇〇七年
成田龍一『近代都市空間の文化経験』岩波書店　二〇〇三年
西田美昭「新自由主義経済時代の終焉と日本近現代経済史研究の課題」『歴史科学』第二〇〇号、二〇一〇年
西田美昭・久保安夫編著『西山光一日記』東京大学出版会、一九九一年

丹羽邦男『土地問題の起源――村と自然と明治維新』平凡社、一九八九年
沼尻晃伸『工場立地と都市計画――日本都市形成の特質 一九〇五―一九五四』東京大学出版会、二〇〇二年
沼尻晃伸「農民からみた工場誘致――戦後経済復興期の小田原市を事例として」『社会科学論集』第一一六号、二〇〇五年
沼尻晃伸「結語――共同性と公共性の関係をめぐって」小野塚知二・沼尻編著『大塚久雄『共同体の基礎理論』を読み直す』日本経済評論社、二〇〇七年
沼尻晃伸「高度経済成長前半期の水利用と住民・企業・自治体」『歴史学研究』第八五九号、二〇〇九年
沼尻晃伸「書評 坂根嘉弘『日本戦時農地政策の研究』」『歴史学研究』第九一九号、二〇一四年
沼尻晃伸『村落からみた市街地形成――人と土地・水の関係史 尼崎一九二五―七三年』日本経済評論社、二〇一五年
野田公夫「農林資源開発の世紀――課題と構成」野田編『農林資源開発史論Ⅰ 農林資源開発の世紀』京都大学学術出版会、二〇一三年
ハーヴェイ、デヴィッド『反乱する都市――資本のアーバナイゼーションと都市の再創造』森田成也・大屋定晴・中村好孝・新井大輔訳、作品社、二〇一三年
原田純孝「序説 比較都市法研究の視点」原田純孝・広渡清吾・吉田克己・戒能通孝・渡辺俊一編『現代の都市法』東京大学出版会、一九九三年
原田純孝「戦後復興から高度成長期の都市法制の展開――「日本型」都市法の確立」原田編『日本の都市法 Ⅰ 構造と展開』東京大学出版会、二〇〇一年
水内俊雄「総力戦・計画化・国土空間の編成」『現代思想』第二七巻第一三号、一九九九年
宮内泰介編『コモンズをささえるしくみ――レジティマシーの環境社会学』新曜社、二〇〇六年
宮本憲一『戦後日本公害史論』岩波書店、二〇一四年
森田貴子『近代土地制度と不動産経営』塙書房、二〇〇七年
安岡健一「基地反対闘争の政治――茨城県鹿島地域・神之池基地闘争にみる土地利用をめぐる対立」野田公夫編『農林資源開発史論 Ⅰ 農林資源開発の世紀』京都大学学術出版会、二〇一三年
ラートカウ、ヨアヒム『自然と権力』海老根剛・森田直子訳、みすず書房、二〇一二年
渡辺尚志「日本近世村落史からみた大塚共同体論」小野塚・沼尻編著『大塚久雄『共同体の基礎理論』を読み直す』日本経済評論社、二〇〇七年

6　戦争／平和と生存――アジア太平洋戦争を中心に

岡田　泰平

本稿では、二〇世紀における「戦争／平和と生存」を植民地主義と戦争の時代における人々の移動と生存の問題として検討する。対象地域は、沖縄、台湾、それに現在の東南アジアである「南方」、これに加えて「南洋群島」を含む太平洋島嶼である。時期としては、主には二〇世紀前半期とりわけアジア・太平洋戦争について考察するが、沖縄についてはアジア・太平洋戦争後も扱う。このように変則的な地域と時間を扱うことになるのは、何よりも、「戦争／平和」の側から地域と時間を検討するからである。そのうえで最後に「戦争／平和と生存」をめぐる問題の側から、地域論をもう一度考えなおしてみたい。

移動という概念を中心におき、そこから歴史をとらえ直すという方法は、一九八〇年代にはその萌芽がみられたものの、二〇〇〇年代になって学界の中心におかれるようになったといえよう。おおむね従来の歴史観は、場所を先に措定しそこにとどまり続ける人々を叙述の対象としてきた。これは二〇世紀という国民国家の時代の歴史学に対応するものであった。これに対して二一世紀においては、グローバリゼーションの名のもと、ヒトの移動と社会の動態の関係が注目されるようになった［伊豫谷編　二〇〇七］。つまりは、国家の領域に区分された社会を歴史叙述の当然の対象とするのではなく、むしろ人々がさまざまな境界を越え移動することから社会をとらえ直す。とりわけ本稿では、ヒトの移動と植民地主義および戦争という視点から近年の研究を考察したい。

木畑洋一がわかりやすく図式化するように、宗主国と植民地のあいだを行き来する人々は多様であり、それぞれの移動の意味は異なる［木畑　二〇〇八：一章］。植民地出身者の場合であれば、一方では見慣れない土地に移り、生存を試みることである。他方では宗主国で教育を受け、親植民地主義的な思考を習得したり、その逆に反植民地ナショナリズムを自分自身の思想としたりすることでもある。教育を受けた者の場合、その後、植民地に戻り大学や出版といった場で知識人として活躍する場合もあれば、医師や教師のような専門職に就く場合も、植民地統治における中間的な官僚となる場合もある。宗主国出身の場合であれば、教育を受けた人々が植民地における官僚や教員になる場合も、零落した人々が生存のために植民地に移り生活の場を求める場合もあろう。つまり生存のための移動と社会上昇のための移動が併存した空間として宗主国―植民地が展開していたといえる。

ただし、どこまでが生存のためであり、どこからが社会上昇のためであるのか、という区分は曖昧である。本稿においては、生存と社会上昇という二分法に打ち立てるのではなく、むしろ各地域においてどのような動因によって人々が移動し、異なる人々の移動がどのような社会の動態をつくり出し、なおかつ移動することによってどのような思想が展開していったのかを描き出したい。

なお本稿においては、広範囲のさまざまな社会を扱っており、それぞれの既存の研究の量には大きな差があることをあらかじめ述べておきたい。また検討しなければならない文献が多数に及んでいることから、主に著書・編書を対象とし、雑誌論文は必要に応じて参照する。さらには日本経済史研究の重厚な蓄積も、紙幅の関係から割愛する。

1　沖縄――基地社会における生と思想

沖縄研究においても移動と移動がもたらす変化が考察の中心になってきている。冨山一郎は、二〇〇二年と二〇一三年に一九二〇年代、一九三〇年代のソテツ地獄を中心においた論考を発表している［冨山　二〇〇二・二〇一三］。前著では暴力が行われることとそれに対して身構えることが主題だったが、後者では「流亡」という移動を論考の中心においている。この「流亡」の視点から、沖縄人の本土への「流着」、「琉球史」を成立させる意識と空間、米国とソヴィエトの対立のなかで太平洋島嶼―沖縄をつなぐ空間としての戦後が成立していったことなどを論じている。

沖縄戦以前の移動がもたらした影響としては、「沖縄学」の成立とこの思潮の普及がある。その代表的な知識人に、東京帝国大学で言語学を学び、言語史と文化史から「沖縄学」をつくり上げた伊波普猷がいる［鹿野　一九九三、冨山　二〇〇二・二〇一三、伊佐眞一　二〇〇七］。近年では伊波のような学知をつくり出した人物だけではなく、むしろ教育の場における実践にも目が向けられている。東京や京都で教育を受け、沖縄で教員となり、郷土史家として活躍した島袋全発の半生や、教員向け雑誌『沖縄教育』の大和人[1]と沖縄人から構成された編集体制とそこから生み出された知が描かれている〔屋嘉比　二〇一〇、照屋　二〇一四〕。

移動と多様な経験から沖縄史をとらえようという傾向は、沖縄戦史の充実抜きには考えられない。一九七〇年代初頭に刊行された県史二巻は、住民証言を中心としたそれぞれ一〇〇〇頁以上の記録である〔琉球政府　一九七一、沖縄県教育委員会　一九七四〕。これ以降、町村レベルのみならず字レベルでの沖縄戦史が刊行されているし、県史も新たに編纂されている。林博史は、これらを含む大量の資料を総合し、民衆の動員と被害を中心に戦場の実相を描き出している〔林　二〇〇一〕。また沖縄県が収集した膨大なデータを分析し、戦時住民移動の詳細を明らかにした研究もある〔ＮＨＫスペシャル取材班　二〇一六〕。さらには中国と沖縄という二つの戦場で戦った日本兵の個人史も書かれている〔内海・石田・加藤編　二〇〇五〕。

ただし、移動という側面からみると、大和人・沖縄人以外の人々の動向も重要であろう。このうち、米軍兵士や朝鮮人労働者についての研究は、八〇年代、九〇年代にはまとまった業績があるが〔吉田　一九九六、海野・権　一九八七〕、それ以降は停滞気味である。朝鮮人を主とした「従軍慰安婦」に関しては、広範に資料を集め、沖縄本島のみならず周辺の島々の状況について論じた研究が刊行された〔洪玧伸　二〇一六〕。

戦後に関しては、社会内部の動向から基地社会を論じる社会史研究が蓄積されてきた。鳥山淳は、沖縄戦直後の沖縄住民を難民と位置づけ、自治と復興を論じている〔鳥山　二〇一三〕。若林千代は、一九五〇年までの国際的な文脈に注意を払いつつ、自治へと向かう政治空間の変容を活写している〔若林千代　二〇一五〕。川平成雄は、疎開や帰郷、引揚げや収容、密貿易や強制移動から沖縄社会の形成を描いている〔川平　二〇一一〕。

また日本復帰に関しては、櫻澤誠が「復帰／独立」のみならず「保守／革新」という文脈をふまえ、教員層を中心とした復帰運動を分析している〔櫻澤　二〇一二〕。このほかに思想史からのアプローチとして、戸邉秀明の研究がある。「帝国崩壊後／戦場後／占領下という三重の規定性」から教員の運動を考察することを求めている〔戸邉　二〇〇八・二〇一二〕。戦後沖縄に関する近年の通史では、さまざまに対立する諸勢力が反米軍基地という一点においては連帯していったことが論じられる〔櫻澤　二〇一五、新崎　二〇一六〕。

このような歴史にもかかわらず、日本政府は米軍基地が沖縄に集中することを擁護しつづけている。この日本政府の態度は大和人による支配という沖縄の現状認識に結びつき、この現状認識は沖縄思想の活性化を引き起こしてきた。森宣雄の論考などを参考にすると［森　二〇一〇］、近年の沖縄思想は①祖国復帰論、②沖縄独立論、③反戦復帰論、④反復帰論と四種類に分類できよう。このうち、①祖国復帰論はいわば現状受忍であり、国民主権の名のもと、県代表では実質的な自治権は生じえない［同前］。つまり沖縄が日本政府の意向に翻弄されつづけることを示している。この立場は、思想として正面から肯定されることはなく、むしろ現実政治の追認という大和人の公然の保守主義と符合してしまう。

②沖縄独立論は、国民国家建設へと向かうナショナリズムの礼賛であり、この立場を明確にとっているのが、松島泰勝である。松島は主に地域経済の視点から沖縄の独立を主張するのだが、沖縄の歴史への参照もある。ただし彼の歴史叙述は、「琉球人」に対する抑圧を列挙するものであり、エスノ・ナショナリズムにもとづく歴史観といえよう［松島　二〇一二・二〇一四］。③反戦復帰論は、日本国憲法のもつ平和主義を論拠とし、米軍基地のない沖縄をめざすものだ。この思想には米軍基地がありつづける現実が立ちはだかるのだが、むしろ平和主義をいかした日本本土の変革を促す。沖縄県知事を務めた大田昌秀が、旧来からこの立場をとっており、二〇一〇年代でも同様の主張を展開している［大田ほか　二〇一三］。④反復帰論は、国家が本質的に抑圧的であるとの前提から、国家を前提としない思想の協同体をめざすものだ。古くは新川明が、歴史と言論のあいだを行き来することにより、この思潮の内実をより豊かにしてきた［新川　一九九六］。近年では藤澤健一が、運動史や思想史からこの思潮にまつわり論集を編んでいる［藤澤編　二〇〇八］。また文学的ではあるが新城郁夫は、「曖昧」で「複数のアイデンティティ」を模索する場から国家を考え直そうとしている［新城　二〇一四］。このような思想状況のなかで、宮里政玄らが示すように、②、③、④はさまざまな論点から検討される対象である［宮里ほか　二〇〇九］。現時点ではそれぞれの立場から、未来の沖縄の姿を探っているといえよう。

二〇世紀前半の沖縄では、日本留学をした知識人によって日本を対象とした「沖縄学」というかたちでの自画像がつくり上げられていった。この自画像は、しかし「戦争／平和と生存」を介して大きく変貌する。大規模破壊と生存の危機をもたらした沖縄戦という出来事が、その後の沖縄史を規定したからである。米軍基地の集中という社会実態も、沖縄人の日本政府に対する認識も、さらには沖縄人の間に継承される記憶も、沖縄戦抜きには論じることができない。そして近年の沖縄思想は、この沖縄戦をもたらした責任もその後の基地社会を押しつけた責任も負おうとはしない日本政府、さらには選挙を介してその日本政府を下支えする大和人を問いただすものとなっている。

2　台湾――二つのナショナリズムとヒトの移動

台湾を対象とした植民地研究における近年の進展は、植民地における近代とは切り離せない。ただし第二巻第三章五に「植民地近代性」についてのまとまった考察があるので、ここでは植民地主義そのものについては扱わず、植民地におけるナショナリズム、マイノリティ、そして個人史研究に絞って論じたい。

帝国の延長と民族差別という植民地の状況は、とりわけ一九二〇年代には「内地延長主義」を植民地化の正当性とした植民地期台湾の研究において、色濃く意識されているといえよう。この点を政治学の手法で、追究しているものとして、若林正丈の研究がある。ベネディクト・アンダーソンのナショナリズム論における「巡礼」を援用し、台湾と日本本土および台湾と中国本土のあいだのヒトの還流から、日本と中国という二つのナショナリズムの競合を論じている［若林正丈　二〇〇一］。この台湾論は、日本植民地期台湾についての基本認識といってよいだろう。

「延長」ということばには、一定の権利付与と同化が含まれているが、同化と差別の二重性がよくあらわれた場として学校があった。この二重性を問い直したのが駒込武である。一九九六年の研究では、教育思想や改変されていく文化などを論証の対象とし、日本植民地主義が義務・権利関係よりも情緒的な「同化」を台湾人の意識に刷り込んでいったことを論じる［駒込　一九九六］。二〇一五年の研究では、日本人官僚―英国人宣教師―台湾人キリスト教徒という三重の構造から、台湾人林茂生の渡米留学と帰国後の社会思想を明らかにしている。教育を介する社会上昇と社会上昇を追求するエリートの足跡を、「ラセンの上昇路」と評し、植民地支配・自治・全体主義を考察する基礎においている［駒込　二〇一五］。若林の二つのナショナリズム論を援用すると、前者では日本ナショナリズムによって台湾人が中国ナショナリズムから引きはがされていく過程、後者では二つのナショナリズムに代わる第三のアイデンティティの模索があらわされているといえよう。

それでは、このような二つのナショナリズムから抜け落ちるであろう少数民族についてはどのような考察が行われているのだろうか。駒込と同様の植民地教育論として、北村嘉恵の研究がある［北村　二〇〇八］。しかし教育制度の構想と設計の解明に重点がおかれており、「ラセンの上昇路」や通学や留学などの空間的移動は分析の対象となっていない。その反面、山路勝彦や近藤正己は、少数民族の空間的移動を主題化している。前者では、人類学史からみた「原住民」統治を論じているが、そのなかで少数民族の日本観光やアジア・太平洋戦争への動員が取り上げられている［山路　二〇〇四］。後者では、台湾議会設置運動挫折後、一方では中国本土に渡った台湾人の抗日運動が展開し、他方台湾内では物理的な動員にともない「人心の動員」があったという構図を描いている。そのうえで、漢族と少数民族のそれぞれの戦時協力には異なる経路での「人心の動員」があったことを詳述している［近藤　一九九六］。

また、ナショナリズム研究が往々にして男性中心的なものであることは異論のないところであろう。女性に着目した研究では、エリート女性の足跡を追ったものが多い。山本禮子は、制度やカリキュラムのほかに、アンケート調査の結果から、卒業後に日本留学した台湾人の植民地教育観や学校内の台湾人差別や日本人と沖縄人の軋轢などを描き出している［山本　一九九九］。洪郁如は、纏足から「新女性」までを論じた台湾女性文化史を描いている。そこでは高校卒業者である「新女性」を台湾女性の近代的発展の達成点として位置づけている［洪郁如　二〇〇一］。また、游鑑明の研究では「新女性」の特徴を登山会や運動会といった会への参加や息子の立身出世への期待、知識や生活向上のための台湾外への移動などに見出している［游　二〇〇七］。台湾女性史研究を紹介している論集には、女性の医師・看護師・産婆を取り上げた概説や、日本植民地期を始点に経済生活を論じた少数民族女性の通史がある［游　二〇一〇、賴　二〇一〇］。戦時期についての論考は、女性の戦時動員を取り上げている［游　二〇〇五、宮崎　二〇一三］。

このような充実した台湾社会史研究は、さまざまな人々の足跡から植民地内外の空間をとらえ直すことを可能にしている。たとえば少数民族統治が求められたことから、植民地行政からも漢族のナショナリズムからも距離をおく日本人文化人類学者が描かれている［柳本　二〇〇五、楊二〇〇五］。また日本人社会のみならず総督府の政策にも影響を及ぼした日本人企業家を論じた研究もある［波形編著二〇〇二］。いずれも人物礼賛的な記述である。

さらには、エリート官僚の足跡を追ったものとして、内海忠司や伊沢多喜男が取り上げられている［近藤ほか編　二〇一二、加藤　二〇〇三］。清水美里は、水利事業に貢献した技師八田與一をめぐる記憶と、日本と台湾におけるこの記憶についての齟齬を明らかにしている［清水美里二〇一五：補論］。また文化人については、橋本恭子が台北帝国大学の文学者島田謹二をとおして、比較文学という学知が前提としてしまっている帝国意識の問題を論じている［橋本恭子　二〇一二］。三澤真美恵は、台湾、上海、重慶において、日本の公定ナショナリズム、中国の国共のそれぞれのナショナリズムと交渉した、台湾出身の映画人劉吶鷗と何非光の足跡を追っている［三澤　二〇一〇］。泉水英計が対象とするのは、台湾と沖縄を生きた沖縄人川平朝申である。台湾では日本語作家として活躍し、沖縄では米軍政府のもとで文化行政に携わった［泉水　二〇一三］。ロー・ミンチェンは、人々の足跡を専門職の形成という視点から分析している。日本帝国内を還流し中国で勤務した台湾人医師が印象深い［ロー　二〇一四］。ローの研究を補完するように陳姃湲は、少数ではあるが朝鮮に留学した台湾人医学生の足跡を追っている［陳　二〇一三］。

「戦争／平和と生存」という視点からみると、台湾史を規定しているのは、アジア・太平洋戦争そのものよりも国民党統治への移行期である［何　二〇〇三・二〇一四］。アジア・太平洋戦争時の地上戦の対象とはならなかった台湾においては、台湾にやってきた、または戻ってきた人々のさまざまな戦争の記憶や凄惨な二・二八事件の記憶がその後の集合意識をつくり上げた。それゆえに植民地最初期の征服戦争や一九三〇年の霧社事件を除けば［傅　二〇〇六］、植民地主義との対決よりも、植民地社会における葛藤が描き出されてきた。

3　東南アジア・太平洋島嶼
――移動からつくられる植民地と戦争

ここまで沖縄と台湾を論じてきたが、それぞれの研究の充実からみると、東南アジア・太平洋島嶼については研究の余地が大きいといえよう。沖縄については基地問題から多層化した思想が表出し、台湾については植民地主義を軸にしたニュアンスに富んだ社会史研究が展開されたが、これらと異なり東南アジア・太平洋島嶼という広大な空間を統一する知的枠組みは存在していない。

まずヒトの移動に関して、圧倒的に多いのは日本人の「南進」についてである。この分野を切り開いたのは矢野暢である［矢野　一九七五・一九七九］。この問題関心を色濃く引き継いでいるのが、後藤乾一の研究であろう。軍政の問題、沖縄・台湾を拠点とした「南進」、インドネシアにおける「慰安婦」、「大東亜共栄圏」下の日本―インドネシア関係、東南アジアにおける歴史認識などが論じられている［後藤　二〇一〇・二〇一二］。沖縄と「南進」の関係については、沖縄の漁業民の移動と漁業の商業化、南洋群島への移民、沖縄出身の日本軍将校の半生といったテーマが取り上げられている［後藤　二〇一五］。

また、より下層の日本人移民に焦点を定めた研究がある。その大きな流れが「からゆきさん」研究である。清水元は、九州という地方に内在する思想や慣習との関係から、「からゆきさん」を論じている［清水　一九九七］。嶽本新奈は、「からゆきさん」を廃娼運動や愛国婦人会との関係で問い直している［嶽本　二〇一五］。ジェームズ・ワレンは、中国と日本からの女性の渡航と生活を描き出すことにより、シンガポールの社会史を描いている［ワレン　二〇一五］。「からゆきさん」以外では、早瀬晋三が日本商品のフィリピン市場への浸透や日本人労働者・漁業民とフィリピンとのかかわりを論じている［早瀬　二〇一二］。

この「南進」研究は、占領にまつわる諸要素を問う研究へと発展してきた。社会史研究としては、倉沢愛子がジャワの農業構造、農村の再組織化、宣撫工作、学校教育などについて論じている［倉沢　一九九二］。東南アジア全般を見わたす論集では、統治機構、動員と現地社会の反応、文化政策、民族による政策の差異、日本占領期の歴史的位置づけなどが論じられてきた［倉沢編　二〇〇一］。フィリピンに関しては、宣伝隊、親日フィリピン人の義勇軍、フィリピン人の抵抗の文化史、イスラーム教徒、カトリック教会、在留邦人などが取り上げられている［池端編　一九九六］。英領マラヤとシンガポールについては、軍政、共産党、戦争認識論、経済政策、民間人収容所、軍事史といったテーマが追究されている［明石編　二〇〇一］。この他に、倉沢愛子は、経済史と地域研究の融合からこの戦争をとらえ直している。経済史としての詳細さを保ちつつ、口述資料を多用し、ロームシャがおかれた過酷な状況、失敗した米増産キャンペーン、流通不備などを描き出している［倉沢　二〇一二］。さらに社会史というよりも関係史といえようが、根本敬が日本―ビルマ―イギリスの三つ巴の関係を活写している［根本　二〇一〇］。

しかし、これらの社会史研究は、往々にして一九九〇年代に提起された戦後補償運動が求める歴史に合致するものではなかった。たとえば、日本兵が行った虐殺の内実や性暴力の実態はどのようなものだったのか、という素朴な疑問には答えていない。これに応答するものとして、『季刊　戦争責任研究』所収の東南アジア関係の論考や林博史の華人虐殺についての研究がある［林　二〇〇七］。また、藤目ゆきが監修してきた東南アジア関係の著書がある。そのうち日本占領期に関するものは、「慰安婦」女性の証言から占領史を問い直すことに成功している［ヘンソン　一九九五］。さらには、日本軍の残虐行為を前提としたうえで、日本占領の意味を問う研究も刊行されてきた。中野聡は日本兵による残虐行為や暴力に幻滅する日本人文官の姿を描き出し、フィリピン戦がもたらした日本人の認識の転換に焦点をあてている［中野　二〇一二］。逆に東南アジアのすべてが日本に暴力的に占領されたという誤解が生じてしまったことにより、タイの微妙な対日関係がみえなくなっているとして、ピブーン政権時の日タイ関係やタイ駐屯日本軍の行動などについて吉川利治が実証に富む研究を提示している［吉川　二〇一〇］。

このように日本人の移動が主に論じられてきたが、そもそも東南アジアも太平洋島嶼も多様な人々が流入することで形成されてきた地域である。この点から、他の民族の移動にも言及しておきたい。華人については、田中恭子がマレー半島やシンガポールを対象として国籍問題、華語文学、言語教育、儒教教育、対中関係などといった地域に根ざした研究を展開してきた［田中　二〇〇二］。これに対し原不二夫らは、華人左派勢力の反植民地・抗日運動、さらには彼らが被った独立後の国民国家による弾圧を描いている［原編　一九九三］。インド系の人々については、重松伸司と佐藤宏の研究がある。前者は、マレー半島を対象とした文化人類学的な研究であり、政策や出移民過程を取り上げたうえで、宗教儀礼や社会改革運動を論じている［重松　一九九九］。後者は、より歴史叙述的な研究であり、タイ人とイギリス臣民としてのインド人との関係などについて述べている［佐藤　一九九五］。この他に、太平洋島嶼を対象としたものとして、橋本和也のインド人移民とフィジー政治についての論考がある［橋本　二〇〇五］。

また日本人の「南進」にともない、日本帝国各地からさまざまな人々が移動した。内海愛子は東南アジアにおける朝鮮人の動員について多くの業績をあげてきた［内海　二〇〇八］。この他には、今泉裕美子の南洋群島への沖縄人・朝鮮人の労働移民・労務動員についての研究、李里花や伊佐由貴のハワイにおける朝鮮系や沖縄系の人々についての移民史研究がある［今泉　二〇〇二・二〇〇三、李　二〇一五、伊佐由貴　二〇〇八］。

東南アジアや太平洋島嶼における「戦争／平和と生存」についての記述は、上述してきた戦争における暴力の体験と切り離せない。しかし、この暴力の体験が侵略者日本に対する各国のナショナリズムからの批判となっているかというと、少なくとも二一世紀の歴史学においては、そのような批判をみることは稀である。その理由は、この地域をめぐる三つの要素に見出すことができる。

一つはナショナリズムの質である。エスノ・ナショナリズムでは、前近代の集合意識や共同体が定位される。そして帝国主義による統治は、そこに変容をもたらす外来の影響として位置づけられる。ところが東南アジアにおいても太平洋島嶼においても、日本占領期に関してはこの定位と変容というナラティブはうまく当てはまらない。これらの地域は、その全史をとおして人々が流入によって形成されてきた地域である。たとえば『岩波講座　東南アジア史』［池端ほか編　二〇〇一―二〇〇三］では、一九世紀末までの歴史のほうがより多民族混淆的な要素が強い。在地の民族文化が成立し伝統王朝が統治した一三世紀～一九世紀前半でも、西洋植民地主義が侵出してきた一八世紀末～二〇世紀初頭でも、港市や都市空間においては多様な人種やエスニシティが混交し、交易のために東南アジア外からの多様な人々の参入があったことがさまざまな局面で確認される。ところが一九世紀末から一九三〇年代までの植民地における近代が深化していく過程と一九四〇年代の日本の侵略戦争においては、現在の国民国家へと結実するナショナリズムが歴史の原動力となっていく。また、そのナショナリズムが西洋帝国主義に向けられた場合もあれば、帝国日本に向けられた場合もある。

そこで形成されるナショナリズムは、前近代に存在したエトノスの発展というよりも、すでに多様な人々をまとめ上げるうえでの政治理念という側面が強かった。よって、前近代にさかのぼり民族の同一性を説くエスノ・ナショナリズムは成立しにくく、ナショナリズムはむしろ植民地主義に対する反発によって生じた新たな共同体だった。この点から、ナショナリズムの自律的発展を阻害した日本帝国主義という位置づけは成立しにくい。日本侵略以前に西洋植民地主義に抗するナショナリズムが影響力をもっていた現地社会に対して、日本占領期がどれほどの変容をもたらしたかは、いまだに論争の対象となっている。

また「アジア諸戦争」という表現を借りれば［和田編　二〇一一］、一九七〇年代末までの東南アジアはその主戦場であった。とりわけベトナム、インドネシア、フィリピンのような社会においては、アジア・太平洋戦争の終わりはさらなる戦争の幕開けでもあった。このような特徴をもつ地域においては、戦争は複数で重層的である。侵略者の暴力も、村におけるイデオロギー的対立も、生存のための国内移動の経験も、また不明瞭な戦争状態における拷問も暗殺も、戦争にまつわるものとして記憶される。つまり多様な戦争の記憶は、互いに矛盾し対立したものとして位置づけられ、安易な整理を許さない。

さらに八〇年代以降は、この地域特有の現象というよりも、全世界的な現象であろうが、消費主義が席巻するようになった。マーク・ピーティーが論じるように、太平洋島嶼では、侵略者日本のイメージは消費文化発信源の日本というイメージに塗り替えられていった［ピーティ　一九九六］。東南アジアにおいても、この新たな装いをみせる日本に対する反論はあるものの［コンスタンティーノ　一九九〇］、おおむねピーティーのいう日本イメージの転換が生じたといえよう。

つまりこの地域においては、戦争をアジア・太平洋戦争に特化し、旧来からのナショナリズムと侵略者日本の対決という単純な図式を打ち立てることは難しい。この文脈で「戦争／平和と生存」という課題において重要であるのは、過去の戦争を日本人の贖罪の材料や教訓として扱う姿勢ではなく、むしろ過去から現在への連続性を描き出すことだろう。経済成長しているとはいえ、この地域には分厚い貧困層がある。この層の人々こそが国家暴力の犠牲となり、戦争や困窮によって移民を余儀なくされ、宗教間・民族間対立に動員されてきた。新自由主義による社会の劣化が深刻化するなかで、西洋植民地期―日本占領期―冷戦期―二一世紀型グローバリズムとそれぞれの時代を貫くかたちで、貧困層の生存に焦点を合わせた歴史理解が求められよう。

まとめ――共通課題から地域を問う

ここまで「沖縄」「台湾」「東南アジア・太平洋島嶼」と三つの地域を論じてきたが、これらの地域に共通した二一世紀の課題として何があるのか。最後に共通課題を提示することにより、歴史学における地域論を問い直してみたい。

一九九〇年前後に中東や東南アジアの研究から画期的な地域論が提示されてきた。中東研究者の板垣雄三は、民衆運動を中心にすえた伸縮可能なn地域論を提示した。この地域論では、近現代史におけるナショナリズムを民衆運動から弁別し、民衆運動が広がる空間を地域としてとらえている［板垣　一九九二］。

これに対して、東南アジア史はむしろ前近代への考察において地域概念を問い直す。坪内良博は「圏」という概念を立て、そのうえで血族的な「家族圏」と王権が支配する範囲を示す「支配圏」の二種類に分類している。「支配圏」が「国」と重なり合うことを是認しつつも、「家族圏」「支配圏」さらにはより広大な宗教のおよぶ圏が重なり合い、社会が構成される［坪内　一九九〇］。この「圏」の発想を歴史叙述に適用し、「歴史圏」を提唱したのが桜井由躬雄だった。桜井によれば、さまざまな自然環境と文化・文明圏が重なり合い、固有のネットワークが展開する。そのネットワークの及ぶ範囲が「歴史圏」になる〔桜井　二〇〇一〕。

上述の板垣の論考と東南アジア史の史学史をふまえ、古田元夫は、国史、近代化論、アジア交易圏、人文地理学的な「世界単位」、インド洋世界など、多様な地域論を跡づけ、そのうえで東南アジアをさまざまな文明の影響が折り重なる「ぐじゃぐじゃ」な地域」であると述べる。そして「地域は歴史家の課題意識に応じて設定される」のだが、「歴史研究である以上、ある「地域」概念の有効性を説くためには、その歴史的実在性を（中略）提示しなければならない」と論じる。この「歴史的実在性」は、「客観的に抽出されるような関係性」の場合も、「ある歴史段階において存在した人々の主観的意識」の場合もある〔古田　一九九八〕。

一見すると、この三つの地域に共通する要素はない。民衆運動のつながりもなく、自然環境も大きく異なる。また国民ごとに分断されたアイデンティティゆえに、国境を越えた「主観的意識」もない。ただし「戦争／平和と生存」というテーマにおいて、おおむね共通した「客観的に抽出されるような関係性」は指摘できる。

第一には、「生存」の危機にある人々をめぐる、植民地主義とその継続性である。人種差別が貫徹した制度としての植民地主義は、「生存」の危機をどのようにつくり出し、この問題にどのように対応してきたのか。それは国民国家体制の対応策とどのように異なっていたのか。また国民国家体制がほころびつつある現在、植民地主義に類似した状況がつくり出されつつあるのだろうか。詳細な特定植民地の研究と同時に、社会システムとしての二〇世紀前半の植民地主義から二一世紀型グローバリズムのもとでの国民国家体制までをつなげる骨太の研究が求められていよう。

第二には、米軍基地である。林博史の研究〔林　二〇一四〕などはあるが、この分野はようやく手がつけられたといえよう。二一世紀世界においても、この地域におけるアメリカの覇権は続くだろう。この点から、土地の収奪などという米軍基地と植民地主義の連続性はとらえられてきたが、それと同時に、基地がもたらすヒトの国際移動も重要である。当然、米軍基地に対抗するさまざまな運動を描き出すことも求められる。とりわけフィリピンやタイにおける反米軍基地運動の経験は、沖縄の人々にとって示唆に富むものになろう。

第三には、「南進」から現在に至るまでの東アジア資本主義の進出である。二〇世紀後半においては日本の資本が、二一世紀においては日本に加え韓国や中国の資本が東南アジアや太平洋島嶼を席巻している。東アジア資本主義はこの地域をどのように変え、またその過程で自らがどのように変わっていったのか。そして、どのような点において「生存」の危機をもたらす新自由主義を補完するものになっているのか。これらの問いに答えることは、広く二一世紀世界の問題を考えることにつながるだろう。

結局のところ、二一世紀型グローバリズムの時代にあっては地域とは、その地域に遍在する共通要素からはもはや説明できない。地球規模での均一化が進んでいるからだ。人種や民族は不可逆的にまじりあい、資本主義の浸透によって都市の人々の日常生活は似通い、地方は衰退し、グローバル・エリートとローカルな土地に取り残された人々の格差は拡大した。現在からみたとき、近現代史において地域を成立せしめるのは、共通要素というよりも、広域に衝撃を与える出来事とその出来事へのさまざまな対応の集合といえよう。本稿が扱ってきた地域であれば、一九世紀末から二〇世紀前半の日本帝国主義の拡大、二〇世紀中葉からのアメリカの軍事覇権、そして二一世紀の中国の海洋進出という出来事を経験している。しかし、それぞれの出来事の個々の社会に対する影響は質も強度も異なり、さらに個々の社会はそれぞれの出来事に対して異なる対応を示してきた。歴史研究の役割は、それらの異なる対応に注目し、多様な思想と行動を描き出すことにより、二一世紀の諸問題に立ち向かう社会運動を活性化することだろう。国民国家によって分断された思想や行動をこの地域のさまざまな社会へとつなぎ直すことは、板垣のいう民衆の運動によって設定されるn地域を再構築することになるだろう。

注

（1）大和人を本論では、「版籍奉還（一八六九年）の時点で日本政府の統治対象だった人々とその子孫である社会集団」とする塩出浩之の規定で理解している［塩出　二〇一五：一二］。

文献一覧

明石陽至編『日本占領下の英領マラヤ・シンガポール』岩波書店、二〇〇一年
新川明『反国家の兇区――沖縄・自立への始点』社会評論社、一九九六年
新城郁夫『沖縄の傷という回路』岩波書店、二〇一四年
新崎盛暉『日本にとって沖縄とは何か』岩波書店、二〇一六年
池端雪浦編『日本占領下のフィリピン』岩波書店、一九九六年
池端雪浦ほか編『岩波講座東南アジア史』1巻～9巻、別巻、岩波書店、二〇〇一―二〇〇三年
伊佐眞一『伊波普猷批判序説』影書房、二〇〇七年
伊佐由貴「沖縄移民のなかの「日本人性」――近代化と徴兵制から移民を考える」近藤健一郎編『沖縄・問いを立てる　2　方言札』社会評論社、二〇〇八年
板垣雄三『歴史の現在と地域学――現代中東への視点』岩波書

店、一九九二年
今泉裕美子「南洋諸島」『具志川市史』4巻、二〇〇二年
今泉裕美子「南洋へ渡る移民たち」大門正克ほか編『近代社会を生きる』吉川弘文館、二〇〇三年
伊豫谷登士翁編『移動から場所を問う――現代移民研究の課題』有信堂高文社、二〇〇七年
内海愛子・石田米子・加藤修弘編『ある日本兵の二つの戦場――近藤一の終わらない戦争』社会評論社、二〇〇五年
内海愛子『キムはなぜ裁かれたのか――朝鮮人BC級戦犯の軌跡』朝日新聞出版、二〇〇八年
海野福寿・権丙卓『恨――朝鮮人軍夫の沖縄戦』河出書房新社、一九八七年
NHKスペシャル取材班『沖縄戦全記録』新日本出版社、二〇一六年
大田昌秀・新川明・稲嶺惠一・新崎盛暉『沖縄の自立と日本――「復帰」40年の問いかけ』岩波書店、二〇一三年
沖縄県教育委員会『沖縄県史　第10巻　各論編9』一九七四年
何義麟『二・二八事件――「台湾人」形成のエスノポリティクス』東京大学出版会、二〇〇三年
何義麟『台湾現代史――二・二八事件をめぐる歴史の再記憶』平凡社、二〇一四年
加藤聖文「植民地統治における官僚人事」大西比呂志編『伊沢多喜男と近代日本』芙蓉書房出版、二〇〇三年
鹿野政直『沖縄の淵――伊波普猷とその時代』岩波書店、一九九三年
川平成雄『沖縄空白の一年――一九四五―一九四六』吉川弘文館、二〇一一年
木畑洋一『イギリス帝国と帝国主義――比較と関係の視座』有志舎、二〇〇八年
北村嘉恵『日本植民地下の台湾先住民教育史』北海道大学出版会、二〇〇八年
倉沢愛子『日本占領下のジャワ農村の変容』草思社、一九九二年
倉沢愛子『資源の戦争――「大東亜共栄圏」の人流・物流』岩波書店、二〇一二年
倉沢愛子編『東南アジア史のなかの日本占領』早稲田大学出版部、二〇〇一年
コンスタンティーノ、レナト『第二の侵略――東南アジアから見た日本』津田守監訳、全生社、一九九〇年
洪郁如『近代台湾女性史――日本の植民地と「新女性」の誕生』勁草書房、二〇〇一年
洪玧伸『沖縄戦場の記憶と「慰安婦」』インパクト出版会、二〇一六年
後藤乾一『近代日本と東南アジア――南進の「衝撃」と「遺産」』岩波書店、二〇一〇年
後藤乾一『東南アジアから見た近現代日本――「南進」・占領・脱植民地化をめぐる歴史認識』岩波書店、二〇一二年
後藤乾一『近代日本の「南進」と沖縄』岩波書店、二〇一五年
駒込武『植民地帝国日本の文化統合』岩波書店、一九九六年
駒込武『世界史のなかの台湾植民地支配――台南長老教中学校からの視座』岩波書店、二〇一五年

近藤正己『総力戦と台湾――日本植民地崩壊の研究』刀水書房、一九九六年
近藤正己・北村嘉恵・駒込武編『内海忠司日記　一九二八―一九三九――帝国日本の官僚と植民地台湾』京都大学学術出版会、二〇一二年
桜井由躬雄「東南アジアの原史」池端雪浦ほか編『岩波講座東南アジア史　1』岩波書店、二〇〇一年
櫻澤誠『沖縄の復帰運動と保革対立――沖縄地域社会の変容』有志舎、二〇一二年
櫻澤誠『沖縄現代史――米国統治、本土復帰から「オール沖縄」まで』中央公論新社、二〇一五年
佐藤宏『タイのインド人社会――東南アジアとインドの出会い』アジア経済研究所、一九九五年
塩出浩之『越境者の政治史――アジア太平洋における日本人の移民と植民』名古屋大学出版会、二〇一五年
重松伸司『国際移動の歴史社会学――近代タミル移民研究』名古屋大学出版会、一九九九年
清水元『アジア海人の思想と行動――松浦党・からゆきさん・南進論者』NTT出版、一九九七年
清水美里『帝国日本の「開発」と植民地台湾――台湾の嘉南大圳と日月潭発電所』有志舎、二〇一五年
泉水英計「親日であれ親米であれ我が郷土――植民地台湾で育った米軍政下琉球の沖縄人文化行政官」永野善子編著『植民地近代性の国際比較――アジア・アフリカ・ラテンアメリカ』御茶の水書房、二〇一三年
嶽本新奈『「からゆきさん」――海外〈出稼ぎ〉女性の近代』共栄書房、二〇一五年
田中恭子『国家と移民――東南アジア華人世界の変容』名古屋大学出版会、二〇〇二年
陳姃湲「植民地で帝国を生きぬく――台湾人医師の朝鮮留学」松田利彦・陳姃湲編『地域社会から見る帝国日本と植民地――朝鮮・台湾・満州』思文閣出版、二〇一三年
坪内良博「「圏」の概念」矢野暢編『講座東南アジア学　1　東南アジア学の手法』弘文堂、一九九〇年
照屋信治『近代沖縄教育と「沖縄人」意識の行方――沖縄県教育会機関誌『琉球教育』『沖縄教育』の研究』溪水社、二〇一四年
傅琪貽「台湾原住民族における植民地化と脱植民地化」倉沢愛子ほか編『岩波講座アジア・太平洋戦争　4　帝国の戦争経験』岩波書店、二〇〇六年
戸邉秀明「沖縄教職員会史再考のために――六〇年代前半の沖縄教員における渇きと怖れ」近藤健一郎編『沖縄・問いを立てる　2　方言札』社会評論社、二〇〇八年
戸邉秀明「沖縄「戦後」史における脱植民地化の課題――復帰運動が問う〈主権〉」『歴史学研究』第八八五号、二〇一一年
冨山一郎『暴力の予感――伊波普猷における危機の問題』岩波書店、二〇〇二年
冨山一郎『流着の思想――「沖縄問題」の系譜学』インパクト出版会、二〇一三年
鳥山淳『沖縄／基地社会の起源と相克――一九四五―一九五

六』勁草書房、二〇一三年
中野聡『東南アジア占領と日本人――帝国日本の解体』岩波書店、二〇一二年
波形昭一編著『民間総督三好徳三郎と辻利茶舗』日本図書センター、二〇〇二年
根本敬『抵抗と協力のはざま――近代ビルマ史のなかのイギリスと日本』岩波書店、二〇一〇年
橋本恭子『『華麗島文学志』とその時代――比較文学者島田謹二の台湾体験』三元社、二〇一二年
橋本和也『ディアスポラと先住民――民主主義・多文化主義とナショナリズム』世界思想社、二〇〇五年
林博史『沖縄戦と民衆』大月書店、二〇〇一年
林博史『シンガポール華僑粛清――日本軍はシンガポールで何をしたのか』高文研、二〇〇七年
林博史『暴力と差別としての米軍基地――沖縄と植民地―基地形成史の共通性』かもがわ出版、二〇一四年
早瀬晋三『フィリピン近現代史のなかの日本人――植民地社会の形成と移民・商品』東京大学出版会、二〇一二年
原不二夫編『東南アジア華僑と中国――中国帰属意識から華人意識へ』アジア経済研究所、一九九三年
ピーティー、マーク『植民地――帝国五〇年の興亡』浅野豊美訳、読売新聞社、一九九六年
藤澤健一編『沖縄・問いを立てる　6　反復帰と反国家「お国は？」』社会評論社、二〇〇八年
古田元夫「地域区分論」『岩波講座　世界歴史　1』岩波書店、一九九八年
ヘンソン、マリア・ロサ・L『ある日本軍「慰安婦」の回想――フィリピンの現代史を生きて』藤目ゆき訳、岩波書店、一九九五年
松島泰勝『琉球独立への道――植民地主義に抗う琉球ナショナリズム』法律文化社、二〇一二年
松島泰勝『琉球独立論――琉球民族のマニフェスト』バジリコ、二〇一四年
三澤真美恵『「帝国」と「祖国」のはざま――植民地期台湾映画人の交渉と越境』岩波書店、二〇一〇年
宮崎聖子「植民地女性と「国民化」の問題――一九四〇年代前半植民地台湾における女性と青年団」松田利彦・陳姃湲編『地域社会から見る帝国日本と植民地――朝鮮・台湾・満州』思文閣出版、二〇一三年
宮里政玄・新崎盛暉・我部政明編著『沖縄「自立」への道を求めて――基地・経済・自治の視点から』高文研、二〇〇九年
森宣雄「沖縄戦後史とは何か――県内移設反対運動の背後にある歴史意識」冨山一郎・森宣雄編著『現代沖縄の歴史経験――希望、あるいは未決性について』青弓社、二〇一〇年
屋嘉比収『「近代沖縄」の知識人――島袋全発の軌跡』吉川弘文館、二〇一〇年
柳本通彦『明治の冒険科学者たち――新天地・台湾にかけた夢』新潮社、二〇〇五年
矢野暢『「南進」の系譜』中央公論社、一九七五年
矢野暢『日本の南洋史観』中央公論社、一九七九年

山路勝彦『台湾の植民地統治――〈無主の野蛮人〉という言説の展開』日本図書センター、二〇〇四年

山本禮子『植民地台湾の高等女学校研究』多賀書店、一九九九年

游鑑明「受益者か、それとも被害者か」大澤肇訳、早川紀代編『戦争・暴力と女性　植民地と戦争責任　3』吉川弘文館、二〇〇五年

游鑑明「日本統治期における台湾新女性のコロニアル・モダニティについて」『東アジアの国民国家形成とジェンダー――女性像をめぐって』青木書店、二〇〇七年

游鑑明「日本植民地体制と台湾女性医療従事者」坪田＝中西美貴訳、野村鮎子・成田静香編『台湾女性研究の挑戦』人文書院、二〇一〇年

楊南郡『幻の人類学者森丑之助――台湾原住民の研究に捧げた生涯』笠原政治・宮岡真央子・宮崎聖子編訳、風響社、二〇〇五年

吉川利治『同盟国タイと駐屯日本軍――「大東亜戦争」期の知られざる国際関係』雄山閣、二〇一〇年

吉田健正『沖縄戦米兵は何を見たか――五〇年後の証言』彩流社、一九九六年

李里花『「国がない」ディアスポラの歴史――戦前のハワイにおけるコリア系移民のナショナリズムとアイデンティティ』かんよう出版、二〇一五年

琉球政府『沖縄県史　第9巻　各論編8』一九七一年

頼淑娟、野村鮎子訳「部落と都会の間――台湾原住民女性の世代間における経済活動の変転」野村鮎子・成田静香編『台湾女性研究の挑戦』人文書院、二〇一〇年

ロー・ミンチェン『医師の社会史――植民地台湾の近代と民衆』塚原東吾訳、法政大学出版局、二〇一四年

若林千代『ジープと砂塵――米軍占領下沖縄の政治社会と東アジア冷戦、一九四五―一九五〇』有志舎、二〇一五年

若林正丈『台湾抗日運動史研究　増補版』研文出版、二〇〇一年

和田春樹ほか編『岩波講座東アジア近現代史　第7巻　アジア諸戦争の時代』岩波書店、二〇一一年

ワレン、ジェームズ『阿姑とからゆきさん――シンガポールの買売春社会　一八七〇―一九四〇年』蔡史君・早瀬晋三監訳、藤沢邦子訳、法政大学出版局、二〇一五年

執筆者

大門　正克	おおかど　まさかつ	横浜国立大学	（序論・第３章１）
小沢　弘明	おざわ　ひろあき	千葉大学	（第１章１）
小 野　将	おの　しょう	東京大学	（第１章２）
木畑　洋一	きばた　よういち		（第１章３）
貴堂　嘉之	きどう　よしゆき	一橋大学	（第１章４）
永原　陽子	ながはら　ようこ	京都大学	（第１章５）
栗田　禎子	くりた　よしこ	千葉大学	（第１章６）
藤野　裕子	ふじの　ゆうこ	東京女子大学	（第２章１）
安村　直己	やすむら　なおき	青山学院大学	（第２章２）
愼　蒼 宇	しん　ちゃんう	法政大学	（第２章３）
若尾　政希	わかお　まさき	一橋大学	（第２章４）
粟屋　利江	あわや　としえ	東京外国語大学	（第２章５）
松原　宏之	まつばら　ひろゆき	立教大学	（第２章６）
沢山美果子	さわやま　みかこ		（第３章２）
高 田　実	たかだ　みのる	甲南大学	（第３章３）
倉地　克直	くらち　かつなお		（第３章４）
沼尻　晃伸	ぬまじり　あきのぶ	立教大学	（第３章５）
岡田　泰平	おかだ　たいへい	東京大学	（第３章６）

歴史学研究会　事務所
〒101-0051 東京都千代田区神田神保町２－２
千代田三信ビル３Ｆ
☎（03）3261-4985　FAX（03）3261-4993

第４次　現代歴史学の成果と課題
第１巻　新自由主義時代の歴史学

2017年５月25日　第１版第１刷発行
2018年10月10日　第１版第２刷発行

編　者　歴史学研究会
発行者　原　嶋　正　司
発行所　績文堂出版株式会社
〒101-0051 東京都千代田区神田神保町
1-62 神保町ビル402
☎(03)3518-9940　FAX(03)3293-1123
印　刷：大日本印刷株式会社

ISBN978-4-88116-131-9　C3020